교실 속
다양한
학습자를
위한

수학교과의 ^{제3판}
차별화 교수법

Corwin
A SAGE Company
2455 Teller Road
Thousand Oaks, California 91320
(800) 233-9936
www.corwin.com

SAGE Publications Ltd.
1 Oliver's Yard
55 City Road
London EC1Y 1SP
United Kingdom

SAGE Publications India Pvt. Ltd.
B 1 / I 1 Mohan Cooperative Industrial Area
Mathura Road, New Delhi 110 044
India

교실 속 다양한 학습자를 위한

수학교과의 차별화 교수법

제3판

William N. Bender 지음 • 김자경, 강혜진, 서주영 옮김

Σ 시그마프레스   Corwin Press

교실 속 다양한 학습자를 위한
수학교과의 차별화 교수법 제3판

발행일 | 2017년 7월 5일 1쇄 발행

저 자 | William N. Bender
역 자 | 김자경, 강혜진, 서주영
발행인 | 강학경
발행처 | (주)시그마프레스
디자인 | 김은경
편 집 | 김성남

등록번호 | 제10-2642호
주소 | 서울특별시 영등포구 양평로 22길 21 선유도코오롱디지털타워 A401~403호
전자우편 | sigma@spress.co.kr
홈페이지 | http://www.sigmapress.co.kr
전화 | (02)323-4845, (02)2062-5184~8
팩스 | (02)323-4197

ISBN | 978-89-6866-929-3

Differentiating Math Instruction, K-8
Common Core Mathematics in the 21st Century Classroom, Third Edition

＊ 책값은 책 뒤표지에 있습니다.

이 도서의 국립중앙도서관 출판예정도서목록(CIP)은 서지정보유통지원시스템 홈페이지(http://
seoji.nl.go.kr)와 국가자료공동목록시스템(http://www.nl.go.kr/kolisnet)에서 이용하실 수 있
습니다.(CIP제어번호 : CIP2017014973)

이 책의 저자인 William Bender 교수는 역자가 번역한 학습장애 학생을 위한 차별화
교수법(*Differentiating Instruction for Students with Learning Disabilities*)을 비롯
하여 학습장애아 교육과 관련된 다수의 책을 저술해 왔다. 최근 특수교육 분야에서
는 중재-반응 모형(Responsiveness to Intervention)과 증거기반 중재(Evidence-based
Intervention)에 대한 관심이 급증하고 있다. 이 책은 이 두 가지 관점에 근거하여 수
학장애 및 수학부진 학생을 위한 차별화 교수를 다루고 있다.

증거기반 교수법으로 기대만큼의 효과를 얻으려면 기존의 많은 연구에서 그 효과
가 검증된 중재 내용 및 절차에 따라 충실하게 이행되어야 한다. 그러나 국내에서 발
간된 대부분의 특수교육 전공 서적은 이론을 중심으로 하며 교수법에 대해서는 간단
하게 소개하는 수준에 불과하다. 그렇다 보니 책에 적힌 내용만으로는 교수법을 어
떤 절차로 실행해야 하는지, 교수법을 수업에 어떻게 적용해야 하는지 등 구체적인
수업 설계를 하기 어렵다. 이 책은 교수법에 대한 자세한 설명과 더불어 실행에 필요
한 구체적인 내용과 절차를 담은 글상자 및 교수 팁을 제공하고 있어 이러한 우려와
갈증을 해소시켜 준다.

일반학교에서 수업을 받는 특수교육 대상 학생은 전체의 약 70%가 넘으며, 특수
교육 대상자로 선정되지는 않았지만 교육적 지원을 필요로 하는 학습부진 학생은 나
날이 증가하고 있다. 이러한 추세로 학교는 더욱 다양한 수준의 학생들로 구성되며,
개별 학생의 수준과 요구에 부합하는 교육적 지원을 제공할 책무를 갖게 된다.

  수학은 학생 개인차가 가장 큰 교과목이자 학업성취를 결정짓는 주지교과이다. 교사는 학급의 모든 학생이 배울 수 있도록 개별 수학 성취 수준과 교육적 요구를 고려한, 차별화된 수학 수업을 제공해야 한다. 이 책은 수학 성취 수준이 다양한 학생들로 구성된 학급에서 차별화된 수학 교수를 제공하기 위한 증거기반 교수 모델과 전략을 담고 있어 수학교육을 담당하는 특수교사와 일반교사 모두에게 도움이 될 것이다. 또한 임용시험을 준비하는 예비특수교사에게도 유용할 것이라 생각된다.

  끝으로 이 책의 출판을 맡아 수고해 주신 (주)시그마프레스에 감사의 마음을 전한다.

2017년 6월
역자 일동

이 책은 수학교육에서 진행 중인 전환에 대해 보여 주기 위해 2012년과 2013년에 완전히 재집필되었다. 저자의 관점에서, 오늘날 교육에서의 전환은 내가 경험해 온 가장 도전적인 과제 중 하나이다. 거의 대부분의 주(州)에서 수학에서의 중재반응의 실행과 수업에서의 공학 사용이 증가하고 있으며, 동시에 미국 수학공통핵심교육과정(Common Core State Standards in Mathematics)을 실행하는 방향으로 움직이고 있다. 공통핵심교육과정을 채택하지 않는 알래스카나 텍사스 같은 주에서 조차도 더 깊은 개념적 수준으로의 수학 학습의 전환을 강조하고 있다. 한 예로 이러한 새 텍사스 교육과정은 2011년에 시작되었다. 요약하자면 오늘날 모든 지역에서 수학교육은 전환기에 있는 듯하다.

더욱이 차별화 교수의 참된 개념이 재정의되고 있다(제1장의 논의 참조). 그리고 나는 특히 차별화 교수와 관련된 여러 다른 교수방법으로서 거꾸로 수학 수업이나 프로젝트 기반 학습과 같은 혁신적인 교수적 실제에 대해 설명한다(Bender, 2012a; 2012b). 앞에 언급된 변화들처럼, 차별화 교수의 구조 변화는 모든 교사가 실제 수학을 가르치는 방법에 영향을 줄 것이다.

이 변화의 맥락에서, 나는 의미 있는 틀로 이 변화를 이끌고, 수학교사에게 이것을 실천적인 관점으로 해석해 주기 위해 혼신의 노력을 해 왔다. 교사들은 교육의 선봉에 있으며 그들에게 주어진 시간에 실행하기에는 거의 불가능한 요구에 직면하고 있다. 그러므로 수학교육의 선봉에 있는 교사들이 교수 이론에 많은 시간을 낭비하지 않도록, 증거기반의 실천적 교수 아이디어를 제공하는 자원이 필요하다. 이 작업은 교사들의 이러한 요구를 충족시키는 데 목적을 둔다.

책과 장의 구성

이 책은 아래 기술되었듯이 7개의 장으로 구성되어 있다. 각 장은 차별화 교수의 한 측면에 초점을 두고 있으며, 모든 장에서는 교실에서의 공학의 이용이 강조된다. 더욱이 각 장은 본문에 연속되는 이야기와 더불어, 본문과 별도의 다양한 주제에 대해 부가적인 정보를 제시한다. 일반적으로 부가된 정보는 번호가 달린 "글상자"에 제시된다. 또한 각 장은 일반교육에서의 수학 수업을 위한 구체적인 교수전략과 기법을 제시하는데, 이는 "교수 팁"이라 부르며 순서대로 번호가 부여된다. 이 책의 내용은 전체적으로 이해 가능하도록 고안되어 있는데, 앞 장에 소개된 주제가 뒷장에서 종종 언급된다. 예를 들어 제7장에 나오는 RTI 사례연구 예시는 앞 장에 기술된 교수전략에 근거한다.

각 장에 대한 설명

제1장 : 차별화 수학 교수

이 장에서는 '새로운 차별화 교수' 및 미국 공통핵심교육과정과 수학 실제를 위한 표준(Standards for Mathematical Practice)의 8가지 원리가 간단히 소개된다. 수학공통핵심은 절차적 유창성, 개념적 이해, 실생활에서의 문제해결을 위한 수학교육과정 적용의 관점에 주안점을 두고 기술된다. 다음으로 이 장은 차별화 교수의 본질적 개념과 그 개념을 뒷받침하는 두뇌 친화적 연구를 제시하고, 차별화 교수를 새롭게 이해하기 위한 5가지 요소를 논의한다. 차별화 교수의 논의를 본질적으로 규정하는 다중지능은 다양한 학습양식/학습선호도에 대한 소개로 인해 다소 덜 강조되었고, 수학에서의 다양한 두뇌 친화적 교수전략이 제시된다.

제2장 : 차별화 교수 모델 : 수학에 대한 수업 수정과 학습센터

이 책이 교수 이론에 관한 책은 아니지만, 교사들은 이론(제1장에서 논의)과 수학 수업 모두에서 차별화된 교수의 실행을 이해할 필요가 있다. 이 장은 차별화를 위한 두 가지 역사적 모델, 전통적 전체 집단 중심 수업계획의 수정과 차별화 수학을 위한 학습센터를 제시함으로써 차별화 교수를 '실행하는 방법'에 주안점을 둔다. 특별히 논의될 수학 유창성, 연산, 측정, 문제해결에 대한 학습센터는 전통적 수학 수업에의 '추가물'이라기보다는 모든 수학 교수의 주요 기반이 되는 한 모델로서 기술될 것이다.

제3장 : 거꾸로 수학 수업과 프로젝트 기반 학습 : 수학에 대한 새로운 차별화 교수 모델

이 장은 완전히 새로운 내용으로, 수학교육에서 진행 중인 변화가 한 번 더 강조되고 있다. 수학교육을 체계화하기 위한 두 가지 새로운 모델—이들 각각은 이 장에서 차별화된 교수의 예시로 설명된다—이 제시된다 : 거꾸로 수학 수업과 프로젝트 기반 학습. 한편 교육적 혁신의 주된 역할을 하는 공학이 강조된다. 거꾸로 수업은 학생들에게 자율학습을 통해 초기 교수를 수행하도록 하고 수학교실을 수학 실험실과 유사한 곳으로 바꿈으로써, 전통적 수업지도안을 거꾸로 뒤집는 것으로 초반에 기술될 것이다. 칸 아카데미(Khan Academy) 자율학습용 수학교육과정에 대해서는 교사(이 교육과정에서 '코치'로 언급된다)가 수학 수업에서 그것을 사용하는 방법에 대한 구체적인 지침과 함께 상세하게 기술될 것이다. 그것은 깊은 개념적 이해나 문제해결 맥락에서의 수학의 적용이라기보다 절차적 역량에 초점을 둔 교육과정이다. 물론 모든 학생은 깊이 있는 개념적 이해와 적용/문제해결 기술이 필요하지만, 이 같은 제한점에도 불구하고, 이 교육과정은 모든 학생에게 유용할 것이다. 일단 학생들이 거꾸로 수업 모델에서 자율학습을 통해 수학의 초기 교수를 받으면, 그다음으로 프로젝트 기반 학습이 실행되는 것이 차별화된 수학 수업에서 실행되는 모델로서 상세하게 기술될 것이다.

제4장 : 조기 수학 교수의 차별화 전략

이 장은 미국 공통핵심교육과정과 제2장과 제3장에 기술된 차별화 교수를 위한 4가지 모델의 맥락 안에서 초기 학년의 수감각에 대한 논의가 제시되고, 이어서 차별화된 교수전략에 대한 논의가 제시된다. 애니메이션[보키(Voki) 아바타가 사용된다]과 같은 공학도구와 수학에 흥미와 동기를 불러일으키는 수학교육용 게임이 설명되고 추천된다. CRA(Concrete, Representational, Abstract)와 무오류 학습, 시간지연, 학급 차원 또래교수와 같은 교수기법은 차별화와 수학에 대한 학생의 참여를 증가시키기 위한 효과적인 기법으로 상세하게 기술된다. 마지막으로 차별화된 수업계획이 제시되는데, 여기서는 유아교사가 자신의 수업을 차별화하기 위한 방법과 칸 아카데미나 안내된 수학 교수, 컴퓨터기반 게임과 같은 활동의 시간 배분 방법이 구체적으로 추천된다.

제5장 : 3~6학년에서의 차별화 교수전략

이 장은 초등학교 중간 학년의 차별화 교수전략을 제시한다. 처음에는 수학 개념을 더 깊이 있게 이해하도록 하기 위한 강력한 토대로서 구성주의적 관점이 기술되고, 이는 수학의 스캐폴딩에 대한 논의로 이어진다. 이에 더하여, 수학 개념에 대한 창의적 탐구력을 기르기 위해 수학 교수에 블로그나 위키를 사용하는 것을 포함하여, 수학 교수를 위한 여러 가지 새로운 공학옵션을 포함한다. 이 장에서 설명되는 다른 전략으로는 수학에서의 과정 기억술과 안내된 시각화, 문제해결에서의 단서단어 사용, 문장제 문제 지도가 있다. 다시 말해, 제4장에 제시된 차별화된 수업계획에 이어서, 초등교사를 위한 구체적인 권고사항과 다양한 차별화 활동을 위해 권고된 시간 배분과 함께 차별화된 수업계획을 제시한다.

제6장 : 6~8학년에서의 차별화 교수전략

이 장은 초등학교 고학년과 중학교 학년에 대한 차별화된 수학 교수에 주안점을 둔다. 이 장은 교수를 위한 페이스북, 트위터, Ning과 같은 소셜 미디어 도구를 사용한 협력적인 사회적 학습에 주안점을 둠으로써 공학이 지속적으로 강조된다. 다음으로 수학에서의 인지적 전략 교수를 위한 토대로 초인지 이론을 제시하고, RIDD, STAR, PASS, 문제해결을 위한 스키마 중심 교수를 포함한 다양한 인지전략을 제시한다.

제7장 : 차별화된 평가와 RTI

이 장은 전체적으로 새로운 내용으로, 2014-2015학년도에 시행되는 공통핵심교육과정과 관련된 공통 평가(Common Assessment)방법의 개발에 대한 간단한 기술로 시작한다. 다음으로 이 장은 수학에 대한 기준중심 평가와 준거참조 평가, CBM, 참평가, 포트폴리오 평가, 루브릭 기반 평가를 포함하여 일반학급을 위한 일련의 차별화된 평가전략을 제시한다. 다음으로 수학에서의 중재반응모델이 교육과 진단 모두의 혁신적인 상호작용으로서 논의되며, 수학에서의 보편적 선별과 2단계 혹은 3단계 수학 중재에서의 진전도 점검이 강력하게 강조된다. 마지막으로 수학의 RTI에 대한 두 가지 사례연구(3학년, 6학년)를 제시하고 논의한다.

부록 : 최근에 개발되거나 널리 사용되는 수학교육과정

또 다른 여러 중재가 여기에서 논의되는데, 이는 앞 장들에서 논의된 다양한 평가 요구와 관련될 것이다. 여기서는 SAS Curricular Pathways, TransMath, Accelerated Math for Interventions, SuccessMaker Math, Vmath에 관해 설명한다. 이들은 수학의 1단계와 2단계 모두 혹은 3단계 중재에서 자주 사용되는데, 교사는 이에 대해 알아야 한다.

이 책의 의도와 감사의 말

저자이자 전문성 개발 촉진자로서 나는 이 책의 초기 편집본이 유용하고 적절하다는 점을 많은 교사들이 확인해 준 것에 대해 긍지를 갖는다. 매년 나는 이 책에 수록된 교수 아이디어들을 사용해 온 교사들을 만나고, 수많은 워크숍을 계속 진행하며 카리브해 지역에서 캐나다 지역에 걸친 전역의 수천 명의 교사들과 함께 작업하는 영광을 얻었다.

그러한 워크숍에서 나는 언제나, 이 주제에 관한 다음 책이나 워크숍에서 공유하게 되는 몇몇 교수 아이디어나 전략을 배운다. 더욱이 나는 수학교사들이 해 왔고 지속적으로 하는 일을 존경하며, 이들 교사 중 다수는 매우 도전적인 환경에서 가르친다. 몇 군데 예를 들자면, 최근에 나는 애틀랜타, 뉴저지 주 트렌턴, 텍사스 주 엘패소와 샌안토니오, 맨해튼에 있는 도시 학교뿐만 아니라 테네시, 미시간, 오리건, 워싱턴, 오하이오, 몬태나, 버뮤다에 있는 지방 학교와 함께 작업해 왔다. 앨버커키에서 빌링스까지, 몬태나와 같은 아메리카 원주민 보호지역의 교사들, 노스캐롤라이나 주와 펜실베이니아 주 같은 석유 부호 지역의 공립학교, 실리콘 밸리에서 디트로이트까지, 그리고 메인 주의 교사들과도 작업해 왔다.

　대부분의 상황에서 나는 학생들이 흥미롭게 수학 학습을 하도록 새롭고 혁신적인 방법을 찾고자 하는 헌신적인 집단을 발견한다. 나는 이 교사들과 함께 작업하는 것을 영광스럽게 여겨 왔고, 이 책이 새롭게 제3판으로 출간됨에 따라, 여러분이 나와 공유하는 생각들과, 내가 그들의 눈과 여러분의 눈에서 본 가르침의 즐거움에 대해 그들과 여러분 모두에게 감사를 전한다. 이러한 이유로 나는 각지의 수학교사들에게 이 책을 헌정한다. 이 도전적인 현장에서 우리는 우주의 많은 부분을 이해하기 위한 아주 기본적인 것에 초점을 맞춘 주제를 가르치고 있으며, 이보다 더 중요한 주제는 없을 것이다.

　또한 이 책의 주제에 관해 나와 직접적인 소통을 원하는 교사들을 초대한다 (williamb@teachersworkshop.com). 그리고 그곳에서 교수 아이디어를 공유하고, 질문하고, 코멘트하기를 바란다. 나는 되도록 모두 답하려고 노력할 것이다. 또한 트위터에서 나를 팔로우하는 것을 환영한다(@williambender1). 거기에서 나는 교육적인 주제, 무료의 전문성 개발 기회, 내가 쓴 교육 관련 책, 수학전략, 교실을 위한 공학 도구, 훌륭한 논문, 교사들에게 추천하는 교육관련 블로그 표제어를 광범위하게 게시한다. 그러한 트위터 게시물이 여러분에게 도움이 되기를 바란다.

　다시 말하지만, 이 책을 여러분에게 헌정하며, 중요한 교육현장에서 일하는 여러분에게 감사를 전한다.

William N. Bender, PhD

제4장 조기 수학 교수의 차별화 전략

제5장 3~6학년에서의 차별화 교수전략

제6장 6~8학년에서의 차별화 교수전략

제7장	차별화된 평가와 RTI

1

차별화 수학 교수

과도기에 있는 수학

지난 20년 동안 미국은 수학 교수와 관련하여 떠오르는 강조점에 주목해 왔으며, 그 결과 최근에는 학생들의 수학 성취가 향상되었다(Clarkson, Fawcett, Shannon-Smith, & Goldman, 2007; Doabler et al., 2012; Fuchs, Fuchs, Compton et al., 2007; Fuchs, Fuchs, Powell et al., 2008; Toppo, 2012). 하지만 미국 학생들이 수학에서 이제 더 이상 세계 최고 수준이 아니라는 사실[National Mathematics Advisory Panel(NMAP), 2008]을 비롯하여, 수학 수행과 관련된 주요 고려사항들은 여전히 남아 있다. 더욱이 미국 전체 학생의 대략 68%에 달하는 상당수의 학생들은 9학년에 올라갈 때 대수학 I에 대한 준비가 되어 있지 않다. 또한 흑인학생과 백인학생 간의 수학 성취도는 여전히 유의한 차이가 있으며, 이는 일부 소수민족 학생에게 있어서는 장기적인 학업성취 측면에서 매우 심각한 문제가 된다(Clarkson et al., 2007; NMAP, 2008). 마지막으로, 학령기 아동의 거의 5~8%가량이 수학 학습장애일 것이라고 보고한 연구가 있는데(Mabbott & Bisanz, 2008), 이러한 수학 학습장애는 계산전략의 어려움, 수 미국 전체 학생의 대략 68%에 달하는 상당수의 학생들은 9학년에 올라갈 때 대수학 I에 대한 준비가 되어 있지 않다.

학적 사실에 대한 자동성 부족, 그리고 빈약한 작업기억과 같은 다양한 원인에 기인한다(Mabbott & Bisanz, 2008; Woodward, 2001, 2006).

이러한 문제점들은 최근 수학 교수의 실제에 대한 더 많은 관심을 유발했다. 2000년에 미국 수학교사협의회(National Council of Teachers of Mathematics, NCTM)는 개정된 수학 교수기준(mathematical instructional standards)을 출간했다(NCTM, 2000). 2008년에 미국 국가수학자문위원회(National Mathematics Advisory Panel, NMAP)는 성공을 위한 토대 : 국가수학자문위원회 최종보고서(*Foundations for Success: The Final Report of the National Mathematics Advisory Panel*)를 출간했다(NMAP, 2008). 현재는 수학공통핵심교육과정(Common Core Mathematics Standards)(www.corestandards.org/Math)이 출간되었는데, 2013년도에 이 책이 쓰이는 동안 많은 관심을 받았다. 이러한 기준, 그리고 이와 관련된 공통의 평가는 2014-2015학년도에 완전히 실행될 것으로 계획되어 있다. 마지막으로, 이처럼 정책 차원에서 수학이 더욱 강조되면서 효과적인 수학 교수에 대한 연구 역시 증가해 왔다(Devlin, 2010; Doabler et al., 2012; Fuchs, Fuchs, Compton et al., 2007; Jordan, Kaplan, Locuniak, & Ramineni, 2007; S. P. Miller & Hudson, 2007; NMAP, 2008).

이처럼 고조되는 관심의 결과로, 수학 교수에 대한 강조점은 최근 다소 변화되고 있으며, 이러한 변화의 많은 부분은 오늘날 수학공통핵심교육과정에서의 변화에 의해 나타났다. 2013년 1월 현재, 비록 일부 주(州)에서는 재고하고 있지만, 45개 주는 수학공통핵심교육과정의 실행에 동의했다(Toppo, 2012). 그 기준에 따라 학생들은 계산과 암기, 반복적인 문제풀이 연습에서 벗어나 추론, 개념 이해, 실생활과 관련된 문제 및 수학적 개념 간의 연관성을 강조하는 교육과정을 숙달하도록 기대된다(Toppo, 2012). 수학공통핵심교육과정은 절차적 유창성, 개념적 이해, 그리고 문제해결상황에서 수학적 과정을 적용하는 능력을 포함하여, 수학의 복합적인 측면의 상호의존성을 강조한다.

수학공통핵심교육과정은 또한 객관식 문제를 벗어나 수학 문제에 대한 서술형 응답으로의 변화를 강조한다. 이에 따라 수학 교수에서 많은 부분이 변화하고 있으며, 오늘날 교사들은 수학교육과정에서 모든 학생의 인지적 참여가 가능한 가장 효과적

이고 효율적인 교수방법을 사용해야 한다. 이러한 다양
한 강조점 때문에, 교사들은 이에 도움을 줄 수 있는 교
수 아이디어를 찾고 있다.

> 공통핵심교육과정은 절차적 유창성, 개념
> 적 이해, 그리고 문제해결상황에서 수학적
> 과정을 적용하는 능력을 포함하여, 수학의
> 복합적인 측면의 상호의존성을 강조한다.

수학에서의 차별화 교수

차별화 교수라는 개념은 초등학교에서 다양한 수준의 학생을 위한 수학 교수를 개
발하고 설계하는 교사들에게 큰 도움이 될 수 있다. 더욱이 차별화 교수의 기초원리
중 하나인 두뇌 친화적 교수는, 교사들에게 특정한 교수전략이 학습에 더 많은 영향
력을 야기하며, 이러한 기법들 중 다수는 학습을 더욱 흥미롭게 할 뿐만 아니라 습
득된 개념이 장기간 유지될 수 있게 해 준다는 것을 알려 준다(Sousa, 2008; Sousa &
Tomlinson, 2011; Tomlinson, 1999). 인간의 뇌가 읽기 혹은 수학 과제에 대해 어떻
게 기능하는지에 대한 연구들은 지난 수십 년간 진행되어 온 것에 반해, 종종 두뇌
친화적 연구로 언급되는 생체의학 연구는 불과 15년 만에 교사들에게 수학교육과
정을 위한 효과적인 교수전략을 알릴 만큼 발전했다(Geller & Smith, 2002; Gersten,
Chard, Baker, & Lee, 2002; Sousa, 2008; Sousa & Tomlinson, 2011).

이 장은 수학 교수에서의 변화된 강조점을 논의하기 위한 기반으로서, 우선 수학
공통핵심교육과정의 개관을 제시할 것이다. 그다음으로, 차별화 교수가 수학에서 효
과적인 교수적 접근임이 설명된다. 지난 10년에 걸쳐 차별화 교수 개념이 어떻게 변
화했는지를 설명하면서 이 용어에 대한 간단한 역사가 제시된다. 그리고 차별화 교
수가 뇌 기능에 대한 연구를 기반으로 하므로, 차별화 교수를 활용하여 수학 성취를
향상시키기 위한 교수적 제안과 더불어, 뇌가 어떻게 수학을 학습하는지에 관한 연
구의 논의가 제시된다. 마지막으로, 수학교사가 수업에서 차별화 교수를 증가시키기
위해 자신의 교수를 어떻게 자기평가해야 하는지에 대한 논의가 제공된다.

수학공통핵심교육과정

앞서 밝힌 바와 같이, 45개 주는 2012년 봄, 수학에 공통핵심교육과정을 채택하기

로 결정했다(Toppo, 2012). 텍사스, 알래스카, 네브라스카, 미네소타, 버지니아만이 유일하게 이 기준을 채택하지 않았는데, 이는 곧 대부분의 교사들이 공통핵심교육 과정의 맥락 내에서 근무하게 될 것임을 의미하는 것이다. 공통핵심교육과정은 향후 10년 동안 수학 교수가 어떻게 진행될지에 유의미하게 영향을 미칠 것임이 분명한데, 수학에 있어 수학 문제 그 자체 혹은 절차적 유창성을 강조하는 것과는 반대로 문제해결에 대한 수학의 개념적 이해와 수학적 절차의 적용에 더 많은 관심이 주어

> 공통핵심교육과정은 향후 10년 동안 수학 교수가 어떻게 진행될지에 유의미하게 영향을 미칠 것임이 분명하다.

질 것이다. 더욱이 암기를 강조해 왔던 지금까지와는 달리 학생들이 그들의 답과 그 답을 도출한 수학적 절차를 설명하고 증명할 수 있는 것으로 대체될 것이다(Magee, 2013).

그러한 이유로 교사들은 그들의 수학 수업에서의 차별화 교수에 영향을 미칠 수 있는 이 기준을 이해할 필요가 있다. 사실상 이 책에서 소개되는 다양한 전략은 이러한 수학의 다양한 측면에 초점을 맞출 것이다. 예를 들어, 스캐폴딩(제4장 참조)과 프로젝트 기반 학습(제3장 참조)은 모두 수학적 원리의 개념적 이해와 적용을 강조하는 반면, 칸 아카데미(제4장) 혹은 초인지 학습전략(제5장)은 일반적으로 수학에서의 절차적 과정을 강조하는 경향이 있다. 오늘날 이 모든 강조점이 공통핵심교육과정에서 부각되면서, 수학교사들은 교수전략을 폭넓게 알아야 할 필요가 있다(Magee, 2013).

공통핵심교육과정은 우리의 아이들을 고등교육이나 직업현장에 대비시키기 위한 분명하고 일관된 프레임워크를 제공하기 위해 전국주지사협회(National Governors Association Center for Best Practices)와 주교육감협의회(Council of Chief State School Officers)가 교사와 학교 행정가, 교육과정 전문가와 협력하여 처음으로 개발되었다 (www.corestandards.org/the-standards 참조).

공통핵심교육과정은 유치원에서 8학년까지의 학년 수준뿐만 아니라 고등학교 수학 과정(예: 대수학, 기하학, 함수, 수와 양 등)에 전형적으로 포함되는 다양한 수학 주제에 관해 개발되었다. 그리고 다양한 교사조직과 고등교육 교육자, 인권운동단체, 장애학생 옹호자로부터 피드백을 받았다. 초기의 피드백에 따라, 공공의견 수렴을 위해 개괄적인 기준이 공개되었고, 최종 기준을 마련하는 데 거의 1만여 건의 의

견이 고려되었으며 2010년 6월 완성되어 공개되었다. 이 기준은 참여하는 주(州)에서 학생들이 학습할 것으로 기대되는 수학 내용이 된다. 게다가 이는 거주지에 상관없이 모든 학생에게 적절한 벤치마크를 제공하려는 의도로 개발되었다. 이 기준은 명확하고 일관성 있으며, 상위의 기술을 엄격히 강조하고, 증거에 기반한 것으로 설명된다.

수학에 있어 이러한 기준은 모든 주에 걸쳐 교수에 대한 공통핵심교육과정을 나타내도록 의도되었기 때문에, 어떤 경우에는 주의 현재 기준과 수학공통핵심교육과정 간 차이가 거의 없다. 예를 들어, 공통핵심교육과정에서는 여전히 3학년 말까지 덧셈과 뺄셈에 있어 유창성을 요하는데, 이것은 많은 주에서 따르는 기준과 매우 유사하다(Wurman & Wilson, 2012). 그러한 점에서 이 기준은 어떤 주에서는 다른 주에 비해 더 관련되어 있을 수도 있다.

여전히 공통핵심교육과정을 실행하기 위한 활동이 계속 진행 중이며, 2013년 봄부터 다양한 조직이 교육과정 개발 및 전문성 개발 활동을 위해 함께 협력하고 있다. 예를 들어, 협력의 범위는 아직 결정되지 않았지만, 2012년 5월, 30개 주의 대학과 교육청은 수학공통핵심교육과정의 실행을 위해 협약을 맺었다(Sawchuk, 2012).

수학의 실제

하지만 이 기준에 따른 수학 교수에 있어 몇 가지 지침사항이 있다. 전국주지사협회는 이 기준에 대한 수학 교수를 안내하기 위해 학생들의 수학 수행과 관련하여 일련의 수행기술을 권고했다. 수학 실제에 대한 이러한 8가지 시놉시스는 **글상자 1.1**에 제시되어 있으며, 자세한 설명은 www.corestandards.org/Math/Practice에서 찾아볼 수 있다.

공통 평가

공통핵심교육과정과 수학 실제를 위한 표준에 덧붙여, 국가 수준에서 2개의 다른 팀이 수학과 영어/언어에서 공통핵심교육과정에 대한 공통 평가를 개발하고 있다(Shaughnessy, 2011). 일단 다른 형태의 평가 체제가 개발되면, 참가하는 모든 주(州)가 수학에서의 공통핵심교수와 더불어, 어떠한 체제를 실행할 것인지 선택할 것이

글상자 1.1   수학 실제를 위한 표준

공통핵심교육과정의 웹사이트(www.corestandards.org/Math/Practice)에서 볼 수 있듯이, 수학 실제에 대한 표준은 학생들이 보여 주어야 할 기술과 전문지식을 설명하고 있으며, 수학에 있어 문제해결, 추론, 의사소통, 표상, 전략적 능력, 개념 이해 및 절차의 유창성 등과 같은 다양한 영역을 포함한다. 이들은 표준 그 자체에서 교육적으로 강조하는 것이며, 모든 학년 수준에 있는 학생들이 수학에 능숙하도록 하는 목표에 초점을 맞춘다.

1. **학생들은 문제를 이해하고 꾸준히 풀어야 한다.** 유능한 학생은 문제의 의미를 자신에게 설명하고 문제를 해결하기 위한 첫 단계를 찾는 것으로 시작한다. 해결책에 대한 경로를 계획하기에 앞서 가능한 정보를 분석하고, 해결방식과 의미에 대해 추론한다. 해결책에 대한 통찰력을 얻기 위해 유사한 문제를 생각해 보고, 특별한 사례와 원래 문제를 더 간단히 푸는 방식을 시도해 본다. 자신의 진행사항을 평가하고, 필요하다면 해결방법을 변경한다. 유능한 학생은 다양한 방법을 사용하여 문제에 대한 답을 점검한다.

2. **학생들은 추상적으로, 그리고 양적으로 추론해야 한다.** 유능한 학생은 수학 문제를 풀 때 양과 관계에 대해 이해한다. 맥락에서 떼어 놓고(혹은 주어진 상황을 도출하고, 그것을 상징적으로 표상하고, 표상된 상징을 조작한다) 생각하기도 하고, 맥락과 연관 지어(의미를 살펴보기 위해, 필요하다면 문제를 해결하는 동안 잠시 멈춘다) 보기도 한다.

3. **학생들은 다른 이의 수학 추론에 대해 실행 가능한 논쟁과 비평을 구성해야 한다.** 수학에 능숙한 학생은 수학적 논쟁의 구성에 규정된 가정과 정의, 그리고 이전의 세운 결과를 이해하고 사용한다. 추론하고, 자신이 한 추론의 정확성을 탐색하고 사례에 대입시켜 봄으로써 상황을 분석한다. 이들은 반증(반례)을 인식하고 사용할 수 있다. 자신의 결론을 정당화하고, 그것에 대해 다른 이들과 소통하거나 혹은 타인의 반론에 답할 수 있다. 또한 수학에 유능한 학생은 타당할 것 같은 두 논쟁의 효과성을 비교할 수 있고, 결함이 있는 논쟁을 확인할 수 있다. 마침내 모든 학년의 학생들은 다른 이의 논쟁을 듣거나 읽을 수 있고, 그들이 이해하는지를 확인할 수 있으며, 질문에 대한 설명을 요구할 수 있다.

4. **학생들은 수학으로 모델을 만들어야 한다.** 유능한 학생은 일상에서 문제를 해결할 때 자신이 알고 있는 수학을 적용할 수 있다. 이것은 학령기 초기에 문제를 설명하기 위해 덧셈 등식을 쓰는 것을 포함한다. 중등 학년에서 학생들은 학교의 이벤트를 계획하거나 지역의 문제를 분석하는 데 비례 추론을 적용할 수 있다. 고등학교 시기의 학생들은 학교나 커뮤니티에서 설계 문제를 풀기 위해 기하학을 사용할 수 있다. 수학에 능숙한 학생은 자신이 아는 것을 적용할 수 있고, 복잡한 상황을 단순화하기 위

해 쉽게 가정을 세우거나 어림할 수 있다.

5. **학생들은 전략적으로 적합한 도구를 사용해야 한다.** 수학에 능숙한 학생은 수학 문제를 풀 때 구체물 모형이나 자, 각도기, 계산기, 스프레드시트, 컴퓨터기반 통계 패키지, 역동적인 기하학 소프트웨어와 같은 가능한 모든 도구를 고려한다. 유능한 학생은 자신의 학년이나 교과에 적합한 도구에 충분히 친숙하며, 따라서 이러한 각각의 도구가 언제 유용한지에 대해 타당한 결정을 내릴 수 있다. 그리고 도구를 사용한 후에 어림을 통해 가능한 오류를 대략 감지할 수 있다. 또한 다양한 학년 수준에서 수학에 능숙한 학생은 자신의 개념 이해를 탐색하고 심화하기 위해 전문적인 도구를 사용할 수 있다.

6. **학생들은 정확성에 초점을 맞추어야 한다.** 유능한 학생은 토의를 하거나 스스로 추론할 때 명확한 정의를 사용하여, 정확하고 명료하게 수학적 용어로 소통할 수 있다. 자신이 선택한 상징(예 : 등호, 연산 표시)의 의미를 설명할 수 있다. 그들은 다이어그램이나 데이터 차트에 측정 단위를 신중하게 명시하고, 축에 라벨을 붙인다.

7. **학생들은 수학적 구조와 패턴을 찾고 사용해야 한다.** 수학적으로 유능한 학생은 수학 문제에서 패턴이나 구조를 파악하기 위해 치밀하게 살펴본다. 예를 들어, 초등학생은 분할법칙에 대한 학습을 위한 준비로, 7×8이 외우기 쉬운 $7 \times 5 + 7 \times 3$과 같다고 볼 것이다.

8. **학생들은 반복되는 추론에서 규칙성을 찾고 표현해야 한다.** 수학적으로 유능한 학생은 계산이 반복되는지 주목하고, 일반적인 방법과 손쉬운 방법을 모두 찾는다. 초등 고학년 학생은 25 나누기 11을 계산할 때, 동일한 계산을 계속 반복하며, 소수가 반복됨을 알아챌 것이다.

수학적으로 유능한 학생은 문제를 풀면서 세부사항에 주의를 기울이는 동안 과정에 대한 점검을 계속한다. 그들은 계속해서 중간 결과의 합리성을 평가한다.

다. 2013년 그러한 작업들이 진행 중이긴 하지만, 현재 수학에 있어 이러한 공통핵심 평가의 실행은 2014-2015학년도로 계획되어 있고, 각각의 경우에 평가는 단순히 절차적 유창성이나 독립된 문제의 해결보다는 복잡한 수학 문제해결의 적용을 더 반영할 것으로 기대된다. 이러한 2개의 평가 컨소시엄과 그들이 제안한 평가는 차별화된 평가에 초점을 둔 제7장에서 더 자세히 다룰 것이다. 또한 이러한 평가 계획에 대한 추가적인 정보는 미국 수학교사협의회의 웹사이트(www.nctm.org)에 제시되어 있다. 이러한 논의가 제시하듯이, 이 분야에서 총체적인 변화를 제시하는 더 많은 작업들이 2013년 진행 중이다.

공통핵심교육과정에 대한 우려

이상에서 설명한 바와 같이, 수학 교수에 있어서 현재 많은 것이 과도기에 있다. 또한 그 기준과 수학적 실제, 그리고 공통 평가에 대한 집중적인 작업을 통해 국가적인 노력이 진행 중이며 이러한 기준들이 지원을 받고 있음을 알 수 있다. 하지만 2014년 실행에 앞서 공통핵심교육과정에 대해 많은 이들이 우려하고 있다(Garelick, 2012; Loveless, 2012; Ujifusa, 2012; Wurman & Wilson, 2012). 2012년 초반, Tom Loveless는 브루킹스 연구소에서 '미국 교육에 대한 브라운센터 보고서(Brown Center's Reports on American Education)'의 하나로, 미국 학생들은 얼마나 잘 학습하는가(*How Well Are American Students Learning?*)를 발행했다(www.brookings.edu/wp-content/uploads/2016/06/2015-Brown-Center-Report_FINAL.PDF).

공통핵심교육과정이 2012년 아직 실행되지 않았기 때문에, 보고서의 결론은 공통핵심교육과정 그 자체보다는 다양한 주에서의 이전의 주 기준과 관련한 학업성취 데이터에 기초했다. 그렇더라도 브라운센터 보고서는 엄격한 학업기준을 설정하는 것이 학업성취를 향상시킨다는 생각을 크게 비판했다. 그럼에도 불구하고 그 결론은 교육지도자들 간의 논쟁에 불을 붙였다(Hess, 2012; Loveless, 2012). 특히 Loveless(2012)는 초기에 주(州)마다 정한 기준이 2003년부터 2009년까지 치른 국가표준시험제(National Assessment of Educational Progress)에서의 성취 점수와 관련이 없었다고 주장했다. 더욱이 그는 기준을 설정하는 것이 집단 간 성취도의 차이를 좁힌다는 증거가 거의 없다고 결론지었다(Loveless, 2012).

공통핵심교육과정이 학생들의 성취에 미친 영향과 관련한 논란과는 별도로, 이러한 기준에 대한 다른 우려가 있었고, 여러 교육단체는 이러한 기준에 반대함을 공식적으로 표명했다(Garelick, 2012; Ujifusa, 2012). 공통핵심교육과정은 이전에 각 주에서 채택한 기준을 더욱 간소화시키고자 하는 의도를 지녔으나, 한편으로는 학업성취 증가에 대한 요구가 증가하면서, 어떤 이들은 여러 주(예 : 캘리포니아와 미네소타)의 수학 기준이 공통핵심교육과정보다 더욱 엄격했다고 주장했다(Wurman &

Wilson, 2012). 또 다른 이들은 수학공통핵심교육과정
이 정답에 도달하는 방법, 즉 절차적으로 학생들을 가
르치기에 앞서 수학 개념을 개념적으로 이해하게 하는
'암산(mental math)'을 지나치게 강조한다고 주장했다

> 그 기준과 수학적 실제, 그리고 공통 평가
> 에 대한 집중적인 작업을 통해 국가적인
> 노력이 진행 중이며 공통핵심교육과정에
> 대해 많은 이들이 우려하고 있다.

(Garelick, 2012). 사실이라면, 이러한 비판은 분명히 공통핵심교육과정의 목적에 어
긋나며, 말할 것도 없이, 여기에는 전국적으로 수백만 달러의 비용이 소요될 것이다.

결론적으로, 수학에 있어 공통핵심교육과정의 효과적인 실행이 추후 10년간 어떻
게 결론이 날 것인지에 대해 아직 알려진 바가 없다. 더욱이 앞서 언급했듯이 이러한
기준이 학생의 수학 성취에 어떻게 영향을 미칠지 알 수 없고, 어떤 이들은 이것이
공통핵심교육과정의 성과가 아닐 수도 있다고 주장한다(Loveless, 2012). 하지만 사
실상 모든 주에서 교육과정 기준과 공통 평가를 수학교육의 핵심으로 생각하며, 수
학교사들은 가까운 시일 내에 이러한 기준과 평가가 상당히 개입될 것임을 기대할
수 있다. 따라서 수학에서의 차별화 교수에 대한 설명도 수학공통핵심교육과정의 범
주에서 틀이 잡혀야만 한다.

수학에서의 차별화 교수 : 변화하는 이해

차별화 교수의 기원

Tomlinson 박사는 원래의 차별화 교수 개념에서, 학생들의 다양한 학습양식과 능
력, 학습선호도에 따라 교사들이 수업에서 더 많은 교수활동을 제공할 것을 독려했
다(Tomlinson, 1999). 처음에 그녀는 교사들에게 학습 내용, 학습 절차, 그리고 학습
성과를 포함하여 다양한 차원에서 교수활동을 차별화할 것을 장려했다(Tomlinson,
1999, 2001, 2003).

> **내용** : 교사는 학습 내용을 다양한 버전으로 제공함으로써 수업을 차별화할 수 있다.
>
> **절차** : 교사는 다양한 학생을 위해 다양한 수준의 스캐폴딩 안내를 제공함으로써
> 학습 절차에 변화를 줄 수 있다.
>
> **성과** : 교사는 학생에 따라 다양한 성과를 수용하고, 따라서 다양한 방식으로 자신
> 이 학습한 것을 표현하도록 허용함으로써 학습을 다양화할 수 있다.

차별화 교수의 주요 요지는 다양한 학생이 다양한 방식으로 학습하는 것이며, 수업에서 제공되는 교수활동의 종류와 유형을 늘림으로써 학생들은 그 내용을 학습할 최상의 기회를 제공받고, 그렇게 함으로써 학생들의 참여와, 궁극적으로는 학업성취가 향상된다는 것을 교사들이 확신할 수 있게 하는 것이다. 더욱이 교사들이 어떻게 교수를 차별화할 수 있는지에 대한 설명에 덧붙여, Tomlinson 박사는 왜 학생들이 어려운 내용을 다양한 방식으로 학습해야 하는지의 근거로 Howard Gardner의 다중지능이론(Multiple Intelligences)을 들었다(Tomlinson, 1999).

Gardner는 다양한 학생이 세상을 경험하고 따라서 근본적으로 다른 방식으로 배운다고 가정했고, 이것을 "지능"이라고 언급하면서 여러 학습 지능이 상대적으로 서로 독립적이라고 보았다(Gardner, 1983, 1993, 2006). 따라서 특정 학생에게 있어 IQ 혹은 '지능'이란 단일수치로 요약될 수 있는 하나의 것이라기보다는, 학생들 각자가 다양한 지능에서 상대적인 강점과 약점을 보여 주는 것이다. 원래 Gardner는 7개의 지능(**글상자 1.2**에 제시된 처음의 7개)을 발견했다(Gardner, 1983). 최근 그는 몇 가지 새로운 지능을 발견했는데, 그것은 아동이 수학이나 다른 교과 영역에서 자신의 지식을 이해하거나 설명할 수 있는 다양한 방식을 나타낸다(Gardner, 1993, 2006).

> 미국과 캐나다에서는 다중지능 관점이 수학 교수에 깊은 영향을 주었는데, 일정 부분은 Tomlinson이 차별화 교수를 처음 정립할 때 이 개념을 사용했기 때문이다.

1990년에서 2005년 사이에 미국과 캐나다에서는 다중지능 관점이 수학 교수에 깊은 영향을 주었는데, 일정 부분은 Tomlinson이 차별화 교수를 처음 정립할 때 이 개념을 사용했기 때문이다(Hearne & Stone, 1995; Katz, Mirenda, & Auerbach, 2002). 일례로 많은 수학 교과서는 다중지능이론을 바탕으로 학생들에게 강점에 기초한 교육적인 제안을 해 주고 있다. 더 나아가 이 지능에 기초하여, 학습 강점에 따라 다수의 교수전략을 제안했는데, 보편적으로 추천되는 교수 실제 유형의 예시가 **교수 팁 1.1**에 제시되어 있다.

하지만 수년간 이 이론에 대해 상당한 비판이 있어 왔는데, 그중 대부분은 다중지능에 대한 연구 기반의 부족을 지적했다(Bruer, 2006; Sousa, 2010). 이렇듯 다양한 지능이 존재하는지조차 논쟁이 되며(Bruer, 1999, 2006; Sousa & Tomlinson, 2011), 이 이론이 폭넓은 연구를 통해 지지받지 못한다는 점을 정확히 지적한다.

글상자 1.2   다중지능

언어 : 언어를 사용하고 다루는 능력

신체/운동감각 : 공간에서의 신체 감각, 공간에서 몸을 움직이는 능력

논리/수학 : 논리 문제를 이해하는 능력, '수감각'

음악 : 음악을 구성하는 리듬, 패턴뿐만 아니라 음악의 구조를 이해하는 능력

공간 : 공간적 관계를 해석하거나 공간관계를 인지적으로 조작하는 능력

대인관계 : 타인에게 영향을 주고, 미묘한 표정이나 신체적 단서를 읽고, 서로 어울려 잘 지내는 능력과 기술

개인 내 : 자신에 대한 인식과 자신에 대한 전반적인 만족을 포함한 자아감

자연 친화 : 자연환경에서 관계를 인식하고, 범주적 구별과 다양한 분류, 분류들 간의 관계 인식

도덕 : 이 지능의 존재 여부에 대해서는 다중지능이론 지지자들 간에도 여전히 논란이 있고, Gardner(1993, 2006)에 의해서도 확증되지 않았다. '실존적 지능' 혹은 '정신적 지능'으로 불리기도 하는데, 이 지능은 인간의 상호작용을 통제하는 규칙과 과정에 대한 관심과 결부된, 옳고 그름에 대한 개인의 깊이 있는 지각으로 설명된다. 예로서 마틴 루터 킹 박사, 간디와 같은 사람이 포함된다.

 교수 팁 1.1   다중지능에 따른 교수 아이디어

음악적 교수 아이디어

수학적 사실을 챈트로 익히는 것은 좋은 활동이고, 리듬을 사용한 활동은 학습을 크게 도울 수 있다. "We will, we will rock you"의 리듬을 사용하여 덧셈 사실이나 뺄셈 사실로 바꾸어 부른다(1개의 수학적 사실을 두 번 "하나, 둘, 셋, 쉬고" 혹은 "쿵, 쿵, 짝, 쉬고"란 리듬을 치고 "1 더하기 1은 2, 1 더하기 2는 3" 등을 말하는 챈트를 반복한다).

교사들이 사용하는 또 다른 훌륭한 멜로디로는 오래된 텔레비전 쇼인 "아담스 패밀리"의 주제가나 "리 자로 끝나는 말은"이 있다.

또한 교사는 단원(예 : 십의 자리 값)의 몇 가지 주제를 알려 주고, 학생들에게 그것을 가지고 랩을 만들게 한다.

공간적 교수 아이디어

조작물이나 개념(예 : 분수에서의 부분)의 표상과 같은 시각적 지원은 종종 관계를 보여 주므로, 공간적인 학습자에게 도움을 줄 수 있다.

하나의 변형된 형태로, 교사는 수업시간에 학생들에게 "이 문제를 그림으로 나타내 보세요."라고 요구할 수 있을 것이다.

(계속)

대인관계에서의 교수 아이디어

학생들에게 그룹 과제로 수학적 사실 문제에 대해 서로 수학적 정보나 개념을 토론하게 한다. 수학 수업시간의 매 15분간 교사는 "짝지와 함께 그 개념을 서로 설명하세요. 둘 다 같은 방식으로 이해했는지 보세요."라고 말할 수 있다.

신체적/운동감각적 교수 아이디어

양의 정수와 음의 정수에 대한 연산 수업시간에 교실 바닥의 수직선 따라 이동하기 활동은 수학 동작 활동의 한 예다.

또 다른 예로 덧셈과 뺄셈 수학 문제에 따라 이동하기가 있다. 6+8=___이란 문제에서, 교사는 6명의 학생을 교실 한쪽에 서게 하고 8명의 학생을 다른 한쪽에 서게 한 뒤, 두 그룹을 함께 모이게 한다. 이것은 '이어세기' 전략을 가르칠 때 사용될 수 있다. 6명의 아이가 있는 그룹에서 시작하여(계산 문제에서 그 숫자가 먼저 나왔기 때문이다), 교사는 한 번에 1명씩 다른 그룹의 학생들이 6명의 그룹에 모이게 하면서 '이어세기'하는 것을 보여 준다(예 : 숫자 6에서 시작하여 첫 학생이 합류할 때 "7"이라 말하고, 수를 계속 이어 간다—'6'부터 '이어세기').

교사는 벽에다가 대략 바닥에서 머리 높이까지의 큰 원을 그린다. 학생들에게 그 원 앞에 서서 신체를 사용하여 그 원을 부분으로 나누게 한다. 손을 옆으로 붙이고 서면, 몸은 원을 절반으로 나눈다—머리에서 다리까지. 팔을 양쪽으로 뻗으면 원은 넷으로 등분된다 등.

자연 친화적 교수 아이디어

교사는 학생들에게 사과 속을 관찰하도록 하기 위해 반으로 자르게 할 수 있다.

개인 내적 교수 아이디어

내성적인 학생들에게는 일기쓰기를 추천한다. 이들에게 일상에서 분수에 대해 경험한 것을 일기에 쓰게 한다(예 : "나는 어젯밤에 케이크를 더 많이 먹고 싶었다. 그래서 남은 케이크의 $\frac{1}{2}$을 먹었다.").

다중지능 관점을 활용한 교수의 근본적인 취지는 여전히 교사들로 하여금 교실에서 다양한 유형의 학습 옵션이 제공되는 교수활동을 개발하도록 노력하게 만들었고, 결국 다수의 교사들은 학생들에게 긍정적이었음에 동의하는 결과로 끝을 맺었다(Gardner, 1993; Hearne & Stone, 1995; Katz et al., 2002). 더 나아가 다중지능 연구의 목적은 교사들이 지능을 고정된 인지능력이기보다는 학습을 위한 방법으로 보도록 권고하는 것이다(Hearne & Stone, 1995; Katz et al., 2002). 이러한 관점에서 볼

때, 학생들은 다양한 강점과 약점을 가지며, 유능한 교사들은 이들에게 최상의 학습 기회를 제공하기 위해 다양한 지능에 초점을 맞춘 학습활동이 제공되는 수업을 실행해야 한다. 그러므로 교사들은 이러한 지능을 염두에 두고 수업활동을 구체적으로 계획해야 할 것이다. 따라서 수학적 사실이 포함된 단원을 가르칠 때 교사들은 다양한 지능에 관련된 몇 가지 활동을 포함시키고자 노력할 것이다.

수학에서의 새로운 차별화 교수

차별화에 대한 간략한 역사를 생각해 볼 때, 차별화 교수의 핵심은 오늘날 대부분의 교실에서 교사가 학생들의 다양한 학습 요구에 반응하여 다양한 교수 선택권을 증가시키는 데 중점을 둔다. 하지만 오늘날 교육자들은 차별화 교수의 진정한 개념이 수학 교수와 마찬가지로 전환점에 있음을 알고 있다(Bender, 2012a; O'Meara, 2010; Richardson, 2012; Sousa & Tomlinson, 2011). 어떤 저자들은 이러한 전환점을 논하기 위해 "차별화 이후(beyond differentiation)"란 구절을 사용해 온 반면(O'Meara, 2010; Richardson, 2012), 이 책의 저자들은 차별화 교수의 개념의 전환점에 대해 요약하기 위해 "새로운 차별화 교수"라는 용어를 사용해 왔다. 사실 차별화 교수 방식에 영향을 준 다양한 요소가 대부분의 문헌에 설명되어 있으며(Bender, 2012a 참조), 교육계의 여러 다른 계획은 차별화 교수 개념과는 별개임에도 불구하고 차별화 교수의 실행에 영향을 미쳤다. 최소한 5가지의 구체적인 사례를 발견할 수 있다(Bender, 2012a; Richardson, 2012; Sousa & Tomlinson, 2011).

1. 차별화 교수 개념은 다중지능 학습 이론에만 의존하던 것에서 벗어나, 다양한 대안적 학습양식/학습선호도 이론이 현재 차별화 교수의 근거로 인용되고 있다.
2. 현재 차별화 교수 지도를 제안하는 근거로 신경과학이 더욱 강조되고 있다.
3. 현재 교사들이 교수를 차별화할 수 있는 영역으로 내용과 절차, 성과를 초월하여 더 폭넓은 변수들이 문헌에서 소개되었다.
4. 교육공학(예 : 스마트폰, 첨단 교육 애플리케이션, Web 2.0 교구)은 학생마다의 학습 차이에 적극적으로 반응하는 개별적인 수업을 제공함으로써, 차별화 교수를 훨씬 더 계획하기 쉽고 실행 가능하게 만든다.

5. 중재계획에 대한 반응은 모든 일반교육의 수학 수업에서 차별화 교수를 더욱 강
   조한다(Bender, 2012a).

이러한 요소들은 수학과 읽기 수업에서 차별화 교수의 근거를 어느 정도 바꾸
어 놓았다(Bender, 2012a; O'Meara, 2010; Richardson, 2012). 따라서 차별화 교수의 개념은 1999년 그 용어가 처음 사용된 이래 변화되어 왔다. 이러한 각각의 요소는 아래에 설명된다.

> 수학에서의 차별화 교수에 대한 진짜 근거에 대해 1999년 이래 약간의 변화가 있어 왔다.

학습양식, 학습선호도, 학습 프로파일

앞서 살펴본 바와 같이, 원래의 차별화 교수 개념은 상당 부분이 Gardner의 다중지능이론(Gardner, 1983; Tomlinson, 1999)에 근거했다. 하지만 오늘날의 교육자들은 다중지능이론만이 아니라 다양성 정도가 더 넓은 학습양식과 학습선호도를 본다(Sousa & Tomlinson, 2011; Tomlinson, 2003, 2010; Tomlinson, Brimijoin, & Narvaez, 2008). 그러한 관점에서 차별화 교수의 개념에 대한 근거는 1999년 이래로 다소 변화해 오고 있다(Bender & Waller, 2011a, 2012; Sousa & Tomlinson, 2011; Tomlinson, 2010; Tomlinson et al., 2008).

최근 차별화 교수를 다룬 책 중 일부는 다중지능이론을 전혀 언급하지 않는 데 반해(O'Meara, 2010; Tomlinson, 2010; Tomlinson et al., 2008), 다른 여러 책에서는 다중지능을 다양성이 더 넓은 학습양식 이론이나 다양한 학습 프로파일 관점, 지적인 처리과정의 다양성이란 맥락에서 언급한다는 점이 흥미롭다(Sousa & Tomlinson, 2011). 이것은 학습양식과 학습선호도라는 더욱 다양한 관점으로의 변화일 뿐만 아니라, 차별화 교수 집단을 구성하는 근거로서 학생들은 저마다 흥미와 능력이 다르다는 점에 대한 관심이 증가됨을 보여 준다(Bender & Waller, 2011a; Sousa & Tomlinson, 2011). 최소 두 가지의 대안적인 학습 혹은 지능 접근이 차별화 수업활동을 계획하는 데 있어 타당한 토대로 간주된다.

> 오늘날의 교육자들은 다중지능이론만이 아니라 다양성 정도가 더 넓은 학습양식과 학습선호도를 본다.

예를 들어, Robert Sternberg의 삼원지능이론(1985, 2006)은 교사들이 수업에서 차별화 교수 집단을 어떻게 만들지 제안하는 하나의 관점이 되어 왔다(Sousa

& Tomlinson, 2011). Gardner(1983)에 의해 제안된 8~9개의 지능과 비교하여, Sternberg는 학생들이 세 가지 방법 중 하나로 정보나 아이디어를 처리한다고 제안했다. Sternberg는 핵심지능으로 분석적 지능, 실제적 지능 혹은 창의적 지능을 설명했다. 이들은 **글상자 1.3**에 간단히 정의되어 있다. 다시 말하자면, 3개의 '지능'에 관한 이러한 설명은 특히 최근 Tomlinson에 의해 차별화 교수 계획을 위한 하나의 토대로서 강조되었다(Sousa & Tomlinson, 2011).

Silver와 Strong, Perini(2000)는 교실에서의 차별화 교수를 위한 근거로서 학생들의 정신적 처리양식의 또 다른 개념을 제안했다. 이 연구자들은 학습자의 동기에 영향을 미치는 4가지 학습양식을 고려해야 한다고 주장했고, 그 맥락 내에서 저자들은 다양한 학습자를 위한 차별화된 교수 과제의 유형을 언급했다(Silver & Perini, 2010; Varlas, 2010). **글상자 1.3**은 Silver 등(2000)이 밝힌 4가지 학습양식과 수학 수업에서 다양한 학습자를 위해 사용될 학습 과제의 유형에 대한 제안을 제시하고 있다.

차별화 교수에 대한 근거로서 다양한 학습양식 선호도에 대한 논의와 더불어, 문헌에 사용된 용어의 정의 또한 다소 혼란스러운 것 같다. 이 책에서는 거의 동의어라고 할 수 있는 학습양식, 학습선호도, 그리고 학습 프로파일이라는 용어를 사용하고자 했는데, 이는 최소한 본 저자의 경험에서 볼 때 대부분의 교육자들은 광범위한 학습양식 문헌에서 다중지능을 하나의 관점으로 고려하기 때문이다. 하지만 다른 이론가들은 그러한 사용에 대해, 학습양식은 타고난 인지능력이나 지능과는 근본적으로 다르다고 주장한다. 다른 이들에게는, 학습양식이나 선호도는 학생들이 선호하는 학습 환경에 대해 선택하는 성향을 나타낼 수도 있다(교실에서 밝은 조명 대 어두운 조명, 또는 한 번에 한 가지 과제만 완성 대 동시에 많은 과제 수행; Sousa & Tomlinson, 2011 참조). 대조적으로 지능이라는 용어는, Gardner의 초기 다중지능이론(1983, 2006)에서의 다중지능과 같이, 환경과는 비교적 독립적인 정신적 처리양식으로 제한될 수 있다.

극단적으로, 어떤 교육자나 이론가들은 학습양식이나 학습선호도를 고려하지 말 것을 지지해 왔는데, 이는 학습양식이나 학습선호도 차이에 근거한 교수활동이 학업성취를 향상시킨다는 학습에 대한 증거가 아직 부족하기 때문이다(Bruer, 1999, 2006). 사실상 학생들이 근본적으로 다양한 방식으로 혹은 유사한 학습 과제를 다양

글상자 1.3	차별화 교수의 가능성 있는 토대로서 대안적 학습양식 이론

Ⅰ. Sternberg의 삼원지능이론

- 분석적 지능 — '부분에서 전체(part to whole)' 사고를 강조하는 것으로 전형적으로 많은 학교 과제에서 강력하게 강조된다. 이 영역에서의 강점은 과제나 개념의 요소나 특정 양상을 탐색하는 데 도움이 되며, 수학교육과정에서 매우 강조된다.
- 실제적 지능 — 때로는 맥락 이해로 설명되며, 실생활에서 학생들이 개념을 적용하고 문제를 해결하는 방법이 강조된다. 이 지능에서의 강점은 학생들이 하나의 상황에서 문제를 해결하고 나중에 다른 상황에서 그들이 이해한 것을 적용하도록 허용한다.
- 창의적 지능 — '틀에서 벗어난(out of the box)' 사고를 의미한다. 창의적 사고를 하는 자는 실생활에서 요구되는 눈으로 문제를 해결하기보다는, 자신의 새로운 해결책에 맞도록 환경을 맞추고 재창조하려는 경향이 있다. 이러한 기술은 특히 수학교육과정 내 주요 영역 중의 하나로 추상적인 수학적 사고와 관련 있다.

Ⅱ. Silver와 Strong, Perini의 학습양식

- 완전 학습자 — 이 학습양식을 가진 학생은 내용의 실질적인 의미에 초점을 맞추어 단계적으로 진행한다. 많은 수학 문제는 이러한 형태의 사고를 요구하므로 이러한 학습선호도를 가진 학생은 일반적으로 수학을 잘한다. 이들은 성공에 크게 동기화되고, 새롭게 이해하는 것에 대해 자부심을 가지며, 경쟁적이거나 모험적인 학습 과제에 잘 반응한다.
- 이해 학습자 — 이 학습양식을 가진 학생은 내용을 질문하고, 그 의미를 분석하고, 개념의 조각을 맞춘다. 이러한 학생들은 수학 내용을 이해하고자 하며, 다른 학생들에 앞서 패턴을 발견할 가능성이 있다. 이들은 일반적으로 퍼즐이나 게임, 논쟁에 관한 토의를 잘한다.
- 자기표현 학습자 — 이 학습양식을 가진 학생들은 학습 과제에 임할 때 혁신적인 사고나 창의력을 보인다. 어떤 과제를 하는 데 있어 자신의 접근이 독창적이기를 간절히 바라며, 자신이 이해한 것에서 찾는다. 이러한 학생들은 수학 과제를 선택하게 하거나 수학교육과정의 창의적인 과제에도 잘 반응한다.
- 대인관계 학습자 — 이 학습양식을 가진 학생들은 사회적 맥락에서 그들 자신의 감정 혹은 타인의 감정과 이해를 탐색하면서 가장 잘 반응한다. 이러한 학생들은 수학 과제를 협동적으로 학습하면서 잘 해내고, 그들의 느낌을 공유하면서 크게 자극받는다.

한 신경망에 의해 학습한다는 것을 보여 주는 학습 관련 연구는 아직 없다(Sousa & Tomlinson, 2011).

하지만 더 최근에는 Sousa(2010)가 이러한 질문뿐만 아니라 일반적으로 차별화 교

수에 대한 광범위한 질문에 대해 합의가 늘어 가고 있음을 보고했다. 오늘날에는 학습선호도나 학습 프로파일과 같은 용어가 사용된다(Sousa & Tomlinson, 2011). 또한 미국의 교사들은 학생들의 학업적 요구를 더욱 충족시키기 위해 교수를 차별화하도록 권고받아 왔으며, 현재도 권장되고 있다. Berkeley와 Bender, Peaster, Saunters(2009)는 중재반응에 관한 주(州) 정책의 최근 조사에서, 실제로 모든 주에서 중재반응모델의 관점에서 일반교육의 기반으로서 차별화 교수가 강조됨을 입증했다.

다음으로, 오늘날 대부분의 교육자는 학생들이 수학을 다양화된 독특한 방식으로 학습한다고 믿으며, 이러한 학습선호도에 대한 관심은 수학 내용에 학생들이 참여하도록 영향을 미칠 것이며, 결국 수학 성취에도 영향을 미칠 것이다(O'Meara, 2010; Silver & Perini, 2010; Sousa, 2010; Sternberg, 2006; Tomlinson et al., 2008). 그러므로 오늘날 차별화 교수에 대한 논의는 더 광범위하게는 일반적인 학습 프로파일이나 선호도의 차이, 그리고 이러한 학습선호도에 근거하여 이질집단 혹은 동질집단에 대한 개별화 혹은 소집단 학습센터 교수에 초점을 맞춘다. 1999년과는 대조적으로, 차별화 교수 패러다임은 이제 지능이론 하나에만 의존하지 않음을 말할 수 있다(Sousa & Tomlinson, 2011).

수학 학습에 대한 뇌신경생리학

학습 프로파일과 학습선호도라는 더욱 넓은 관점으로의 강조점의 이동은 뇌가 어떻게 수학을 학습하는지에 대한 강조와 병행되어 왔다(Devlin, 2010; Sousa, 2008). 학습 과정의 생리에 대한 많은 연구는 1999년 차별화 교수 개념이 최초로 명명된 이래 완성되었다는 점에 주목해야 한다(Tomlinson, 1999). 더욱이 이러한 연구들은 읽기와 수학 모두에서 차별화 교수에 대한 명백한 함의를 가진다(Bender, 2009; Devlin, 2010; Sousa, 2010; Sousa & Tomlinson, 2011).

> 오늘날 대부분의 교육자는 학생들이 수학을 다양화된 독특한 방식으로 학습한다고 믿으며, 이러한 학습양식과 학습선호도에 대한 관심은 수학 내용에 학생들이 참여하도록 영향을 미칠 것이며, 결국 수학 성취에도 영향을 미칠 것이다.

두뇌 친화적 학습으로 주로 언급되는 이들 연구는 차별화 교수가 추천받는 데 있어 이제 다중지능이론만으로 하는 것보다 더욱 견고한 근거를 제공한다(Bender &

> 수학 학습의 생리학과 신경화학에 관한 많은 작업은 최초의 차별화 교수 개념이 설명되면서 시작되어 왔다.

Waller, 2011a; Sousa & Tomlinson, 2011). 이러한 두뇌 친화적 연구에 대한 더 많은 정보와, 그 연구들에서 파생된 차별화 교수 관련 제안사항은 이 장 후반부에 제시된다.

차별화 교수 방식의 더 넓은 통합

다음으로, 오늘날 차별화 교수는 원래의 차별화 개념보다 더 광범위하게 초점이 맞추어진다(Sousa & Tomlinson, 2011; Tomlinson, 2010). 초반에 차별화 교수는 앞서 제시한 세 가지 영역(즉 내용, 절차, 성과; Tomlinson, 1999)에 초점이 맞추어져 있었고, 교실에서 차별화 교수 집단은 이 세 가지 영역에서 학생들의 학습을 강화하기 위해 다양한 다중지능에 기초했다. 하지만 오늘날의 차별화 교수는 세 가지 영역을 여전히 강조하지만, 교사가 수업을 차별화할 수 있는 방법으로 다른 영역이 확인되었으며, 이는 학습자에 대한 존중, 강력하고 매력적인 교육과정, 학생들의 흥미에 따른 학습 과제의 유연한 분류, 학생의 준비도뿐만 아니라 학습선호도, 지속적인 평가와 긍정적인 학습 환경을 포함한다(Sousa & Tomlinson, 2011). 이러한 영역들이 계속 증가하듯이, 차별화 교수의 개념도 시간이 지남에 따라 확장된다.

수학 교수 차별화를 위한 공학

교육에서 교수공학만큼 빨리 변화한 영역은 없으며, 이러한 추세는 차별화 교수에 영향을 주어 왔고, 앞으로도 계속될 것이다(Bender & Waller, 2011a, 2011b). 차별화 교수가 늘 학생들의 학습양식과 강점, 그러한 변인에 기초하여 교수 집단을 형성하도록 강조해 온 데 반해, 오늘날 공학의 유용성 증가는 교사가 모든 개별 학생에게 차별화된 교수활동을 제공할 수 있게 할 것이다. Web 2.0 툴(학생들이 단순히 정보의 소비자로서 기능하기보다는 정보를 협력적으로 창조하고 발표할 수 있게 하는 프로그램)을 사용한 공학 전략, 위키, 사회적 네트워킹, 그리고 컴퓨터화된 교육과정 혹은 수업계획안 구성의 변화는 모두 수학 수업시간에 제공되는 차별화 교수활동에서 주요 역할을 할 수 있다. 어떤 의미에서는, 적절하고, 매력적이고, 잘 설계되고, 개별화된 컴퓨터기반 교육과정에 개별 학생을 배치한다는 것은 차별화 교수의 완벽한 본보기로 그려질 수 있으며, 그렇게 잘 설계된 교육과정은 학생의 개별 요구를 표적으로 하며 개별 학업 수준에 기초한 개별화 교수를 제공할 수 있다.

많은 최신 컴퓨터 프로그램에서 교육자들은 질문이 어떻게 답해지는지, 또는 어떻게 새로운 내용이 제시되는지, 따라서 다양한 학습양식과 학습선호도와 연관된 몇 가지 요소를 다루면서, 수업시간 동안 그 프로그램이 학생들에게 전달하는 자극의 양을 다양화할 수 있다. 여기에는 문제 제시 수준의 변화, 색상이나 소리 그리고 사용된 애니메이션 분량의 변화, 혹은 프로그램에서 제공하는 교수적 지원 수준의 변화가 포함된다. 심지어 현대 컴퓨터기반 교육과정에서는 시간조차도 변화를 줄 수 있다(즉 질문의 제시 비율 등).

이렇듯 가능한 모든 변화로 교사는 다양한 학습양식을 가진 학생들에게 맞춤화된 컴퓨터기반 교수를 제공할 수 있게 되며, 이는 매우 차별화된 교수로 간주될 수 있다(Bender & Waller, 2011b). 몇몇 컴퓨터기반 교수 프로그램에서 적어도 25년 동안 이러한 유사 콘텐츠를 제공해 온 데 반해, 오늘날은 대부분의 프로그램이 그러하며, 교사는 학생들에게 차별화 교수용 과제를 제공하기 위해 이러한 옵션을 사용하는 데 능숙해지고 있다. 그러므로 컴퓨터와 인터넷 기반 교수는 1999년의 경우보다 오늘날에 교사들이 교수 차별화를 할 수 있게 해 줄 가능성이 더 크다.

그러나 오늘날 공학은 효과적인 컴퓨터기반 교수 프로그램을 초월하여 많은 방식으로 교수에 영향을 미치고 있으며, 최신 교수공학은 학생들이 개별적으로 컴퓨터 프로그램을 활용하기보다는 진정으로 혁신적인 협력

> 컴퓨터와 인터넷 기반 교수는 1999년의 경우보다 오늘날에 교사들이 교수 차별화를 할 수 있게 해 줄 가능성이 더 크다.

학습 옵션을 만들어 내고 있다. 예를 들면, 다양한 사회적 네트워크 옵션(예 : 페이스북, 트위터 혹은 Ning), 협력적 수업을 위한 위키나 학급 블로그 사용, 협력을 통한 내용 제작은 학생들이 고립되지 않고, 사실상 모든 교실에서 매우 차별화된 교수가 제공될 수 있는 옵션이다(W. M. Ferriter & Garry, 2010; Richardson & Mancabelli, 2011). 더욱이 더 최근에 개발된(개발 중인) 네트워킹 공학에서는 학생들이 그들 자신의 학습 내용을 제작하는 학습 프로젝트에서 자신의 역할을 선택하게 함으로써 차별화된 지원을 할 수 있다(Bender & Waller, 2011a).

학생들은 자신이 사회적 네트워킹을 매우 좋아함을 보여 주고 있으며, 교육자들은 사회적 네트워킹 도구를 교육에 어떻게 사용할 수 있는지에 대한 이해가 높아짐

에 따라 차별화 교수의 기회가 증가할 것이다. 오늘날의 학생들은 디지털 방식의, 풍부한 미디어의, 매우 상호적이고 공학적인 세계에서 익숙해진 자극을 기대하고 이에 반응하며, 교사는 오늘날의 학생들에 부합하기 위해 그러한 현대세계에 근접한 수학 수업을 구성해야 한다. 그러므로 학생들의 참여를 도모하는 현대 공학과 더불어 두뇌 친화적 교수 아이디어를 사용하는 것은 이제 매우 중요하다. 교사는 수학에서 우리 학생들의 하이테크 세계에 맞먹는 차별화 학습활동을 만들어야 하며, 이에 기반을 둔 교수는 훨씬 더 효과적일 것이다. 이러한 이유로, 다양한 공학적 교수 옵션이 이 책의 여러 장에서 논의될 것이다.

수학에 있어 중재반응(RTI) 이니셔티브

이미 변화된 또 다른 교수적 혁신, 그리고 계속 변화되고 있는 오늘날의 교육은 RTI 이니셔티브이다. RTI(Response to Intervention)는 학생들 개개인의 성공을 보장하는 데 필요한 수준만큼의 교수적 강도가 학생들의 교수적 요구에 부합하는지 확인하기 위해 교실에서 학생들을 위한 다층 수준의 지원적 교수를 제공하는 것을 의무화한 것이다(Bender, 2009; Bender & Crane, 2011). 대부분의 주(州)에서는 RTI의 3단계 모델을 채택했는데, 기초 단계(1단계 교수)는 일반교육의 수학 수업에서 모든 학생에게 적용 가능한 교수를 나타낸다. 이것은 모든 전체 집단 교수와 수학 시간에 일반 교사가 실시하는 모든 차별화 노력을 포함한다. 2단계는 어려움을 겪는 학생들을 위해 일반 수학 수업 밖에서 이루어지는 더욱 강도가 높은 수준의 수학 교수이다. 학생들의 대략 20% 정도는 이러한 수준의 강도 있는 수학 교수를 추가적으로 요구할 것으로 예상된다. RTI 패러다임에서 3단계는 2단계에서 성공하지 못한 학생들을 위한 매우 강도 높은 보충교수이다.

　RTI 이니셔티브는 원래 읽기 분야에서 적용된 반면, 현재 많은 주에서는 수학에서도 RTI 노력을 요구한다(Bender & Crane, 2011). 하지만 차별화 교수가 증가함에 따라 수학에서의 더욱 폭넓고 다양한 교수적 요구가 일반교육에서 충족된다면, 수학에서의 강도 있는 교수의 추가적인 요구는 줄어들 것이다. 이는 RTI 이니셔티브 내에서 모든 1단계 수학 교수의 기반으로서 차별화 교수 패러다임이 다양한 주의 계획에 성문화되었거나 요구되는 이유이다(Berkeley et al., 2009). 수학에서 차별화 교수에 대한 RTI의 영향력과 관련하여 더 자세한 사항은 제7장, 차별화된 평가와 RTI에 제시된다.

수학에서 차별화 교수의 효과

차별화 교수를 지지하는 연구가 여전히 다소 제한적이라는 사실은 놀랍다. 원래의 학습양식 교수 접근에 이의를 제기하는 연구들이 많은 반면(Bruer, 1999, 2006), 좀 더 전통적인 수업과 비교해 매우 차별화된 수업의 효율성을 조사하고자 하는 일치된 연구의 노력은 없다. 더욱이 2012년, 수학에서의 차별화 교수에 대한 체계적이고 실증적인 연구는 없으며, "데이터를 보여 달라"고 하는 교육계에서 수학의 차별화 교수에 대한 실증적 연구의 부족은 다소 놀랍다. 특히 1999년에 차별화 교수가 소개된 이래 10여 년 이상의 시간이 지났고(Tomlinson, 1999), 누군가는 물을 것이다, 지지하는 연구는 어디에 있는가?

수학 그리고/혹은 읽기에서 차별화 교수가 학생들의 성취에 긍정적인 영향을 준다고 제안하는, 차별화 교수의 효율성에 관한 일화적인 증거가 있다(Doidge, 2007; King & Gurian, 2006; Merzenich, 2001; Merzenich, Tallal, Peterson, Miller, & Jenkins, 1999; Silver & Perini, 2010; Sousa, 2008; Sternberg, 2006; Tomlinson, 2010; Tomlinson et al., 2008). 예를 들어, Tomlinson과 동료들(2008)은 차별화 교수를 실행한 결과로 두 학교에서 수학 학업이 향상되었다는 증거를 제시했다. 콘웨이 초등학교와 콜체스터 고등학교는 미국의 다른 지역에 있는 두 곳의 평범한 학교로 설명된다(Tomlinson et al., 2008). 주(州) 전체에서 실시되는 평가를 통해 수학과 다른 교과목의 데이터가 수집되었고, 결과는 차별화 교수 실시 전 몇 년 동안과 실시 후 몇 년 동안 수학 점수의 향상 혹은 숙달을 나타내는 학생들의 백분율로 제시되었다. 미주리 주 콘웨이에 위치한 콘웨이 초등학교의 데이터는 차별화 교수 시행 3년 후 확실히 더 많은 학생들이 수학에서 능숙 혹은 숙달 수준으로 성취했음을 보여 주었다. 동일 기간 같은 주의 다른 학생들과 비교해 볼 때도, 그 데이터는 콘웨이에서 수학 성취가 확실하게 증가되었음을 보여 주었으며, 그 주의 다른 학교에서는 유의미한 변화가 없었다(Tomlinson et al., 2008). '능숙' 혹은 '진전' 성취를 보인 학생들의 백분율은 수학 수업에서 차별화 교수 시행 전 평균 64%에서 시행 후 3년 동안 평균 80%

까지 급등했다.

콜체스터의 데이터 또한 수학에서 차별화 교수의 긍정적인 영향력을 보여 주었다. 이러한 데이터는 많은 학생들이 읽기와 쓰기, 수학에서 주 전체의 평가에 합격했음을 나타냈다. 콜체스터 고등학교의 이러한 평가 결과는 수학에서의 특정한 세 영역의 점수를 비교하는데, 각 영역에서 합격한 학생들의 백분율은 차별화 교수 실시 후 평균 26%까지 증가했다.

결론 : 새로운 차별화 교수

앞서 논의된 여러 요소들은 수학의 차별화 교수에 대한 새로운 이해를 가져왔다. 학습 생리에 대한 강조와 차별화 교수에 대한 더 넓은 기반, 현대 교수공학의 사용, RTI 패러다임 내에서의 차별화 교수 등이 모두 새로운 차별화 교수 패러다임을 창출하기 위해 융합되었고(Bender, 2012a), 이 책은 수학에서의 새로운 차별화 교수에 대한 첫 논의를 제시한다. 더욱이 수학 성취를 향상시키는 데 있어 차별화 교수의 효과에 대한 몇몇 증거가 현재 있으며, 이것은 교사들이 수학에 있어 일반교육에 대한 초석으로서 차별화 교수를 고려해야 한다는 것을 제안한다.

언급했듯이, 이러한 새로운 차별화 교수는 많은 새로운 교사들, 심지어 베테랑 교사들에게까지도, 중요한 패러다임의 변화로서의 도전을 나타낸다. 교사들이 현재 그들의 수업을 더 작은 차별화 집단으로 나누기를 희망하는 가운데, 그러한 집단들은 꽤 유동적일 것 같으며, 그러한 수업에서 교수과정의 관리는 도전적일 수 있다. 교사들은 그들이 이러한 새롭고 혁신적인 방법으로 가르치는 데 어려움을 겪기 때문에, 서로 자원 역할을 해야 한다는 것을 고려해야 한다. 사실상 수학교육과정은 읽기 기술에 전적으로 의존적인 여타 교과목과 어느 정도는 다르기 때문에, 수학교사들은 서로 간에 자원 혹은 협력적인 교사로서 역할을 하는 것이다. 이와 같은 협력을 통해 아이디어와 기법을 창의적으로 공유함으로써, 수학 수업을 차별화하는 방법에 대한 각 교사의 식견을 넓힐 수 있다.

수학적 두뇌

앞서 언급했듯이, 인간의 뇌가 어떻게 기능하는지에 대한 지속적인 연구는 차별화 교수의 개념을 뒷받침한다(Sousa & Tomlinson, 2011). 이처럼 두뇌 친화적 연구가 발전하기 때문에, 다음 절은 수학 수업에서 뇌가 기능하는 방법에 대한 더 많은 정보와 더불어 그러한 연구에서 얻게 된 교사에 대한 제안사항을 보여 준다. 앞서 언급한 바와 같이, 새로운 차별화 교수는 주로 뇌가 어떻게 기능하는지에 대한 신경과학 연구에 기초하며(King & Gurian, 2006; Sousa, 2008, 2010; Sousa & Tomlinson, 2011), 수학에 있어 뇌 기능에 대한 우리의 이해에 많은 진전이 있어 왔다. 이 절은 수학 수업에서 교사의 관점에서부터 이 연구로부터의 지금의 성찰을 제시한다.

수학적 뇌의 영역

선행연구들은 수학이 추론과 개념 형성, 정신적 처리속도, 장기기억과 작업기억, 주의를 포함하여 많은 정신적 처리과정을 포함한다고 입증해 왔다(Devlin, 2010; Mabbott & Bisanz, 2008; Seethaler & Fuchs, 2006). 대부분의 복잡한 사고 처리와 마찬가지로, 수학적 처리과정에 관여하는 여러 뇌 영역이 있다(Sousa, 2008, 2010). 먼저, 학생의 '혼잣말' 패턴을 포함하여 언어는 수학 수행에서 가장 중요한데, 이는 수학 문제를 완성하는 데 있어 스스로를 가르치는 데 사용된다(Ostad & Sorensen, 2007; Seethaler & Fuchs, 2006). 그러므로 브로카 영역과 각회, 베르니케 영역과 같이 언어와 깊은 관련이 있는 뇌 영역은 수학에 관여한다(Sousa, 2001).

대뇌의 전두엽과 두정엽(즉 고차적 사고기능을 책임지는 뇌 영역)은 수학적 이해와 높은 관련이 있다. 시각피질 또한 학생들이 대부분의 수학 문제를 봐야 하기 때문에 관련되는데, 시각피질의 관련은 단순히 문제를 보는 것보다 더 복잡할 수 있다. Sousa(2001)는 거의 모든 수학적 사고에 있어 시각피질의 관여는 수학이 문제를 시각화할 것을 요구한다는 것을 나타낸다고 제안했다. 더 나아가 이것은 아동의 수학적 능력과 시각화 능력 간의 관련성을 보고한 수년간의 연구에 의해 지지되는 것 같다(Seethaler & Fuchs, 2006; Sousa, 2008).

수학은 또한 다른 많은 뇌의 기능에 기초한 매우 복잡한 기술이다. 읽기는 다른 기술을 습득하는 것과는 비교적 독립적일 수 있는 반면, 수학은 그렇지 않다. 아동은 읽기를 배우기 위해 수학(혹은 다른 교과목)을 배울 필요가 없는 반면, 수학을 습득하기 위해서는 읽기를 배워야 하는데, 이는 수학의 많은 부분에는 읽어야 하는 수학 방정식 또는 문장제 문제가 포함되어 있기 때문이다. 심지어 세로셈 혹은 가로셈 문제를 풀 때에도 문제의 숫자를 읽어야 한다(Barton, Heidema, & Jordan, 2002). 그러므로 학교 수업에서 읽기는 대부분의 수학 과제와 매우 관련이 있으며, 복잡한 읽기과정을 이해하는 것은 복잡한 수학을 어떻게 다루어야 할지를 보여 주는 데 도움이 된다. Sousa(2001)는 여기에 도움이 될 만한 '읽기 뇌' 모델을 제시했다(그림 1.1 참조).

〈그림 1.1〉에 나타난 바와 같이, 뇌의 4개 영역이 읽기에 주요하게 관여한다. 먼저, 시각피질은 페이지에 있는 몇 개의 구불구불한 선 자극을 받아들인다. 예를 들어, 방정식을 살펴보자.

$$6+3=\underline{\hspace{2cm}}$$

이 방정식은 처음에 모든 읽기와 마찬가지로 시각피질에 의해 '인식된다'. 다음에는 이러한 자극들이 소리를 해독하고 문어를 처리하는 뇌 영역인 각회와 언어의 이해에 관여하는 뇌 영역인 베르니케 영역으로 동시에 보내진다. 다음으로 브로카 영역이 관여된다. 이 영역은 숫자의 맥락에서 의미를 찾고 문제에 제시된 다른 숫자들과의 관계를 탐색한다. 여기에서 대뇌의 전두엽과 두정엽은 문제를 '생각해 보는 것'

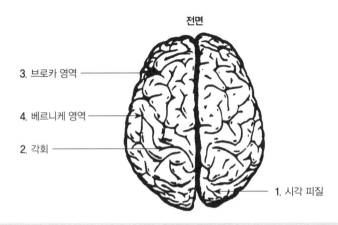

그림 1.1 뇌

에 관여한다. 이 영역들은 수 문제를 '상상하고' 그것을 풀기 위한 전략을 계획할 수 있다.

> 6개의 손가락을 펴고 그것을 세어 보세요. 그다음 3개의 손가락을 더 펴서 7부터 "이어서 세어 보세요". 그럼 답을 말해 보세요.

이 예시에서 나타난 바와 같이, 수학적 사고는 최소한 전두엽과 두정엽, 시각 피질, 각회를 포함하여 뇌의 많은 영역이 관여하는 매우 복잡한 처리과정이다. 이 외에도 다른 영역들이 수학 문제를 통해 사고하는 기술에 관여할 수 있으며, 더 많은 후속연구를 통해서만 진정으로 얼마나 복잡한 수학 문제인지 이해하거나 혹은 얼마나 많은 뇌 영역이 수학적 이해에 관여하는지를 이해할 수 있게 될 것이다.

성별 차이와 성숙

최근 연구에서 어린 남학생과 여학생이 뇌 기능에 있어 어떤 차이가 있을 수 있는지, 그러한 차이가 수학과 다른 학업 과제에 어떻게 영향을 미칠 수 있는지 조사했다(Sousa & Tomlinson, 2011). 사실 최근 연구는 수학 과제를 하는 동안 어린 남학생에 비해 여학생에서 다양한 뇌 영역이 더욱 활성화됨을 입증했다(Keller & Menon, 2009). 물론 교사들은 종종 어린 여학생들이 특히나 언어 및 소근육 통제와 같은 영역에서 남학생들보다 좀 더 일찍 성숙한다고 언급해 왔다. 더 나아가 이것들은 바로 초기 학교 교육의 읽기와 쓰기에서 의존하는 기술들이며, 여학생들이 학교에서 뛰어난 성취를 보일 때 이를 단순히 여학생들이 전반적으로 더 빨리 성숙하는 것으로 가정했다.

그 개념은 현재 이의가 제기되고 있다. 어린 여학생들이 남학생들보다 더 빨리 성숙한다고 주장하는 것은 명확하지 않으며, 오히려 여학생과 남학생은 다양한 영역에서 성숙의 차이를 나타낸다. 뇌 연구에서는 현재 어린 여학생들의 뇌가 앞서 언급한 몇몇 영역에서 더 빨리 성숙하는 반면, 어린 남학생들은 공간 및 시각 능력을 포함하여 특정한 다른 영역에서 더 빨리 성숙하는 것으로 보인다고 밝혀 왔다. 이것은 아마도 왜 어린 남학생들이 여학생들보다 수학을 더 잘하는 것처럼 보이는지를 설명할 수 있을 것이다(Strauss, 2003). 최소한 여학생들이 모든 영역 혹은 전반적으로 남학생들에 비해 빨리 성숙한다는 가정은 정확하지 않다. 오히려 성별로 연관된 특정 능력은 더욱 조심스럽게 연구되어야 한다. 앞에서 언급한 성숙의 차이와 더불어, 어린 여학생과 남학생 간 학습에서의 차이가 많이 입증되어 왔으며, 이들 중 다수는 다양한 교수 기법의 효과에 영향을 줄 수 있다(King & Gurian, 2006; Sousa, 2008). 이는 **글상자 1.4**에 제시되어 있다.

하나, 둘, 셋, 많이⋯ 고정화된 수

많은 연구자들은 영ㆍ유아기 뇌 발달에 대한 정상적인 성숙과정을 연구했으며, 기초 수학기술에 대해 조사했다. 이러한 연구들은 정상적인 성숙과정 동안 최소한의 수학 기술만이 뇌에 고정화된다고 제안한다(Devlin, 2010; Geller & Smith, 2002; Sousa, 2008, 2010). 이러한 간단한 수 인식 기술은 언어기술의 발달과 마찬가지로 학교 교육이나 유치원 학습 경험보다는 오히려 어린 뇌와 중추신경계의 정상적인 성숙과 연관되는 것 같다.

글상자 1.4　　**수학 수업에서의 뇌 기반 성별 차이**

여학생들은⋯
- 남학생들보다 소리에 더 민감하다.
- 밝은 색깔에 더 민감한 것 같다.
- 교사의 말에 더 경청하는 것 같다.
- 그들의 감정 상태나 느낌을 남학생들보다 더 잘 설명할 수 있다.
- 교사의 인정(예 : 숙제 완성하기, 수업에 참여하기)을 더 추구하는 것 같다.

　－협력적인 과제에서 더 잘 학습하는 것 같다(Sousa & Tomlinson, 2011).

반대로, 남학생들은⋯
- 여학생들보다 운동에 더 잘 적응한다.
- 운동이나 행동 기반 교수적 과제에서 더 성공하는 것 같다.
- 여학생보다 위험한 행동에 더 잘 참여하는 것 같다.
- 경쟁적인 과제에서 더 잘 학습하는 것 같다.
- 스트레스가 많은 환경에서 더 성공적인 것 같다.
- 공간적 과제와 수 기반 과제에 더 능숙하다(Sousa & Tomlinson, 2011).

　생존의 차원에서, 이것은 꽤 이해할 만하다. 우리 조상들의 뇌는 일찍이 진화의 역사 속에서 공격하려는 한 마리의 호랑이와 합동 공격 계획을 세워 공격하려는 두 마리의 호랑이를 재빨리 구별하도록 학습했는데, 이는 호랑이의 수와 위치가 최상의 탈출 경로 혹은 달릴 방향을 제시하기 때문이다. 그런 면에서 기초적인 수(하나, 둘, 그리고 아마도 셋)는 우리의 뇌에 고정화되었다. 하지만 짐작컨대 많은 수의 호랑이의 공격에 대해서는 가능한 탈출 경로가 없기 때문에 가장 낮은 수를 넘는 수 세기(즉 2 혹은 3보다 더 높은 수)는 생존기술로 선택되지 않았다. 그러므로 우리의 뇌는 아주 어린 나이에, 가장 낮은 수를 반사적으로 해석할 수 있는 것 같고(즉 1, 2, 그리고 아마도 3), 이 수들의 순서까지도 이해할 수 있지만, 어느 정도의 교육이 없이는 더 높은 수를 구별할 수 없다. 따라서 관찰한 사물에 반응하는 뇌를 이해하는 하나의 방법을 구절로 요약하여 표현하자면 "하나, 둘, 셋, 많이…"가 될 수 있을 것이다.

　수학교사의 관점에서, 이것은 수학 교수가 성숙 기반의 지식보다는 거의 전적으로 선수학습기술에 입각하여 만들어질 것임을 의미한다. 그러므로 수학에서 상위 수준 기술로의 이동에 앞서 선수기술의 숙달이 중요함을 간과할 수 없다.

감정의 뇌의 중요성

지난 15년간의 연구를 통해, 교육자들은 과거에 생각했던 것보다 훨씬 더 감정적인 의지나 태도가 학습에서 큰 역할을 한다는 것을 깨달았다(Clarkson et al., 2007; Sousa, 2008, 2010). 예를 들어, 국가수학자문위원회(NMAP, 2008)의 보고서는 수학에 있어 사회적 · 정서적 · 동기적 지지의 중요성을 강조했다. 이제 우리는 감각에 의해 뇌로 입력되는 많은 정보가 뇌 안에서도 중뇌 또는 '감정' 영역에서 우선 처리된다는 것을 안다. 더욱이 이러한 감정의 뇌는 자극이 대뇌(즉 전뇌와 두정엽 혹은 뇌의 '사고' 영역)에 의해 '고려되기'에 앞서 지나가야 하므로, 종종 필터 역할을 한다. 따라서 자극이나 수학 문제와 같은 특정 유형의 과제에 대한 부정적인 감정 반응은 자연히 수학 문제와 관련한 더 고차적인 뇌 기능의 부족을 초래할 수 있다. 간단히 말해, 수학 수업에서 학생들의 높은 스트레스는 뇌를 덜 효율적으로 만드는 경향이 있다.

　선행연구에 따르면 뇌는 많이 동기화되고 관련되어 있을 때와 심각한 수준의 스트레스보다는 '감당할 수 있는' 수준의 스트레스를 경험할 때(Goleman, 2006) 가장 잘 수행한다. 따라서 학생들이 수학을 두려워하는 만큼 그들의 뇌는 수학에 덜 참여하게 되기 쉽다. 학생들이 너무 많은 스트레스를 경험한다면(예 : 그들이 풀 수 없는 수학 문제가 제시되었을 때), 인지적 에너지가 뇌의 감정 지점으로 이동하게 되고, 대뇌 혹은 '인지적 영역'은 실제로 감소된 뇌 활동을 나타낸다. 그러므로 고차적인 사고—대뇌에서 일어난다—는 학생들이 수학 수업에서 과도하게 스트레스를 받을 때 감소한다. 더욱이 많은 수학교사들은 실제 수업에서 이러한 현상을 목격했다. 수학에서 때때로 학생들이 '얼어붙은' 것 같은 모습을 교사들은 얼마나 자주 알아챌까?

많은 학생들이 수학을 꽤 부정적으로 인식하거나 심지어는 수학을 두려워함을 보여 주는 연구들이 빈번히 있다(Kortering, deBottencourt, & Braziel, 2005; Montague, 1997; NMAP, 2008). 고등학생을 대상으로 한 최근의 한 조사에서, 학습장애학생의 55%가 가장 선호하지 않는 과목은 수학이고 그다음은 영어라고 답했으며, 최소 16%만이 이들 교과를 선호하는 것으로 확인되었다. 확실히 수학은 많은 학생에게 두렵거나 싫어하거나 혹은 둘 다인 것 같다. 이러한 이유로, 수학에 대한 학생들의 태도와 수학 학습에 대한 학생들의 동기에 주의를 기울이는 것은 매우 중요하다. 사실 본 저자는 다양한 워크숍에서 수학교사들과 함께 일해 온 사람으로서, 수학교사는 수학과 관련한 스트레스를 완화시키기 위해 더 열심히 일해야 하므로 다른 교과의 교사보다 '뛰어넘어야 할 더 높은 장애물'을 가지고 있다고 강조한다.

대조적으로 수학과 연관된 긍정적인 감정 경험은 수학에 활발히 참여할 더 높은 동기를 만들게 될 것이다. 수학에서 긍정적인 감정 경험을 만들기 위해, 교사들은 많은 전략을 시도할 수 있다. 첫째, 교사는 덜 위협적인 수학으로 만들기 위한 "수학놀이" 활동을 사용하는 방법을 찾을 수 있다. 스캐폴딩 또한 많은 학생들이 수학에 대한 부정적인 느낌을 점점 상쇄할 수 있는 지원을 제공할 수 있다. **교수 팁 1.2**는 수학 학습에 대한 좀 더 긍정적인 감정적 연관성을 키울 수 있는 추가적인 교수기법을 제시한다. 또한 많은 교육자들은 수학을 정서적으로 덜 위협적이도록 만들기 위해 수학게임을 탐색하는 중이며, 이 주제에 대해서는 제4장에서 깊이 있게 논의한다.

교수 팁 1.2   수학과 관련하여 긍정적인 감정을 키울 수 있는 전략

재밌는 셈 활동으로 수업을 시작한다

어린 아동들이 10까지 셀 수 있더라도, 큰 소리로 함께 셈하기는 잘못한 것에 당황하지 않고 셈하기를 강조한다. 예를 들어, 교사는 "교실 앞쪽의 선반에 얼마나 많은 물건이 있는지 다 같이 세어 봅시다."라고 말할 수 있다. 학급 학생들은 한목소리로 소리 내어 사물을 센다(숫자를 알지 못하는 아동이라도 덜 당황한다). 그런 뒤 교사는 "누가 교실의 다른 선반에 같은 수만큼의 물건이 있는지 찾아볼까요?"라고 말할 수 있다. 며칠 동안 셈하기를 하고 난 후, 화이트보드에 셈한 것과 쓰인 숫자를 짝 짓는다.

"선생님을 잡자" 게임

교사가 실수를 하고, 학생들이 이러한 셈하기 실수를 지적하게 할 수 있다. 이것은 다양한 학년 수준에 있는 학생들에게 적용할 수 있는 전략이다. 예를 들어, 교사는 셈하는 동안 숫자를 건너뛰거나 반복할 수 있고, 실수를 찾은 학생은 조용히 손을 들게 한다. 그런 다음 학생은 교사가 한 실수를 설명해야 한다(Griffin, Sarama, & Clements, 2003).

먹을 것을 활용하여 가르친다

더 어린 아동에게는, 먹을 것(여기서는 건포도와 같은 과일을 잘 활용한다)을 셀 수 있는 조작물로 사용하게 하여 더욱 재미있게 만들 수 있다. 수업은 파일 안에 먹을 것이 모두 없어지면 끝나게 되고, 학생은 새롭고 재미있는 방법으로 수학을 경험할 것이다.

"다른 질문, 정답" 기법

모든 수학교사는 학생들에게 질문을 하고, 누군가를 지명하고, 그 학생이 잘못된 답을 하는 것을 경험한 적이 있을 것이다. 질문에 틀리게 답한 학생들은 당황해하고, 수학에 대한 부정적인 감정 반응을 갖게 된다(Clarkson et al., 2007). 그러한 상황에서 교사는 즉시 "다른 질문, 정답" 기법을 사용해야 한다. 학생이 잘못된 답을 했을 때, 교사는 단순히 "어떤 잘못된 답도 없어요, 단지 다른 질문에 대한 답인 거예요."라고 말한다. 그런 뒤 교사는 학생의 답이 맞도록 동일한 내용을 강조하는 예시로 바꾼다.

여기 예가 있다. $64+28=$＿＿＿이라는 문제로, 학생들에게 받아 올림이 있는 두 자리 수 덧셈을 가르치는 것을 상상해 보자. 좀 들뜬 학생—지난주에 받아 올림이 없는 두 자리 덧셈을 배운 학생—이 "82!"라고 답할 수 있다. 이때 학생이 말한 것을 즉시 수정해 주기보다, 교사는 "나는 그 답이 좋아요, 하지만 그것은 다른 질문의 답으로 더 어울릴 거예요. 어떤 문제가 그 답이 될 수 있을지 생각해 봅시다. 누가 도와줄래요?"와 같이 말할 수 있다.

그 시점에서 위의 문제를 계속하기보다는, 교사는 82의 답이 도출될 수 있도록 위의 문제를 수정하는 방법을 학생들로부터 이끌어 내야 한다. 예를 들어, 위에서 일의 자리를 각각 바꾸면, $61+21=$＿＿＿, 혹은 $60+22=$＿＿＿가 된다. 교사는 학생들이 몇 가지 가능한 답을 생성해 내도록 1분여 동안 논의를 진행해야 한다. 마무리를 짓기 위해, 교사는

(계속)

"82"라고 답한 학생이 새로운 문제 중 하나의 빈칸에 그 답을 쓰게 한다. 이러한 방식으로 그 답은 틀린 것이 아니다―단지 다른 문제의 답일 뿐이다. 학생들이 새로운 문제를 만들고 있는 동안조차도 좋은 지도를 하고 있다는 것에 주목하자. 더 나아가 이 전략은 때때로 수학과 관련한 부정적인 감정을 감소시키고, 학생들이 질문에 더 잘 참여하게 한다. 일단 교사가 위의 활동을 끝내면, 수업을 원래의 문제로 되돌려야 한다는 것을 명심한다.

또래친구를 활용한다

수업의 초반이나 학생들이 새로운 개념에 노출된 후 몇몇 학생을 다시 가르치고 있을 때, 교사는 학생들이 또래친구와 함께 수학 문제를 풀도록 할 수 있다. 이는 '대인관계적' 학습양식을 설명하며 전형적으로 둘 혹은 그 이상의 학생들이 동일한 문제를 함께 해결하는 것을 말한다. 학생들은 함께하는 것이 더 재미있고 서로 '도울' 수 있기 때문에, 많은 학생들에게 있어 수학에 대한 불편함을 완화할 수 있다.

팀을 구성하여 가르친다

수학을 덜 위협적이게 하는 대인관계적인 교수 아이디어의 또 다른 방법으로서, 모든 초기 과제를 학생들끼리 서로 도울 수 있도록 팀으로 하게 하는 것이다. 교사는 학급을 팀으로 나누는 것으로 시작한다. 교사의 신호에 각 팀의 한 멤버는 차트로 달려가 주제와 관련된 사실을 쓴다. 다른 팀 멤버는 그 사실이 옳은지 확인해야 한다. 다음 신호에서 또 다른 팀 멤버는 다른 사실을 쓴다. 이 활동은 팀 멤버 간의 움직임과 협동뿐만 아니라 팀 간 경쟁을 포함하며, 대인관계 학습에 강점을 지닌 학생들에게 좋은 활동이다. 이것은 또한 수학 수업을 훨씬 더 재미있게 만들 것이다.

문제의 일부에 줄을 그어 지운다

이 접근은 주의력 문제뿐만 아니라 수학 불안감을 가진 아동들을 도울 수 있다. 교사는 한 페이지에 있는 수학 문제에서 반만큼 줄을 그어 지우고, 나머지를 하게 한다. 이 방법은 한 페이지 전체를 차지하는 수학 문제가 벅차 보이는 학생들을 도울 수 있다. 또한 수학에 부정적인 감정 반응을 지닌 학생들에게도 문제의 일부에 줄을 그어 지운 것이 그 과제를 풀 가능성이 훨씬 더 높다고 느끼게 할 수 있다.

개인적인 학습시간표를 사용하여 목표를 설정한다

학생들은 자신이 수학 학습목표에 도달하는 것을 보면서 수학에 더욱 긍정적인 경험을 가질 수 있다. 각 학생은 한 해 동안 날짜별로 자신이 수행해야 할 문제 유형의 그림이 그려진 시간표를 가지고 있어야 한다. 이는 학생들에게 꽤 동기부여가 될 수 있으며, 그들은 자신의 수학 진전도를 보게 된다. 개인적인 학습목표와 시간표는 학년도 중 다양한 시점에서 부모와 공유되어야 한다. 수학 포트폴리오와 관련된 수학시간표를 통해 학생들은 시간의 흐름에 따라 진전하는 자신을 볼 수 있게 되며, 학생들의 성취감이 향상될 것이다.

출처 : Bender(2009).

우선순위를 매기는 필터와 패턴 탐색으로서의 뇌

중뇌 혹은 '감정의 뇌'가 정보를 걸러 내는 것과 동일한 방식으로, 많은 다른 뇌 영역들은 필터 기능을 하며, 이러한 필터는 수학 학습을 못하게 할 수 있다. 우리의 오감이 매초 놀랄 만큼 많은 양의 자극에 노출된다는 것을 고려할 때, 왜 뇌가 다양한 필터링 메커니즘을 요구하는지 이해할 수 있다. 그렇지만 교사로서 우리는 우리가 가르치려는 개념이 뇌의 필터를 통과하는지 확인해야만 한다. 이를 위한 몇 가지 효과적인 방법이 있다. 첫째, 새로운 것을 사용하여 가르치는 것이 중요하다. 새로운 정보를 색상으로 처리하거나 참신하게 제시하는 기법은 학생이 숙달해야 할 수학 내용에 집중하도록 도울 수 있다. 이러한 기법은 모든 학습자가 수학에 숙달하도록 도울 것이다.

아마도 더 중요한 것은 교사의 교구 제시일 것이다. 뇌가 정보를 걸러 내게 하는 하나의 기능은 패턴이나 넓은 개념 혹은 구성원리를 탐색하는 것과 관련된다(Devlin, 2010; NMAP, 2008). 그러한 넓은 개념은 뇌가 지식을 범주화하고 분류하는 것을 가능케 하며, 어떤 개념들이 분류되고 마음속에 저장될 수 있는지에 따라 '두뇌 속기'의 유형을 제공한다.

많은 연구자들은 수학에서 패턴 지도에 기초한 교수를 강조하고 있으며, 수학교육과정에서 이러한 주안점을 위해 빅 아이디어 혹은 핵심 질문과 같은 용어가 빈번히 사용된다(Dehaene, 2010; Devlin, 2010). 이는 자릿값, 확장 기수법, 교환·결합·분배 법칙 등과 같은 시스템에 기초한 십진수 체계와 개념 같은 아이디어의 교수적 강조가 증가했다는 것을 포함한다(Harniss, Carnine, Silbert, & Dixon, 2002; NMAP, 2008). 물론 이는 수학공통핵심교육과정에서 강조하는 바와 유사하며, 수학 교수에서 패턴을 강조한다(**글상자 1.1** 수학 실제를 위한 표준 7번째 항목 참조).

아동들의 뇌 필터링 기능을 통과하기 위해, 교사들은 각 수학 단원에서 패턴과 빅 아이디어를 명시적이고 반복적으로 설명해야 한다. 더욱이 교사들은 수학에서 학생들이 개념에 대해 깊게 이해하도록 단원들 속 빅 아이디어들을 연관 짓게 지원해야 한다(NMAP, 2008). 주요 개념에 기초한 적절한 교수로, 거의 모든 학습자는 초등학년에서 기초 수학교육과정 내용을 숙달할 수 있다.

수감각

지난 10년간 많은 연구자들은 '수감각(number sense)' 개념을 강조해 왔다(Devlin, 2010; Gersten & Chard, 1999; Griffin et al., 2003; N. C. Jordan, 2007; N. C. Jordan et al., 2007; NMAP, 2008; Sousa, 2008; Whitenack, Knipping, Loesing, Kim, & Beetsma, 2002). 수감각은 셈하기나 한 세트에 얼마나 많은 사물이 있는지를 인식하는 것과 같이 기본적인 수나 숫자, 그리고 세트로 구성된 사물을 나타내는 데 수가 어떻게 사용되는지에 대한 개념적 이해로 가장 잘 설명될 수 있다(N. C. Jordan, 2007; Sousa, 2008). 수감각 개념은 숫자의 순서를 구성하는 패턴에 대한 인식도 포함한다. Gersten과 Chard(1999)는 수감각을 수에 대한 "유동성과 유연성"이라고 정의했다. 초기의 수감각은 아동이 크기와 비교, 암산, 어림에 대해 판단을 내릴 수 있게 해 준다(Devlin, 2010; Seethaler & Fuchs, 2006; Sousa, 2008).

예를 들어, 수감각이 있는 학생들은 실생활에서의 양과 수학적 세계에서의 수와 숫자 표현을 바꿀 수 있다(N. C. Jordan, 2007). 어린 학생들은 몇 가지 다양한 방법으로 수를 꽤 잘 표현할 수 있다. 그들은 한 손에서 5개의 손가락을 펴고 다른 손에서는 3개의 손가락을 펴 8개의 손가락을 보여 줄 수 있고, 혹은 동일한 수를 다른 방법으로 보여 달라고 하면 각각의 손에서 4개의 손가락을 펼 수 있다. 수감각이 매우 잘 발달된 학생은 5개의 사물이 2개의 사물보다 더 많다는 것을 안다. 그들은 두 수의 실질적인 차이는 알지 못하더라도 수의 상대적인 크기를 인식한다(Devlin, 2010).

대조적으로, 수감각이 없는 학생들은 특정한 수를 상징하는 사물을 세고 인식할 수 있고, '5'를 쓰거나 가리킬 수 있지만, 그 수의 실질적인 의미를 이해하지 못한다(Devlin, 2010; N. C. Jordan, 2007). 그들은 아직 7이 5보다 많은지 혹은 적은지 말할 수 없다. 많은 아이들이 셀 수 있는 반면, 수감각이 없는 아이들은 그 수가 의미하는 개념 혹은 숫자가 일련의 세트에서 사물을 표현하는 데 사용된다는 사실에 대한 개념을 가지지 못하는 것 같다(N. C. Jordan, 2007). 이러한 문제는 일대일 대응에 대한 이해가 부족하거나 단순히 일련의 세트에서 더 높은 숫자가 더 많은 '것들'을 나타낸다는 것에 대한 이해가 부족한 것에서 야기될 수 있다.

하지만 수감각은 유치원 혹은 초등기술 수준에 한정되지 않으며, 수감각의 개념은 교사들에게 있어 수학의 모든 수준에서 꽤 중요하다. 더 나이 든 아동에게 있어, 많은 수학기술에서의 결함은 앞서 언급된 수감각 문제의 유형으로부터 일어날 수 있다. 예를 들어, 초등과 중등 학년 학생들은 $\frac{2}{3}$와 $\frac{5}{8}$ 둘 다 $\frac{1}{4}$보다 큰 수라는 것을 이해해야만 하는데 이는 분자와 분모의 관계 때문이다(예 : 분자가 분모의 절반보다 크거나 거의 분모에 가까울 때, 그 분수는 $\frac{1}{2}$보다 크다). 그러한 인지가 없다면, 중등 학년 학생들은 분수의 이해에서 결함을 나타내고, 그러한 결함은 수학교육과정 전체에 걸쳐 퍼질 수 있다.

　Gersten과 Chard(1999)는 수감각이 필수적이긴 하지만, 모든 수준에서의 문제해결기술을 습득하는 데 충분치는 않다고 주장했다. 아이들은 실생활에서 수학 문제를 해석하기 위해 수감각을 학습해야 하지만, 그들은 또

> 수감각은 유치원 혹은 초등기술 수준에 한정되지 않으며, 수감각의 개념은 교사들에게 있어 수학의 모든 수준에서 꽤 중요하다.

한 문제해결에 숙달하기 위해 단순한 연산도 학습해야 한다. 수감각의 중요성이 증가함에도 불구하고, 수학 성취에 있어 이렇듯 중요한 단계를 다루는 교수 과제를 제공하는 수학교육과정이 거의 없다는 것은 유감스러운 일이다. 수감각을 개발하기 위한 전략들이, 특히 다양한 학생들을 위한 연령에 맞는 기법에 대한 강조와 더불어, 제4장과 제5장에서 제시된다.

수학적 뇌에 대한 연구의 요약

수학 학습에 있어 뇌가 어떻게 기능하는지에 관한 새로운 이해와 더불어, 몇 가지 서두의 결론이 교사들에게 제공될 수 있다. 다음에 제시되는 두뇌 친화적 교수지침은 다양한 자원으로부터 수집된 교수적 제안 목록이며, 당신이 어떻게 수학을 가르칠지에 대해 생각하는 데 도움을 줄 것이다(King & Gurian, 2006; Sousa, 2008; Sousa & Tomlinson, 2010; Tate, 2005). 물론 이것들은 단순히 일반적인 지침으로 간주되어야만 하며, 다양한 학생들은 분명히 교수에 대해 그들의 특별한 학습양식이나 선호도뿐만 아니라 학업기술 수준에 기초한 다양한 접근을 요구할 것이다.

SHEMR : 효과가 높은 수학 교수

본 저자는 자주 SHEMR(쉬머로 발음된다)라는 두문자어를 사용하여 뇌 연구를 요약하고 있다. 이 간단한 두문자어를 기억함으로써 교사는 수학 학습을 강화하고 수

교수 팁 1.3   두뇌 친화적 수학 교수를 위한 기법

안전하고 편안한 수업 환경을 만든다. 뇌는 몇 가지 수준에서 자극을 걸러 내는데, 하나는 안전과 관련되는 반면, 다른 하나는 정서적 안정과 관련한다. 먼저, 뇌는 안전을 위협할 것 같은 자극, 즉 종종 다른 자극을 배제하는 자극에 선택적으로 초점을 맞춘다. 두 번째 우선사항은 정서적인 안정과 웰빙에 관련된다. 마지막으로 뇌는 새롭고 비위협적인 학습 과제에 대한 정보를 처리한다(Sousa, 2001). 그러므로 과거의 수학에서의 실패로 인해 정서적으로 위협받은 학생들은 전형적으로 새로운 수학 개념을 학습하는 데 있어 인지적인 에너지를 덜 투자한다.

분명히 학생들은 수학 학습 과정에서 새로운 자료에 집중하기 위한 준비를 하기 위해 안전과 편안함을 느껴야만 하며(Sousa & Tomlinson, 2011), 교사는 학생들이 이 교과목에서 느낄 수 있는 정서적인 불편함을 완화시키기 위해 수학에 관련된 다양한 게임과 재미있는 활동을 의도적으로 구성해야 한다. 또한 (다른 교과목에서처럼)수학에서 교사와의 긍정적인 인간관계는 매우 중요하다. 오로지 그러한 맥락에서만 학생들이 새로운 수학 내용을 숙달하는 것으로 그들의 관심을 돌릴 것이다.

편안한 가구와 조명을 사용한다. 교사는 교실을 가능한 한 따뜻하고 매력적인 곳으로 만들어야 한다. 교사는 그룹 스터디 장소를 구성하기 위해 가구(예 : 소파 혹은 두서너 개의 의자)를 들여오고 싶을 수도 있다. 좀 더 '집 같은' 조명을 제공하기 위해 램프가 사용될 수 있다.

강하고 신기한 시각적 자극으로 가르친다. 교사들이 신기한 시각적 자극이 종종 수학 학습을 향상시킨다는 것을 알고 있지만, 이러한 상식적인 관점은 두뇌 친화적 교수 문헌에서 확인되어 왔다(Sousa, 2008). 따라서 교사들은 색상 강화, 크기와 형태 강화, 공학기반 프레젠테이션(즉 특정 유형의 수학 문제에 관한 유튜브 비디오, 혹은 수학 내용을 제시하는 그래픽)을 사용해야 한다. 인간의 뇌와 중추신경계는 특히 자극에서 신기함과 움직임 차이를 찾아내기 위해 조율되며(Sousa, 2001, 2006), 따라서 교사는 가능하면 어떤 경우에라도 이것을 사용해야 한다. 더욱이 다른 색상이나 움직임으로 표상하여 중요한 개념을 강조할 때는, 교사가 학습을 최대화하기 위해 직접적이고 명시적으로 그것을 가리켜야 한다. 차별화 교수의 관점에서 볼 때, 이러한 교수적 수정은 다양한 학습적 도전을 지닌 학생들을 위한 학습 과정의 수정을 나타낸다.

빈번한 학생 반응을 격려한다. 학생들은 무언가를 만들어 내는 것에 참여하도록 할 때 훨씬 더 많이 배울 수 있을 것이다. 정규적인 작업이 요구될 때 학생들은 일반적으로 훨씬 더 많이 학습 과정에 참여하게 된다. 수업 동안 약간의 수학을 하도록 요구하는 것이 좋은 아이디어인 반면, 그것이 학생들로 하여금 내용에 참여하는 것을 고무시키는 유일한 방법은 아니다. 학생들의 반응으로 활동지에 있는 문제를 완성하도록 하는 것보다 오히려 '또래와 이 수학 문제에 대해 토론하도록 하는 것'을 포함할 수 있다.

수학 수업에 챈트, 라임, 음악을 사용한다. 음악과 리듬은 언어로부터 뇌의 다양한 영역에서 처리되기 때문에 음악 멜로디에 수학 개념 짝 짓기 혹은 리드미컬한 챈트로 학습을 강화할 수 있다(Tate, 2005). 돌이켜 생각건대, 대부분의 성인은 ABC송을 암기하는 데 자주 사용된 노래인 "반짝반짝 작은 별"을 기억할 수 있고, 많은 학생들은 상급 학년에서 다른 암기 과제―주기율표나 나눗셈에 대한 수학적 사실―에 같은 노래를 사용했다. 교사들은 이러한 식견을 수십 년간 사용해 왔는데, 인간의 뇌에 대한 최근의 연구는 음악과 리듬이 학업 내용에 대한 기억을 강화시키는 데 사용되면서 강화된 학습의 기초임을 입증해 왔다(Tate, 2005). 여기 원의 요소를 가르치기 위해 "We Will Rock You" 노래의 리듬을 사용한 예가 있다. 학생들은 챈트를 하는 동안 "We will, we will, rock you!" 리듬을 강조하기 위해 그들의 책상을 손뼉으로 쳐야 한다.

> 이건 원주, 주변을 모두 돌아
> 이건 반지름, 면에서 중간으로
> 이건 지름, 안에까지 모두
> 이 모든 것이 원, 너에게 보여 줄게!

수학 내용을 나타내는 신체 동작을 가르친다. 수영과 같은 운동기술은 꾸준히 연습하지 않더라도 평생 동안 유지되는 반면, 외국어 사용은 왜 연습하지 않으면 빨리 쇠퇴하는지에 대해 의문을 가져 본 적이 있는가? 뇌 연구는 운동기술이 단순히 머리로 하는 학습보다 더 깊은 학습 형태라는 것을 밝히고 있는데, 그것은 상급학년까지도 대부분의 교과목에서처럼 움직임이 수학에서 매우 효과적인 학습도구로 언급되는 것에 대한 근거가 된다(Sousa, 2010; Sousa & Tomlinson, 2011). 일단 학습된 동작과 연관된 수학 내용은, 운동 반응을 포함하지 않은 수학기술보다 더 오래 기억되며, 이것은 가능할 때마다 교사들이 사실적인 기억 과제와 신체 동작을 짝 지어야 한다고 제안한다.

여기 수학 내용을 강조하는 동작활동의 예가 있다. 일부 학생이 위에 제시된 원의 요소 챈트를 사용하는 동안, 교사는 다른 학생들에게 그 원의 요소를 "동작으로 나타내 보아요."라고 할 수 있다. 위 챈트의 각 행은 몇몇 학생들에 의해 다음과 같이 실연될 수 있다.

"이건 원주…"	8명의 학생이 원을 따라 걷게 하고, 그 선이 끝나면 얼굴을 중심으로 향하게 한다.
"이건 반지름…"	3명의 다른 줄 학생들 중 첫 번째 학생이 중앙에서 멈추게 하여 그 원을 2등분 하게 한다.
"이건 지름…"	학생들의 '반지름' 선으로부터 90%에서 시작하여, 다른 줄의 5명 학생들이 그 원을 2등분 하게 하고 반지름에 수직선으로 관통하여 확장하게 한다.

(계속)

이러한 챈트와 동작활동이 어떤 교사, 특히 상급학년에 있는 교사들에게는 다소 미성숙해 보일지도 모르지만, 뇌 연구는 동작이 내용의 유지를 강화함을 보여 준다는 것을 강조하고 싶다(Sousa, 2010). 교사는 매일 수업에서 개념을 보여 주기 위해 동작기반 활동을 개발해야 한다. 모든 그래프나 차트에 대해 교사는 신체 동작(머리를 터치하는 것, 손가락을 흔드는 것 등)으로 차트의 각 섹션을 나타내는 창의적인 방법을 개발해야 한다. 대안적으로, 교사는 학생들을 다양한 수학 문제의 위치에 세운 뒤, 그 문제 사이를 움직이게 할 수 있다. 그러한 동작기반의 예시는 고작 2분 정도 소요되며, 가르치기에 재미있고 신기한 활동일 수 있다. 만일 그러한 활동이 날마다 5~6회 반복된다면, 수학적 내용에 대한 장기간 유지가 증가되는 결과를 야기할 것이다.

학생들에게 선택권을 제공한다. 학생들로 하여금 수학을 더 편안하게 생각하도록 하기 위한 한 가지 방법으로 선택권을 제공할 수 있다. 사실 오늘날 많은 교사들은 그들이 임하는 활동에서 학생 선택의 중요성을 강조한다(Larmer, Ross, & Mergendoller, 2009; Sousa & Tomlinson, 2011). 요약하면, 만일 자신의 학생들이 학교 상황에 있지 않을 때 합리적이고 정보에 근거한 선택을 하기 원한다면, 교사들은 교실에서 선택권을 제공하고 정보에 근거하여 선택할 수 있도록 코치해야 한다. 그러한 선택은 능숙함 보여 주기, 일련의 사실을 이해하기, 특정 주제 관련 과제 중 다른 선택을 위한 옵션과 관련되며, 매우 차별화된 교실에서 학생들은 많은 선택권을 제공받을 것이고, 그러한 선택을 하기 위해 그들 자신의 학습양식에 대한 이해나 선호도를 활용할 것 같다.

수학 학습을 위해 소셜 네트워킹을 사용한다. 베테랑 교사들은 학생들로 하여금 다른 학생들에게 새로운 정보를 설명하게 함으로써 학습을 강화시킬 수 있으며, 교실 밖에서 그러한 사회적 교환을 확장시킬 수 있는 기회로 새로운 소셜 네트워킹 유행을 이용한다. 더욱이 오늘날 대부분의 학생들이 소셜 네트워킹에 참여하는 빈도는 교실 내의 사회 학습 기회에 대한 일반적인 선호를 나타내며(Bender & Waller, 2011a), 수학 교사들은 이것의 장점을 활용해야 한다. 교사들은 좀 더 짧은 시간의 틀에서 몇 가지 정보를 제시한 뒤, 학생들로 하여금 함께 그 정보에 대해 토의하게 하고, 수학 내용에 대한 소셜 네트워킹 기회를 강화하는 습관을 가져야 할 것이다.

가능하다면 물과 과일을 제공한다. 뇌가 가장 효율적으로 수행하기 위해서는 특정한 연료―산소와 글루코스, 물―가 필요하다는 것을 밝힌 연구가 있다(Sousa, 2001, p. 20). 매 심장박동에서 우리 몸에 펌프된 혈액의 1/4까지는 뇌와 중추신경계로 가는데, 물은 혈액의 흐름에 중요하다. 더 나아가 물은 뇌를 통해 뉴런 신호의 이동에 있어 필수적이다(Sousa, 2006). 마지막으로, 과일은 뇌를 위한 글루코스의 탁월한 원천이며, 적당한 양의 과일 섭취가 단어 기억의 수행과 정확성을 북돋울 수 있다는 연구가 있다(Sousa, 2001, 2006). 그러므로 두뇌 친화적 교실에서는 책상 위에 학생의 개인 물통이 있어 필요할 때마

제1장 차별화 수학 교수 • 37

다 한 모금씩 마시게 한다. 어떤 교사는 심지어 학교 식당으로부터 제공받을 수 있다면, 스낵으로 가벼운 과일을 제공한다.

더 많이 가르치기 위해 덜 가르친다. 국가수학자문위원회(NMAP, 2008)는 학년 수준 전체에 걸쳐 수학교육과정을 간소화도록 권고했는데, 그 이유가 부분적으로는, 아동의 뇌의 관점에서 볼 때 우리는 이제 적은 것이 더 많은 것이라는 것을 이해하기 때문이다! 대개 수학에 문제가 있는 학생들은 적은 내용에 노출될 때 더 많은 내용을 습득할 것이다. 교사들은 학생들의 요구와 학습 프로파일에 기초하여 수학교육과정 내용을 조정해야 한다. 일반적으로 많은 문제를 부여하는 것보다 적은 문제를 이해하게 하는 것이 훨씬 더 바람직하다. 또한 어떤 학생들은 동일한 시간 틀에서 문제를 숙달하는 데 다른 학생들만큼 성공적이지 않을 수 있다. 학생들로 하여금 좀 더 깊게 이해할 수 있도록 하는 구조에서는 좀 더 적은 수의 유사한 문제가 다양한 유형의 더 많은 문제보다 선호된다.

수학에서 패턴과 '빅 아이디어'를 가르친다. 수학교사는 학생들이 문제 유형을 초월하는 수학의 빅 아이디어를 찾고 강조하도록 도와야 한다(Harniss et al., 2002). 이제 우리는 뇌가 패턴이나 '이해를 위한 두뇌 속기 방법'을 찾으며, 우리가 가르칠 때 이러한 아이디어를 명시적으로 다루어야 한다는 것을 안다. 셋 또는 다섯씩 세는 패턴 사용은 곱셈의 수학적 사실 습득에 도움이 될 수 있다. 가능하다면, 개요처럼 문제해결 패턴이나 단계를 게시판에 제시한다. 하루의 다양한 시점에 유동적이고 재미있는 '빠른 점검' 질문으로 진행되는 '게임'으로서 수학 패턴을 사용한다(Fuson & Wearne, 1997; NMAP, 2008).

높은 수준의 자동성을 위해 수학적 사실을 가르친다. 고등수학에서의 성취 향상을 위한 하나의 중요한 기초로서 수학적 사실에 대한 자동성이 매우 중요함을 나타내는 연구가 있다(NMAP, 2008; Woodward, 2006). 학생들은 수학적 사실이 높은 수준으로 학습되고 난 후에야 수학을 성공적으로 진행할 수 있다. 챈트와 음악, 다른 참신한 지도 기법의 사용은 사실의 기억을 강화시킬 것이다. 이 기술들은 꽤 즐거우며, 음악적 지능에서의 강점으로 잘 배울 수 있는 학생들을 지원해 줄 것이다.

명시적으로 알고리즘을 가르친다. 학생들로 하여금 동일한 알고리즘이 포함되거나 포함되지 않은 문장제 문제를 식별하게 한다. 교사는 새 개념이나 알고리즘에 대한 예시와 예시가 아닌 것을 모두 모델링해 줘야 한다. 더 나아가 교사는 학생들의 과제를 수정해 줄 때 개념을 강조해야 하고, 이러한 방식으로 학생들로 하여금 그 개념에 대한 깊은 이해를 도와야 한다. 선행연구는 학생들에게 단순히 정답이나 오류를 알려 주는 것이 학생들의 학습에 어떤 긍정적인 효과도 주지 않음을 명백히 보여 주며(Gersten et al., 2002), 따라서 교사들은 수학공통핵심교육과정에서 권장하는 바와 같이, 이해의 증진을 위해 항상 노력해야 한다.

학생의 연습을 스캐폴딩한다. 교사들은 실생활 예시를 사용하고, 학습과정 전체에 걸쳐 학생들에게 스캐폴딩을 제공해야 한다(이 책 후반부에 다양한 스캐폴딩의 예시가 제시된다). 다양한 복잡성 수준에서, 다양한 참교수 및 참평가 기법을 사용하여 개념이 응용되어야 함이 강조되어야 한다. 교사들은 수학공통핵심교육과정에서 강조하는 바와 같이, 실생활에서의 예시를 사용하여 학생들의 선수지식과 새로운 개념을 연관시켜야 한다. 또한 학생들로 하여금 서로 가르치고, 요점을 간추리고, 짧은 또래교수 시간(예 : 5분)에 새로운 개념을 서로 가르치게 한다. 이러한 유형의 활동은 학생들에게 수학 학습에 대한 동기를 강화할 뿐만 아니라 대인관계 학습활동을 강조할 것이다.

두려움을 이해하고, 아름다움을 탐색한다. 많은 학생들은 수학을 두려워하는데 (Montague, 1997), 이는 그들이 초기의 실패를 기억하고, 이러한 수학에 대한 부정적인 '정서 반응'이 그들을 매우 약화시킬 수 있기 때문이다. 교사는 학생들이 수학에 더욱 긍정적인 반응을 키우도록 도와주는 활동을 의도적으로 계획해야 한다(Montague, 1997). 예를 들어, 교사는 주기적인 실패로 인한 당황스러움을 제거할 수 있는 오류 없는 연습이나 또래학습활동을 제공할 수 있다. 많은 학생들은 게슈탈트 혹은 학습 경험에서의 즐거움 없이 수년 동안 수학을 공부한다. 자연 친화적인 학습자에게 수학 패턴의 아름다움을 보여 주면 꽤 만족스러워할 수 있다. 패턴과 구성물, 알고리즘의 논리적인 진행은 수학을 교향곡과 같은 음악처럼 만든다. 효과적으로 가르치는 수학교사들은 수학 수업에서 일상의 아름다움을 공유하는 법을 탐색한다.

감각과 수학적 놀이를 수업의 특성으로 하는 교수기술 레퍼토리를 개발할 수 있다. 이 활동들은 수학에서 개념에 대한 더욱 깊은 이해보다는 절차적 과정을 더 강조하는 경향이 있어, 이 책에서는 이 두문자어의 구성요소에 기초한 많은 활동이 제시된다. 이러한 교수활동들은 수학 수업에서 단순히 언어적으로 암기하는 학습활동에 기초하기보다는 더 많은 뇌 영역을 포함하는 경향을 지니기에 "효과가 높은 교수(high -impact teaching)"란 구절을 사용한다. 하지만 이러한 기술들로 인해 '암기학습'활동이 되어서는 안 된다. 오히려 이 모든 두뇌 친화적 기술을 사용할 때, 교사들은 노래나 챈트, 동작과 같은 활동을 한 후 그것에 담긴 개념적 의미에 대해 토의해야 한다.

SHEMR의 각 글자는 다음을 나타낸다.

S 학습을 위한 노래, 리듬, 챈트(**Songs**, rhythms, chants for learning)

H 내용을 가르치기 위한 유머(**Humor** to teach content)

E 내용에서의 감정적 영향(**Emotional impact** of the content)

M 동작기반 내용 학습(**Movement-based** content instruction)

R 이러한 기억 강화 기법의 반복(**Repetition** of these memory enhancement techniques)

노래는 학습 내용의 기억을 강화하기 위해 모든 학년에서 사용되어야 하며(Tate, 2005), 이 기법을 사용함으로써 학생들이 수학에 대해 가질 수 있는 두려움을 완화시킬 수 있다. 어린 학생들을 가르치는 교사는 교수에 노래와 챈트를 빈번히 사용하는데, 이것을 사용하여 학생들이 수학 내용을 암기할 수 있게 하며, 이러한 기법은 현재 공립학교의 모든 학년에 걸쳐 권고된다. 교사는 수학의 모든 교수 단원에 있는 기본 개념이나 빅 아이디어(6~8개 이하의 개념)를 담은 노래나 챈트를 개발해야 한다. 노래는 너무 길지 않아야 하고, 교사는 소집단 학생들에게 노래를 써 보게 할 수도 있다. 학생들이 그 개념을 습득하도록 해당 단원을 학습하는 동안 매일 그 노래를 부르게 한다. 이러한 유형의 활동은 학습을 신기하고 더욱 흥미롭게 하며, 초등학교 고학년 학생들조차도 이러한 교수적 혁신을 즐긴다.

유머는 수학 수업에서 스트레스를 경감시킬 뿐만 아니라 뇌를 활성화시키는 데 사용된다. 유머러스한 이야기(아마도 시나 챈트)는 특정 유형의 수학 문제에서 중요한 부분을 요약하는 데 사용될 수 있다. 유머는 학습에 관여하지 않는 뇌 영역을 활성화시키고, 이것은 내용의 유지기간을 증가시키는 것 같다. 더 나아가 시기적절한 유머는 수학에서 일부 학생들이 경험한 많은 불편함을 경감시킬 수 있고, 이것은 수학을 덜 위협적이게 할 것이다.

앞에서 언급한 바와 같이, 학생들이 수학 내용과 관련하여 갖게 된 정서적인 연관성은 긍정적 혹은 부정적 영향을 미칠 수 있다. 수학에서의 긍정적인 학습 경험은 학생들의 동기를 강화시킬 것이므로 학습을 크게 강화할 것이다. 다시 말해 수학교사들은 이 교과에서 학생들을 더 편안하게 하기 위해 도달해야 할 더 높은 기준을 전형적으로 가지고 있지만, 이 책에서 설명된 기술을 사용함으로써 교사들은 대부분의 학생들이 수학과 더욱 긍정적인 관계를 생성하도록 할 수 있다.

뇌 연구는 최근 동작이 주요 교수도구이고 수학 내용 학습에서 학생들의 재미를 더욱 강화할 수 있음을 증명해 왔다(Sousa, 2008, 2010). 뇌는 동작을 생존기술로 간주하기 때문에, 동작과 반복적으로 연관시킨 모든 수학 내용은 더 빠르게 학습되고, 더 오래 유지될 것이다. 몇몇 운동의 예는 이미 제시되었으며, **교수 팁 1.4**는 초등학년에서 수학 교수에 동작을 사용하는 몇 가지 추가적인 아이디어를 제시한다.

끝으로, 반복은 두뇌 친화적 교수에서 강조되는데, 단순히 수업활동지에 연습하기보다, 위에 논의된 한 가지 이상의 두뇌 친화적 지도활동—SHEMR에서 강조된 것과 같은 유형의 활동—이 반복될 때 더욱 효과적이다. 이러한 수학 활동은 수학 개념을 장기간 유지하게 해 줄 것이다. 특히 수업활동지의 문제를 반복해서 풀게 하는 것은 문제해결을 동작으로 하도록 하는 것만큼 효과적이지는 않은 것 같다.

일반적인 지침으로, 만일 수학의 내용 교수에 사용할 수 있는 기억술이 있다면, 그리고 이것이 너무 길거나 시간을 소모하지 않는다면, 학생들로 하여금 매번 최소 3회 반복하게 해야 하고, 단원을 배우는 동안에는 최소 매일 반복해야 한다. 이 정도로 반복해야 꽤 장기적으로 유지할 수 있을 것이고, 모든 학년의 학생들은 이러한 유형의 학습활동을 즐긴다.

SHEMR를 사용하는 데 있어, 교사들은 그 단원의 필수내용—그 단원의 '빅 아이디어'—이라 할 수 있는 4~6개의 기본 사실이나 개념을 탐색하는 것으로 매 수업을 시작해야 한다. 그런 뒤 교사는 사실을 가르치고 기본 개념을 요약하기 위해 효과가 높은 학습기법(즉 SHEMR 전략들 중 하나—노래나 챈트, 동작, 유머러스한 이야기, 감정을 불러일으키는 사례)을 개발해야 한다. 교사가 이러한 SHEMR 기반 지도기법을 직접 개발하기보다, 교사들은 이러한 개념을 나열하여 소집단의 학생들에게 제시하고, 학생들로 하여금 그 내용을 강조하기 위한 SHEMR 기반 지도기법을 생성해 내도록 할 수도 있다. 그 기법은 개념을 가르치거나 강화하기 위해 매일 사용될 수 있고, 반복한 결과로 기본 사실과 개념은 장기간 유지될 것이다.

> 만일 수학의 내용 교수에 사용할 수 있는 기억술이 있다면, 학생들로 하여금 매번 최소 3회 반복하게 해야 하고, 단원을 배우는 동안에는 최소 매일 반복해야 한다.

물론 기법으로 배운 사실/개념만이 그 단원에서 학습될 것이라는 의미로 해석되어서는 안 된다. 오히려 학생들은 이러한 효과 높은 학습기법을 사용하여 기본 개념과 사실을 습득함으로써 그 지식을 다른 사실을 학습하기 위한 기초로 사용할 수 있다.

교수 팁 1.4   수학 교수에서 동작을 사용하는 아이디어

교실 바닥의 수직선

교사는 오랫동안 개별 수직선을 사용해 왔는데, 그것은 전형적으로 학생들의 책상 위에 있었다. 교실 바닥에 그려진 대형 수직선 위에서의 동작활동으로 숫자 연습을 할 수 있다. 더 어린 학생들에게는 교실 바닥의 수직선이 덧셈과 뺄셈 문제의 기초가 될 수 있고, 더 상급 학생들을 위해서는 수직선에 양의 정수와 음의 정수를 추가하여 학생들이 수학 문제에 따라 움직이게 하는데, 활동지로는 가능하지 않다.

막대그래프를 위한 동작

막대그래프를 가르치기 위해 선 위에 학생들을 배치한다(한 선에는 2명, 다음 선에는 4명, 그다음에는 7명 등). 학생들을 서로서로 상대적인 위치에 서 있게 함으로써 다양한 유형의 그래프를 나타낼 수 있다.

교실 바닥 수직선을 사용하여 건너뛰어 세기

시간 말하기에는 5분 단위로 증가하는 것이 포함되며, 그래서 학생들은 다섯씩 건너뛰어 세기를 할 수 있어야 한다. 이것을 용이하게 하기 위해 교사들은 교실 바닥 전체에 큰 수직선을 그려 5의 배수는 빨간색, 다른 수는 검은색이나 파란색으로 표기한다. 학생들은 수를 세며 선에서 이동할 수 있는데, 2나 10 혹은 다른 수의 배수를 셀 때에도 동일한 원리가 적용된다.

시각을 가르치기 위한 시계 이동하기

교사는 교실 바닥에 마스킹 테이프로 원을 그려 1에서 12까지 적절한 위치에 숫자가 표시된 큰 시계판(대략 지름 6피트 정도)을 준비한다. 분침으로 미터자를, 시침으로 자를 사용할 수 있다. 두세 명의 팀으로 이루어진 학생들은 다양한 시각을 시침과 분침을 움직여 큰 시계에 나타내야 한다 ㅡ "1시 20분을 만들어 보세요." 모든 학생이 참여하도록, 팀 학생들이 큰 시계에서 활동하는 동안 다른 학생들은 작은 시계를 가지고 개별적으로 동일한 과제를 완성하게 한다. 교사는 노래와 시간 말하기를 짝 지어 다음과 같은 활동을 진행할 수 있다("The Wheels on the Bus Go Round and Round"의 음으로 부른다).

짧은 바늘은 첫 번째 숫자를 말해요. (The short hand says its number first.)
첫 번째 숫자, 첫 번째 숫자. (Number first, number first.)
짧은 바늘은 첫 번째 숫자를 말해요. (The short hand says its number first.)
시간을 말할 때요. (When we're telling time)
긴 바늘은 키가 크고 다섯씩 세어요. (The long hand is tall and counts by five.)
다섯씩 세어요, 다섯씩 세어요. (Counts by five, counts by five.)
긴 바늘은 키가 크고 다섯씩 세어요. (The long hand is tall and counts by five.)
시간을 말할 때요. (When we're telling time)

다음은 무엇인가?

차별화 교수와 두뇌 친화적 교수에 관한 연구의 이러한 배경과 이들 수학 교수 모두에서의 최근 변화와 함께, 다음 장은 차별화 교수의 몇 가지 전통적인 모델을 살펴볼 것이다. 특히 전통적인 수학 수업의 수정과 수학에서 차별화 교수의 기초로서 학습 센터의 사용이 설명된다.

2

차별화 교수 모델

수학에 대한 수업 수정과 학습센터

제1장에서 논의되었듯이, 차별화 교수란 단순히 학습양식과 선호도를 다양화하는 차원에서의 효과적인 교수법 적용이 아닌, 그 이상을 의미한다. 요컨대 차별화 교수는 교사가 초등학생에게 수학교과(다른 교과 포함)를 가르치는 방법을 근본적으로 바꾸는 극적인 패러다임의 이동이라 할 수 있으며, 결과적으로 학생이 학습 과제에 더 많이 참여하도록 하는 것을 의미한다. 수학 교수에 대한 재조명과 함께, 최근 미국에서는 수학교과에서의 특정 중재에 대한 학생의 반응을 문서화할 것을 강조하고 있다(Bender & Crane, 2011). 교육에서의 이러한 두 가지 시도는 교사가 교실 내의 다양한 학생에게 수학 수업을 어떻게 계획하고 전달할지에 대해 재조명할 것을 전제로 한다.

이 장은 우선 두 가지의 전통적 차별화 교수 모델(전통적 수업계획의 수정과 수학의 차별화 교수를 위한 학습센터의 이용)을 제시함으로써, 차별화가 수학 수업에 어떠한 영향을 주는지 살펴볼 것이다. 차별화 교수에 대한 Tomlinson의 초기 연구(1999) 이후, 이러한 두 가지

> 차별화 교수는 교사가 초등학생에게 수학교과(다른 교과 포함)를 가르치는 방법을 근본적으로 바꾸는 극적인 패러다임의 이동이라 할 수 있으며, 결과적으로 학생이 학습 과제에 더 많이 참여하게 하는 것을 의미한다.

전통적 차별화 교수 모델은 수학에서의 차별화에 대한 논의를 주도해 왔고, 이는 차별화 교수의 기본을 이해하는 데 훌륭한 기반이 된다.

차별화 교수 모델 1 : 전통적인 수학 수업을 수정한다

수학 교수를 위한 차별화된 교실을 만들고자 하는 교사는 수업계획 단계부터 시작해야 하는데, 차별화 교수의 초기 모델은 전통적인 전체 집단 대상의 수업계획 수정을 기본으로 했다. 지난 30여 년간 교육 분야에서 수업계획은 1970년대의 '효율 학교(effective schools)'로 알려진 다수 연구를 기반으로 했다(Bender, 2012a). 이러한 연구에는 '직접교수(direct instruction)', '완전학습(mastery learning)', '효과적인 교사 행동(effective teacher behaviors)'이 포함된다. 이들 연구는 매우 잘 개발된 전체 집단 중심 수업계획에 관한 것으로, 수업시간 혹은 학생들이 학습 내용에 인지적으로 집중하는 '수업 참여' 시간을 최대화하도록 설계된 수업계획이 포함되어 있다. 예를 들어 직접교수에서는 스크립트화된 수업이 이루어지는데, 교사는 가르치는 동안 준비한 스크립트를 읽게 된다(효과적인 교수 행위와 직접교수에 대한 논의는 Bender, 2012a 참조).

이 책에서는 전통적인 교수 접근법을 **전체 집단 중심 수업**(whole group lesson)이란 용어로 표현할 것이다. 오늘날 수학 교수에서 수업계획은 물론 수학에 대한 우리의 견해도 이들 연구에 기인한 것이며, 대부분의 수학교육과정 교사지침서는 특히 직접교수 방식의 전체 집단 중심 수업계획을 강조한다.

전체 집단 중심 수업계획을 이해하기 위해서는, 이러한 교수적 접근을 기반으로 한 교실 환경뿐만 아니라 그 교실 환경을 토대로 한 연구를 고려해야 한다. 구체적으로 살펴보면, 1960년대와 1970년대의 연구자들은 주로 공립학교에 다니는 학생들과 교실을 대상으로 연구했다. 예를 들어, 1970년대 초반 어떤 교사가 5학년 학생을 가르쳤다면, 그 학급 대부분의 학생들은 그 학년에 가까운 3~6학년 수준의 수학 활동을 했을 것이며, 이러한 유형의 학급에서는 전체 집단 중심 교수가 이행되었을 것이라 가정할 수 있다. 즉 학생들 간의 수학적 기술에는 차이가 있지만, 학급 내 학업적 다양성은 매우 적었다. 더욱이 공법 94-142(전장애아교육법, IDEA의 모체)가 완전히 이행되기 전에 이미 효율 학교와 관련된 많은 연구가 교실에서 실시되었다. 따라서 특별한 요구가 있는 많은 학생들은 이 연구에서 배제되었다.

반면 오늘날 5학년 학생들의 수학 성취 수준은 1학년부터 10학년이나 11학년 수준까지 다양하게 분포되어 있다. 오늘날의 교사들은 교실에서 매우 다양한 수학 성취 수준을 지닌 학생들과 직면하게 되었으며, 이렇듯 다양화된 학급에서 동질적인 학급을 위해 설계된 전통적 전체 집단 중심 수업이 얼마나 효과가 있을지 의문을 가질 수밖에 없다. 사실상 전체 집단 중심 수업이 개발된 1970년대에 비해 21세기 오늘날의 교실에서 학업적 다양성 수준은 더욱 커졌다. 하지만 이처럼 학업기술의 범주가 넓어지고 있음에도 불구하고, 교사들은 다양한 수준의 요구에 부합하기 위한 수학 수업 방법에 대해 재개념화하지 못했다. 차별화 교수에 관한 Tomlinson(1999, 2001)의 초기 연구는 1970년대의 전체 집단 중심 수업 포맷에 얽매이지 않는 교수적 옵션을 제시했다.

한편 현대 수학교육과정조차 전체 집단 중심 수업 모델이 적용된 수업계획안으로 구성되어 있으며, 대부분의 교사용 수학지침서도 전체 집단 중심 교수를 기반으로 함은 명백한 사실이다. 그러나 오늘날 학생들이 지닌 수학기술의 범위가 다양화되고 있다면, 우리는 전체 집단 중심 수업에서 탈피하기 위해 수업과 수업계획 활동의 구조화 방법에 대한 생각을 조정해야 할 시기가 되었다고 볼 수 있을 것이다. 차별화 교실에 관한 Tomlinson(1999)의 연구는 교사들이 어떻게 수학 교수를 해야 하는지와 관련하여 다소 과감한 패러다임의 변화를 보여 준다. 따라서 수학에서의 수업계획 업무는 전통적인 전체 집단 중심 수업에 따를 필요가 없거나 대안적 수업 포맷을 필요로 하는 학생들이 속해 있는 다양한 교실집단을 위한 활동을 계획하는 것이 되었다.

전체 집단 중심 수학 수업의 교수단계

전통적인 전체 집단 중심 수업은 본래 '직접교수' 단계라 언급되는 일련의 교수단계들로 설명된다. 1970년대 효율 학교에 관한 연구에서 열거된 이 학습단계는 오늘날 학교에서의 일반적인 수업계획 단계가 되었다. **글상자 2.1**

> 1970년대 초반 어떤 교사가 5학년 학생을 가르쳤다면, 그 학급 대부분의 학생들은 그 학년에 가까운 3~6학년 수준의 수학 활동을 했을 것이며, 이러한 유형의 학급에서는 전체 집단 중심 교수가 이행되었을 것이라 가정할 수 있다.

> 현대 수학교육과정조차 전체 집단 중심 수업 모델이 적용된 수업계획안으로 구성되어 있으며, 대부분의 교사용 수학지침서도 전체 집단 중심 교수를 기반으로 함은 명백한 사실이다.

| 글상자 2.1 | 직접교수 수업단계 |

수업 개관	교사는 학생의 주의를 집중시키고 전시학습 내용과 오늘 배울 내용을 연관시킨다. 교사는 학생의 사고를 활성화시키기 위해 핵심 질문을 한다.
수업 전개	교사는 여러 예시문제를 완성하도록 이끌고, 문제 완성을 모델링해 주며, 문제의 어려운 부분을 짚어 준다.
안내된 연습	학생들은 교실에서 문제를 완성한다. 교사는 각 학생이 잘하고 있는지 점검하고, 학생들을 개별적으로 도와준다. 학생들은 서로 문제에 관해 토의한다.
독립적 연습	학생들은 수업 과제나 숙제로 제공되는 문제를 독립적으로 완성한다.
점검	교사는 학생의 독립적 수행을 점검한다.
재교수	교사는 문제를 해결하지 못하는 집단에게 재교수를 실시한다.

출처 : Bender(2009).

에는 직접교수의 단계와 각 단계별 교수활동이 제시되어 있다. 교육과정에 따라 용어가 다르게 사용되긴 하지만[어떤 수학교육과정에서는 "수업 개관(orientation to the lesson)" 대신에 "이해 활성화하기(activating their understanding)" 단계 사용], 교사들은 지난 30년 동안 이와 같은 전체 집단 중심 수업의 단계에 따라 교수를 계획해 왔다.

직접교수 수업 포맷의 기본 가정은 주요 단계에 따라 모든 학생이 같은 교수활동을 하고 이것이 모든 학생의 학습을 촉진한다는 것이었다. 앞에서 살펴보았듯이, 이는 학업적 다양성의 범위가 비교적 좁다고 가정하는 것인데, 오늘날의 모든 교육자는 이 가정이 더 이상 타당하지 않음을 깨닫는다. 전체 집단 중심 수업계획은 모든 학생이 동일한 일반적 방식으로 배울 수 있고 배워야 한다고 가정했다.

전체 집단 중심 수학 수업의 문제

Tomlinson(1999)이 간단명료하게 진술했듯이, 오늘날 일반적인 수학교실에서는 학생들의 다양성, 학습양식의 다양성, 학습에 대한 요구의 다양성이 증가함에 따라, 전체 집단 중심 수업에 기초한 가정에서는 사실상 벗어났다. 오늘날의 전형적인 5학년 교실에서는 학생들의 학업적 다양성의 범위가 넓으며, 따라서 교사들이 하나의 교수 포맷만을 사용해서 수학을 효과적으로 가르치는 것이 불가능해졌다.

사실 직접교수 포맷은 교실에 있는 많은 학생들을 대상으로는 결코 제대로 작동할 수 없다. 평균적인 규모의 수학교실(22~25명 정도)에는, 평균 이하의 학년 수준을 보이는 학생들뿐만 아니라 우수학생들도 있다. 이러한 우수학생들은 교사의 수업 전개 단계가 시작되기 전에 이미 특정 유형의 수학 문제를 숙달했기 때문에, 전체 집단 중심의 교수 계획은 이들 학생에게는 지루함을 주게 된다. 수학교육과정의 순환적 특성(즉 다양한 주제가 다음해에 다시 돌아오게 됨)으로 인해, 많은 우수학생은 교사가 가르치기도 전에 이미 주어진 수학 단원의 내용을 안다! 그러므로 이 학생들은 전체 집단 중심 수업이 시작하자마자 과제에 집중하지 못하게 되고, 심지어 다른 학생들을 방해하기까지 한다.

> 직접교수 수업 포맷의 기본 가정은 주요 단계에 따라 모든 학생이 같은 교수활동을 하고 이것이 모든 학생의 학습을 촉진한다는 것이었다.

낮은 수준의 학생들은 수업에 필요한 선행기술이 부족하기 때문에, 전체 집단 중심 교수 모델을 적용하는 수학 수업에서는 수업의 참여에 어려움이 따른다. 이 학생들은 어려운 수업자료로 인해 지루해지고 수업활동에 참여하지 않게 되어, 결국 수업에서 이탈하거나 파괴적 행동을 보였다. 교사가 모든 학생을 대상으로 하나의 수업활동에 기초한 전체 집단 중심 수업을 시도함으로써, 전형적인 수학교실 내 많은 학생들은 지루해하고 종종 문제행동을 일으켰다. 물론 교사들은 이런 문제를 다루는 데 수업시간을 할애해야 했다.

의심할 여지 없이, 오늘날 우리는 다양한 학생으로 구성된 집단에 대한 수업을 차별화하기 위해 전체 집단 중심 수업을 상당 부분 수정해야 한다. 이것으로 교사들은 수업에서의 활동을 다양하게 늘릴 수 있게 되고, 학생들이 수업 내용에 더 많이 주의를 기울이도록 할 수 있게 된다. 다양한 이론가들이 교육과정과 수업 재조직에서 이와 관련된 모델을 제안해 왔는데, Tomlinson(1999)의 차별화 교수 모델이 가장 효과적인 방법을 제공하는 듯하다.

수학 수업의 차별화된 수정

본 저자는 수학 수업 내 서로 다른 활동에 적합한 차별화된 집단을 구성할 때 추측하기(Guess), 평가하기(Assess), 분리하기(Tear Out) 단계를 사용하게 했다. 이 단계들은 교사가 수업의 각 단계를 끝낸 후 전통적 수업을 어떻게 수정(modification)해야 하는지를 알려 준다. 교사는 추측하기, 평가하기, 분리하기 단

오늘날 우리는 다양한 학생으로 구성된 집단에 대한 수업을 차별화하기 위해 전체 집단 중심 수업을 상당 부분 수정해야 한다.

계를 사용하여 전통적인 전체 집단 중심 수업에서 제시한 첫 단계인 수업 개관 단계를 시작한다. 교사는 전통적 수업의 각 교수단계를 마친 후 대안적 학습 과제를 위해 다음 세 가지 활동으로 차별화된 집단을 구성한다.

1. **추측하기** : 어떤 학생들이 개념을 이해하고 있는지 추측한다.
2. **평가하기** : 이 학생들을 1~2개의 즉석 질문으로 평가한다.
3. **분리하기** : 대안적 교수활동을 하게 될 이 학생들로 구성된 소집단을 분리한다.

전체 집단 중심 수업을 수정하는 데 있어서, **추측하기**와 **평가하기**라는 용어는 그 자체로 설명이 가능하다. 교사는 (자신의 판단과 학생에 대한 이전 경험에 비추어) 어떤 학생이 개념을 이해하고 있는지 추측한다. 그런 다음 교사는 "이 개념을 이해하나요?"와 같은 즉석 질문을 통해 비공식적으로 빠르게 평가할 것이다.

마지막 용어는 약간의 설명이 필요하다. 많은 교사에게는 수업시간에 일찌감치 둘 이상의 교수집단을 만드는 것이 매우 어렵기 때문에, 나는 일부러 분리하기란 용어를 사용했다. 교사들은 수년 동안 전체 집단 중심 수업의 독립적 연습 단계에서야 교수집단을 사용해 왔는데, 차별화된 교실에서는 수업 이전에 차별화 집단이 구성된다. 사실 차별화된 교실에서 교사들은 주제의 수업 전개 단계에 들어가기 전에 교수집단을 구성하게 된다.

오늘날 대부분의 교사들은 전체 집단 중심 교수 모델에 대한 훈련이 되어 있기 때문에, 학급에서 수학 활동을 차별화하기 위해 일반적인 수업계획을 수정하는 것은 매우 어려운 일 중 하나일 것이다. 요컨대, 한 학급의 학생들을 서너 집단으로 구성한다는 것은 이들이 교사의 감독 없이도 서로 배울 수 있다는 것을 전제로 하는 것으로, 이처럼 교사의 관리가 덜 해질 수밖에 없는 교수집단을 여러 개 구성하라고 교사들에게

한 학급의 학생들을 서너 집단으로 구성한다는 것은 이들이 교사의 감독 없이도 서로 배울 수 있다는 것을 전제로 한다.

권하는 것은 가장 어려운 측면 중 하나다. 많은 교사들은

이러한 유형의 교수법에 대해 아직 준비가 되어 있지 않기 때문에, 이에 대한 교사들의 신념이 요구된다.

또한 교사만이 아니라 학생들도 이러한 교수 유형에 충분히 준비되어 있지 않다. 전체 집단 중심의 교수 모델은 다소 권위주의적이고 또래중재학습의 기회를 충분히 제공하지 않는 반면, 과제를 수행하는 동안 또래와 협동학습을 하는 것은 현대 직업 사회에서 필요로 하는 조건 중 하나다. 따라서 교사에 의한 감독이 덜 제공되는 환경에서 학생들에게 서로를 통해 학습 내용을 배울 수 있는 기회를 더 많이 제공하는 것은 현대 세계에 적합한 증강교수로 귀결될 것이다. 하지만 교사와 학생들이 차별화 교수 모델 내에서 잘 기능하도록 하기 위해서는 실험적인 학습이 필요할 것이다. 하나의 구체적인 예로 이 개념이 설명될 것이다.

차별화 교수 수업의 예

추측하기, 평가하기, 분리하기 단계의 차별화 접근을 설명하기 위해, 아드리안 교사의 3학년 수학 수업을 상상해 보자. 이 학급에는 22명의 학생이 있는데, 이 중 5명이 특수교육대상자. 2명은 과잉행동 수준이 높은 주의력결핍장애를 가지고 있으며, 3명은 4학년 수준의 수학능력을 지닌 우수학생이다. 오늘날의 학교에서 볼 수 있는 일반적인 학급이라 할 수 있다. 이러한 시나리오에서 아드리안 교사는 데이터 집합, 집계표 만들기, 데이터를 요약한 최종 빈도표 구성하기 등과 같은 수학 내용을 가르친다.

교수 팁 2.1은 추측하기, 평가하기, 분리하기 기법의 선행 조직자로, 전통적 전체 집단 중심 수업과 이 수업의 수정된 수업계획을 비교하여 보여 준다. 수업의 각 단계별 전체 집단 중심 수업활동(수업의 주류라인)은 차트의 왼쪽에 기록하고, 추측하기, 평가하기, 분리하기 전략으로 제안한 차별화 수업에서의 '분리하기' 활동의 유형은 차트의 오른쪽에 적는다.

관심을 모으는 수업 개관 활동으로 수업을 시작하기 위해 아드리안 교사는 대부분의 학생이 좋아하는 주제인 공룡의 종류를 학생들에게 물을 수 있다. 교사는 대부분의 학생이 아는 세 가지 공룡 그림 중 하나를 보여 주며, 얼마나 많은 학생이 트리케라톱스, 스테고사우르스, 티라노사우르스를 좋아하는지에 대해 한 학생이 화이트보

교수 팁 2.1 **전통적 전체 집단 수학 수업 수정하기**

전체 집단 수업	차별화 교수 : 추측하기, 평가하기, 분리하기 활동
수업 개관	
집계표와 빈도표를 다룬다.	수업에 대해 소개한 후, 한 집단(오메가집단)을 분리하여 교실 바닥에 집계표를 만들게 하고, 다시 집단에 합류하게 한다.
수업 전개	
집계표와 빈도표를 가르친다.	두 번째 집단(평가 결과에 따른 베타집단)을 분리한다. 베타집단은 몇 개의 예시문항을 풀기 위해 교실 바닥의 집계표를 사용한다.
안내된 연습	
주류라인집단은 학습지를 완수하게 한다.	오메가집단과 베타집단에게 서로의 작업을 평가하게 한다.
필요한 경우 또 다른 집단을 분리한다.	
독립적 연습	
학생들이 독립적으로 연습하게 한다.	오메가집단과 베타집단은 다른 심화활동으로 이동한다.
확인	
오메가집단과 베타집단은 그들이 한 활동을 전체 학급에게 설명하고 지속적으로 이해 여부를 확인한다.	
재교수	
숙달하지 못한 소집단을 대상으로 개념을 다시 가르친다.	도움이 필요한 학생들과 '친구를 맺어 주는 데' 오메가집단과 베타집단의 구성원을 활용한다.

출처 : Bender(2009).

드에 표시하도록 할 것이다. 두 번째 행에 집계 표시가 더해지면 교사가 집계표를 완성하게 된다. 그런 다음 교사는 다음과 같은 질문을 할 것이다. "이 데이터가 나타내

는 의미를 요약할 수 있을까요?" 아드리안 교사는 학생들에게 의견을 묻고는 〈표 2.1〉
과 같이 완성된 빈도표를 최종적으로 보여 줄 것이다.

간단한 개관 활동 후, 전통적인 전체 집단 중심 수업에서는 아드리안 교사가 여러
가지 유사한 예를 사용해서 집계표, 빈도표에 대해 가르치기 시작할 것이다. 하지만
교수 팁 2.1의 오른쪽 행에 있는 차별화 수업계획은 또 다른 관점을 제안한다. 예를
들어, 수업 개관 단계 후와 수업 전개 단계 전에 이미 우수학생들은 해당 개념을 숙
달하고 있을 수 있다. 수업 개관 단계에서 몇몇 학생들은 교재에 있는 집계표 만드는
법에 관한 여러 예시를 미리 보았을지도 모른다. 이 학생들은 집계표로 빈도표를 그
려 내고, 따라서 교사가 가르치기도 전에 그 개념을 알 것이다. 요약하자면, 수업하기
전에 몇몇 학생들은 이미 그 개념을 알고 있으므로 더욱 도전적인 수업이 필요할 것
이다.

표 2.1 공룡에 관한 정보

공룡 그림	집계 표시	빈도
	///// ///// //	12
	////	4
	///// //	7

이 시점에서 추측하기, 평가하기, 분리하기 전략은 수학 수업의 효과적인 차별화를 위한 대안을 제공한다. 수업 개관 단계 후 하나의 전체 집단인 학급 내 모든 학생을 위한 수업 전개 단계를 시작하는 대신에 아드리안 교사는 추측하기, 평가하기, 분리하기 단계를 사용해야 한다. 무엇이 되든지 실제 교사주도 교수를 실시하기에 앞서, 아드리안 교사는 이미 기본 개념을 숙달하고 있는 학생을 파악할 수 있다(오늘날의 학교는 대부분 이질적인 학급인 듯하다). 바꾸어 말하면, 우수학생은 그 내용을 배울 필요가 없다. 아드리안 교사는 경험에 따른 추측과 즉석 질문, 혹은 그 두 가지 지시에 의해 3~5명의 학생을 찾아내야 한다. 교사는 "데이터를 모아 집계표를 만들고 빈도표를 그릴 수 있나요?"와 같이 질문하고, 할 수 있다고 하는 3~4명의 학생을 분리해 내어 대안적 교수활동으로서 다른 집단과제를 제공해야 한다. 더 나아가 교사는 아직 내용을 이해하지 못하지만 다른 학생들에게 그 내용을 배울 수 있다고 가정되는 1~2명의 학생을 분리된 집단에 더 배치할 수 있다. 그럼, 분리된 집단의 관점에서 이 집단의 단계적 활동 과제를 탐색해 보면서 다음 수업 단계를 살펴보자.

오메가집단

우리는 첫 번째로 분리된 집단을 오메가집단(Omega Group)이라고 부를 것이다. 전체 집단 중심 수업에서 주류라인으로부터 첫 번째로 분리된 집단에 속한 학생들이다. 물론 이 집단의 이름을 원하는 대로 정할 수는 있지만, 집단의 이름이 서열을 나타내거나 그 집단의 기술이나 지적 능력에 대한 질적인 판단을 나타내지 않아야 한다. 오메가집단의 첫 번째 활동으로, 아드리안 교사는 이 집단의 빈도표 구성활동을 위해 미리 준비한 활동지를 나눠 줄 것이다. 이 학생들은 집단 프로젝트를 시작하기 위해 교실의 분리된 영역으로 이동하게 될 것이다.

차별화 수업에 관해 좋은 소식은 교사들이 평소에 대안적인 활동과 과제를 만들어야 하는 것은 아니라는 것이다. 이 집단 프로젝트 활동은 교사지침서에서 '심화' 활동이나 '재교수' 활동으로 종종 기술되어 있다. 그러므로 아드리안 교사가 이 활동을 만들어야 하는 것은 아니다(교사는 그것을 선택하기만 하면 된다). 그런 다음 교사는 오메가집단에게 필요한 자료와 함께 과제에 대한 간단한 지시사항을 전달할 것이다. 교사는 다음과 같은 지도사항이 포함된 수학 교과서의 활동자료를 단순히 복사하여 사용하면 될 것이다.

> 이 활동은 15′×15′ 바닥 면적과 마스킹 테이프 한 롤이 필요하다. 학생들은 빈도표
> 의 테두리를 그리기 위해 바닥에 마스킹 테이프를 붙일 것이다. 각 열은 (음악스타
> 일이 다른 5명의 가수 사진을 유명 음악잡지에서 골라) 학생들의 좋아하는 가수 선
> 택에 대해 보여 줄 것이다. 하나의 행에는 특정 가수를 좋아하는 학생의 수만큼 표
> 시(//)가 그려지고, 다른 행에는 특정 가수를 좋아하는 학생 수에 해당하는 숫자가
> 기록될 것이다.

이 지도사항에 따라, 오메가집단의 학생들은 마스킹 테이프 한 롤을 제공받고 교
실 한 영역에서 이 활동을 하게 될 것이다.

다음 교수단계—교사주도 단계—는 10~15분이 주어지는데, 오메가집단의 활동
은 이 시간을 고려하면서 계획되어야 한다. 교사는 수업과는 관련이 없지만 하나 혹
은 그 이상의 학습양식과 관련된 대안 활동을 선택해야 하고, 그 학습양식을 선호하
는 집단에 학생들을 배치해야 한다. 예를 들어, 위 활동에서 오메가집단은 마스킹 테
이프를 사용하여 바닥에 빈도표를 만들도록 지도받는다. 이 격자판은 학생들의 선호
도를 기록하는 칸으로 구성될 것이다. 오메가집단 학생들은 집계표를 어떤 모양으로
할지, 다양한 집단을 포함하려면 칸의 크기를 얼마로 해야 될지, 집계표의 범주를 어
떻게 구성할 것인지를 공동으로 계획해야 한다. 이것은 사회적인 학습에 능숙한 학
생뿐만 아니라 운동을 선호하는 학습자에게도 효과적인
활동이 될 것이다.

이 활동에서 왼쪽 칸은 세부 범주를 구별하기 위해 가
수 사진을 배치한 '범주' 칸이다. 각 칸은 사진을 넣기에

> 차별화 수업에서 교사들은 평소에 대안적
> 인 활동과 과제를 만들어야 하는 것은 아
> 니며, 이 집단 프로젝트 활동은 교사지침서
> 에서 종종 '심화'활동으로 기술되어 있다.

충분할 만큼만 크면 된다. 대조적으로, 중간에 있는 칸은 학생들이 선호하는 수를 표
시할 수 있을 만큼 충분히 커야 한다. 오른쪽 끝의 칸은 중간 칸의 데이터를 요약하
여 숫자로 표시되기 때문에 다소 작아도 된다. 오메가집단은 범주 수와 칸 크기를 포
함하여 모든 것을 알아야 한다. 이 집단은 이후의 교실 사용을 위해 마스킹 테이프로
바닥에 칸을 만들도록 요구될 것이다. 그러므로 이것은 대인 간 학습, 공간학습, 분
석학습, 신체/운동학습을 포함하는 다양한 학습양식 및 선호도와 관련된다.

더욱이 이 학생들—우수 혹은 영재 학생, 더 도전이 필요한 학생—은 전통적인 전

체 집단 중심 수업에서의 수업 내용에 주의를 기울이지 못하는 학생들이다. 하지만 이들은 차별화된 과제에서는 아드리안 교사가 그들에게 가르치려는 내용인 집계표와 빈도표의 구성에 협력적으로 참여한다. 그런 점에서 차별화된 집단을 만드는 것은 학생들이 수학 내용에 주의를 기울이게 만들고, 전반적인 학업성취를 향상시킨다.

물론 바닥 격자판 디자인에 있어서 고려할 사항을 안내한다 하더라도 오메가집단이 실수할 가능성은 늘 존재한다. 예를 들어, 오메가집단이 5′×3′ 격자판을 만드는 동안 칸의 크기와 관련된 고려사항을 잊어버릴 수 있다. 구체적으로, 미리 화이트보드에 예시로 제시한 집계 표시보다 바닥 격자판의 두 번째 행은 더 많은 학생을 포함하기 때문에 충분히 커야 한다. 그러므로 격자판에 표시하는 것은 수업 개관 단계에서 보여 준 예시를 단순히 따라 그리는 것보다 더 복잡한 활동이다. 그래도 이 작업은 협동으로 이루어지기 때문에 이런 실수는 집단의 구성원에 의해 발견될 것이다. 그런 점에서 이 활동은 주류라인집단에 제공되는 수업활동보다 인지적인 요구가 더 클 것이다.

주류라인 교수집단

이 교수 시나리오에서 수업 요구에 대한 차별화에 주목하는 것은 비교적 쉽다. 2~3분의 수업 개관 이후, 그리고 수업을 하기 전, 아드리안 교사는 학급의 학생들을 두 집단 — 오메가집단, 주류라인집단(즉 차별화된 활동으로 분리되지 않은 학생집단)으로 나눈다. 오메가집단이 활동을 하는 동안 아드리안 교사는 통상적으로 주류라인 학생들을 위해 하는 전통적인 교사주도 교육을 하게 된다. 아드리안 교사는 아마도 교사지침서의 다양한 활동을 사용할 테지만, 이는 다양한 학습양식과 선호도를 반영한 교수여야 하며, 오메가집단에 제공되는 활동만큼 흥미로워야 할 것이다. 예를 들어, 교사는 데이터를 요약하기 위한 집계표 만드는 방법과 데이터를 빈도표로 변환하는 방법을 시범 보인 후, 학생들이 또래친구 활동을 통해 데이터 집합에 관한 다른 예시문제를 풀고 그 문제의 해결법을 설명하게 할 것이다.

차별화 수업계획을 더 잘 이해하기 위해 우리는 아드리안 교사의 교수가 어떤 것인지도 고려해 보아야 한다. 22명의 학생이 있는 수학교실에서, 오메가집단으로 6명을 선택한다면, 16명의 학생이 수업 전개 단계에서 주류라인집단에 남을 것이고, 이들은 좀 더 동질적인 집단이 될 것이다. 결과적으로 아드리안 교사의 교수는 다음의 이유로 향상될 것이다.

- 아드리안 교사는 더욱 집중하는 동질집단을 가르치게 될 것이다.
- 아드리안 교사는 주류라인집단에 남아 지루해할 수 있는 영재 혹은 우수 학생들로 인한 방해를 덜 받게 될 것이다.
- 아드리안 교사는 22명의 학생보다 16명의 학생과 더 자주 눈을 맞추게 될 것이다.
- 아드리안 교사는 집단 내 각 구성원의 이해 수준을 더 잘 포착할 수 있게 될 것이다.
- 아드리안 교사는 전체 학급을 대상으로 할 때보다 이 학생들에게 더 잘 맞춰진 예시를 사용하게 될 것이다.

이러한 방식으로, 아드리안 교사는 좀 더 작은 규모의 학생집단과 활동하는 차별화 수업을 통해 학생들의 요구에 더 집중하고 반응하게 된다. 이것이 차별화 교수의 강점이다. 그것은 수학교실에 있는 개별 학생의 학습 요구에 맞춘 전략적 교수이고, 분리된 집단과 주류라인 교수집단 내 거의 모든 학생의 참여를 증가시킨다.

수업에서 교수단계 변경하기

15분쯤 후, 아드리안 교사는 주류라인 학생을 위해 수업 개관과 수업 전개 단계를 실시할 것이다. 오메가집단은 교실 바닥에다 빈도표를 만드는 활동을 할 것이다. 교사는 다시 추측하기, 평가하기, 분리하기 전략을 사용해야 한다. 교사는 몇 가지 신중한 질문을 통해 또 다른 5~6명의 두 번째 집단을 찾을 수 있는데, 이들은 데이터 집합 개념을 이해하고 있어서 다음의 직접교수 단계인 교사주도의 연습이 필요하지 않은 주류라인집단이다. 우리는 이 집단을 베타집단이라 부를 것이다. 또 다시 아드리안 교사는 주류라인 교수집단에서 이 집단을 선별하고 대안 과제를 제공할 것이다. 이 과정 동안 아드리안 교사는 학습 수준이 거의 유사한 동질집단으로 구성하거나, 이질적 집단으로 구성하고 과제를 완성해 가면서 서로를 통해 내용을 배울 수 있는 과제를 할당할 수도 있다.

예를 들어, 만들어진 큰 크기의 빈도표 격자판을 '시험해 보기' 위해 베타집단은 오메가집단과 함께 활동하는 과제를 제공받게 될 수 있다. (1) 학급에서 신는 테니스 신발의 색깔, (2) 좋아하는 음악가, (3) 좋아하는 국가리더에 대한 학생 선호도에 따라 베타집단에게 2~3개의 빈도표가 주어질 수 있다. 연합된 두 집단의 학생들에게는 세 가지 주제 중 그들이 좋아하는 주제에 대한 빈도표를 만드는 과제가 주어질 것이다. 그러므로 이후 학급에서 사용되는 활동을 만들기 위해 베타집단이 오메가집단과 함께 활동하도록 하는 것은 매우 적절하다. 또 다른 대안으로는 수업의 이 시점에서 오메가집단에게 다른 과제를 부여하거나 주류라인 교수집단에 참여하게 할 수 있다.

다시 말하자면, 우리는 수업의 이쯤에서 아드리안 교사의 교실에서 무슨 일이 일어나는지 생각해 보아야 한다. 첫째, 아드리안 교사의 교실은 수업을 시작한 지 단 5분 만에 꽤 차별화될 것임에 주목하자. 특히 교사는 전체 집단 중심 수업으로 수업을 소개하고, 오메가집단을 나누고, 다시 수업 전개 단계 후 베타집단을 나눈다. 따라서 수업 시작 후 15분 내에 오메가집단의 여러 학생은 두 번째 분리된 과제를 하고, 베타집단은 여러 개의 예시문항을 가지고 교실 바닥 격자판을 시험해 보고, 아드리안 교사는 단 11명가량의 주류라인 교수집단에게 교수를 제공한다. 즉 아드리안 교사의 교수는 주류라인집단 학생의 필요에 더욱 초점이 맞춰져 있다. 그러므로 이 학생들은 아드리안 교사에게 부가적이고 집중적인 교육을 받게 된다. 이런 점에서, 수학 수업의 차별화 교수를 통해 꽤 집중된 교육이 이루어지게 되고 학생들이 학습 과제에 더 많이 참여하는 결과를 얻게 될 것이다.

차별화된 수업계획에 대한 지침

여러 수정사항을 염두에 두고, 이제 수학에서 직접교수 수업을 수정하고 차별화 수업으로 변형하기 위한 일반적인 지침을 확인할 수 있다. 이것은 지침일 뿐이며, 모든 교사는 교실 내 개개인에 대한 이해와 교과 내용의 요구에 기초하여 학생들의 특정 요구에 이것을 맞추어야 함을 강조하고 싶다. 지침은 **교수 팁 2.2**에 세시되어 있다.

차별화 수업의 결과

수학 교수의 차별화를 선택한 교사들은 이 교수가 가시화되지 않았음에 대해 걱정을

교수 팁 2.2   차별화된 수학 수업을 위한 지침

일찍 그리고 자주 학급을 나눈다. 차별화된 학급의 교사는 분리된 활동을 많이 제공해야 한다. 사실 차별화 교수를 하는 교사들은 직접교수 모형에서보다 더 일찍 그리고 더 자주 학급을 나눌 것이다. 이러한 이유로 추측하기, 평가하기, 분리하기 전략은 학급 내 다양한 능력을 가진 모든 학생에게 가장 효과적이고 차별화된 교수적 옵션을 제공한다. 차별화된 교수로 가르칠 때, 교사들은 전통적인 수업계획의 각 단계를 실시한 후에 대안적인 교수활동을 위해 학생들을 동질적 혹은 이질적 집단으로 나누어야 한다. 후자의 경우, 집단 내에서 효과적으로 활동할 수 있는, 그리고 함께 작업할 수 있거나 그렇게 할 학생을 판단하면서, 교사들은 개념을 이해하는 학생과 이해하지 못하는 학생을 선정해야 한다.

두세 가지가 필요한 상황에서 수업활동을 하나만 계획하지 않는다. 오늘날 초등학교 교실은 학업적 다양성으로 인해 같은 내용을 여러 방식으로 제시할 필요가 자주 생긴다. 그래서 나는 교사가 시간마다 한 가지 활동을 계획하고, 어떤 학생들이 이것을 하면 다른 학생들은 다른 것을 하도록 학급을 최소한 둘 이상으로 나누도록 계획할 것을 제안한다. 창의적인 교사들은 항상 흥미로운 교수 아이디어를 생성해 내는 한편, 많은 아이디어는 교사지침서에서 확인할 수 있다. 이것은 '심화'나 '대안적 교수'에 포함되어 있다. 대부분의 경우에 교사는 그저 제시된 교육과정 아이디어에서 이러한 활동을 선택하면 된다.

한 단원에서 두 번 이상 분리된 활동을 이용한다. 아드리안 교사 학급의 예시에서 처음에는 오메가집단이 바닥에 빈도표를 만들었다. 다음 날에는 다른 집단의 학생들이 그 활동에 도전할 수 있다. 더 나아가 특정 학생들이 동일한 활동을 하는 동안 여러 집단에 속하도록 하는 것도 매우 바람직하다. 그것은 반복교수기법의 좋은 예가 될 것이다!

각기 다른 학습양식과 선호도가 다루어지도록 대안적 활동을 수정한다. 아드리안 교사는 수업에서 격자판 활동을 통해 공간, 논리/수학, 대인관계를 포함하는 여러 지적 능력을 강조하는 활동을 제공했다. 이 활동은 다른 지적 능력과 연관되도록 수정될 수 있고 이후에 사용될 수 있는가? 만약 학생들이 과제를 보지 못하고, 과정을 보지 못한 채 바닥에 있는 격자판의 공식에 대한 설명을 듣기만 한다면 언어지능이 강화될 수 있지 않을까?

지역사회에 있는 것을 이용한다. 다른 많은 교과와 마찬가지로 수학 교수에서도 학생이 사는 지역사회의 예를 사용하면 학생의 참여도가 높아지고 수학 학습에 동기를 부여할 수 있다. 예를 들어, 농업지역에서는 지역의 작물 판매에 관한 수학 문제를 제시하면 아주 효과적일 수 있다. 도시지역 학생들에게는 교과서에 있는 어떤 수학 문제를 사용하는 것보다 유행하는 옷과 신발에 관한 수학 문제를 제시하는 것이 이들을 더욱 동기화시킬 수 있다. 만약 학생들이 큰 역사공원 근처에 살고 있다면, 교사들은 지역자원(트렌턴 전

(계속)

투에 몇 명이 참전했는가? vs. 영국 용병은 몇 명인가?)에 관한 수학 예시를 고려할 수 있다. 모든 현장에서 교사들은 가능하다면 언제든지 지역사회 관련 예를 사용해야 한다.

　분리된 집단을 위한 흥미로운 과제 유형의 하나로 특정 단원의 문장제 문제를 몇 가지 지역의 예를 사용하여 다시 쓰는 것이 있다. 그러고 나면 학급 내 나머지 학생들은 연습 활동에 그 문제를 사용할 수 있다. 이것은 수학 교과서에 제시된 수학 문제보다 더욱 '실제적인' 학습으로 이끈다.

학생들을 정서적으로 연결시킨다. 우리는 학습 이전에 학생들이 학습 환경에서 편안한 감정을 느껴야 함을 안다. 더 나아가 교사들이 수학 내용을 정서적 고리로 연결시킨다면, 학생들은 그 내용에 더 잘 참여하게 될 것이다. 수학여행에 갈 수 있는 학생 수와 관련된 수학 토의는 하나의 예시가 될 수 있다. 여기 두 개의 예가 있다.

　3학년 문제 : "3학년 소풍을 위해 4대의 버스가 준비되어 있다. 각 버스에는 25명의 학생과 4명의 성인 인솔자가 탈 것이다. 만약 소풍에 함께할 성인 인솔자가 22명이라면, 여행을 갈 수 있는 학생은 몇 명인가?"

　6학년 문제 : "4대의 버스가 있는데, 각 버스에는 학생 25명과 성인 인솔자 4명이 탈 것이다. 수학 점수를 기준으로 소풍 갈 학생이 선정되며, 115명의 전체 학생 중 96%가 소풍에 갈 수 있는 점수를 받았다면, 여행에 갈 자격이 있는 학생들과 성인 인솔자를 남겨 두어야 할 것인가?"

　부모가 군인인 학생이 있다면, 특정 전투에서의 다양한 병력에 관한 수학 문제를 제시할 수 있다. 나는 개인적으로 테네시 주 클라크스빌이란 도시에 위치한 학교에 근무하는 동안 이 도시가 공군기지에 인접해 있고 해외로 군대가 파견됨에 주목했다.

통합학급에서의 수학 수업에 차별화 교수를 이용한다. 통합교육과 차별화 교수는 거의 완벽하게 어울린다. 교사들은 통합학급에서 차별화 수업을 하기 위해 함께 계획해야 하고, 교실에 두 명 이상의 교사가 있으므로 교사 한 명은 분리된 집단과 작업할 수 있다.

어느 정도의 전체 학급 수업은 계속한다. 교사들에게 매일 차별화 수업을 하라고 권하지 않는다. 오늘날의 많은 학생에게 강의식 수업이 효과적이지 않지만, 집단 프로젝트 활동, 비디오나 미디어 기반의 예시에 대한 전체 학급 토론, 학생 발표, 협동적 학생 연구를 포함하는 전통적 전체 집단 중심 수업은 훌륭하게 운영될 수 있다. 이러한 교수활동은 초등학교 교실에서 항상 중요한 학습 요소가 되어야 한다.

　내가 자주 하는 질문 중 하나는 교사가 얼마나 자주 차별화해야 하는가이다. 나는 교사들에게 주 3일은 고도로 차별된 수업구조로 하고, 앞에서 언급했듯이 다른 날에는 좀 더 전통적인 수업 절차를 적용하라고 말한다. 이렇게 하는 것이 활동을 적절하게 조합하고 모든 학생의 필요를 충족하는 효과적인 교실 학습 환경을 만들 것이라 믿는다. 교사들은 나의 이러한 제안에 긍정적으로 반응한다. 교사들은 매일 15분씩 서너 개 집단을 대상으로 서로 다른 과제를 가르치면서 힘든 시간을 보내는 반면, 주 2~3일은 차별화 수업을 하고 나머지 날에는 효과적인 전체 집단 중심 전략을 사용할 수 있다.

교사는 시험 삼아 차별화 교수의 '상황을 탐색'해야 한다. 교사가 차별화 교수를 해 보기로 결정한다면, 성공적인 교실(잘 운영되는 교실)에서 이 접근을 시도해야 한다. 교사는 또한 학생들이 잘 아는 수학영역부터 시도해야 한다. 이렇게 하면 교사가 안심할 수 있는 영역이 효과적으로 증가할 것이고, 어려운 학급에서 새로운 교수법 패러다임을 시도하는 것보다 즐겁게 차별화 교수를 경험하게 될 것이다. 또한 잘 운영되는 교실에서 이 아이디어를 시험하면 초기에 학생의 성공을 이끌어 내기가 더욱 쉬워진다. 이후에 교사들은 좀 더 도전적인 교실에서 차별화를 시도할 수 있다. 더욱이 이러한 방식으로 차별화 교수를 천천히 확장하면서 교사와 학생 모두가 이것을 교수 시스템으로 이해하게 됨을 보게 된 교사들은 이 방식이 훨씬 재미있다고 말한다!

차별화된 집단이 잘 운영될 수 있는 실제적인 방법을 찾는다. 많은 교사들이 그들의 교실에서 차별화가 잘되게 하기 위한 단순하고 실제적인 지침을 제안했다. 이것이 모든 상황에서 결정적으로 중요하지는 않겠지만, 교사들은 이 추가적 제안을 고려하길 원할 것이다.

> 차별화를 위한 이질적 집단 선정에 신중하라. 교사들은 처음 차별화 집단을 구성할 때 내용을 이해 못하는 학생들이 당황해하지 않도록 살펴보아야 할 것이다.

> 분리된 집단을 모니터링하기 위해 필요하다면 가구를 옮겨라. 차별화 집단이 교실 앞 빈 공간에서 움직임이 많은 활동을 하고 있을 때, 교사는 교실의 반대쪽으로 이동한 후, 교사와 지속적으로 활동할 학생들의 책상을 차별화 집단과 마주 보지 않게 반원으로 만든다. 이렇게 해서 이 학생들은 교사에게 더 관심을 받게 되고, 교사는 주류라인 교수집단을 가르치는 동시에 차별화 집단을 관찰할 수 있는 위치에 있게 될 것이다.

외현적 문제행동을 지닌 학생에게 비형식적 '코칭'을 제공한다. 이러한 코칭은 종종 학생들이 차별화된 집단에서 성공적으로 기능할 수 있게 해 줄 것이다. 한 예로, 어떤 교사는 '옵트 아웃' 전략을 사용했을 때, 종종 화를 표출하는(예: 다른 학생에게 욕하는) 학생도 포함할 수 있다고 생각했다. 그 교사는 화난 학생이 "왜 나는 저기에서 활동하지 않나요?"라고 물을 때 다음과 같이 대답했다. "나는 네가 집단에 들어가서 활동했으면 해. 하지만 너는 화가 나면 때때로 다른 친구들에게 '바보'나 다른 말로 부르잖아. 그런데 다른 학생들은 그렇게 불리는 것을 좋아하지 않기 때문에 그것은 결코 지혜롭지 않은 행동이야. 오늘 나는 너를 저 팀으로 보낼 거야. 하지만 만약 너 스스로 화가 난 것을 발견하게 되면 손을 들도록 해. 그러면 나는 네가 그들과 했던 활동을 설명하게 할 거야." 여러 날 동안 수행한 비형식적인 코칭과 옵트 아웃 전략은 화난 학생을 감독이 덜 되는 분리된 집

(계속)

단에 배치하고 그 집단 내에서 활동하게 할 수 있다.

내용을 이해하지 못하는 학생들의 능력을 향상시킨다. 차별화된 집단에서 경력이 있는 교사들은 내용을 이해하는 학생들이 과제를 하고, 내용을 이해 못하는 학생들을 무시하는 것을 쉽게 볼 수 있다. 따라서 교사는 내용을 이해 못하는 학생들의 능력을 향상시켜야 한다. 교과서에 수록된 예에 따라 마스킹 테이프로 바닥에 격자표를 만드는 활동을 하게 될 분리된 집단을 만든다면, 교사는 내용을 이해 못하는 학생에게 테이프를 줘서 집단의 상호작용을 촉진해야 한다. 요컨대 다른 학생들은 그 학생과 상호작용을 해야 할 것이고, 왜 격자표가 특정한 방법에 따라 만들어져야 하는지를 그에게 가르치게 될 것이다.

많이 한다. 예를 들어, 많은 교사들은 학급에서 너무 많은 다양한 교수집단을 다룬다는 점에 대해 먼저 걱정을 한다. 물론 모든 학급에는 교사의 밀착된 감독을 필요로 하는 행동 패턴으로 인해 적어도 초반에는 분리된 활동에 선택되지 않아야 하는 학생들이 있다. 하지만 교사는 전체 학급이 이 학습 포맷에 익숙해진 후에는 행동 문제를 가진 아동이 분리된 활동에 의미 있게 참여할 수 있다는 것을 알게 된다.

또한 오늘날 학교에서 대부분의 교사 훈련은 전체 집단 중심 교수 모델 방식으로 이루어지고 있기 때문에, 어떤 교사들은 분리된 집단에서 학습이 되리라는 믿음을 스스로 갖지 못한다. 사실 어떤 교사들은 감독이 되지 않는 집단을 재난의 불씨로 본다. 그럼에도 불구하고 나는 교사들이 일단 차별화 교수를 시도함으로써 학생들이 분리된 집단에서 서로 배우게 되고, 이 수업이 학생들의 참여를 증가시키며 전반적인 학습을 향상시킴을 알 수 있을 것이라고 교사들에게 반복적으로 말해 왔다.

모든 교사는 오늘날 수학공통핵심교육과정(Common Core State Standards)을 시행하라는 압박하에 있는데, 차별화 수업은 전체 학급을 대상으로 하는 전통적인 교수와 비교했을 때 수학에서 향상된 교육을 이끌어 낼 것이다. 한편 교사들은 초반 집단 구성과 관련하여 판단하는 것을 연습해야 한다. 차별화 모델을 적용하여 진정한 차별화 교실을 운영한 뒤 실제로 변화를 경험한 교사들이 보고한 전형적인 결과가 **글상자 2.2**에 제시되어 있다.

> 모든 교사는 오늘날 수학공통핵심교육과정을 시행하라는 압박하에 있는데, 차별화 수업은 전체 학급을 대상으로 하는 전통적인 교수와 비교했을 때 수학에서 향상된 교육을 이끌어 낼 것이다.

글상자 2.2　차별화 교수 수업의 전형적인 결과

더욱 다양한 교수활동의 사용

교사들은 그들이 전체 집단 중심 수업보다 차별화 수업에서 더욱 다양한 교수활동을 사용하고 있다고 종종 보고한다.

우수학생의 높아진 참여

이 과정에서 우수학생들은 더욱 도전적이 되고, 따라서 덜 지루해하며 문제행동을 덜 일으킬 것이다.

행동관리에 대한 다양화된 관심

교수집단의 수가 증가함에 따라 행동관리에 대한 걱정이 줄어들 것이고, 따라서 교사는 차별화로 천천히 이동해야 한다. 전통적인 수업에서 지루해하는 학생들은 이 교수 모델에 더욱 참여하게 될 것이고, 차별화 수업에서 행동관리는 교사의 감독 밖에 있더라도 효과적으로 될 것이다.

필요로 하는 학생에게 향상된 교수 제공

주류라인집단이 축소됨에 따라 교사는 더욱 작아진 집단에 집중하게 되므로, 그 집단에게 제공되는 교수는 향상될 것이다. 그러므로 교사는 특별한 수업에 진정으로 도움이 필요한 학생들을 위해 향상된 지원을 제공하게 될 것이다.

모든 사람을 위한 최고의 교수 제공

차별화 교수는 교사가 다양한 능력을 가진 아동에게 가장 효과적인 심화교수를 다양하게 제공하도록 촉진한다. 교사는 분리된 집단을 위한 대안적인 과제만큼이나 다양하고 참신하고 흥미로운 활동을 주류라인집단을 위해 만들어야 한다.

통합교육을 위한 교수 모델로서 효과적인 사용

교사들은 이질적으로 구성된 여러 분리된 집단들과 통합학급의 교수 간의 적합성을 쉽게 볼 수 있다. 차별화된 교수는 통합교육을 위해 현재 이용할 수 있는 가장 효과적인 모델 중 하나로 제공된다.

이 방식으로 가르치는 데 익숙해진 교사들

교사들이 이 교수 모델을 시도해 본 후 자신들이 느끼는 안심 영역 내에서 이 모델의 학업적 영역에 대해 평가한다면, 그들이 이 교수법을 즐기고 있다는 것을 발견하게 된다. 모든 교사가 어느 정도의 기간 동안 차별화를 경험하고 있는 와중에, 이 방식에 치중하고 있는 교사들은 전통적인 방식의 교수법으로 돌아가지 않을 것이라 종종 말한다. 사실 차별화 수업으로 가르치는 것은 아주 재밌다.

출처 : Bender(2009).

차별화 교수 개관 : 참과 거짓

교수의 차별화에 대한 지침을 염두에 두면 우리는 전반적 개념에 대해 더욱 폭넓게 이해할 수 있다. 내가 처음 차별화 교수를 연구하기 시작했을 때, 그것이 실제로 무엇인지 다소 혼란스러웠다. 나는 이런 혼란스러움이 꽤 공통적이라는 것을 알게 되었다. 특히나 내가 읽은 많은 책과 내가 참석한 많은 워크숍에서 다양하고 훌륭한 교수법이 발표되었으나, 차별화 교수가 무엇인지에 대한 '기본 논지'는 없다는 것을 발견했다. 나는 참신한 교수법에 대해 배우는 것을 항상 즐기지만, '차별화 교수'가 단순히 '좋은 교수법들'의 집합체인지 의아해하며 많은 워크숍을 끝냈다. 나는 이 개념의 기본 요소나 개념 요소를 찾아내지 못했다.

더욱이 최근에 나는 차별화가 혁신적인 두뇌 적합화 교수전략 그 이상이라는 점을 이해하게 되었다. 차별화 교수는 실상 교실상황에서의 학습구조를 개념화하는 새로운 방법이다. 21세기의 교사들은 아동들이 3학년생들의 '수준' 혹은 6학년생들의 '수준'이 된다고 더 이상 믿지 않아야 할 것이다. 오히려 오늘날 학급에서는 교사들이 학생들을 개별적으로 가르치므로, 교사들은 전통적 전체 집단 수업계획에서 탈피해야 한다. 오늘날의 교사는 '내용 전달' 전문가이기보다 학습의 촉진자이며, 수학 교수가 더욱 차별화된 유형으로 이동한다는 것은 교사의 역할이 교수자에서 교육 안내자 및 촉진자로 변화해 가는 것에 부합한다.

이러한 점에서 앞서 기술된 직접교수 모델과 같이 교수를 집단현상으로 사고하도록 훈련된 교사들에게 차별화 교수는 실제 패러다임의 이동이라 할 수 있다. 교사들은 이제 개별 아동에 대한 수업계획으로 그들의 사고를 바꿔야 하고, 학생들의 폭넓고 다양한 학습방식(예 : 학습양식, 각기 다른 주의집중 수준, 다양한 능력, 서로 다른 학습 수준, 다양한 학습선호도)과 관련된 정보를 고려해야 한다. 이러한 견지를 가진 교사만이 오늘날 학급에서의 폭넓고 다양한 요구를 충족할 수 있을 것이다.

> 교수를 집단현상으로 사고하도록 훈련된 교사들에게 차별화 교수는 실제 패러다임 이동이라 할 수 있다. 교사들은 이제 개별 아동에 대한 수업계획으로 그들의 사고를 바꿔야 한다.

물론 많은 교사들이 차별화 교수에 대해 모르면서도 수학 교수를 차별화하고 있다는 걸 알고 있다. 게다가 많은 교사들은 수년 동안 그들의 학급을 '차별화'해 왔다.

솔직히 오늘날 교실 내 학업적 다양성은 교수의 차별화를 요구한다! 이러한 현실에서 교사가 오늘날의 교실에서 생존하기 위해서는 학급 내 다양한 학생집단을 위한 참신하고 혁신적인 교수법에 대해 임무를 다해야 함을 알 수 있다. 수학교사들에게 차별화된 수업계획의 개념은 더욱 신중하고 더욱 전략적인 차별화 교수활동을 개발하는 것을 의미할 것이다. 이들 교사는 다양한 학습적 요구를 다루기 위해 초반에 계획하여 수학시간에 더욱 다양한 수업을 전달하게 될 것이다.

언급했듯이, 차별화 교수를 위한 대안적인 모델이 있다. 교사들은 전통적인 수업계획을 가장 쉽게 받아들이기 때문에 나는 일반적으로 전체 학급 수업의 수정에 대해 먼저 제시한다. 하지만 다음에 제시하는 모델인 수학 수업에 관한 학습센터를 포함하여, 수학 교수의 차별화를 위한 다양한 대안적 모델이 존재한다.

수학 학습센터 : 차별화 모델 2

차별화 교수를 위한 또 다른 전통적 모델은 학습센터(혹은 학습 스테이션. 이 용어는 고학년이나 중·고등학교에서 더 자주 사용한다)이다. 많은 수학교실에는 학습센터가 있으며, 대부분의 센터는 교실에서 진행되는 수업을 보충하는 부가적 교육활동을 제공하는 데 이용된다. 바꾸어 말하면, 오늘날 대부분의 교실에서 이용하는 학습센터나 학습 스테이션은 수업을 전달하는 일차적 방법이 아니다. 교사가 주어진 단원의 교수활동을 학생에게 가르칠 때, 몇몇 학생은 같은 시간 학습센터를 이용할 것이다. 일반적으로 학습센터에서의 활동은 단원의 부가적 활동으로 간주된다.

하지만 수학 수업에서 학습센터가 차별화 교수의 일차적 방법으로 계획된다면, 모든 교육이 학습센터에서 이루어질 수 있어야 한다. 물론 두 가지 유형의 학습센터가 모두 잘 활용될 수 있지만, 여기서는 학습센터가 차별화 교수의 일차적 모델이라고 보는 두 번째 유형에 관해 논의할 것이다.

이러한 차별화 교수적 접근을 계획하기 위해서 교사들은 전체 학급 수업으로 계획되지 않는 교실을 떠올릴 것이다. 대신에 학생들은 학습 수준과 학습양식에 따라 집단으로 나뉘고, 다양한 학습센터에서 교육을 받는다.

> 만약 학습센터가 수학교실에서 차별화 교수의 일차적 방법으로 계획된다면, 모든 교육이 학습센터에서 이뤄질 수 있어야 한다.

그리고 매일 대부분의 학생집단은 학습센터를 방문하여 그곳에서 활동할 것이다. 이러한 상황에서 교사는 전통적인 전체 학급 수업에서처럼 내용 전달자이기보다는 교육 촉진자가 될 것이다.

학습센터가 수업 전달의 일차적 모델로 사용될 때는, 수학 수업에서 수정과 적합화가 허용되도록 개발되어야 한다(Bender, 2009). 유치원 수학과 초등 수학에 대해서 다음과 같은 학습센터를 포함한 다양한 학습센터가 만들어져야 한다.

> 셈하기와 연산
> 측정
> 문제해결 적용
> 특별 프로젝트
> 컴퓨터센터
> 안내된 수학 교수

학습센터 내 과제

학습센터는 교실의 정해진 위치에 다양한 활동으로 채워진 주제별 테이블에 위치해 있어야 한다. 학습센터라는 표지판이 테이블 위쪽 벽에 표시되어 있어야 한다. 교사는 각 학습센터에서 활동하는 학생들을 위해 지시사항을 제공해야 한다. 많은 교사들은 각각의 학습센터 벽에 '활동카드'를 붙여 놓는데, 이 활동카드에는 점수를 받기 위해 학생들이 달성해야 하는 활동이 적혀 있다. 어떤 학습센터는 작은 화이트보드에 과제를 적어 놓는다.

어떤 센터에는 10~15개의 파일 폴더가 들어 있는 보관박스가 비치되어 있다. 각 파일 폴더에는 센터 명칭, 일련번호, 활동 제목이 붙어 있어야 한다(예 : 일차방정식, 1단계, 받아 올림/내림이 있는 덧/뺄셈). 각 폴더에는 활동지와 활동에 대한 설명, 조작활동, 파트너 혹은 팀 활동에 대한 지시사항이 들어 있을 수 있다. 더 나아가 각 센터에서의 활동은 약 15~20분이 소요되도록 개발되어야 한다. 학생들은 학습센터를 제대로 찾아가도록, 그리고 할당된 과제에 해당하는 폴더를 선택하도록 교육되어야 한다. 초반에 교사들은 학생들이 올바르게 활동하는지 확인할 필요가 있을 것이다.

학습장애학생들도 이용 가능한 학습센터가 되도록, 교사들은 활동에 관한 지시사

교수 팁 2.3   양의 정수와 음의 정수 연산을 가르치기 위한 두뇌 적합화된 노래

소집단에게 양/음의 정수 연산 방법에 관한 기본지침을 제공하고, 그 내용을 가르치는 노래나 동작을 만들게 할 수 있다. 5학년 학급의 한 교사는 학생들이 양/음의 정수 덧셈을 배우기 위한 멋지고 짧은 노래를 만들었다고 보고했다. 이 노래는 "리 자로 끝나는 말은"의 운율에 맞춘 노래이다.

> 같은 기호는 더해.
> 다른 기호는 빼!
> 가장 높은 숫자 골라.
> 그러면 맞아!
> 곱하고 나눠.
> 이건 쉬워.
> 같은 기호는 양수.
> 다른 기호는 아니야!

항이 각기 다른 집단에게 적합하도록 다양하게 보유해야 하는데, 이들 지시사항은 단순하고 명확해야 한다. 예를 들어, 활동카드마다 다양한 수준의 과제가 있어, 다른 학생들이 '수준 2'나 '수준 3' 활동을 완수하는 동안 어떤 학생들은 '수준 1' 활동을 완수하도록 지시될 수 있다. 다시 말해, 이러한 차별화 교수는 학습장애나 다양한 학습 요구를 지닌 학생들의 필요를 충족시키기 위해 제공되어야 한다.

학습센터나 학습 스테이션은 소집단을 위한 과제를 포함해서 사실상 모든 유형의 과제를 수행하기 위한 훌륭한 기회를 제공한다. 학생들은 교사의 지도를 받아 가며 자신만의 교수 내용을 개발하는 창의적 활동을 즐긴다. 예를 들어, 교사는 소집단이 사용할 개념이나 요점 목록을 제시하고, 그 집단에게 이 요점을 강조하는 노래나 동작을 만들게 할 수 있다. **교수 팁 2.3**은 정수 연산을 가르치기 위해 사용될 수 있는 두뇌 친화적인 노래와 동작의 예를 제시하고 있다.

학습센터의 내용

앞에서 제안된 바와 같이, 대부분의 수학교육과정은 하나의 학습센터나 또 다른 학습센터에서 다루어질 수 있다. 예를 들어, 셈하기와 연산 센터의 다양한 활동은 셈하기(그 학급의 학년 수준에 적합한)와 연산에 초점이 맞추어져 있을 것이다. 이 센터는 다양한 구체물, 활동지, '학급친구' 활동 개요, 연산을 가르치는 게임, 기본 셈하기와 연산의 이해를 돕는 컴퓨터 활동을 포함할 수 있다.

각 학습센터가 갖추어야 할 자료는 순서대로 취할 수 있게, 그리고 학생들이 자료를 기억하는 데 도움이 되는 방식으로 라벨을 붙이고 정리해야 한다. 특히 장애학생들이 학습센터에서 자신의 자료를 찾는 법을 가르쳐야 하는데, 이는 장애학생의 조직화 기술을 개발할 뿐만 아니라 곧 사용하게 될 특정 과제에 집중하는 능력을 가르칠 수 있다. 이런 점에서 학습센터는 자료의 효율적이고 조직화된 모델이어야 한다.

학습센터의 활동은 매우 다양하다. 대부분의 경우 교육용 게임과 구체물이 있을 것이다. 대부분의 학습센터에는 다양한 주제별로 미술 프로젝트 개발에 쓰일 자료와 포스터들이 있다(예 : 수학센터의 구구단 포스터나 연산 지침인 PEMDAS 순서를 제시한 차트). 또한 대부분의 교사는 개별 혹은 소집단으로 학생들이 사용할 활동지를 개발하여 학습센터에 둔다. 교사들은 또한 미디어 전문가를 찾아가 수학 자료가 학급에 장·단기 대여가 가능한지 여부에 대해 문의해야 한다. 대부분의 경우, 특별승인을 받아 한 주나 여러 주 혹은 한 달 동안 자료를 사용할 수 있을 것이다. 교사들은 낮은 수준의 읽기 학습자를 포함한 낮은 수준의 학생들을 위한 자료를 원하게 될 것이다. 이로써 모든 학생이 학습센터에서 과제를 얻을 수 있게 될 것이다.

측정 학습센터에서는 교사들이 특정 학년 수준의 수학공통핵심교육과정에 학생들이 집중하도록 과제와 적절한 구체물을 배치해야 한다. 한편 교사들은 적절한 측정 활동이 포함되어 있는지 확인해야 하는데, 특히 영재 혹은 우수 학습자가 의미 있고 도전적인 활동을 하는 데 적합한지 확인해야 한다.

컴퓨터센터에는 6~7대의 컴퓨터가 벽을 따라 배치되어 있고, 컴퓨터에는 수학교육에 적합한 컴퓨터 소프트웨어 프로그램이 탑재되어 있을 것이다. 6~7명의 학생집단은 교실 내 컴퓨터센터로 갈 것이며, 각 학생은 수학적 요구와 개별적 기술 수준에 특별히 맞춰진 수학 소프트웨어 프로그램에 접근할 수 있다. Vmath와 SuccessMaker Math는 컴퓨터를 통해 수업을 개별적으로 전달하는 수학교육 패키지이므로, 교사는 다른 학생들을 가르치기 위해 다른 학습센터로 자유롭게 이동하게 된다(수학 프로그램 설명은 부록 참조).

안내된 수학 교수 센터에서는 교사가 안내된 소집단 교수를 제공한다. 일반적으로 각각의 학습센터에서 소집단 활동이 시작되면, 교사는 교사주도의 직접교수 활동 테이블로 한 집단을 부른다. 이러한 경우, 이 학생들의 특별한 요구를 반영한 교사주도의 표적교수를 15~20분 동안 받을 것이다.

학습센터의 조직

차별화 교수 모델에서 교사들은 학급을 4개의 동질집단으로 나누기 위해 학생들의 읽기와 수학 학업성취 수준과 더불어 개인별 학습양식을 이용해야 한다(Bender & Waller, 2011b). 각 집단은 15~20분 동안 학습센터로 배치되어야 한다. 15분이 끝날 무렵 교사들은 모든 학생에게 자신의 활동을 점검하고 그것을 챙겨 두도록 지시한다. 그런 다음 각 집단에 맞게 교사가 미리 개발해 놓은 과제에 따라 다음 센터로 이동하고 활동을 시작한다.

이러한 방식으로 교사는 학급의 모든 구성원을 대상으로 전통적인 전체 집단 중심 수업을 전달하기보다 센터를 이동해 가면서 개별적으로 학생을 지원하고 촉진할 수 있게 된다. 학생들이 학습센터에서 활동을 시작하기 때문에, 교사들은 직접교수 프로그램으로 교사와 직접 작업할 집단을 번갈아 가며 부를 수 있는 것이다.

다음과 같이 교사가 말하면서 5학년 수학 수업을 시작하는 것을 상상해 보자.

> 수학 수업에 오신 여러분을 환영합니다. 오늘 나는 A집단이 컴퓨터센터에서 활동했으면 좋겠어요. 여러분은 이미 배치평가를 받았어요. 그래서 우리가 정해 놓은 다양한 과제가 여러분 쪽에 있을 거예요. B집단은 내 활동 테이블에서 나와 함께 활동할 거예요. C집단은 측정센터에서 시작할 거고, 여러분의 과제는 센터에 있는 화이트보드에 적혀 있어요. 그럼 D집단이 남는데, 나는 여러분이 특별 프로젝트센터로 가서 지난주에 시작한 팀 프로젝트를 마쳤으면 좋겠어요. 여러분에게 약 20분의 시간이 주어질 거고, 그다음 센터를 바꿀 거예요. 센터를 바꾸는 데 2분의 시간을 줄 거예요. 각자 정해진 센터로 이동해서 지금 바로 시작하세요.

학습센터 모델에서의 차별화 교수 옵션

학생들이 학습센터에서 활동을 할 때, 차별화 교수 옵션은 사실상 끝없이 이루어진다. 차별화된 집단이 다양한 과제를 학습센터에서 하게 됨으로써, 다양한 학습 수준, 학습양식과 선호도에 따라 폭넓고 다양한 교수를 제공받을 수 있다. 더 나아가 교사들은 학생에게 제공하는 교사주도의 교수 수준을 다양화할 수 있다. 예를 들어, 우수집단은 다른 집단보다 교사주도 교수가 덜 요구되므로 교사들은 그들이 특별 프로젝트 센터에서 팀 중심 프로젝트를 완성하는 데 20분의 시간을 두 번 사용하게 할 수 있다. 우수집단은 교사 활동 테이블에서 일주일에 단 2~3번만 활동하게 될 수도 있다. 우수집단은 컴퓨터 프로그램을 이용하는 개별 수업이 더 효율적일 수도 있기 때문에, 컴퓨터센터에서 하루 20분 세션을 두 번 하게 될 수도 있다.

낮은 수준의 집단은 교사 활동 테이블에서 매일 다소 더 길게 활동할 수도 있다. 이들은 매일 20분씩 두 번 교사 활동 테이블에 있음으로써 학급의 다른 학생들보다 개별적인 교사주도 교육을 더 받게 되는 것이다.

전국적으로 교사들이 수학 중재반응 프로그램을 수행하면서, 차별화를 위한 학습센터 모델이 수학 수업의 매우 유연한 교육적 대안임이 입증되어 왔다. 앞서 기술했듯이, 모든 수학 수업에서 어떤 학생들은 다른 집단보다 교사주도 교육이 더 필요할 것이다. 이 집단들은 RTI 2단계 수학 중재(중재반응은 제7장에서 더 자세히 설명된다)가 필요할 것이다. 몇몇 학생에게 이 집중적 중재를 제공한다는 것은, 역으로 교사의 부가적인 시간이 필요하다는 것이며, 이 시간은 모든 학생을 학습센터에서 활동하게 함으로써 채워질 수 있다. 예를 들어, 수학교사는 교사 활동 테이블에서 매일 20분을 추가하여 한 동질집단과 함께 활동함으로써 2단계 중재를 제공할 수 있다.

공통핵심교수 차별화에서 학습센터가 지닌 장점

수학 수업에 차별화 교수 모델로서 학습센터를 이용하면서, 교사들은 자신이 전체 집단 수업을 거의 다시는 사용하지 않게 될 것임을 깨닫게 될 것이다! 매일 혹은 매주 몇 시간을 교사주도 활동에 참여하는 소집단의 학생들과 교사가 더욱 친밀하게 작업하는 동안, 차별화 교수 모델인 학습센터에서는 교사가 모든 학생의 수학 교수를 위한 계획자와 촉진자가 된다.

교사들이 수학공통핵심교육과정으로 이동하게 되면서, 우리의 목표는 주요 수학 내용의 깊이 있는 이해가 될 것이다. 사실상 수학공통핵심교육과정은 더욱 깊이 있

는 이해의 강조, 지식의 전이, 문제해결에 대해 논하는
데, 이러한 깊이 있는 수학적 사고는 전체 학급 수업보
다 학생과의 개별 작업이 가능한 소집단 활동에서 더 강
조된다. 이런 점에서, 학습센터를 이용한 차별화 수학

> 수학 수업에 차별화 교수 모델로서 학습
> 센터를 이용하면서, 교사들은 자신이 전체
> 집단 수업을 거의 다시는 사용하지 않게
> 될 것임을 깨닫게 될 것이다!

교수 접근은 수학공통핵심교육과정으로의 이동과 잘 맞는다.

더욱이 앞서 언급한 학습센터 차별화 접근을 통해 각 학생은 매일 15~20분 동안
교사로부터 소집단 교수와 컴퓨터를 이용한 목표지향적인 개별화 교수를 모두 받게
될 것이다. 이 접근에 의한 대부분의 교수는 학생들의 특별한 요구에 직접적으로 맞
춰져 있기 때문에, 사실상 이 방식으로 학생들을 가르치면 전체 집단 중심 수학 수업
을 받을 때보다 전반적으로 더욱 질 높은 교수를 받게 되는 것이다. 다시 말하자면,
차별화에 대한 이러한 관점은 수학공통핵심교육과정에서 강조하는 깊은 이해와 잘
맞는 듯하다.

다음으로, 학습센터는 전통적 교수에 비해 학생들이 학습에 대한 책임성을 더 갖
게 하며, 이는 학습 과제에 대한 학생의 참여를 증가시킬 것이다. 수학공통핵심교육
과정의 한 측면에서는 개념에 대한 토론 및 문제해결에서의 학생 참여를 강조하는
데, 학습센터 접근은 학생들로 하여금 더욱 수업에 참여

> 학습센터를 이용한 차별화 수학 교수 접
> 근은 수학공통핵심교육과정으로의 이동과
> 잘 맞는다.

하고 책임지게 함으로써 더욱 깊은 개념적 사고를 증진
시킬 수 있다. 교수/학습 과정이 학생을 수동적 학습자
로 보는 관점에 기반을 두고 있다면(즉 교사가 이끄는 전
체 집단 수업, 강의, 토론), 학습에 어려움을 겪는 학생은 제한된 학습을 하게 될 것
이다. 반면에 학습센터 접근은 자신의 학습활동에 대해 책임지는 학생을 만들며, 이
는 더욱 높은 성취와 더욱 깊이 있는 이해를 하게 할 것이다.

다음으로, 공학 자원이 풍부한 학급에서 소프트웨어 기반의 안내된 수학 수업은
특정 학생의 개별 수학 수준에 정확히 맞출 수 있다. 교사 활동 테이블에서 교사와
함께 집중적인 활동을 하는 것도 마찬가지다. 이러한 점에서 이 접근이 전통적 전체
집단 중심 교수보다 오늘날 수학 수업에서의 다양한 학생들의 요구를 더욱 충족한다
고 제안될 수 있다.

마지막으로, 학습센터 접근은 문제해결, 연산, 유창성 등을 포함한 수학의 많은 주

제에 적합하다. 컴퓨터센터는 개별화된 수학 교수를 위한 훌륭한 방법이고, 학제 간 연구(예 : 수학과 과학 활동)까지도 컴퓨터센터 상황에서 할 수 있다. 사실 적절한 소프트웨어가 갖추어진다면, 컴퓨터센터는 다른 많은 주제 영역에도 활용될 수 있다.

다음은 무엇인가?

이 장은 수학에서의 차별화 교수를 위해 전체 집단 중심 수업 대신 전체 집단 수업계획의 수정 및 학습센터 이용이라는 두 가지 모델을 제시했다. 차별화된 수학 교수가 깊이 있는 이해, 정보 전이, 문제해결이라는 공통핵심을 강조하기 때문에, 잘 차별화된 두 가지 모델은 대부분의 교사에게 도움이 될 것이다.

하지만 지난 10여 년간 거꾸로 수업이나 프로젝트 중심 학습 등 더욱 새롭고 혁신적인 차별화 교수 모델이 제공되어 왔다. 차별화 교수로의 이와 같은 혁신적인 접근은 수학 수업에서 전통적인 전체 집단 중심 수업을 대체하게 되는데, 이와 같은 최근 교수 모델을 다음 장에서 다룰 것이다.

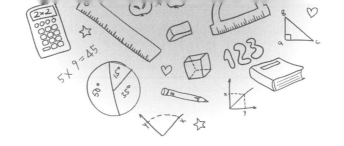

3

거꾸로 수학 수업과
프로젝트 기반 학습

수학에 대한 새로운 차별화 교수 모델

앞서 언급한 것처럼, 미국의 46개 주(州)에서 공통핵심교육과정으로의 전환이 진행 중에 있으며(Toppo, 2012), 이를 시행하지 않기로 한 주에서조차도, 수학 교수에서 전반적으로 더욱 깊은 이해와 문제해결, 그리고 지식의 전이를 폭넓게 강조하고 있다. 이는 오늘날 수학 수업에서 거꾸로 수업과 프로젝트 기반 학습을 활용하는 등 몇 가지 혁신적인 교수적 접근을 이끌었다.

교육자들은 항상 새롭게 고안된 교수적 실제로 실험을 하지만, 새로 개발된 교수 기법으로 교사들이 개별 학생의 학습을 안내하거나 소집단으로 가르치는 데 더 많은 교수시간을 할애하지 못한다면, 어떠한 교수적 혁신도 그 자체만으로 학업성취의 향상을 이끌 수 없을 것이다. 다행히도, 거꾸로 수업과 프로젝트 기반 학습은 학생들이 수학 과제를 완성하도록 함으로써 교사가 개별 학생이나 소집단과 더 많은 시간을 보낼 수 있다는 효과가 있다. 더욱이 이러한 혁신적인 교수적 실제는 오히려 전통적인 전체 집단 중심의 수업계획서를 과감하게 수정하기 때문에, 수학 수업에서 교수 새로 개발된 교수기법으로 교사들이 개별 학생의 학습을 안내하거나 소집단으로 가르치는 데 더 많은 교수시간을 할애하지 못한다면, 어떠한 교수적 혁신도 그 자체만으로 학업성취의 향상을 이끌 수 없을 것이다.

차별화를 위한 또 다른 모델로서 가장 잘 이해될 수 있다.

물론 프로젝트 기반 학습은 지난 수십 년 동안 존재해 온 반면, 거꾸로 수학 수업은 꽤 최근이라 할 수 있는, 불과 2009~2011년에 문헌에서 폭넓게 나타나기 시작했다. 하지만 이러한 교수적 혁신은 미국과 캐나다 전체에 걸쳐서뿐만 아니라 세계 각국의 많은 수학 수업에서 실행되고 있으며, 이것은 모두 교사가 수업에서 교수활동을 차별화할 수 있는 많은 기회를 제공하며, 따라서 개별 학생의 요구에 훨씬 더 효과적으로 부합한다. 이 장에서는 먼저 이전에 논의된 전통적 수업계획서와 직접적으로 관련된 거꾸로 수업을 논의한 후, 프로젝트 기반 학습을 설명할 것이다.

차별화를 높이기 위한 거꾸로 수학 수업

이미 2006년 콜로라도의 고등학교 화학교사인 Jonathan Bergmann과 Aaron Sams는 다른 프레임워크에서 교수시간을 사용함으로써 지도의 효과성을 극대화하는 방법을 탐색하기 시작했다. 교사주도의 수업 전개(전통적 수학 교수의 두 번째 단계—앞 장의 **글상자 2.1** 참조)는 지난 수십 년간 교수 계획서의 중심이었으나, 이 두 교사는 학생들을 개별적으로 도와주고, 학생들의 특정 문제에 대한 이해를 조정하거나 소집단 교수를 안내하는 데 보내는 시간이 수업 전개 교수시간보다 학생들에게 훨씬 더 유용하다는 것을 깨달았다(Bergmann & Sams, 2012). 이와는 대조적으로, 전형적인 강의식으로 내용을 제시하거나 학급 전체에 문제를 제시하는 방식으로 수업을 전개하는 교사들은 학생들의 수학에 대한 이해에 직접적으로 영향을 준다는 면에서 가장 효과적인 교수 행동은 아니다(Green, 2012; Maton, 2011; Sparks, 2011; Toppo, 2011). 따라서 이 혁신적인 교사들은 교사주도의 수업 전개를 '내보내기' 위해, 녹음된 미디어 기반의 프레젠테이션을 사용하기 시작했으며, 그 결과 수업 전개 단계를 '숙제'로 할당된 과제를 학습하는 것으로 대체했다. 그러한 점에서 수업 전개 단계(앞서 **글상자 2.1**에 제시된 전통적 전체 집단 중심 수업의 두 번째 단계)는 숙제가 되고, 교사는 개별 학생을 대상으로 혹은 학생들이 수학 연습을 하는 소집단에서 수업의 더 많은 시간을 할애할 수 있다. 다시 말해 숙제로 수업 전개 단계가 실행되는 것으로 학습 순서가 거꾸로 되며, 숙제(즉 수학 개념의 연습)를 수업활동으로 하게 되는 것이다! 이것이 본질적으로, 거꾸로 수업 모델이다.

> 거꾸로 교실에서 학생들은 숙제로서 웹 자원을 사용해야 하고, 새로운 수학 문제를 스스로 학습해야 하며, 수업시간은 흥미로운 실험실 탐구시간 혹은 새로운 내용으로 연습 활동하는 시간으로 사용된다.

이 두 교사는 그들의 수업을 뒤집는 실험을 함으로써, 이것이 평균과 평균 이상의 학생뿐만 아니라 모든 능력 수준의 학생에게 유용하다는 점에 주목했다(Bergmann & Sams, 2012). 이러한 형태로 수업을 뒤집음으로써, 교사들은 모든 능력 수준의 학생들과 수업시간에 직접적으로 더 많은 시간을 보낸다.

이렇게 거꾸로 수학 수업으로의 추세가 늘면서 근본적으로는 교수의 방법이 다양해졌다. 오늘날 교사들은 새로운 주제에 대한 수업 전개를 가정에서 완성하게 될 독립적인 학습 과제로 부여하고, 학생들은 비디오 설명이나 다양한 웹사이트를 이용하여 새로운 유형의 수학 문제를 학습한다(Bender & Waller, 2013; G. Cook, 2011; Green, 2012; Maton, 2011). 어떤 경우, 교사들은 그들 자신이 내용을 간단하게 (5~10분 분량) 녹화하여, 학생들이 학교나 수업 웹사이트에서 시청할 수 있게 한다. 다른 경우, 교사들은 다른 사람에 의해 개발된 수학 관련 동영상을 인터넷에서 찾아내어 제공한다. 그러면 학생들은 새로운 내용으로 학습하기 위해 수업 외의 시간에 그 동영상을 이용한다. 그런 뒤 실제 수학 수업에서는 개별 연습을 위해 더 많은 시간을 할애함으로써 교실은 종종 수학 실험실이 되고, 교사들은 개별 학생과 더 많은 시간을 보내거나 소집단 학생들과 함께한다. 수업시간은 또한 흥미로운 실험실 탐구시간 혹은 새로운 내용으로 연습 활동을 하는 시간으로 사용된다. 전통적인 수업 구성을 뒤집는 다양한 다른 방법이 있지만(Bergmann & Sams, 2012), 위에 언급한 아이디어는 거꾸로 수업 관련 문헌에서 가장 보편적으로 설명되는 모델이다.

현대 공학기술은 이러한 경향을 증가시켰다. 질 높은 웹 기반 교수 자원의 출현으로, 교사들은 특정 유형의 수학 문제를 설명하는 많은 동영상을 인터넷에서 구할 수 있다는 것을 알게 되었다(Edick, 2012). 교사와 학생들은 유튜브나 티처튜브(TeacherTube)와 같은 공개 웹사이트에서 많은 동영상 설명과 교수 사례를 이용할 수 있으며(Edick, 2012), 다양한 수학 관련 웹사이트에는 특정 유형의 수학 문제를 설명하는 교수 동영상과 게임활동이 있다. **글상자 3.1**은 교사들이 수업에서 자주 사용하

글상자 3.1	수학 교수 동영상 웹사이트 자료

Tutor-USA.com — 다양한 무료 수학 동영상뿐만 아니라 프린트 가능한 수학 활동지가 있다(tutor-usa.com/videos). 또한 교사나 홈스쿨링 부모들이 사용할 수 있는 훌륭한 자료들이 있다.

Math TV — 베테랑 수학교사이자 저자인 Pat McKeague의 채널이다(www.mathtv.com/about). 별도의 요금을 지불하면 방대한 양의 동영상과 수학 수업 및 활동지가 제공되며, 등록한 후에 교사는 수학 주제와 관련한 뉴스레터를 받을 수 있다.

Mathademics — 수감각, 산수, 분수, 소수, 대수, 수학 함수, 기하학과 같은 주제에 대해 수학 학습 프로그램을 제공한다(mathademics.wikispaces.com/home 또는 www.youtube.com/user/Mathademics).

The Video Math Tutor — 다양한 수학 문제와 관련하여 광범위한 교수 동영상을 제공하며, 30분가량 분량의 자료도 있다. 모두 무료이며, 각 동영상에는 다운로드할 수 있는 자료가 있다. 또한 어려운 문제와 계산 팁을 제공한다(www.videomathtutor.com/).

Math Train — 캘리포니아 주 산타모니카에 위치한 링컨 중학교 학생들이 만든 다양한 교수 동영상을 제공한다(Mathtrain.tv/index.php). 학생들과 이를 공유하여 다른 학생들이 수학에서 무엇을 성취했는지 알게 하는 데 유용할 것이다.

PatrickJMT Free Math Videos — 이 유튜브 채널은 구독자가 10만 명 이상이며, 유튜브 최고의 수학 채널 중 하나이다(patrickjmt.com 또는 www.youtube.com/user/patrickJMT). 미적분, 도함수, 다양한 방정식, 한계, 적분, 그 외 높은 수준의 다양한 수학 주제에 대한 동영상이 있다.

는 동영상 자료를 보여 준다.

몇몇 저자들은 거꾸로 수업 교수 모델이 교사로 하여금 다양한 수학영역에서 모든 학생의 요구를 충족하도록 더 많은 교수시간을 할애할 수 있게 하는 수학 교수 차별화를 위한 최고의 선택이라고 제안했다(Bender, 2012a; Bergmann & Sams, 2012). 분명히 거꾸로 수업은 차별화 교수의 현행 패러다임으로 해석될 수 있는데, 그 이유는 이러한 교수과정으로 교사가 개별 학생들의 요구에 헌신할 수 있는 시간이 증가됨으로써 수업을 차별화할 수 있기 때문이라고 볼 수 있다.

교사와 학생이 거꾸로 수업에 어떻게 반응하는지 알아보기 위해, 교사들에게 미네소타 주 레이크 엘모에 위치한 레이크 엘모 초등학교의 5학년 거꾸로 수학 수업의 간단한 동영상을 보도록 권장한다(www.eschoolnews.com/2012/02/09/a-first-hand

-look-inside-a-flipped-classroom/ 참조). 더 나아가 모든 수학교사가 그 동영상을 보고, 거꾸로 수업이 수학 수업 시간에 소집단이나 일대일 교수에 어떻게 더 많은 시간을 활용할 수 있도록 하는지 생각할 것을 권고한다.

> 교사들은 특정 유형의 수학 문제를 설명하는 많은 동영상을 인터넷에서 구할 수 있다는 것을 알게 되었다.

거꾸로 수학 수업의 효율성

거꾸로 수업 모델은 꽤 최근에 생겼으며, 2006년 이후 실행되어 왔다. 더욱이 이러한 교수 접근이 교육적 문헌에서 논의된 것은 불과 2009년 혹은 2010년 이후이다 (Bender & Waller, 2013; Bergmann & Sams, 2012). 따라서 이러한 거꾸로 수업 모델의 효용성을 설명하는 장기적인 조사연구도 없다. 하지만 거꾸로 수학 수업의 긍정적인 효과를 증명하는 일화적인 연구들이 증가 추세에 있으며, 많은 교육자들은 거꾸로 수학 수업을 알아볼 때 그러한 연구들을 검토한다(Bergmann & Sams, 2012; Green, 2012).

최근 한 사례로서 클린톤데일 고등학교의 Green 교장은 학교단위 모든 수업에서의 거꾸로 수업에 대해 보고했다. 클린톤데일은 디트로이트에서 재정적으로 어려운 지역에 속해 있는데, 학교 전체의 학습 향상을 위한 방법을 고려하면서 전 교직원은 거꾸로 수업을 시행하기로 결정했다. Green 교장은 거꾸로 수업 시작 전에는 클린톤데일 고등학교 학생들의 학업 실패율이 아주 높았다고 보고했다. 이에 따라 전체 교직원은 학교 개혁을 위해 노력하기로 동기부여가 되었고, 그러한 개혁의 일환으로 거꾸로 수업을 시행하기로 결심했다.

교사들은 학교를 재구조화하기 위해 새로운 내용에 대한 자신들의 수업을 비디오로 녹화하여 학교 웹사이트에 게시했다. 학생들은 새로운 단원을 시작할 때마다 수업에 앞서 초기 수업단계로서 그 동영상을 봐야 한다. 그런 다음, 실제 수업시간은 새로운 지식을 실행하고 적용하며 학생들이 그 내용에 대해 특정한 도움을 청할 수 있는 등의 실습을 위한 실험실이 된다. 그 결과, 학생들이 수학에 대한 이러한 거꾸로 수업 접근에 꽤 긍정적으로 반응했음이 데이터를 통해 나타났다. 18개월 후, Green 교장은 수학 실패율이 44%에서 13%로 낮아졌음을 보고했으며, 과학과 읽기, 사회 과목에서의 실패율도 유사한 감소를 가져왔다. 이러한 변화는 거꾸로 수학 수업이 전체 학년에 걸쳐 그 학교 학생들의 수학 성취에 매우 긍정적인 영향을 미쳤음을 나타낸다.

　거꾸로 수업에 대한 좀 더 엄격한 연구들이 현재 진행 중인데, 거꾸로 수학 수업을 지지하는 이러한 일화적인 증거들은 꾸준히 늘고 있다. 위의 사례에 덧붙여, 대부분이 그 자체로서 입증되지는 않았지만, 거꾸로 수업 접근의 긍정적인 결과를 제안하는 많은 다른 증거들이 있다(G. Cook, 2011; Maton, 2011; Stansbury, 2012a). 다시 말해 모든 수학교사는 공통핵심교육과정 목표 중 하나인, 학생들을 수학 내용에 깊이 참여시키기 위해 그들의 수업에 이러한 차별화 교수적 선택을 고려해야만 한다.

칸 아카데미!

거꾸로 수학 수업은 자기가 녹화한 수학 수업시연 동영상에 기초해서 이루어져 왔는데, 이러한 수학에서의 거꾸로 수업 발달 추세에 있어 하나의 주요 요인으로 칸 아카데미(www.khanacademy.org)의 개발을 들 수 있다. 칸 아카데미는 수학적 사실과 유치원 수준의 연산(1＋1＝2)에서부터 미적분에 이르는 내용을 다루는 온라인용 수학 교육과정이다. 이는 Sal Khan에 의해 처음 개발되었는데, 최근에는 빌 앤 멜린다 게이츠 재단의 지원뿐만 아니라 다른 산업의 지원에 의해 이 교육과정과 모든 관련 동영상을 전 세계 모든 사람이 무료로 이용할 수 있다! 다양한 다른 과목(예 : 물리학, 생물학, 천문학, 화학)도 다루고 있으며, 수학은 일반적인 문제해결보다 기초연산의 비중이 더 높지만 가장 광범위한 내용을 다루고 있고, 사실상 수학공통핵심교육과정의 모든 주제를 포함한다.

　본 저자는 실제로 모든 학년의 수학교사에게 칸 아카데미를 강력히 주장하며, 칸 아카데미의 이용은 거꾸로 수학 수업의 트렌드라 여긴다. 예를 들어, 주(州) 단위로서는 거의 처음으로 개혁을 추진한 아이다호 주는 최근 몇 개 학교를 선정하여 칸 아카데미 교육과정을 이용하도록 하는 파일럿 프로그램을 발표했다(Dvorak, 2013). 75개 지원학교 중 47개 학교가 선정되었고, 이 학교들은 수학과 물리학, 역사 수업에서 이를 시범 시행할 것이다. 캘리포니아 주의 40개 이상의 학교뿐만 아니라 많은 다른 주에서 이미 칸 아카데미와 제휴했고, 아이다호 주는 최초로 주 전체 차원에서 이 교육과정을 시범 시행했다. 아이다호 주에서는 칸 아카데미가 거꾸로 수업 모델에 사용되어 적용될 것이다.

칸 아카데미란 무엇인가?

칸 아카데미는 초기 소프트웨어를 다운받을 필요가 없는 클라우드 기반의 교육과정이다. 오히려 전체 교육과정이 인터넷을 통해 접근 가능하며, 세계 모든 학생이 언제 어디서나 학습할 수 있는 도구이다(Dvorak, 2013; Sparks, 2011; Toppo, 2011; Watters, 2011a). 이것은 자기 지향적인 학습도구로서, 필요하다면 학생들 혼자서도 이 교육과정 내용을 학습할 수 있다. 하지만 학생들

> 칸 아카데미는 클라우드 기반의, 독립형수학 교육과정으로, 언제 어디서나 세계 모든 학생에게 무료인 공학도구이다.

은 '코치'의 감독하에 학습하도록 권고되는데, 코치는 멘토나 수학교사, 부모, 다른 사람 누구든지 될 수 있다. 사실 유치원부터 그 이상 다른 학년까지의 많은 수학교사들은 수업에서 칸 아카데미를 이용하기 시작했으며, 본 저자도 모든 수학교사가 그들의 수업을 보충하기 위해 칸 아카데미의 이용을 고려하도록 권고한다.

본질적으로, 칸 아카데미는 세 가지 주요 요소가 있다.

- 온라인, 게임 기반 수학 활동
- 그 활동과 연관된 비디오 동영상이 포함된 온라인 도서관
- 수학 연습에서, 시간에 따른 개별 학생의 성취를 보여 주는 온라인 개인 지식 맵

먼저, 위의 칸 아카데미 웹사이트는 수학에 관한 수천 개의 온라인 학습활동과 게임 기반 활동을 보여 준다. 학생이 특정 유형의 문제로 시작하면 많은 예시가 나타난다. 만일 학생이 문제를 성공하면 소프트웨어 프로그램에 의해 그 학생에게 성과 배지가 수여된다. 성과 배지는 학생 개인 지식 맵(Knowledge Map, 다음 설명 참조)에 나타난다. 이러한 간단한 강화는 많은 교사들(본 저자 포함)이 처음에 생각했던 것보다 훨씬 더 의미 있으며, 사실 이러한 강화를 통해 많은 학생들은 수학에서 자신의 학년 수준 이상을 학습하도록 하는 결과를 가져왔다.

만일 학생이 특정 유형의 수학 문제를 성공하지 못하면, 그 학생은 8~10분가량 그 문제에 대해 자세한 설명이 제시되는 특별한 동영상을 참조하게 된다. 그 동영상에

서 학생들은 문제의 여러 단계가 나타나는 상호적인 화이트보드를 보면서, 필요한 단계들을 설명해 주는 '음성' 안내를 듣게 된다. 예를 들어, 1수준에서는 $3x+5=23$과 같은 일차방정식이 제시되고, 학생들이 그 문제를 해결하도록 안내되면서 여러 단계가 화이트보드에 모델링된다. 내레이터의 목소리(대부분은 Khan 자신이다)로 다양한 단계와 수학 연산을 하는 이유가 설명된다. 그러므로 이 교육과정은 많은 학생들에게 수학 문제의 유형에 대한 초기 교수로서 기능할 수 있다. 사실 이것이 수학 수업에서 거꾸로 수업 절차를 할 수 있게 하는 칸 아카데미의 요소이다. 2012년까지, 다양한 문제에 대해 설명하는 3,500개가 넘는 동영상이 칸 웹사이트에서 제공되었다. 각 동영상은 한 유형의 문제만을 강조하는, 단일 주제에 관한 정보이며, 어떤 것도 10분을 초과하지 않는다.

일반적으로, 학생들은 웹사이트에 접근하여 특정 유형 문제에 대한 연습활동을 시도하고, 그런 뒤 필요하다면, 그 문제 유형에 대한 시연 동영상을 볼 것이다(Dvorak, 2013; Toppo, 2011; Watters, 2011a). 학생들은 활동하는 내내 이러한 게임 기반 교육과정 지원 프로그램에 매우 동기화된다.

칸 아카데미의 최종 요소는 학생 개개인의 지식 맵이다. 어떤 점에서는 지식 맵이 전체 프로그램의 핵심일 수도 있다. 교사들은 동영상이나 수학 활동을 따로따로 사용할 수도 있지만, 칸 아카데미 내 모든 학생의 개인 지식 맵을 구축하도록 하는 것이 칸 아카데미의 완전한 실행이라고 볼 수 있다. 이 맵은 전체 수학교육과정에 관하여 각 개별 학생의 진전을 추적하는 개별화된 진전 모니터링 도구이다. 또한 학생들은 지식 맵을 통해 언제 내용 복습이 필요한지를 상기할 것이다. 학생들이 지식 맵을 통해 성과 배지를 받는 것이 꽤 동기부여가 됨은 일화적인 증거를 통해 알 수 있다. 학생들(혹은 그들의 코치들)은 그들이 완성한 지식 맵을 통해 어떤 개념이 습득되었고, 다음에 주안점으로 두어야 할 것이 무엇인지를 결정할 수 있다.

개별 학생에 대한 진전도 추적과 동기부여 도구로서의 지식 맵이 이 프로그램의 핵심이라고 말하는 것은 과장이 아니다. 학생들은 과제를 시작하자마자 성과 배지를 받고, 특정 내용의 학습에서 점수를 얻기 시작할 것이다. 학생들 스스로 더 많이 도전할수록 더 많이 성취하고 더 많은 배지를 얻을 수 있

> 칸 아카데미의 지식 맵은 전체 수학교육과정에 관하여 각 개별 학생의 진전을 추적하는 개별화된 진전 모니터링 도구이다.

다. 어떤 배지는 불과 몇 개의 활동을 성공적으로 완수함으로써 5분 안에 얻을 수 있는 반면, 다른 배지는 수개월 혹은 심지어는 몇 년이 걸려서야 얻을 수 있다. 어떤 배지는 1년간에 걸쳐 학습하는 수학 내용(예 : 대수학 I)의 성취를 나타낸다.

칸 아카데미의 교사는 또한 다른 기록에도 접근 가능하다. 예를 들어, 수학 교사는 수학 수행을 요약한 대시보드에서 학급 전체 학생의 수업 프로파일을 볼 수 있다. 교사들은 다음 날 수학 수업에서 어떤 내용을 강조할 것인지 결정할 수 있다. 어떤 학생들은 특정 문제 유형에 대해 교사들로부터 미니레슨을 받을 필요가 있는 데 반해 다른 학생들은 그렇지 않을 것이므로, 이 수업 프로파일은 교사가 일일 단위로 수학 교수를 차별화할 수 있도록 할 수 있다.

또한 학생들의 수행 데이터는 시간 경과에 따른 개별 학생의 성장을 보여 주는 X/Y 좌표도로 나타내진다. 이러한 기록 도구를 사용함으로써 교사 혹은 부모는 특정 학생이 어떤 내용에 어려움을 가지는지 즉각적으로 알 수 있을 것이며, 그들은 그 내용에 대한 다른 동영상을 배정하거나, 학생과 함께 그 동영상으로 활동할 수 있다. 더욱이 이 모든 데이터는 교사가 학생들의 진전을 검토할 수 있도록 시간의 경과에 따라 저장되며, 기술된 목표에 대비한 학생들의 진전도를 알 수 있다.

칸 아카데미에 대한 우려

그러나 이 교수도구에 관해 타당한 많은 비판이 있다. 첫째, 이러한 공학적 도구가 게임을 포함한다는 점에서 동기부여에는 좋지만, 다소 시대에 뒤떨어진 교수법이다. 예를 들어, 비디오 동영상은 고도로 개발되지 않았고, 수학적인 이해를 크게 향상시킬 수 있는 그래픽 실연도 마찬가지다. 비디오에서 나오는 '교사의' 목소리가 문제해결을 위해 밟아야 하는 단계를 이야기하는 동안, 학생들은 상호적인 화이트보드에서 완성된 수학 문제를 보게 된다. 물론 문제해결에 대한 모델링은 20세기 교수의 훌륭한 사례로서, 기본적으로 학생들이 교사가 그 단계를 설명하는 동안 칠판에 완성된 수학 문제를 보는 것과 관련된다. 하지만 이것은 21세기 교수와는 대조적이다.

우려가 되는 또 다른 하나는 비디오 동영상에서 설명하는 수준이다. 단계적인 설명은 분명히 정상적인 성취 수준을 보이는 학생을 목표로 한 것이며, 칸 아카데미의 근본 취지인 언제, 어디서나 학습의 종합적인 목표가 주어진다면 이것은 물론 당연한 것이라 할 수 있다. 하지만 이러한 단계적 교수는 학습장애학생이나 수학에 어려움을 가진 일부 학생에게는 매우 높은 수준의 목표이다. 이러한 많은 학생들은 주어진 수학 문제 유형을 위한 단계적 과정을 이해하기 위해 교사로부터의 더욱 깊이 있는, 일대일 교수를 필요로 할 것이다.

다음으로, 칸 아카데미의 비디오 동영상은 깊이 있는 개념적 이해보다는 알고리즘과 절차적 이해를 강조하는 경향이 있다. 교사들은 이러한 비디오 동영상이 개별 수업 혹은 교수 단원의 틀 안에서 자신의 수학 수업으로 어떻게 통합되는지를 주의 깊게 생각해 봐야 할 것이다. 더욱이 교사들은 비디오 동영상에서 제시되는 내용 이상의 많은 노력을 해야 하며 그 이면에 있는 개념을 강조해야 한다. 거꾸로 수업 모델에서 비디오 동영상이 숙제로 사용된다면, 교사는 그다음 수업시간에 내재된 개념을 강조해야 할 것이다. 그런 식으로 이 도구는 학생들의 이해를, 개념적인 수준까지도, 크게 강화할 수 있다.

마지막으로, 이러한 여러 가지 문제점에도 불구하고, 이 교육과정은 수학에서의 절차적 이해를 강화하고 개념적 수준에서의 수학적 성찰을 풍부하게 할 수 있기 때문에 수학을 가르치는 모든 교사는 칸 아카데미의 이용에 대해 생각해 봐야 할 것이다. 더 나아가 교사들은 수학 수업에서 이러한 교육과정을 사용하고 수업을 거꾸로 하는 것을 고려해 볼 수 있을 것이다. **교수 팁 3.1**은 일련의 특정 단계를 제시한다.

만일 차별화 교수가 학생들이 어려운 내용을 습득하기 위해 그들이 선호하는 학습양식과 선호도를 사용하는 것이라면, 차별화 교수의 본질은 학생들이 그들의 개인적인 선호에 근거하여 독립적으로 학습 방법을 선택하는 교수이다. 물론 개별화된 컴퓨터기반 학습을 통해 학생들은 내용 이해에 필요한 모든 시간을 할애하거나, 필요하다면 재방문하는 등 자신의 속도대로 수행함으로써 차별화된 교수 선택뿐만 아니라 어떤 학습적 접근도 용이하다. 거꾸로 수업 동안 교사들은 학생들로 하여금 칠판에 완성된 보기 문제를 단순히 보도록 하기보다는 개별적 혹은 소집단에서 실질적으로 수학 활동을 수행하도록 한다. 이러한 방식으로, 거꾸로 수업 모델은 초기 교수(숙제)와 수학 수업 모두에 효과적인 차별화 교수로 작용한다.

하지만 유튜브 혹은 다른 자원에서의 교육적 비디오와는 달리 칸 아카데미는 학생들의 수행을 추적하는 기능 ― 각 학생의 지식 맵 ― 이 있는데, 이는 교사가 자신의

교수 팁 3.1   칸 아카데미 시작하기

칸 아카데미의 내용을 탐색한다.

칸 아카데미 이용에 있어 그 첫 번째 단계는 칸 아카데미 내용과 친숙해지는 것이다. 웹 사이트(www.khanacademy.org)는 코치들이 학생들에게 칸 아카데미 학습활동을 안내하기 위해 사용하는 많은 도구를 제시한다. 나는 교사들이 몇 가지 교육용 비디오(칸 아카데미에 대한 비디오뿐만 아니라)를 보고 난 후, 몇몇 수학 활동을 실습해 볼 것을 권고한다. 교사들은 칸 아카데미에 포함된 내용과 용어, 공통핵심교육과정과 해당 주(州)의 수학교육과정 사이의 적합성을 고려해야 한다. 또한 교사들은 학생들을 위해 지식 맵의 잠재적인 사용을 고려해야 한다.

회원 등록을 한다.

많은 학교들은 웹 기반 콘텐츠를 차단해 왔는데, 때로는 칸 아카데미와 같은 교육적 콘텐츠가 차단되기도 한다. 교사들은 학교의 인터넷 이용 방침을 고려하고, 이러한 자원의 사용과 관련하여 관리자들과 정보가 공유되는지 확인해야 한다. 또한 교사들은 어떻게 학생들을 칸 아카데미에 회원으로 등록하게 할지를 주의 깊게 조사할 필요가 있다. 궁극적으로, 교사들은 가정의 컴퓨터나 인터넷 접근이 어려운 학생들을 포함하여, 학급 내 모든 학생을 등록시켜야 한다.

우선 칸을 수업 중 도구로 사용한다.

칸 아카데미가 독립적인 교수도구로 구조화되어 있지만, 교사들은 학생들의 접속과 관련한 모든 이슈를 해결할 수 있기 때문에, 교실에서 접속하여 사용할 것을 권고한다. 교사들은 일반적으로 거꾸로 수업에 앞서 학생들에게 이러한 자원의 사용방법을 지도하는 것이 유익하다는 것을 알며, 많은 교사는 칸 아카데미에 학생들이 익숙해질 때까지 초반에는 수업활동을 보충하는 참조도구로 사용한다. 예를 들어, 조지아 주 애틀랜타에 있는 해퍼빌 차터 중학교의 수학교사들은 시범도구로서 칸 아카데미 비디오를 사용하기 시작했다. 학생들이 수학 과정에 대해 질문하면, 몇몇 교사들은 수학 문제의 시연에 관한 칸 아카데미를 참조하게 하는 것으로 시작했다. 학생들은 하나 혹은 몇 개의 비디오를 참조한 후에 학급 친구들에게 수학적 절차를 설명할 수 있다. 이러한 비디오 동영상을 보는 것역시 학급에서의 훌륭한 파트너 활동이다.

부모와 칸 아카데미 이용을 공유한다.

일반적으로 부모와 정보를 공유하는 것은 언제나 유익하며, 교사는 부모에게 수학 교수도구로서 칸 아카데미를 알려야 한다. 대개는 부모의 허락이 필요하지 않지만, 부모에게 이러한 정보를 제공하는 것은 몇 가지 이유에서 바람직하다. 일부 부모들이 아이들의 숙제를 도와주거나 점검하는 것조차 꺼리는 이유 중 하나는 그들이 그 내용을 모르거나, 그들의 자녀가 부모들이 교육받지 못했다고 생각하는 것을 원치 않기 때문일 수도 있다. 칸

(계속)

아카데미를 통해, 수학 문제를 푸는 동안 아동과 부모가 함께 수학 활동과 교수 비디오를 사용함으로써 그러한 걱정은 경감될 수 있다.

교사들을 위한 최근 워크숍에서, 본 저자는 중학교 교사 그룹과 칸 아카데미를 공유했다. 한 교사는 자녀의 대수학 학습을 도와주기 위해 칸 아카데미를 사용할 것이라고 했다. 그는 그 주제에 대한 자신의 배경지식이 풍부하지 않았기 때문에 도와주는 것을 주저했었다고 했다. 하지만 칸 아카데미의 지원으로, 그 부모는 이제 아들이 어려워하는 주제에 대해 아들과 함께 수행한다.

칸 아카데미로 부모와 자녀가 학교 과제를 함께 할 수 있게 되는 문이 열린다는 점이 일화적인 보고를 통해 명백히 드러나지만, 이것은 칸 아카데미를 사용하는 교사가 그것을 격려할 때 더욱 그러한 것 같다. 이 교육과정에 대해 가정으로 편지나 이메일을 보내고 부모와 학생이 함께 활동할 것을 제안함으로써 종종 부모에게 그 과정에 참여하도록 할 수 있다.

지식 맵을 활용한다.

칸 아카데미의 지식 맵은 학생과 부모가 다음에 무엇을 공부해야 하는지 알게 하는 조직적인 도구이다. 학생들이 특정 수학 주제에 대해 수행할 수 있게 되는 대로, 지식 맵은 그들에게 '배지'를 수여하고, 다음 학습 영역을 제안한다. 그러므로 개인의 지식 맵은 학생들에게 독립적인 학습자가 되게 하며, 어떤 학생들은 수학에서 자신의 학년 수준 이상을 수행한다는 사례가 있다(Green, 2012; Toppo, 2011). 분명히 지식 맵과 성취 배지를 획득하게 하는 것은 많은 학생들에게 꽤 동기부여가 되고 있다. 뛰어난 학생들에게는 추가적인 학습 혹은 학교 차원에서 인정하는 것이 항상 권고된다.

사전 교수 과제로서 부여한다.

학생들이 교실에서 칸 아카데미를 능숙히 사용할 수 있게 되는 어느 시점이 되면, 교사는 수업에 그 내용을 포함하기 전에 그 교육과정에 해당하는 특정 유형의 문제를 숙제로 내주기 시작해야 한다. 물론 이것은 학생에 따라 해당되기도 하고 그렇지 않을 수도 있다. 많은 학생들은 수업 중에 별도의 교수활동 없이 숙제로 칸 아카데미를 활용하지만(사실은 그러한 방식으로 사용되도록 의도되었다), 실제 수업에서는 추가적인 교수를 필요로 하는 학생들도 있을 것이며, 그들에게 교사는 숙제로 제공된 문제 유형에 대해 '미니레슨'을 제공할 수 있다. 하지만 교사들은 모든 학생이 독립적인 학습도구로 칸 아카데미를 사용할 수 있도록 해야 한다.

수학 콘텐츠를 녹화한다.

칸 아카데미의 비디오 동영상을 사용하는 것에 덧붙여, 교사들은 거꾸로 수학 수업의 기초 자료로 어느 정도는 자기가 녹화한 내용을 사용해야 한다. 그 대신에 교사들은 다른 웹 기반 비디오를 검토하고 활용할 수도 있다. 다시 말해, 유튜브와 티처튜브는 둘 다 특정 교수 콘텐츠를 탐색하기 위한 탁월한 선택이다(Edick, 2012). 일반적으로, 긴 강의보다 짧은 비디오가 권고된다. 이것은 '전문적'일 필요는 없지만, 가능하면 적절한 소리와 비디오 시연이 포함된 정보를 제시해야 한다. 교재에 나온 그림이나 웹에서 구한 다른 자료를 사용하여, 이것은 간단히 녹화된 정보들을 더 흥미롭고 유익하게 만들 수 있다.

노트필기를 요구한다.

어떤 교사들은 학생들에게 가정에서 문제를 연습하거나 비디오 동영상을 보면서 칸 아카데미 혹은 다른 비디오 콘텐츠를 필기하도록 해 왔다(G. Cook, 2011; Sparks, 2011; Toppo, 2011). 노트필기는 평생 학습자로서 학생들의 일생에 걸쳐 매우 도움이 될 기술이며, 만일 학생들이 칸 아카데미 외 다른 동영상 자료를 보고 있다면, 그 콘텐츠에 대한 학생들의 이해를 점검할 수 있는 유일한 수단이다. 따라서 교사에 의해 제공·녹화된 콘텐츠에 기반한 거꾸로 수업에서 노트필기는 중요하다. 교사는 전날 성취한 것을 검토해야 하기 때문에 학생들의 노트를 점검하는 절차가 반드시 필요하다. 궁극적으로, 노트 점검을 통해 새로운 콘텐츠 학습 과제를 누가 수행했는지 알게 될 것이며, 따라서 칸 아카데미 콘텐츠와 다른 웹 기반 학습 모두에서 노트필기가 권고된다.

거꾸로 수업을 시도한다.

일단 학생들이 위의 방식으로 칸 아카데미 콘텐츠 혹은 다른 비디오 동영상을 사용했다면, 당신의 수업은 '거꾸로(flip)'를 시도할 준비가 된다! 몇몇 꺼리는 학생들이 이 교육과정에 여전히 어려움을 가지고 있더라도, 교사는 수업에서 전혀 가르치지 않은 것을 숙제로 부여하고, 다음 수업에서 프로젝트 지향 수업이나 학생중심의 반복연습 게임, 수학 랩 유형의 수업을 수행할 수 있다.

각 교사의 궁극적인 목표는 모든 학생에게 교사의 어떠한 지도 없이도 그들 스스로 어려운 학업 내용을 시도하고, 탐색하고, 습득할 수 있다는 신념을 불어넣는 것이어야 한다. 이것은 진실로 언제, 어디서나 학습의 목표이며, 모든 교육적 노력의 주요 주안점이어야 한다.

교수를 차별화하는 데 도움이 된다. 교사들은 칸 아카데미에서 모든 학급 학생의 계정을 관리하도록 독려된다. 학생들의 과제는 그들의 개별 지식 맵에 저장되며, 교사와 학생, 부모가 접근할 수 있다. 교사들은 각 학생의 진전 데이터를 볼 수 있고, 이를 통해 학생들이 무엇을 습득했고, 중점을 둘 필요가 있는 특정 주제가 무엇인지 검토함으로써 차별화 교수를 증가시킨다.

교육에 있어 게임 체인저!

결론적으로 말하자면, 거꾸로 수업 교수 모델과 칸 아카데미 둘 다 참으로 새로운 차별화 교수의 실제이다. 이것은 수학교육에 있어 '게임 체인저'라 할 수 있다! 둘 다 학생이 주도가 되어 언제 어디서나 수학을 학습할 수 있도록 다양한 온라인 자원을 효과적으로 사용하게 한다. 이는 미래를 위한 학습이며, 이것은 불과 지난 10년 내에 가능해졌다. 칸 아카데미로, 전 세계 학생들은 이제 그들이 선택한 거의 모든 수학 주제에 대해 실질절인 권한을 부여받아 무료로 탐색하고 습득할 수 있다. 학생에게 정보를 탐색하고, 그것을 평가하며, 적용하도록 가르치는 것은 궁극적으로 모든 교육자의 가치 있는 목표인, 높은 가능성을 가진 평생 학습자가 되도록 이끌 것이다.

> 거꾸로 수업 교수 모델과 칸 아카데미 둘 다 수학교육에 있어 '게임 체인저'라 할 수 있다!

이것은 현재 21세기 공학도구의 단일 사용을 통해 도출한 가장 중요한 교수 결과이며, 나는 모든 교사에게, 특히 모든 수학교사에게 이러한 강력한 무료 교수 옵션을 찾아보도록 권고한다.

수학에서의 프로젝트 기반 학습

프로젝트 기반 학습이란 무엇인가?

이 책에 설명되는 네 번째 차별화 교수 모델은 프로젝트 기반 학습(Project-Based Learning, PBL)이다. PBL의 정의는 매우 많으며, 다양한 저자들이 상이한 관점을 제시해 왔다(Bender, 2012b; Boss & Krauss, 2007; Bui, 2012; Larmer, Ross, & Mergendoller, 2009). 대부분의 정의는 학생들이 생성한 질문에 대한 동기부여와 참여를 기반으로 한 실제적인 프로젝트를 강조한다. PBL에서는 프로젝트가 학습의 다양한 단위 내에서 '부속' 프로젝트로서 사용되기보다는 교육과정을 주도한다는 사실이 강조되어 왔다. 본 저자는 최근 다음의 정의를 제안했다.

> **프로젝트 기반 학습**은 학습자 생성 질문과 프로젝트가 교육과정과 교수적 시간 프레임을 주도하는 교수로, 주된 핵심사항은 높이 동기화된 주제의 학습, 실생활 문제의 반영, 산출된 성과의 실제적인 적용이다. 교사주도 과제, 교수 단원 구조 혹은 수업구조보다 학생주도 프로젝트가 오히려 PBL에서의 시간 프레임을 주도한다.

프로젝트 전체에 걸쳐 공통핵심교육과정이 '맵핑'되어 다루어져야 한다. 따라서 교수 단원 내에서의 훌륭한 교사주도의 프로젝트 과제는 PBL이 아니다. PBL은 학생 주도의 프로젝트가 (1) 수업구조를 대체하거나, (2) 수업 내에서 교수 단원 구조를 대체하거나, (3) 다양한 단위의 교수나 훈육을 초월할 때의 세 가지 조건하에 이루어진다고 할 수 있다(Bender, 2012b).

이 정의가 나타내듯이, PBL은 수학 수업에서 교수시간의 의미 있는 재구조화와 관련된다. 사실 다양한 PBL 프로젝트는 많은 시간이 소요되는 것 같다. 프로젝트는 학생들에게 수학공통핵심교육과정이 강력하게 강조하는 실생활 문제해결의 맥락에서 수학을 가르치기 위해 선택되고 개발되어야 한다(Bender, 2012b; Magee, 2013). 더 나아가 수학에서 절차적 처리과정의 개발에 목적을 둔 교육과정과 달리 프로젝트 기반 학습은 그 자체를 더 깊은 개념적 통찰력의 개발과 실제 환경에서의 수학의 활용에 둔다. 학생 탐구는 프로젝트 기반 학습으로 아주 많이 통합되며, 학생들은 전형적으로 그룹 프로젝트와 그 프로젝트를 해결하기 위해 사용하는 방법을 선정하는 데 있어 어느 정도 선택권을 가지기 때문에, 열심히 문제해결을 하려는 동기가 부여된다(Belland, French, & Ertmer, 2009; Boss & Krauss, 2007; Larmer et al., 2009; Mergendoller, Maxwell, & Bellisimo, 2007). 이는 일반적으로 문제해결이나 프로젝트 완성과 관련된 수학 내용에 대해 높은 수준의 참여를 유발할 뿐만 아니라 전반적으로 더 높은 수준의 수학 성취를 야기한다(Larmer & Mergendoller, 2010; Mergendoller et al., 2007).

> 프로젝트 기반 학습(PBL)은 학생들이 생성한 질문이나 과제, 문제에 대한 동기부여와 참여를 기반으로 한 실제적인 프로젝트이며, 문제를 해결하기 위해 학생들이 협력적으로 작업하는 상황에서 학업적 내용을 가르치는 것이다.

비록 PBL이 중·고등학교 과학과 수학에서 더 빈번히 실행되고 있긴 하지만, 성인 학습 상황에 이르기까지 실제로 모든 주제 영역과 학년 수준에서 사용되어 왔다(Bender, 2012b; Bui, 2012; Larmer et al., 2009). PBL은 학습 동기와 팀워크, 협력기술을 향상시키기 때문에 수학에서 모든 학년에 걸쳐 21세기 차별화 교수 접근으로 권고된다(Bender, 2012b; Bui, 2012; Schlemmer & Schlemmer, 2008). 더욱이 현대 사회의 네트워킹과 커뮤니케이션 기술의 출현으로, 프로젝트 기반 학습은 특히 디지털 시대의 학생들과 관련한 교수적 접근으로 높은 관심을 받아 왔다(Boss & Krauss,

2007).

　교사들이 PBL을 더 잘 이해하도록, 두 가지 소개 동영상을 권한다. 첫째, 캐나다 교사들이 PBL을 이용하여 만든 5분짜리 동영상이 있다(http://www.youtube.com/watch?v=NPQ1gT_9rcw&feature=related). 이 동영상에서 수학이 강조되지는 않았지만, 교사들은 PBL에 대한 학생들의 매우 높은 열정이 지속됨을 보고했다. 수학에 대한 학생들의 두려움을 고려할 때, PBL 교수는 학생들로 하여금 수학에 더 많이 참여하게 할 뿐만 아니라 일반적으로 수학에 대한 긍정적인 태도를 향상시키게 될 것이다. 사실 학생들의 참여 증가는 PBL 교수 성과의 하나로 제시되어 왔다(Bender, 2012b; Boss & Krauss, 2007; Bui, 2012; Larmer et al., 2009).

　내가 권하는 두 번째 동영상은 30분 정도로 다소 길지만, 학생들이 만든 PBL 수업 동영상은 21세기의 모든 교사가 왜 PBL 수업으로 전환해야 하는지 이해할 수 있도록 도움을 준다(http://edvisionsschools.org/custom/SplashPage.asp). 학생들이 자신의 학업적인 노력을 어떻게 보는지는 언제나 흥미로우며, 이 미네소타 고등학교의 학생들은 PBL이 전통적 교수에 비해 더 개선된 교수 모델이라고 분명히 믿는다. 실제로 이 학생들은 PBL이 21세기 최상의 교수법이라고 생각한다.

　하지만 이 특별한 동영상에는 PBL의 또 다른 중요한 측면이 있다. 전통적으로 수학에서 다룰 내용을 확인하는 것은 교사의 역할이었으나, 이 학교에서의 PBL 교수 모델은 학생들의 책임으로 한다. 학생 스스로 말하듯, 이 고등학교에서 그들이 수행하는 다양한 프로젝트의 교육과정기준을 맵핑하고 다룰 내용을 확인하는 것은 학생들의 책임이다. 이러한 사실만으로도 수학에서 PBL 기반 교수를 탐색하는 주요 근거가 될 수 있다. 사실 누군가는 이것이 21세기 작업현장에서 요구하는 주요 기술이라 주장할 수 있다. 즉 필요한 목표를 달성하기 위해 과제가 개발된 시점을 알 수 있게 되는 것이다. 모든 PBL 사례가 이러한 이점을 포함하지는 않지만, 이 고등학교의 PBL 프로그램은 명백히 그렇다고 볼 수 있다.

　위에서 소개한 비디오 동영상에 덧붙여, 에듀토피아 웹사이트(www.edutopia.org/project-based-learning)에서는 PBL에 관한 방대한 시리즈의 부가적인 비디오 동영상이 이용 가능하다. PBL을 수학에서의 차별화된 교수 옵션으로 고려하는 교사들은 초기에 이 책에서 권고하는 비디오 동영상으로부터 이점을 얻기를 권한다.

다음으로, 교사들이 수학에서 이러한 흥미진진한 교수적 접근을 시작함에 있어, 지난 수년간 이 교수 절차에 대해 문제기반 학습이나 탐구학습, 참학습(authentic learning)과 같은 다른 용어들이 사용되어 왔다는 것을 주목해야 한다. 더욱이 일부 교사들은 이와 같은 특정 용어를 선호하기도 한다(Bender, 2012b).

마지막으로, PBL의 지지자들은 **글상자 3.2**에 제시된 목록이 대부분의 저자들에 의

글상자 3.2 대부분의 PBL 교수 모델에서의 구성요소

프로젝트 앵커
앵커는 PBL 프로젝트의 기본으로, 아래 예시에서와 같이 프로젝트에서 무대를 만들고 학생들의 흥미를 생성하기 위한 이야기를 구성한다.

탐구질문
탐구질문은 보통 앵커 역할의 일부인데, 학생들의 주목을 끌고 그들의 노력에 초점을 맞추기 위한 것이다. 따라서 좋은 탐구질문은, 학생들이 즉각적으로 과제에 집중하게 하고 '인터넷 탐색 모드!'에서 방향을 잃지 않도록 해야 한다.

결과물
20여 년 전 PBL 프로젝트에서 학생들의 성과는 거의 항상 보고서나 문서와 관련되었다. 오늘날의 PBL에서 학생들로부터의 모든 성과물은 최소한, 주어진 주제에 대한 웹사이트나 위키 개발, 슬라이드(파워포인트) 프레젠테이션, 원데이터를 종합한 엑셀 파일, 수학 개념을 보여 주는 비디오 등을 포함할 수 있다. 이러한 이유로, '결과물(artifact, 가공물)' 이라는 용어는 PBL로 개발되는 모든 성과에 사용되며, 대부분의 PBL 프로젝트에서는 일반적으로 하나 이상의 결과물이 요구된다.

협력적 팀워크
일부 프로젝트는 개별 과제를 포함하기도 하지만, 대부분은 협력적 팀워크를 포함하며, PBL 지지자들 중 일부는 팀 기반 프로젝트가 21세기에 요구되는 작업 기술을 개발하는 데 중요하다고 믿는다. 팀워크는 또한 PBL 프로젝트를 더 참되게 만드는 경향이 있다.

과제에 대한 스캐폴딩
장기적인 PBL 과제에서는 작업에 대한 스캐폴딩이 설정되어야 한다. 여기에는(처음에는 같은 프로젝트를 하는 교사나 팀원에 의해 제공될 수 있음) 수학적 절차와 연산에 대한 도움을 제공하는 것과, 그리고 나서 체계적으로 그러한 지원을 철회하는 것이 포함된다. 나중에 스캐폴딩된 프로젝트 동안 더욱 깊은 이해를 돕기 위해, 이 작업은 더욱더 창의적인 팀 개발 과제로의 변화를 강조한다.

(계속)

탐구와 혁신

좀 더 광범위한 탐구질문 내에서 그룹은 프로젝트 과제에 더 구체적으로 초점이 맞추어진 추가질문을 생성할 필요가 있을 것이다. 특정 프로젝트가 운영되는 방법에 따라 이것은 프로젝트 활동 초기에 일어날 수도 있고, 프로젝트를 하는 동안 끊임없이 일어날 수도 있다.

조사 과정

PBL에서는 질문을 하거나 학생들을 방치하지 않는다. 오히려 많은 프로젝트에서는 다양한 조사 과정이 교수된다. 예를 들어, 한정된 연산뿐만 아니라, 스프레드시트를 이용한 데이터 집계와 위키 개발, 인터넷 탐색 절차, 가능한 문제해결에 관한 팀 기반 브레인스토밍과 같은 21세기 과제가 지도될 수 있다. 프로젝트 완성과 결과물 생성을 도출하는 다양한 과정에 관한 이러한 가이드라인은 프로젝트의 프레임을 만드는 데 사용될 수 있다. 그룹은 또한 프로젝트의 다양한 측면을 완성하기 위한 시간표와 특정 목표를 만들 수 있다.

피드백과 수정

모든 과제에서 그것이 공식적으로 요구되는 결과물이든, 혹은 단순히 최종 결과물을 개발하기 위해 요구되는 초기 과제이든 간에 피드백은 중요하다. 피드백은 교사나 또래의 조언 모두에 근거할 수 있지만, 대부분의 PBL 프로젝트는 교사 피드백보다 훨씬 더 많은 또래 피드백을 포함한다. 개별 학생 혹은 팀의 일부에게 피드백이 제공되면, 학생들은 항상 그 과제를 향상시키고자 과제를 수정한다.

반성의 기회

모든 PBL 지지자는 다양한 수학 프로젝트에서 학생 반성의 기회를 만들도록 강조한다. 수학공통핵심교육과정에 구상된 더욱 깊은 이해 수준을 목표로 하기 위해, 개별 혹은 팀 기반 반성의 기회는 중요하다.

결과물의 공개적인 발표

PBL 프로젝트는 학생들이 실생활에서 직면하는 수학 문제 유형의 실제적 예시로 하고자 함이며, 많은 경우 학생들은 그들의 학급이나 학교에 확실한 공을 세울 수 있다. 그러므로 프로젝트 결과에 대해 어떤 방식으로든 공개적으로 발표하는 것은 PBL에서 중요한 주안점이다.

학생의 목소리와 선택

학생의 목소리와 학생 선택은 모든 PBL 프로젝트의 첫날부터 강조되어야 한다. 특히 이것은 제1장에서 설명된 바와 같이 수학 불안감을 경감시킬 수 있기 때문에 수학 프로젝트는 학생의 선택을 강조해야 한다. 따라서 학생들은 프로젝트 내내 선택하는 연습을 할 기회를 가져야 한다.

해 제안된 가장 일반적인 요소를 포함한다 하더라도, 이것이 PBL의 필수요소라 하는 것에는 동의하지 않는다(Bender, 2012b; Boss & Krauss, 2007; Bui, 2012; Larmer & Mergendoller, 2010; Mergendoller et al., 2007). 또한 **글상자 3.2**는 PBL 교수를 특정하는 몇 가지 용어를 제시한다. 일부 저자 간의 이러한 불일치에도 불구하고 일반적인 PBL 교수적 접근은 여전히 동일하다 : 학생들은 그들이 중요하다고 생각하는 실생활 문제를 확인하여 해결하는 것과, 그러한 문제를 다루기 위해 다양한 프로젝트를 개발하는 것(Bender, 2012b; Boss & Krauss, 2007; Bui, 2012; Larmer et al., 2009).

수학에서의 PBL 사례

모든 PBL 프로젝트가 서로 다르지만, 전형적으로 학생들은 프로젝트 개발에서 중요한 역할을 하기 때문에, 교사들은 학년 수준에 따라 그 학년 학생들의 대부분을 포함하는 일반적인 프로젝트 아이디어를 구조화하고, 그런 뒤 학생들로 하여금 구체적인 프로젝트를 결정하게 할 수 있다. 유치원이나 초등학교 학생에게는 다양한 요리 프로젝트가 실행되어 왔는데, 이는 요리에서 종종 측정과 덧셈/뺄셈, 어림 등이 요구되기 때문이다. 상급 학생들에게는 분수나 백분율 또한 이러한 유형의 프로젝트로 만들어질 수 있을 것이다. 하지만 이는 그 프로젝트에 대한 주인의식을 증가시키고, 따라서 그 프로젝트에서 다루는 수학 개념에의 개입을 증가시키는 경향이 있기 때문에 교사에 의해 개발된 일반적인 프로젝트 아이디어를 넘어, 모든 수준의 학생은 그들이 수행할 프로젝트에서 어느 정도 선택권을 가져야 한다.

글상자 3.3에 제시된 PBL 프로젝트 예시는 허구적이지만, 중학교 학생들에게 흥미

| **글상자 3.3** | **샘플 PBL 프로젝트 ─ 나는 언제 자동차를 살 수 있을까?** |

대부분의 학생들처럼 너도 15.5세에 임시운전면허증을 받아 운전을 배우기 시작할 수 있으므로, 아마도 대략 15살쯤에 첫 차를 사고 싶어 할 것이다. 지금으로부터 몇 년 후의 일이지만, 지금이 자동차 구입을 위한 계획을 세울 적절한 시기이며, 이제 조금씩 저축할 수 있다는 것을 알 것이다. 2년 후의 구매를 위해 오늘 당장 중고차를 알아볼 수는 없지만, 차의 가격이 대략 얼마인지는 어림할 수 있다. 예를 들어, 우리는 좀 오래된 작은 중고차를 4,000달러에 구매할 수 있다고 하자. 더 나아가 부모님은 네가 만약 사 볼 만한 자동차

(계속)

구매 계획을 세우고 돈을 책임감 있게 저축한다면, 너의 15번째 생일에 자금의 50%를 대줌으로써 그 구매를 도와줄 수 있다고 했다.

이 프로젝트는 그 시기가 될 때, 네가 자동차를 살 준비를 하도록 돕기 위해 계획되었다. 이 프로젝트가 잘된다면, 그것은 또한 너의 부모님께 너의 성숙함과 돈에 대한 개인적인 책임을 확신시켜드릴 것이다. 더욱이 네게 예산 세우는 것과 저축하는 것의 중요성을 보여 줄 것이다. 결국에는, 그 시기가 왔을 때 네가 첫 차를 구매할 준비가 되도록 도와줌에 틀림없다! 학생은 세 명까지 그룹이 되어 이 PBL 프로젝트를 할 수 있으며, 혹은 개별적으로 프로젝트를 완성할 수도 있다.

요구되는 정보

이 프로젝트를 완수하기 위해 다음과 같이 다양한 것을 기록해야 할 것이다.

- 무엇으로 돈을 버는지에 대한 정보(예 : 쓰레기 버리기, 잔디 깎기, 낙엽 치우기, 세탁기에 빨랫감 넣기, 빗자루질, 설거지, 가족 사업에서 시간제로 일하는 것과 같이 집에서 하는 일들을 하여 버는 비용)
- 연간 이자 소득
- 매주 얼마를 쓰는지에 대한 정보(예 : 영화 관람, 화장품이나 테니스 신발 등의 구매 등)
- 자동차 보험료에 관한 정보
- 중고 자동차의 유지비용에 관한 정보
- 운행비용에 대한 정보(휘발유, 타이어, 오일 교환 등)

요구되는 결과물

이 프로젝트를 완수하기 위해 너는 부모님이 이 자동차 구매를 도와주시도록 설득해야 할 것이며, 그분들은 네가 면밀하게 계획한 것을 볼 필요가 있을 것이다. 이 결과물은 매우 잘 만들어져야 할 것이며, 신중하게 생각해야 할 것이고, 도움을 얻기 위해 설득력 있는 사례를 제시해야 한다. 모든 학생은 결과물 1과 2를 만들어야 할 것이지만, 결과물 3 또는 4를 선택할 수 있다.

1. 엑셀 예산 시트 : 개인적인 예산을 엑셀 혹은 다른 데이터베이스로 만들 것이다. 그것은 최소 두 달의 시간 프레임으로 제시되어야 하며, 다음을 포함해야 한다.

    ○ 두 달 동안 네가 벌 수 있는 모든 자금의 합계
    ○ 두 달 동안 네가 사용할 모든 자금의 합계
    ○ 두 달 동안 자동차 구입을 위해 저축할 수 있는 초과자금의 합계

부모님이 너를 도와주도록 설득하는 데 이 예산안을 사용해야 할 것이며, 그래서 이것은 잘 개발되어야 하고, 하나 혹은 그 이상의 엑셀 파일로 제시되어야 하며, 부모님께서 이해할 수 있는 것이어야 한다. 이 결과물을 개발하는 데 도움이 되는 루브릭을 이용할 수

있다(이 루브릭은 이 책 제7장 차별화된 평가에 설명되어 있다).

2. **소비자 보고서 웹퀘스트** : 3년 후 네가 사려고 하는 것과 유사한 차를 고를 것이다. 너는 인터넷에서 중고차에 대한 정보를 탐색하고 관련 웹퀘스트를 완성할 것이다. 그 맥락에서 너는 선택한 자동차의 성능과 연식에 관한 최소 2개의 컨슈머 리포트를 얻어야 하며, 그 정보를 요약해야 한다. 그 웹퀘스트의 정점으로서, 각 학생은 선택한 자동차의 성능을 요약하고 그 자동차의 1년간 운행 예산을 보여 주는 보고서를 준비할 것이다. 그 예산에는 대략적인 1년간 마일리지와 보험, 휘발유, 오일 등의 비용이 포함되어야 한다.

3. **파워포인트 프레젠테이션** : 이 옵션을 선택한 학생은 수집한 모든 정보를 요약하는 파워포인트 프레젠테이션을 만들 것이다. 이 정보들은 잘 만들어진 프레젠테이션으로 정리되어야 하며 다른 결과물에 있는 데이터를 근거로 해야 한다. 20~40개의 슬라이드로 구성되어야 하며 각 슬라이드의 내용은 충실해야 한다. 너는 이 프레젠테이션을 학급에 보여 줄 것이고, 최종으로는 자동차 구입에 대해 부모님의 도움을 설득하기 위해 부모님께 프레젠테이션할 것이다.

4. **비디오 프레젠테이션** : 어떤 부모님께는 자동차 선택의 적절성을 설득하는 데 비디오가 슬라이드 프레젠테이션보다 더 적절할 수 있다. 3번 결과물 대신, 학생들은 PBL 프로젝트의 최종 프레젠테이션으로 비디오를 제작할 수 있다. 비디오는 5~10분 길이여야 하며 전체 프로젝트에 대한 모든 정보를 요약하여 제시해야 한다.

5. **대형 구매 비교**(이 과제는 개별적으로 프로젝트를 하는 학생을 위한 선택 옵션이다) : 대부분의 사람에게 일생 동안 그들이 하는 가장 큰 구매는 자동차와 집일 것 같다. 시간이 허락한다면, 학생들은 자동차 구매를 다른 구매 유형, 즉 주택 구매와 같이 경제 전문가들이 '대형 구매'라고 말하는 것과 비교할 수 있을 것이다. 이 과제를 완성하기 위해 학생들은 주택 구매와 관련한 칸 아카데미 비디오를 검토하고, 위에 제시한 예산/구입 절차를 비교해야 한다. 학생들은 이 두 대형 구매를 비교·대조하는 3쪽 정도의 서면보고 혹은 파워포인트를 준비할 것이다. 소그룹으로 이 프로젝트 작업을 하는 모든 학생은 이 결과물을 완성하도록 요구된다.

프로젝트 시간 프레임

위에서 설명된 바와 같이 이 프로젝트는 최소 3개의 작은 결과물로 구성될 것이다. 이것들은 다음 9주간의 평가기간 동안 완성되어야 한다. 과제 완성을 위해 수업시간에 약간의 시간이 제공될 것이며, 학생들은 다른 급우들과 완성된 과제를 자주 공유할 것이다. 궁극적으로, 각 학생은 자신의 프로젝트를 학급에서 발표할 것이며, 각 학생의 프로젝트에 대한 최종 등급은 위의 다양한 결과물에 대한 또래평가 및 교사평가의 조합으로 이루어질 것이다.

로운 프로젝트이다. 처음에 교사는 학생들이 인생 후반기의 주요 구매를 준비하도록 돕기 위해 예산 세우기와 연산, 백분율 등을 강조하는 몇 가지 수학 주제를 이용한 광범위한 아이디어를 생성했다. 그런 뒤 학생들은 일반적인 그 주제를 브레인스토밍하여 중고차 사는 것에 대한 아이디어를 찾아낼 수 있었다. 이때 학생들은 자동차 구입과 소유권에 대한 다양한 질문을 고려할 수 있으며, 이어서 이 프로젝트에 관한 특정 결과물을 개발할 수 있다. 물론 이 프로젝트는 자동차 외에 자전거를 구입하는 것으로 계획하고 수학 개념을 약간 조정함으로써 초등학년에 쉽게 적용될 수 있다.

이 예시로 교사들은 수학에서의 PBL 프로젝트에 포함할 수 있는 유형에 대해 이해할 수 있다. 첫째, 좀 더 전통적인 가상 문제와 비교하여 PBL은 학생들이 자신의 요구나 욕구와 관련한 실생활 문제해결 학습에 더 많이 참여할 가능성이 있다는 점에서 매력적인데(Bender, 2012b; Boss & Krauss, 2007; Larmer et al., 2009), 특히나 학생들에게 선택권이 주어졌을 때 그러하다. 이 예시에서, 요구되는 결과물뿐만 아니라 각 학생은 완성해야 하는 특정 결과물에 대해 선택권이 있음은 명백히 기술된다. 또한 이 예시에서 학생들은 소그룹으로 작업할지, 독립적으로 작업할지 여부를 선택할 수 있다.

글상자 3.3에서 처음 두 단락은 이러한 수학 프로젝트와 학생들의 바람을 직접적으로 연관시킨 '앵커' 혹은 실생활 시나리오라고 볼 수 있다. 물론 여기서 도출한 질문은 "나는 언제 자동차를 살 수 있을까?"이다. 탐구질문을 염두에 두고, 프로젝트에서 일부 학생 선택의 옵션을 사용하면, 학생들이 그 프로젝트 내에서 요구되는 과제를 수행하는 데 동기화될 가능성이 크다.

다음으로, 본 예시에서 설명된 바와 같이, 오늘날 대부분의 PBL 프로젝트는 학습용 21세기 공학기술과 매우 관계가 있다. 웹퀘스트로 안내되는 인터넷 탐색의 이러한 사례는 이 프로젝트에서 요구하는 결과물 중의 하나로 포함되며, 칸 아카데미의 비디오 역시 또 다른 과제로 포함된다. 또한 이 프로젝트에서는 설명되지 않았지만, 많은 PBL 프로젝트는 특정 주제에 관한 게임 기반 수학 활동을 요구한다(수학 교수 게임에 관해서는 다음의 여러 장에서 논의된다). 이처럼 현대적인 교수도구의 사용은 단순히 교과서나 시범, 강의를 통해 전달하는 것보다

> 좋은 탐구질문을 염두에 두고, 프로젝트에서 일부 학생 선택의 옵션을 사용하면, 학생들이 그 프로젝트 내에서 요구되는 과제를 수행하는 데 동기화될 가능성이 크다.

모든 학생이 수학 콘텐츠에 훨씬 더 잘 접근하고 참여하도록 한다.

　교사들은 또한 이 예시에서 프로젝트 결과물에 대한 자세한 설명에 주목해야 한다. 각 결과물에 대한 자세한 설명에 덧붙여, 진행 중인 작업의 개발과 평가를 위해 교사들은 모든 혹은 일부 결과물에 대한 개별 평가용 루브릭을 창안해야 한다. 루브릭은 PBL의 단일 결과물 혹은 PBL 프로젝트 전체의 평가를 위해 개발될 수 있으며, 이 프로젝트의 결과물에 대한 샘플 루브릭은 이 책의 차별화된 평가 단원(제7장)에 제시되고 논의된다.

　또한 프로젝트 결과물의 '공개발표'는 PBL에 있어 중요하다. 이 사례에서 학생들은 자동차 구입을 부모님이 지원하도록 설득하는 데 도움이 되는, 실생활에서 본질적인 가치를 지닌 프로젝트를 개발하도록 요구된다. 실생활에서 본질적인 가치를 지닌 프로젝트는 대부분의 전통적인 수학교육과정에서의 일반적인 가상 문제해결 시나리오보다 훨씬 더 많은 학생들을 참여시킬 가능성이 크다.

수학공통핵심교육과정의 차별화를 위한 프로젝트 기반 학습

최근까지 PBL은 차별화 교수 모델로 논의되지 않았다(Bender, 2012b; Schlemmer & Schlemmer, 2008). 그러나 이러한 접근이 수십 년간 계속되어 오면서, 오늘날 PBL은 차별화 교수를 용이하게 하는 동시에 수학 콘텐츠에 있어 학생의 참여를 높일 수 있는 21세기 교수 접근이 되었다(Bender, 2012b; Larmer & Mergendoller, 2010; Schlemmer & Schlemmer, 2008). 프로젝트의 시간 프레임 내에서 학생들은 자신이 성취해야 하는 많은 과제뿐만 아니라 개인적으로 완성할 다양한 과제를 선택할 수 있다. 그러한 선택의 과정에서 특히 그들 자신의 학습양식 및 선호도와 양립할 수 있는 학습활동을 선택하게 되며, 그러한 점에서 프로젝트 기반 학습은 교수를 차별화하는 방법의 훌륭한 예가 된다(Bender, 2012b; Schlemmer & Schlemmer, 2008).

　앞서 논의한 바와 같이, 수학의 공통핵심교육과정은 완전학습, 문제해결, 깊이 있는 개념 이해, 21세기 의사소통기술 및 팀워크를 강조하며, 이는 또한 수학에서의 PBL 교수에서 강조하는 것과 같다(Bender, 2012b). PBL은 흥미진진하고, 혁신적이며, 교사가 소그룹 혹은 독자적으로 수행하는 학생들과 작업하면서, 프로젝트의 틀을 잡는 탐구질문을 선정하는 교수 포맷이다. 그리고 교사나 학생 모두 공통핵심교육과정을 각 개별 프로젝트로 이어서 1년간의 다른 프로젝트로 맵핑함으로써 교육과정 콘텐츠가 다루어지는지 확인할 수 있다. 위의 비디오는 PBL 교수에서 교사와 학생 모두가 콘텐츠 범위를 책임지는 예를 제공한다.

마지막으로, 여러 연구를 통해 전통적 교수 모델에 비해 PBL은 학생들을 더 많이 참여하게 하고 더 높은 수준의 학업성취를 이룬다는 사실이 밝혀졌다(Bender, 2012b; Boss & Krauss, 2007; Bui, 2012; Larmer et al., 2009). 물론 더 높은 수준의 참여와 학업성취는 많은 것을 말해 준다! 이렇게 증명된 결과로 인해 PBL은 공통핵심교육과정에서 21세기 수학 교수를 위한 완벽한 수단이라고 볼 수 있다.

PBL 교수를 위한 아이디어와 자원

수학에서 PBL 프로젝트를 위한 아이디어는 교사와 학생의 창의성에만 한정된다. 특히 일단 특정 수학 콘텐츠가 프로젝트의 근거로 확인되면, 교사와 학생은 함께 대부분의 그 콘텐츠가 포함된 PBL 프로젝트를 확인할 수 있다. 주어진 프로젝트의 결과물에 대한 조정 또한 교사로 하여금 특정 콘텐츠 기준이 다루어지는지를 확인하는 방법이 된다. **글상자 3.4**는 다양한 출처에 나온 수학 PBL 프로젝트의 예시 목록을 제시한다.

글상자 3.4   **수학에서의 PBL 프로젝트를 위한 아이디어**

수학 카툰 프로젝트(Math Cartoon Project) — 이 프로젝트에서 초등학생들은 유머를 사용하여 수학 개념이나 규칙을 전달하는데, 6개 혹은 그 이상의 연속적인 그림을 이용하여 카툰 만화를 만들어야 한다(Wetzel, 2009). 모든 학생이 미적 감각을 가진 것은 아니기 때문에, 학생들은 컴퓨터의 그림 프로그램을 사용할 수도 있다.

창의적인 수학책 프로젝트(Creative Math Book Project) — 이 예시에서 학생들은 매일 실생활에서 수학이 응용됨을 설명하는 만화, 삽화, 사진을 사용하여 책을 만든다(Wetzel, 2009). 이것은 1년간 특정 교수 단원에서 창작된 만화를 포함할 수 있다. 이 프로젝트는 기하, 대수, 수감각, 그리고 더 많은 개념을 연결시킴으로써 학생들의 수학 학습을 지원한다.

역사 속 수학자 프로젝트(Historical Mathematicians Project) — 학생들은 개별적으로 혹은 소그룹으로 특정 수학자의 전기를 조사한다(J. Cook, 2012). 유명한 수학자의 일생이나 수학 분야에서 여성 혹은 소수자의 기여도에 대해 파워포인트나 블로그, 글로그(glog), 스크랩북을 만들어야 한다. 학생들은 또한 새로운 수학 원리와 이론의 발견과 개발에 대해 조사할 수 있다. 그들은 자신이 학습한 것을 보여 주고, 새로운 정보를 학급과 공유하는 방식으로 프로젝트를 제시해야 한다.

두들 가족의 예산 세우기 프로젝트(The Doodle Family Budget Project) — 이 프로젝트는 이전에 출판되었고(Bender & Crane, 2011), 학생들로 하여금 가정에서의 구매에 대해 이해하도록 한다. 이것은 이 장에서 다룬 자동차 구매 프로젝트에서의 예산 세우기, 정보 수집 등과 유사하다.

주식 시장 프로젝트(Stock Market Project) — 이 프로젝트에서 소그룹 혹은 개별 학생은 '구매'를 원하는 하나 혹은 그 이상의 주식을 고른다(Wetzel, 2009). 그들은 컴퓨터 프로그램을 사용하여 유망한 투자자용 브로슈어를 만든다. 그런 뒤 학생들은 기간 동안 그 주식이 얼마나 잘되는지 나타내는 한 주 또는 몇 주간의 주식 판매를 그래프로 나타낸다. 그들은 책 읽기, 교실 신문 사용하기, 텔레비전 주식 리포트 보기, 비교/대조하기 활동을 여러 가지 수학과 연결하게 된다. 교사들은 주식 투자에서 가장 높은 수익을 얻은 개별 학생이나 그룹에 보상할 수 있다.

지리 통계(Geographic Statistics) — 이 프로젝트에는 학생들이 소수민족, 성비, 소득분포 등을 비롯하여 그들이 사는 도시나 주(州,) 나라와 관련한 인구통계에 대해 조사할 수 있다(J. Cook, 2012). 학생들은 또한 세 차례 이상의 주기에 걸친 성장 추세를 수집할 수 있으며, 그런 뒤 수업 중에 동향과 미래 성장을 예측하는 것까지도 포함하여 자신들의 결과물을 발표할 수 있다. 대안적으로, 통계기반 프로젝트는 교육 동향이나 심지어는 정부 예산까지도 조사할 수 있다.

선거 통계(Election Statistics) — 선거가 다가올 때는 학생들이 다양한 후보자와 관련된 투표에 흥미를 보일 수 있고, 이러한 프로젝트에서는 백분율과 표준오차, 표집기술 같은 통계적인 개념이 강조될 수 있다.

기하학 지도 프로젝트(Geometry Map Project) — 학생들은 선과 각도, 삼각형을 포함한 지도를 디자인해야 한다(Wetzel, 2009). 지도는 마을이나 도시, 주 중 하나일 수 있고, 최소한 다음을 포함해야 한다.

두 세트 이상의 평행인 길	두 세트의 직각인 길
둔각의 거리 교차로	다른 길을 교차하는 예각의 길
선분인 길	하나의 선으로 된 길
반지름인 길	등변삼각형 모양의 한 빌딩
부등변삼각형 모양의 한 빌딩	

(계속)

만일 이 프로젝트를 확장하고 싶다면, 다양한 이동 과정이 묘사될 수 있고 학생들은 개인 혹은 그룹으로 거리를 계산할 수 있다.

수학 문제해결 비디오(Math Problem-Solving Video)─칸 아카데미와 유튜브 비디오 동영상이 많은 주목을 받고 있는 가운데, 이 프로젝트에서는 학생들이 특정 유형의 수학 문제 혹은 그들이 실생활에서 직면하는 일상의 수학 문제들로 교육용 비디오를 만들어야 한다(Wetzel, 2009). 학생들은 그룹으로 프로젝트의 지침을 따르며 촌극이나 역할극 상황을 제시할 수 있다.

이러한 프로젝트 아이디어에 덧붙여, 온라인에서는 PBL 관련 많은 자료를 찾을 수 있다. 특히 Buck Institute for Education(www.bie.org) 웹사이트를 찾아볼 수 있는데, 이 사이트는 PBL을 미래의 교수 모델로 홍보하며, 학년 수준별 다양한 주제 영역에서 해 온 다양한 프로젝트에 유용한 일련의 짧은 비디오를 제공한다. 또한 PBL 교수를 지원하는 많은 다른 웹사이트들이 있으며, 이 중 몇 개는 **글상자 3.5**에 제시되어 있다.

글상자 3.5 **수학에서의 PBL 프로젝트를 지원하는 웹사이트**

TheFuturesChannel.com─이 사이트는 수학을 과학이나 직업과 연결시키는 일련의 짧은 비디오들을 보여 준다. 주제로는 대수, 체험수학, 문제해결이 포함되어 있다. 각 비디오에는 더 나아가 수학 개념을 탐구하는 수업지도안이 수반된다. 이 사이트는 무료로 사용할 수 있으며, 비디오는 자주 추가된다. PBL에서 이 비디오들은 하나 이상의 프로젝트 결과물을 위한 내용을 제공할 수 있다.

Global SchoolNet─Global SchoolNet(www.globalschoolnet.org)은 과학과 수학을 포함하여 매우 다양한 교과영역에서의 협력적 교육 프로젝트를 위한 비영리 국제교육정보센터이다. 2012년 현재 대략 194개국 9만 명의 교육자와 450만 명의 학생들이 이 조직을 통해 글로벌 프로젝트에 참여해 왔다. 이 사이트는 수백 개의 수학 프로젝트를 포함하여, 교사주도 글로벌 프로젝트 목록에 주석으로 달린 2,500개 이상의 프로젝트가 등록되어 있다. 이는 날짜나 연령 수준, 지리적 위치, 협력 유형, 사용된 공학도구, 키워드별로 검색이 가능하다. 여기서 교사들은 기존 프로젝트에 참여하거나 자신의 프로젝트를 발표할 것을 선택할 수 있다.

Hands-On Math Projects — 이것은 다양한 수학 프로젝트가 포함되어 있는 PDF 문서이다 (Carter, Cohen, Keyes, Kusimo, & Lunsford, 2002). 예를 들어, 퀼팅수학(Mathematics of Quilting)은 학습자들에게 평면기하학과 대칭, 바둑판무늬 배열을 접하게 한다. 수학을 통한 예술(Making Art Through Mathematics)에서 학습자는 평행좌표와 2D 및 3D 기하학, 측정, 대칭, 부피를 탐색한다.

National Math Trail — 이 사이트(www.nationalmathtrail.org)는 위성교육자료협회(Satellite Education Resources Consortium, SERC)와 NEC 재단을 통해 미국 교육부 별자리학교 프로그램(Star Schools program)에 의해 지원된다. 교사들은 이 사이트에서 초등학년 수준의 수학 교수 관련 자료를 찾을 수 있다.

결론 : 21세기 수학 수업을 위한 PBL

오늘날 많은 교육자는 수학교사, 아니 실로 모든 교사가 PBL 교수 실행에 대해 탐구하도록 격려하고 있다(Bender, 2012b; Boss & Krauss, 2007; Bui, 2012; Larmer et al., 2009). PBL은 앞에 논의된 바와 같이 수학공통핵심교육과정이 강조하는 것에 매우 적합하며, 그러한 이유로 이들 연구자는 PBL을 21세기 최고의 교수적 접근이라 본다. 정말로 모든 수학교사는 최소한이라도, 수업 상황에서 몇 가지 수학 프로젝트를 개발해야 하며, 이러한 PBL의 실행으로 당신의 수학 수업은 확실하게 재구조화될 것이다.

다음은 무엇인가?

지금까지 차별화 교수에 대한 4가지 다양한 모델이 설명되었다.

1. 전통적인 전체 집단 중심 수업의 수정
2. 수학 학습센터
3. 거꾸로 수학 수업
4. 수학에서의 프로젝트 기반 수업

특히 이 장에서는 차별화 교수를 위해 최근에 개발된 두 가지 모델을 보여 주었다.

수학 교수에 대한 문헌에서 거꾸로 수학 수업과 프로젝트 기반 학습에 대한 관심은 둘 다 증가하고 있으며, 이들 둘 다 수학 수업에서의 차별화 교수를 위한 옵션이 될 수 있다. 더 나아가 점점 더 많은 수학교사들은 수학에서 모든 학생의 요구에 더 잘 부합하기 위해 이러한 새로운 교수 옵션을 탐색하고 있다.

하지만 이들과 같은 새로운 교수방법이 개발되면서, 교사들은 전통적인 수업과 마찬가지로, 학생 참여와 동기, 숙제에 대한 학생의 준비, 학생 성과물을 평가할 필요성과 같은 많은 교수적 이슈에 직면함을 알게 된다. 마지막으로, 모든 학년 수준의 수학교사들은 그들이 사용하기로 정한 전반적인 차별화 교수와는 상관없이, 차별화를 위한 특정 교수기법이 필요하다. 다음 3개의 장은 차별화 교수를 위한 특정 교수기법을 탐색할 것이며, 제7장은 유아기와 초등 수준 차별화 수학 수업에서의 수학 평가에 직접적으로 초점을 맞출 것이다.

4

조기 수학 교수의 차별화 전략

조기 수학 학습은 수학적 개념의 이해를 위한 두 단계를 고려함으로써 가장 잘 이해될 수 있을 것이다 : 조기 수감각 발달과 수학 준비기술 발달. 두 개념은 어느 정도는 중복되지만 — 어떤 이론가들은 유의어임을 강조할 수도 있다 — 교사들이 이들 영역을 위한 차별화 교수전략을 쉽게 개발하고 이행하기 위해서는, 이 두 단계를 비교적 다르다는 관점으로 봐야 할 것이다.

어린 아동의 수감각

유치원기와 학령초기의 수학 교수를 차별화하기 위해, 교사들은 조기 수감각의 개념을 이해해야 한다. 제1장에서 정의했듯이, 수감각은 수 세기 혹은 한 세트에 얼마나 많은 사물이 있는지, 한 세트의 사물을 숫자로 어떻게 표현하는지를 이해하고, 수의 순서를 패턴으로 이해하는 것과 같이 기본적인 수와 셈하기 개념에 대한 학생들의 개념적 이해를 포함한다(Jordan, 2007; Sousa, 2008). 연구들은 수감각의 조기 발달이 수학의 조기 성공의 기반이 됨을 보여 왔다(Jordan, 2007; Sousa, 2008). 예를 들어, 초기 종단연구 중 하나인 Jordan 등(2007)은 유치원기에 진단된 다양한 수감각 결과가 유치원과 1학년 모두의 수학 성취와 직접적인 상관이 있음을 보여 주었다.

수감각 발달단계

> 수감각은 수 세기 혹은 한 세트에 얼마나 많은 사물이 있는지, 한 세트의 사물을 숫자로 어떻게 표현하는지를 이해하고, 수의 순서 패턴을 이해하는 것과 같은 기본 수와 셈하기 개념에 대한 학생들의 개념적 이해를 포함한다.

수감각의 조기 발달이 수학 성취에 매우 중요한 역할을 하기 때문에 연구자들은 수감각에 대해 심도 있게 연구했으며, 수감각 발달에 관한 교수지침은 오늘날에도 유효하다(Jordan, 2007; Sousa, 2008). 예를 들어, Gersten과 Chard(1999)는 수학에 어려움이 있는 아동들의 수감각 수준이 다양하다는 것을 발견했다. 이들은 읽기의 '음운 교수'의 개념과 수학의 '수감각' 체계를 연관 지었다. 과거 10년 동안 연구자들은 '음운 조작' 기술, 즉 말소리를 인식하고 의도적으로 조작하는 능력이 '파닉스', 즉 글자모양과 그 모양이 나타내는 소리에 대한 지식보다 읽기에 있어 더 기본이 되는 기술이며 더 일찍 요구되는 필수기술이라는 결론을 내렸다. 물론 이 연구에 앞서 수십 년간 파닉스는 읽기 교수의 첫 단계였다. 이제야 교사들은 음운 조작기술이 파닉스보다 선수기술이라는 것을 알게 되었다. 요약하자면, 학생들이 글자 인식과 상관없이 소리를 탐지하고 조작할 수 없다면, 특정 글자와 소리를 연결하는 파닉스에서 성공할 수 없다.

좀 더 비교하자면, 음운 교수가 읽기 학습의 기본이듯이 수감각 개념은 수학 학습에서 그러하다(Gersten & Chard, 1999). 요약컨대, 수감각은 수학 준비기술이라 언급되는 많은 조기 수학기술의 선수기술이 될 것이다. 따라서 교사들은 아직 수감각 기술이 발달되지 않은 학생을 위해 조기 수감각 발달을 촉진하는 전략을 알아야 한다. Gersten과 Chard(1999)는 교사가 아동의 수감각 이해를 평가할 수 있는 몇 가지 디딤돌을 제시했다. 글상자 4.1에 제시되었듯이, 이 디딤돌은 아동이 숫자를 이해하는 복잡한 수준을 단계적으로 제시한다.

수감각 발달을 위한 수학 놀이

어린이집과 유치원 교사는 위의 수감각 단계를 바탕으로 수감각 교수를 시작할 수 있다. 사실 수감각과 조기 수학기술 교수를 지원하기 위해 Number Worlds 교육과

글상자 4.1 **수감각 발달을 위한 디딤돌**

1수준

이 수준의 아동들은 아직 수감각이 발달되지 않았거나 관련된 지식을 보이지 않는다. 이 수준의 아동들은 '보다 더', '보다 덜'과 관련된 질문에 답하지 못할 것이다. 더욱이 이 수준의 아동들은 더 적은 혹은 더 큰 것에 대한 기본개념을 갖고 있지 않을 것이다.

2수준

이 수준의 아동들은 수감각을 습득하기 시작한다. 이 아동들은 '훨씬 더', '다섯', '열'과 같은 용어를 말하고 이해할 수 있을 것이다. 이 아동들은 '보다 더'와 '보다 덜'의 개념을 이해하기 시작한다. 이 아동들은 기본 계산기술을 이해하지 못하지만, 더 많은/더 적은 양을 이해한다.

3수준

이 수준의 아동들은 '보다 더'와 '보다 덜'을 완전히 이해한다. 그들은 계산에 대한 일반적인 이해를 하게 되고, 문제를 풀기 위해 '1부터 세기' 전략을 사용할 것이다. 이 아동들은 문제를 풀기 위해 손가락이나 구체물을 사용할 것이다. 계산에 대해 이해하기 시작하지만, 여전히 많은 계산 오류가 있을 것이다. 이 수준의 아동들은 4와 3을 더하기 위해서 한 손에서는 4개의 손가락을, 다른 손에서는 3개의 손가락을 펼 것이다. 이들은 1에서 시작해서 4까지 센 후, 다른 손을 보고 1부터 3까지 셀 것이다. 마지막으로 그들은 답을 얻기 위해 모든 손가락을 셀 것이다. 이러한 계산법은 두 손의 손가락을 사용하기 때문에, 아동이 5보다 큰 수를 계산할 때에는 자주 오류를 범할 것이다.

4수준

이 수준의 아동들은 방금 이야기한 '모두 세기(count all)' 절차보다 더 복잡한 '위로 세기(count up)'와 '이어 세기(count on)' 절차를 사용한다. 예를 들어, 이 아동은 각각의 가수를 나타내기 위해 손가락을 펼친 채로 있고, 첫 번째 가수를 나타내는 손부터 시작해서, 두 번째 가수를 '이어 세기' 시작한다. 4와 3을 더하기 위해, 손가락을 사용하여 소리 내어 수세기를 하면서 학생들은 4에다 3을 더해 가기 시작한다. "넷, 다섯, 여섯, 일곱." 이 수준의 아동들은 숫자의 개념적 사실을 이해한다(즉 그들은 4가 있다는 것을 알려고 4를 세지는 않는다). 이 수준의 아동들은 정답을 얻는 데 손가락이나 구체물이 더 이상 필요하지 않을 수도 있다. 이 수준의 아동들은 정확하게 셀 수 있기 때문에 어떠한 수 문제도 풀 수 있다.

5수준

이 수준의 아동들은 수감각의 가장 높은 수준에 있다. 이들은 회상전략을 사용할 수 있다. 문제의 답을 기억에서 꺼내오므로 빠르고 정확하게 반응할 수 있다. 그들은 높은 자동화 수준으로 덧셈의 수학적 사실을 배우며, 기초적인 뺄셈 사실을 외운다. 이 아동들은

(계속)

> 4+3=7을 회상할 수 있다. 그리고 7-3=4를 말하기 위해 셈을 바꿀 수 있다. 교사는 이러한 디딤돌을 염두에 두어, 좀 더 큰 아동을 포함한, 아마도 초등학교 시기 아동의 수감각 발달을 위한 전략을 갖고 있어야 한다. 유아교육 교사가 수감각을 가르치기 위해 사용할 수 있는 여러 활동이 아래에 설명되어 있다. 이 활동들은 기초지식을 갖춘 학생들의 수감각을 향상시킬 것이다. 더욱이 이 방법들은 수감각에 결함이 있는 학생들이 다른 학생들을 따라갈 수 있도록 도울 것이다.

정이 최근 개발되었다(Griffin, 2003a, 2004a, 2005). 부록에 이 교육과정에 대한 개요가 제시되어 있으며, 웹사이트(www.sranumberworlds.com)에서 찾아볼 수 있을 것이다.

수감각 발달을 위해 많은 전략이 제안되어 왔는데, 이 전략들은 어린 학생을 위한 비형식적 게임과 수학 놀이에 바탕을 두고 있다(Checkley, 1999; Griffin et al., 2003; Gurganus, 2004; eSchool News, 2012a; Whitenack et al., 2002). 어린이집과 유치원, 저학년 시기에 교사들은 학급의 일과 속에서 '놀이'를 통한 수학 활동을 강조해야 하며, 학령초기의 비형식적 교수를 위한 아이디어가 **교수 팁 4.1**에 제시되어 있다.

수감각을 넘어 : 수학 준비기술

유치원과 저학년에서는 조기 수감각과 더불어 조기 수학 준비기술이 강조되어야 한다. 수감각과 조기 수학기술 발달의 중요성이 더욱 명확해지면서, 최근 조기 수학 준비도에 대한 연구가 증가하고 있다(N. C. Jordan, 2007; N. C. Jordan et al., 2007; National Mathematics Advisory Panel, 2008; Sousa, 2008). 조기 수학 연구가 문해 관련 연구만큼 발전하지는 않았지만, 조기 읽기 및 문해기술 연구와 병행하여 이루어지고 있다. 조기 수학 관련 연구는 일반적으로 학령기 이전이나 유치원, 1학년 시기에 습득되어 학령초기의 수학기술을 예측하는 기술에 대해 보고해 왔다(L. S. Fuchs, Fuchs, Compton et al., 2007; N. C. Jordan et al., 2007). 조기 수학에 관한 모든 연구가 이 모든 지표와 관련되지는 않지만, 조기 수학 준비기술은 다음과 같은 능력을 포함한다.

교수 팁 4.1   어린 아동의 수감각 발달을 위한 활동

수 패턴으로 수 세기를 확장한다

조기 수 세기 활동에서 학생들은 다른 더 큰 수의 수 세기로 확장해야 한다. 교사들은 학생들이 1에서 10까지의 수 세기 대신 101에서 110까지의 수 세기를 하도록 해야 하며(Gurganus, 2004), 교사들은 가능할 때마다 언제든지 이를 중점으로 하여 수 패턴을 강조해야 한다.

손가락 패턴을 사용한다

손가락 패턴은 많은 어린 아동이 1부터 10까지 숫자를 표현할 때 자신의 손가락을 사용하는 방법이다(Whitenack et al., 2002). 손가락으로 수를 나타내야 하는 다양한 활동을 학생들에게 제공한다. 처음에 학생들은 자신이 배운 대로 손가락만을 사용한다. 수감각의 일부로서 숫자를 표현하는 여러 가지 다른 방법이 있음을 인식하고, 손가락 패턴을 이용한 게임을 하면서 아동들이 자유롭게 생각하게 한다. 학생들이 한 손의 세 손가락과 다른 손의 두 손가락이 한 손의 다섯 손가락을 나타낸다는 것을 알도록 연습할 필요가 있다. 손가락 패턴 게임을 하는 동안 학급토의를 통해 학생들은 숫자를 표현하는 방법들 간의 차이점과 유사점을 발견할 수 있다. 한 손의 세 손가락과 다른 손의 두 손가락을 펴는 것이 왜 한 손의 다섯 손가락이 되는지를 학생들이 설명하게 함으로써, 새로운 패턴을, 그리고 이것이 거꾸로도 가능하다는 것을 알게 한다. 이것은 '친구' 게임에서 사용할 수 있는 좋은 교수 유형이며, 아동들은 대안적인 해결방법을 생성해 내기 위해 짝 지어 활동한다.

더 많은/더 적은 게임

더 많은 혹은 더 적은이란 개념을 배워야 하는 학생들은 같은 크기의 블록, 점이 그려진 종이 등과 같은 구체물을 사용해서 배울 수 있다. 학생들을 줄지어 세우고 각기 다른 수만큼 걸음을 걷게 함으로써 학생들은 수들 간의 관계를 알 수 있다(예 : 4걸음을 간 학생은 2걸음을 간 학생보다 더 멀리 갔다). 7은 항상 4보다 크다와 같은 다양한 수 사실(number fact)을 학생들이 구체적으로 이해하고 설명할 수 있도록, 교사들은 여러 가지 다양한 방법을 사용해야 한다. 예를 들어, 교사들은 동일한 수 개념을 설명하기 위해 다른 크기의 블록을 사용해야 한다(예 : 블록의 크기에 상관없이 7은 4보다 더 크다).

좀 더 큰 아동을 위한 수감각 활동의 예로, 교사들은 학생들에게 다음과 같은 질문을 한다.

나는 막대사탕 10개를 가지고 있어. 내 손가락을 막대사탕이라고 생각해 보자. 여기 한 손에 막대사탕이 있어. (교사는 네 손가락을 펴고 있고, 다른 손은 등 뒤로 숨긴다.) 나는 막대사탕 몇 개를 숨기고 있을까?

(계속)

길 따라 걷기

바닥에 있는 수직선을 이용하여, 학생들에게 숫자를 적으면서 '길 따라' 이동하게 한다. 6걸음은 5걸음보다 많다는 것을 강조한다. (큰 아동들에게는 양의 정수와 음의 정수로 수직선 활동을 할 수 있다.)

손가락 인형 교수

교사들은 초기 덧셈을 가르칠 수 있고 동시에 수감각 향상을 도울 수 있다. 교사는 쿠키 몇 개(예: 3개의 쿠키)를 가방에 넣어 둔다. 다음으로, 교사는 파일에서 "+2", "−3", "+4" 혹은 다른 숫자가 쓰인 카드를 꺼내 학생들에게 준다. 교사는 학생들에게 문제에 대해 생각해 본 후에 손가락 인형을 사용해 몇 개의 쿠키가 남았는지 계산하게 한다. 이것은 공간적 학습자뿐만 아니라 대인관계에 강점을 지닌 학생에게 도움이 될 수 있다.

일대일 대응 포켓 게임

최소 10개의 주머니가 달린 가방을 걸어 두고(Checkley, 1999), 주머니마다 다른 숫자를 넣는다. 학생에게 다양한 수만큼의 사물이 그려진 그림카드를 준다. 그림카드를 알맞은 주머니에 넣게 하여 숫자와 그림카드를 대응시키게 한다. 학생들이 스스로 카드를 만들 수도 있다.

서로 붙는 물체

유치원과 1학년 아동은 다양한 게임 형태로 덧셈과 뺄셈을 반복적으로 연습해야 한다. 교사들은 스냅 큐브나 물체 한 묶음을 사용할 수 있다. 먼저, 학생들을 두 집단으로 나눈다. 다음으로 각 집단에게 10개의 서로 붙는 물체를 한 묶음씩 나눠 준다. 한 학생이 그 묶음을 쪼개어 남은 부분을 다른 학생에게 준다. 두 번째 학생은 묶음에서 몇 개가 없어졌는지 말한다(Checkley, 1999). 이것은 신체/운동감각적 학습자에게 도움이 될 것이다.

수학적 모델 사용하기

수학적 모델링은 수학 실제를 위한 공통핵심교육과정(Common Core Standards for Mathematical Practice)에서 강조되며, 교사는 어린 학생들이 문제를 해결하기 위해 수학적 모델을 만들도록 격려해야 한다. 예를 들어, 다음 문제를 생각해 보자. "7명의 학생이 있어요. 학생들의 눈은 모두 몇 개일까요?" 교사들은 학생들이 해결방법—시각/공감각적 학습자에게 도움이 되는 기술—을 찾는 데 도움이 되도록 이 문제에 대한 그림을 그려 보도록 할 것이다. 어떤 학생들은 2개의 점이 있는 원을 그릴 것이다. 다른 학생들은 코와 입이 있는 더 정교한 그림을 그릴 것이다. 이러한 접근으로, 학생들은 수학 문제를 해결하기 위해 자신의 창의력을 사용하게 될 것이다(Checkley, 1999).

구체물과 표상을 사용한다

많은 교사는 안타깝게도 블록이나 구체물을 '아기 장난감'이라 생각하며, 몇몇 학생들은 1, 2학년 때 그것들을 완전히 치워 버린다. 하지만 어떤 학생들에게는 저학년까지, 가능하면 오래 사용하게 할 필요가 있다. 학생들이 구체물을 요청하는 경우, 대부분의 교사는 3학년과 4학년, 5학년에서 분수를 설명할 때 둥근 파이 모양의 조각을 사용한다. 숫자 표상의 사용은 수학에 어려움을 겪는 고등학생에게 효과적인 교수방법이라는 긍정적인 결과가 있다(Witzel, Riccomini, & Schneider, 2008). 교사들은 학생들이 준비되기 전에 너무 빠르게 구체적·표상적·추상적 수준으로 넘어가거나, 준비가 되지 않은 학생들에게 그림이나 '구체물의 표상'을 사용하도록 요구하지 않아야 한다. 오히려 학령초기에는 학생들이 원하는 기간만큼 구체물이나 표상의 사용을 허용해야 할 것이다(Checkley, 1999).

학급 퀼트를 만든다

이것은 공간적 학습자에게 좋은 창의적인 활동이다. 우선 학생들은 퀼트에 쓸 '사각형'을 각자 디자인한다. 교사들은 크레용이나 물감을 사용하여 사각형 모양의 옷감에 색을 칠하게 할 수 있다. 퀼트를 만들기 위해 사각형을 꿰매어 붙인다. 퀼트 조각은 다양한 모양이며 전체의 다양한 부분을 나타내기 때문에, 학생들에게 기하학이나 분수, 시공간 추론, 덧셈을 일찍이 소개하는 데 사용할 수 있다. 교사들은 학생들이 그 개념을 상기하고 자신의 작품에 자부심을 가질 수 있도록 퀼트를 전시하거나 사용해야 한다.

숫자와 사물을 짝 짓는다

학급 일과에서, 교실에 있는 물체나 이야기책의 그림에 대해 토의하면서 숫자와 물체를 짝 짓는다. 예를 들어, 자전거에는 바퀴 2개가 있고, 세발자전거에는 바퀴 3개가 있고, 자동차에는 바퀴 4개가 있다. 그러므로 학생들은 숫자를 단순히 라벨로서가 아니라 가치와 연결하기 시작할 것이다(Gurganus, 2004).

사물의 세트를 비교하여 더 큰 것을 선택할 수 있다(2개 혹은 3개의 물체).

10(혹은 20이나 25)까지 센다.

표기된 숫자(1부터 10, 혹은 그 이상)를 인식한다.

숫자 패턴을 인식하고 패턴을 완성하기 위해 빠진 숫자를 예측한다(예 : 1, 2, 3, 4, __, 6 혹은 2, 4, 6, __, 10).

연속된 숫자를 구두로 반복한다(원래 순서대로 혹은 거꾸로).

1~10까지 순서대로 숫자를 쓴다.

기본적인 수 결합을 완성한다(예 : 이어 수 세기와 같은 한 단계 전략을 사용하여 두 숫자 더하기).

위의 첫 번째, 두 번째, 다섯 번째 항목은 수감각에 해당된다고 할 수 있지만, 마지막 항목은 숫자의 조작(number manipulation)을 나타낸다. 이 같은 목록에서 수감각과 조기 수학 준비기술은 상당 부분 중첩된다. 더 나아가 수감각과 조기 수학 준비기술은 모두 중요한데, 이들 연구는 아직 특정 질문에 대해 답을 주지 않고 있다. 예를 들어, 조기 문해기술은 초기 음소와 읽기기술 문헌을 통해 확인되어 왔다(예 : 단어를 나타내는 그림을 가지고 단어의 첫소리를 인식하고, 첫소리가 같은 다른 그림을 찾아내는 학생의 능력). 더 나아가 읽기 관련 연구는 이 기술들이 조기 문해의 벤치마크와 조기 문해 교육과정으로 사용될 수 있음을 보여 주었다. 수학에서는 아직 비교할 만한 연구가 없다. 예를 들어, 위의 기술 목록이 저학년의 수학 성취도를 예측하지만(N. C. Jordan et al., 2007), 이것들이 조기 수학 성취에 대한 최고 예측자인지, 혹은 다른 기술들이 더 나은 예측자인지에 대해서는 아직 명확하지 않다. 더 나아가 유치원이나 1학년 때 위에 제시된 수학 조기 기술과 관련하여 특정 교수가 제공된다면, 어려움을 겪는 학습자의 조기 수학에서의 문제가 극복될 수 있는지 알려진 바가 없다. 몇몇 연구들이 조기중재로 이후 성공적인 수학 성취를 이끌어 낼 수 있다고 제안해 왔지만(Griffin, 2004a, 2004b, 2005 ; N. C. Jordan et al., 2007), 이 영역에 대한 더 많은 연구가 필요하다.

조기 수학기술의 발달단계

앞서 언급한 수학 준비도에 관한 연구의 이 같은 제한점으로 인해 최근 연구에 이르게 한 몇 가지 결론이 있다. 첫째, 많은 연구자들은 학생이 조기 수학기술을 어떻게 숙달하는지에 관심을 가져 왔는데, 교수지침에 반복해서 나오는 공통요소는 성공적인 조기 수학 교수에 필수요소인 '구체물(concreteness)'이다(Allsopp et al., 2008 ; Fahsl, 2007 ; Fuson & Wearne, 1997 ; Griffin, 2003a, 2005 ; Gurganus, 2004 ; Witzel et al., 2008). 요약하자면, 수감각 수준을 넘어 조기 수학기술에 숙달하기 위해 구체물이나 사물그림이 교수도구로 사용되는 표상적 교수, 혹은 이들 둘 다를 사용해야 한다. 물론 수학 성취 수준이 몇 년 뒤처져 고군분투하는 초등학생들에게도 구체물은 유치원이나 저학년 못지않게 중요하다.

조기 수학기술의 UDSSI 모델

구체물 교수의 필요성과 더불어, 교사들은 조기 수학에서의 다양한 수준의 기술 발달을 이해해야 한다. Fuson과 Wearne(1997)은 어떻게 어린 아동이 수감각을 초월하여 수학을 배우는지 이해하도록 조기 수학기술의 순서를 개발했다. 이들은 학생이 패턴으로 숫자를 배운다 — 모든 두뇌는 패턴을 탐색한다고 제안하는 최근의 두뇌연구와 일치한다 — 고 가정했다. 이것은 수학공통핵심

> 학생은 패턴으로 숫자를 배운다 — 모든 두뇌는 패턴을 탐색한다고 제안하는 최근의 두뇌연구와 일치한다.

교육과정에서 수학 패턴을 크게 강조해 온 이유이다. 구체적으로 이 연구는 수학의 실제를 위한 공통핵심교육과정에서 패턴 찾기를 강조하는 데에도 근거가 되었다(제1장의 **글상자 1.1**의 7번째 항목 참조).

　Fuson과 Wearne(1997)은 조기 수학 패턴을 찾으려 시도했고, 뒤에 조기학습 5단계를 밝혀냈다. 이 단계들은 **글상자 4.2**에 제시되어 있듯이 UDSSI 모델로 불린다. 각 문자는 학습단계를 나타내며, Fuson과 Wearne(1997)은 학생들이 둘 이상의 자릿수와 상위 수준의 수학 문제를 이해하기 위해 순서에 따라 각 단계를 배워야 한다고 제안한다.

　이 모델을 통해 우리는 학생들이 덧셈과 뺄셈의 초기 연산을 어떻게 배우는지 이해할 수 있다. 이 모델에 따르면 아동들은 아래 제시되어 있듯이 3단계에서 한 자리 수의 덧셈과 뺄셈을 배운다(Fuson & Wearne, 1997).

　　1수준 : 이 단계의 아동들은 덧셈과 뺄셈을 위한 모델로서 사물을 사용한다. 아동들은 문제를 풀기 위해 사물을 조작하는 매우 구체적인 학습방법을 사용한다. 사물이 전체의 일부분이든 혹은 가수의 부분이든 간에 이 수준에서 사물은 중요하다.

　　2수준 : 이 단계의 아동들은 가수를 셀 때 '수 세기' 방법을 사용하고, 이 방법을 사용하게 되면 문제를 풀 때 구체물을 사용하지 않는다. 이 수준의 아동들은 첫 번째 가수와 두 번째 가수가 나타내는 양을 기억할 수 있기 때문에, 이것은 부분적으로 성장하는 기억기술에 근거한다.

　　3수준 : 이 수준의 아동들은 합계를 구하기 위해 정보를 '청크'할 수 있다. 아동들은 문제를 보고 청킹할 수 있어서(즉 숫자를 마음속으로 다시 모으기) 답을

글상자 4.2 **조기 수학기술에 대한 UDSSI 모델 단계**

일 단위 단계(Unitary Stage) — 이 단계는 수에 대한 초기 이해를 나타낸다. 처음에 아동은 10이 '사물 10개'를 의미한다는 것을 배운다. 1에서 10까지 숫자를 순서대로 아는 것은 어린 아동이 수를 이해하게 하고, 자릿값 개념에 대한 초기 이해는 학생들이 십의 자리까지 수를 이해하게 한다. 따라서 이 단계의 아동들은 1에서 19까지 수를 잘 이해하게 된다.

십 단위 단계(Decade Stage) — 이 단계는 아동이 19보다 큰 수뿐만 아니라 두 자리 수 세기 개념을 이해하는 것과 관련된다. 많은 아동은 21, 22, 23이나 35, 36, 37과 같이 연속된 수의 배열은 이해했지만, 두 자리 수의 순서는 알지는 못한다(예 : 32가 51보다 더 큰가?). 이 아동들은 20에서 50대까지 수 이어 세기를 한다. 10단위를 이해하는 아동들은 두 자리 수의 순서를 이해한다(즉 10단위). 10단위를 이해하는 아동들은 1부터 99까지 셀 수 있다.

배열 단계(Sequence Stage) — 이 단계는 십 단위와 일 단위의 순서를 이해하기 시작하는 아동을 포함한다. 아동은 53이 십 5개와 일 3개를 의미한다는 것을 배운다. 아동들은 한 사람이 숫자를 말할 때, 첫 번째 부분이 먼저 쓰이고 마지막 부분은 두 번째로 쓰인다는 것을 알게 된다(즉 53은 순서에 따라 5 다음 3을 쓴다). 이 아동들은 숫자를 순서대로 쓸 수 있다. 이것을 이해하기 전에는 53을 50과 3으로 쓰고, 그다음 503이라 합쳐 쓸 수 있다.

분리 단계(Separate Stage) — 이 단계는 의미를 말해 주지 않더라도 숫자가 무엇인가를 의미한다는 점을 아동이 깨닫는 것과 관련된다. 이 단계의 아동들은 (영어에서) 숫자 55(fifty five)에 '십(ten)'이라는 것이 표현되지 않더라도 첫 번째 숫자는 십이 5개이고 두 번째 숫자는 일이 5개임을 의미한다는 것을 이해한다. 이 단계를 이해하는 아동들은 십 단위와 일 단위를 분리할 수 있다.

통합 단계(Integrated Stage) — 이 단계는 아동들이 배열과 분리 단계를 결합하기 시작하면서 시작된다. 이 단계에서 수를 이해하는 아동들은 두 자리 수를 사용하여 문제에 접근하고 해결하는 데 있어서 융통성을 갖는다. 왜냐하면 그들은 자신의 사고에서 '10대'의 속성을 십의 자리로 빠르게 전이할 수 있기 때문이다. 그들은 또한 1에서 9까지 순서가 100대, 1000대, 그 이상의 숫자에서 반복된다는 것을 이해한다.

쉽게 얻는다. 이것은 초기 덧셈 기술의 가장 높은 수준이다. 이 수준의 아동들은 풀이방법을 찾기 위해 더 이상 모델이나 '수 이어 세기' 방법을 필요로 하지 않고, 수를 그룹화하고 청킹해서 합계를 구할 수 있다.

또한 Fuson과 Wearne(1997)은 이 수준들이 더 높은 수준의 수학을 이해하는 데 응용될 것이라고 제안했다. 예를 들어, 아동이 두 자릿수 덧셈과 뺄셈 문제를 풀기 위해서는 기본적으로 위와 같은 단계를 거친다. 1수준의 아동들은 문제를 풀기 위해 첫 번째 수만큼 사물을 두고 다음 수를 더하거나 뺀 후 전체를 세는 것과 같이 모델을 사용한다. 2수준의 아동들은 합계를 얻기 위해 정신적 표상을 사용하는 경향이 있다. 이 아동들은 답을 구하기 위해 어디부터 시작하는지 기억하고, '수 이어 세기'나 '빼기'를 한다. 3수준의 아동들은 합계를 얻기 위해 정보를 청킹할 수 있다.

이 모델은 초기 연산에 어려움을 가진 학생들을 가르치는 거의 모든 학년의 교사들에게 도움이 될 수 있다. 교사들은 아동의 강점이 어디에 있는지 정확하게 이해할 수 있다. 더 나아가 이 체계는 수학에 어려움을 겪는 초등학생에게 구체물이나 구체적 예시의 사용에 대한 이론적 기초를 제공하며, 수학 교수에 관한 많은 연구들은 구체물 교수를 강조한다.

CRA 차별화 전략

수학 내용이 구체적(Concrete), 표상적[Representational 혹은 그림의(pictorial)], 추상적(Abstract) 방법으로 제시될 때 학생들은 수감각과 수학 준비 단계를 넘어 조기 수학을 가장 효과적으로 숙달하게 된다. 이 세 단계의 표현 형식은 CRA 교수라 불리며, 최근 수학 교수에 중점을 둔 대부분의 연구자들에 의해 추천되고 있다(Allsopp, 1999; Allsopp et al., 2008; Fahsl, 2007; L. Jordan, Miller, & Mercer, 1998; Mancl, Miller, & Kennedy, 2012). 때로는 CSA라 불리며, 각 문자는 구체적(Concrete), 반구체적(Semi-concrete), 추상적(Abstract)을 나타낸다. 이 교수방법은 매우 효과적임이 입증되어 왔으나, 안타깝게도 여전히 소수의 1학년을 제외하고는 많은 수학 수업에서 사용되지 않는다.

하지만 두뇌 연구와 수학공통핵심교육과정 모두 수학 교수에서의 개념적 깊이를 강조하며, 다양한 방식으로 제시된 수학 개념은 더 오랜 시간 동안 유지될 뿐 아니라 개념적으로 더 잘 이해된다(Sousa, 2008). 따라서 모든 학생이 어려운 수학 개념을 성공적으로 배울 수 있도록 일반학급 초 · 중학생에게 CRA를 사용하도록 권고된다 모든 학생이 어려운 수학 개념을 성공적으로 배울 수 있도록 일반학급 초·중학생에게 CRA를 사용하도록 권고된다.

(Harris, Miller, & Mercer, 1995; Marsh & Cooke, 1996). 더욱이 연구들은 이 접근이 수학에 어려움을 겪는 고등학생에게도 더 자주 사용되어야 함을 보여 주고 있다.

CRA란 무엇인가?

거의 모든 교육자는 어떤 학년 수준이든 추상적 학습이 문제해결의 가장 효과적인 수단이라는 것에 동의하는데, 이는 구체적 혹은 표상적인 예시가 상위 수준의 수학에서는 성가신 일이 될 수 있기 때문이다. 하지만 대부분의 초등학생에게 특정한 수학 개념의 교수 초반에는 구체적 혹은 표상적인 학습이 필요하다. 차별화된 학급에서 분리된 집단에게 구체적 혹은 표상적 예시가 사용되는 과제를 제공하는 것은 다양한 교수를 제공하는 방법이 되며, 이는 모든 학생의 요구를 충족시킨다. 더욱이 특별한 요구를 가진 학생이 일반학급 수학시간에 통합되어야 함이 강조되고 있고, 이들 학생은 CRA 방법과 같은 교수 유형을 요구하기 때문에 교사들은 이들에게 수학 기술을 가르치기 위해 CRA 방법을 부득이하게 사용할 수밖에 없다.

Shaw-Jing과 Stigler, Woodward(2000)는 CRA를 수학 교수의 "정신적 도구" 관점으로 언급하는데, 수학 공식이나 문제의 심적 이미지는 물리적 자료나 구체적 사물을 사용해서 가장 잘 형성될 수 있다고 제안한다. 제1장에서 기술했듯이, 시각적 처리과정은 수학적 사고와 높은 상관을 이룬다(Sousa, 2008). 따라서 학생들이 수학 문제를 이해하기 위해서는 그 문제를 '시각화'할 필요가 있다. 명백하게도 구체적 사물이나 그림 표상은 시각적 처리과정에 많은 도움이 될 수 있다. 이들 정신적 도구는 학생들의 문제해결과정에서 지침으로 사용된다. 정신적 도구 관점에서는 수에 대해 매우 조직화되고 구조화된 표상을 사용한다. 만약 표상이 잘 조직화된다면, 이것은 학생이 수학 문제를 시각화하도록 도와줄 수 있는 도구로 제공될 것이다.

최근 두뇌 연구가 증가하고 수학 활동의 차별화가 강조되면서 CRA의 사용이 증가했다. 한편 Shaw-Jing과 동료들(2000)은 이 교수 패러다임이 새로운 게 아니라고 지적한다. 오래전 Stern(1949)은 산가지를 나무블록 안으로 집어넣은 패턴을 개발했다. 한 블록에 산가지 10개가 있는데, 학생들은 문제해결을 위해 이 산가지들을 사용했을 것이다. 이후에 다른 사람들은 십진수체계를 반영하는 다양한 격자판이나 셈하기 장치를 개발했다. 그러므로 구체적 · 반구체적 모델들은 오랜 시간 동안 수학에서 사용되어 왔고, 비교적 오래된 이 교수 접근에는 많은 변화가 있다.

한편 두뇌 적합화 연구 및 일반학급에서의 교수 차별화의 필요성으로 인해 CRA 접근은 새로운 활력을 얻었다. 더 나아가 수준이 높은 학습자에게 이 접근을 적용하는 것이 매우 유용할 것이라 제안하는 연구가 있다(Witzel et al., 2008). 수학에 어려움을 겪는 저학년과 고학년 학생 모두가 구체적 혹은 반구체적 수학적 표상을 사용할 수 있도록 Shaw-Jing 등(2000)은 **교수 팁 4.2**에 제시된 바와 같이 게임 형식의 활동을 개발했다. 이들 게임이 '또래친구' 활동으로 사용될 수 있도록, 아래에 설명한 것처럼 교사가 숫자나 패턴을 불러 주는 대신 짝끼리 회전판을 사용할 수 있다.

 교수 팁 4.2   표상적 수학을 가르치기 위한 게임

패턴 숫자 빙고
이 게임은 패턴 그림으로 구성된 일반적인 형식의 빙고판을 사용한다. 이것은 5개씩 묶는 집계 표시로 되어 있다. '7'은 ///// //로 표시된다. 빙고판에는 숫자 1부터 10까지를 나타내는 패턴이 있다. 학생들은 교사가 제시한 패턴 카드가 자신의 빙고판에 있으면 표시한다. 이 게임은 학생들이 일일이 수를 세고 숫자와 패턴이 관련 있다는 것을 배우도록 도와준다.

메모리 카드
이 게임은 다른 색깔로 된 두 세트의 카드를 사용한다. 각 세트에는 숫자 0에서 10까지의 카드가 있다. 학생들은 각 색깔의 카드를 1개씩 뒤집는다. 만약 두 카드에 같은 숫자가 나오면, 그 카드들을 가져오고 다시 진행한다. 이 게임은 학생들이 숫자에 대한 표상적 패턴을 기억하도록 동기부여한다.

플래시 패턴 카드
이 게임은 학생들이 숫자 패턴을 빠르게 인지하도록 돕는다. 학생들은 3~5초의 짧은 시간 동안 교사가 제시한 패턴 카드와 일치하는 숫자 카드를 빠르게 찾아야 한다. 학생들은 교사가 제시한 숫자 패턴과 일치하는 카드를 얼마나 빠르게 찾을 수 있는지 보는 걸 즐기게 될 것이다.

릴레이 레이스
이 게임은 돌 차기 놀이와 유사하다. 학생들은 바닥에 미리 그려 놓은 숫자 격자표 앞에

(계속)

줄 선다. 학생들은 주머니에서 패턴 카드를 꺼내어 판독하고, 격자표에서 같은 숫자가 있는 곳에 선다. 학생들은 숫자와 수 세트에 대해 배울 때 이 아이디어를 사용할 수 있다. 이 활동은 앞서 논의된 두뇌 적합화 연구에서 추천했듯이 수학을 재미있게 만들고 동작을 학습으로 받아들이게 한다.

몇 개를 보았나요?

이 게임에서 학생들은 큰 그림 카드에 있는 숫자를 본다. 학생들은 그들이 원하는 사물그림을 사용해서 숫자와 일치하도록 패턴을 만든다. 다음으로 집단별로 만든 패턴에 대해 질문을 받게 될 것이다. 예를 들어, 숫자 다섯을 표현하기 위해 '졸라맨' 그림을 사용한 집단은 졸라맨 그림에 모두 몇 개의 다리가 있는지 질문받게 될 것이다. 이 게임은 수학과 실생활을 연관시키도록 도와준다.

덧셈 퀴즈모

이 게임은 여러 단계가 있다. 첫 번째로, 교사는 0과 5 사이에 있는 숫자를 부른다. 학생들은 빙고 카드 위에 그 수만큼의 마커(셀 수 있는 구체물이면 뭐든지 사용 가능하다)를 올려 둔다. 교사가 다른 숫자를 부르면, 학생들은 그 카드에 그 수만큼의 마커를 추가로 올려 둔다. 다음으로 학생들은 전체 마커 개수를 나타내는 수를 빙고 카드에서 찾아, 만약 있다면 그 숫자 위에 마커를 하나 올려 둔다. 교사는 학생들에게 그들의 답을 설명하게 할 수 있다.

디퍼런스 워

이 게임은 덧셈 퀴즈모와 동일하나, 뺄셈('빼기'로 언급된다)을 연습한다. 빙고 카드와 마커가 덧셈 퀴즈모와 같은 방식으로 사용된다.

다섯부터 시작하기

이 게임은 덧셈 퀴즈모와 디퍼런스 워의 결합 버전이다. 교사는 항상 5로 시작하고, 덧셈이나 뺄셈 문제를 제시한다(예 : 5＋4＝___, 혹은 5－2＝___). 만약 학생들의 빙고 카드에 제시한 문제의 합/차이와 일치하는 수가 있다면, 그 위에 하나의 마커를 둔다.

10 만들기

이 게임은 개별 학생을 위한 카드 한 세트와 교사가 사용하는 목표 카드 한 세트를 사용한다. 목표 카드 하나를 뒤집어 놓는다. 그다음 학생들은 자신의 카드 세트에서 카드 하나를 뒤집는다. 두 카드의 합이 10(즉 십 만들기)이 되면, 학생들은 카드를 자신의 옆으로 옮겨 온다. 만약 뒤집은 카드로 10을 못 만들면 그 카드는 카드 세트 밑에 넣는다. 자신의 카드가 먼저 없어지는 학생이 승리한다.

교실에서 CRA 사용하기

CRA는 수학기술을 세 가지 인지 수준을 사용하여 명시적 교수로 계획하는 것에 초점을 둔다(Allsopp, 1999; Allsopp et al., 2008; Mancl et al., 2012). 첫 번째 수준은 이해의 가장 낮은 수준을 나타내는, 구체적 수준이다. 이 단계는 교수를 하는 동안 구체물을 사용하는 것과 관련 있는데, 구체물로는 종이클립, 조각으로 나뉘는 원, 조각으로 나뉘는 오렌지 같은 식품을 포함해 무엇이든지 될 수 있다(Fahsl, 2007). 두 번째 수준은 표상적(반구체적) 수준으로, 교수하는 동안 사물의 그림과 같이 구체물의 표상을 사용한다. 추상적 교수 수준에서는 조작이 가능한 지원 자료를 사용하지 않는다.

구체적 단계에서는 교사들이 가르치고자 하는 개념을 묘사하기 위해 쉽게 설정할 수 있는 구체물을 사용한다. 구체물로는 이미 구매했거나(예 : 모조화폐), 비싸지 않은, 교사가 만든 자료를 들 수 있다. 이 단계에서 교사는 수학 문제를 시뮬레이션하기 위해 구체물을 어떻게 조작하는지 학생들에게 교수할 것이다. 또한 이 단계에는 학생들이 문제해결 결과를 기록하도록 하기 위한 컴퓨터용 활동지도 포함되어야 한다. 오늘날 학교에서 대부분의 학생들은 '파이'의 스펀지 고무 부분을 접하게 되는데, 특히 저학년 학생들은 이것으로 구체적인 교수의 예를 회상할 수 있다.

표상 단계에서 교사는 구체물 대신에 시각적 표상을 사용한다. 학생들에게 시각적 표상과 함께 필요에 따라 표상을 그릴 수 있는 공간이 제시된다. 오랫동안 수학 교사들은 수학 문제를 나타내기 위해 아주 창의적인 방법을 고안했는데, 주로 문제에 대한 구체물과 문제의 표상을 짝 짓는 방법이다. **교수 팁 4.3**은 교사들이 제시한 구체물과 표상을 사용한 예시이다.

전통적으로, 구체물과 그림 표상은 학령초기부터 3학년까지의 수학교육과정에서 자주 사용되어 왔다. 한 예로, 구체물과 표상은 3학년 분수를 가르치기 위한 대부분의 교육과정에서 사용된다. 하지만 일반교육 수학 수업에서는 저학년 이후의 좀 더 복잡한 수학기술을 가르치는 데 표상적 교수를 자주 사용하지 않는다. 본 저자는 초등학교 수학교육과정에서 광범위하게 사용되는 한 가지로, 최근 1학년 교사지침서의 연산 영역에서 공통적으로 반구체적 표상을 발견했다. 이러한 표상은 여전히 3학년 교사지침서에 제시되었다. 하지만 5학년에서는 그림 표상이 교사지침서에서 완

교수 팁 4.3   교사들의 CRA 교수 팁

돈 세기 : 스티커로 된 동전

수년 동안 있어 온 하나의 CRA 기법은 동전을 사용하여 잔돈 세기를 가르치는 것이다. 이것을 새롭고 흥미롭게 변형한 두 가지 방법이 있다. 잔돈 세기에서 학생들은 다섯까지 능숙하게 세야 하지만, 그렇지 못한 학생들이 많다. 그러므로 교사들은 그 값을 제시하기 위해서 동전 스티커를 사용한다. '1'이라고 적힌 흰 스티커 니켈(5센트), '2'라고 적힌 스티커 다임(10센트), '5'라고 적힌 쿼터(25센트) 스티커를 둔다. 다음으로, 이 시스템에서 어떻게 동전을 세는지 학생들에게 모델링해 준다. 동전더미가 제시되었을 때, 학생들은 그것을 분리하고 큰 동전부터 세기 시작한다(스티커에 가장 높은 숫자가 있는 동전 — 동전의 물리적 크기는 아니다). 학생들은 동전 스티커를 가리키며 여러 번 5씩 건너 수 세기를 한다(예 : 쿼터인 경우에는 5를 5번 "5, 10, 15, 20, 25"라고 말하면서 셀 것이다). 그다음에 학생들에게 합계를 기억하라고 한 후, 큰 동전을 가지고 첫 번째 총액에서 '이어 수세기'를 하게 한다. 동전을 모두 다 셀 때까지 계속 5씩 건너 수 세기를 한다. 학생들이 쿼터, 다임, 니켈을 끝냈다면 페니 계산을 해야 한다. 어떤 다른 방식으로도 잔돈 세기를 배울 수 없는 것처럼 보였던 학생들이 정확한 합계를 내기 위해 5씩 수 이어 세기를 갑자기 할 수 있게 된다. 학생이 이 전략에 익숙해진 후에는 스티커의 사용을 천천히 단계적으로 줄여야 한다.

털이 있는 동전

또 다른 흥미로운 변형으로, 교사들은 '털이 있는 동전'을 사용할 수 있다. 숫자가 적힌 스티커를 사용하는 대신 교사들은 화이트보드의 큰 동전 그림에 짧은 털(털이 없으면 실을 사용한다)을 붙인다. 쿼터 그림은 5개, 다임은 2개, 니켈은 1개의 털이 붙어 있게 된다. 페니는 털이 없고, 수 세기로 세어진다.

전히 사라졌다.

　이것은 대부분의 현대 수학교육과정의 심각한 문제인데, 표상적 단계나 반구체적 단계가 수학에서 어려움을 경험하는 많은 초등 고학년 학생과 중학생에게 중요할 수 있기 때문이다. 차별화된 수학 수업에서 교사들은 교육과정 자료가 그러하다고 이 단계를 생략해서는 안 된다. 오히려 교사들은 표상적 양식으로 모든 유형의 수학 문제에 대한 예시를 개발하고 제공해야 한다. 매시간 구체적 혹은 표상적 표현이 주어지면, 교사(혹은 다른 학생)는 토의 중인 수학 개념과의 관계를 강조하면서 표상을 언어적으로 설명해야 한다. 따라서 교사는 구체적 혹은 표상적 교수를 제시하면서 동시에 추상적 교수를 제시하게 될 것이다.

오늘날 표상적 수학과 관련하여 교사가 사용할 수 있는 온라인 자원이 많이 있다. 더욱이 교사들은 수학준비도, 조기 수학기술, CRA 교수를 보조해 주는 교수적 도구를 여러 웹사이트에서 찾아야 한다. **글상자 4.3**에 관련 웹사이트가 제시되어 있다.

CRA 연구

선행연구들은 초 · 중학생에게 CRA를 사용하는 것을 강력하게 지지한다(Allsopp, 1997; Allsopp et al., 2008; Fahsl, 2007; Harris et al., 1995; L. Jordan et al., 1998; Mancl et al., 2012). L. Jordan와 동료들의 연구(1998)에서는 4학년 통합학급 학생을 세 집단으로 가르치기 위해 CRA를 사용했다. 이 연구에서는 학습장애학생, 평균 수준의 학생, 우수학생 등 총 125명에게 분수 수업을 실시했으며, 그 결과 CRA가 전통적인 교과서 중심 교수법보다 모든 학생에게 유의하게 더 나은 학습과 유지 효과를 보여 주었다. 이 연구는 CRA 방법이 분수의 이해, 비교, 등가, 계산을 학생들에게 가르치는 데 효과적임을 밝혔으며, 교사들은 이 내용이 수학공통핵심교육과정에서 매우 강조되고 있음에 주목해야 한다. 더 나아가 새로 배운 수학기술의 사후검사 결과가 1, 2주 후에도 유지되었다. 이러한 결과는 CRA가 수학 학습에 어려움이 있는 학생을 포함하여 일반학급의 모든 학생이 수학 개념을 숙달하는 데 성공적으로 사용될 수 있음을 제안한다.

앞에 언급한 연구는 CRA가 학습장애학생에게 효과적임을 증명한다는 점에서 중요하다. 또한 단일 최대크기의 장애집단인 학습장애학생들에게는 대부분 일반수학교육과정을 적용한다. 따라서 교사들은 이 학생들을 차별화된 수학 수업에서의 활동에 포함시키기 위한 방법을 찾아야 한다. 이 학생들은 수학에 자주 어려움을 겪으며, 다양한 수학영역에서 어려움을 증폭시키는 학습 특성을 보인다. 예를 들어, 많은 학습장애학생들은 수학 학습에 부정적 영향을 주는 시지각과 청지각 문제를 가진다. 일반적으로 학습장애학생들은 수학 문제를 읽거나, 분수언어와 같이 전문적인 수학언어(즉 분자, 분모, 혼합수, 소수 첫째자리)를 사용하는 데 어려움을 겪을 것이다. CRA를 사용하여 이들 학습자에게 수학 개념을 효과적으로 가르칠 수 있으며, 모든 수

> 연구들은 초 · 중학생에게 CRA를 사용하는 것을 강력하게 지지한다.

글상자 4.3 　수학과 CRA를 위한 온라인 교사 보조도구

Math Fact Café ─ 교사들에게 컴퓨터를 이용한 수 사실(math facts) 활동을 비롯한 다양한 활동을 위한 도구를 제공한다(mathfactcafe.com). 이 사이트에서는 수 사실에 관한 개별 세트(예 : 3단 구구, 6으로 나눈 수)와 학년 수준별 문장제 문제 관련 컴퓨터 보조 활동을 빠르게 무료로 사용할 수 있다. 수 사실 문제는 보통 한 번에 20개가 제시되고, 학생들이 답을 하나씩 입력하여 정답을 확인할 수 있다. 20개의 문제를 다 풀면 정답과 오답 비율이 소프트웨어에서 계산되고, 틀린 문제가 강조되어 스크린에 나타난다. 그래픽은 포함되어 있지 않고, 정답인 경우 강화로 '훌륭해요', 오답인 경우 '틀렸네요'란 단어가 뜬다. 일반적으로, 소프트웨어는 정답이나 오류에 대해 최소의 자극만을 제공하므로, 처음에 몇 번 하고 나면 이러한 표상으로 학생들을 동기화시키지 못한다. 그럼에도 불구하고 이것은 전산화된 수 사실을 빠르게 표상하게끔 해 주는 하나의 옵션이다. 게다가 이 방법은 교사들에게 학생들이 푼 다양한 수학 과제에 대한 데이터를 제공해 줄 수 있고(수 사실, 문장제 문제 등), 이 데이터들은 중재반응 과정에서 일일 수행 점검 데이터로 사용될 수 있다.

Intervention Central ─ 교사들에게 유용한 수학 중재 및 진단 정보와 더불어 조기 수학 교육을 위한 활동지를 무료로 제작하는 도구가 포함되어 있다(www.interventioncentral.com). 또한 수 사실 연습, 수학 수행의 자기점검, 자기교정용 수학활동지(worksheet)와 같이 광범위하고 다양한 중재전략이 제시된다. 이 웹사이트에서는 수 연산의 모든 영역에서 다루는 매우 구체적인 수학기술을 표적으로 한 교육과정중심 측정 검사지와 종합활동지를 제작할 수 있다.

SuperKids.com ─ 분수, 소수, 백분율, 연산 순서, 지수, 반올림, 계승과 같이 복잡한 수학 활동을 위한 활동지를 생성하는 도구가 있다. 저학년용으로, 교사들은 시간 말하기, 보다 많은/보다 적은, 홀수/짝수 제재에 관한 활동지를 제작할 수 있다.

MathVids ─ 수학에 어려움을 겪는 아동을 가르치는 교사가 주로 사용하는 웹사이트다(www.coedu.usf.edu/main/departments/sped/mathvids/index.html). 이 웹사이트는 실제 수학 수업에서 어려움을 겪는 학습자들에게 연구 기반 교수기법을 사용하는 교사의 비디오 모델을 제공한다. 또한 수학에서 인지학습전략에 초점을 둔 특정 영역의 교수 계획과 다양한 교수적 수정방법이 제시된다.

National Library of Virtual Manipulatives ─ 구매 가능한 많은 조작물이 학년 수준에 따라 분류되어 있다(nlvm.usu.edu/en/nav/siteinfo.html). 미국 수학교사협의회(NCTM)의 내용표준을 기준으로 하여 다양한 주제로 분류되어 있다. 학년에 걸쳐 CRA 교수에 사용 가능한 온라인 주판, 온라인 분수, 기능조사용 그래퍼를 비롯하여 다양한 도구를 찾을 수 있다.

학영역에서의 문제해결 전략을 제공할 수 있다(L. Jordan et al., 1998; Mancl et al., 2012).

고학년에서의 CRA

선행연구는 교사들에게 고학년을 대상으로 CRA를 사용하도록 촉구한다(Allsopp et al., 2008; Witzel et al., 2008). 전형적으로 추상적 교수단계에서는 어떤 표상도 없는 수학 문제가 사용되지만, 학생들이 문제에 대한 자신의 표상을 개발할 수 있는 빈 공간을 넣어 활동지를 만들 수 있다. 더욱이 학생이 시각화와 그림 그리기로 수학 문제를 더 잘 이해할 수 있게 한다면, 교사는 학생들이 그렇게 하도록 격려해야 한다. 모든 수학교육과정은 기술 습득을 측정하는 최종 평가에 추상적 문제를 포함해야 하며, 이러한 추상적 사고는 교사의 최종목표가 될 것이다. 하지만 많은 학생들은 고학년 수준에서도 표상적 교수가 필요하다. **글상자 4.4**는 여러 예시를 제시한다.

글상자 4.4 **고학년에서 CRA 사용하기**

초등학년을 위한 반구체적 수학 문제의 예시

1. 제니는 82달러를 가지고 있는데, 이 중 31달러는 조나단에게서 빌린 것이다. 그것을 갚은 후에 제니에게는 얼마가 남을까?

제니의 돈

$$$$$ $$$$$ $$$$$ $$$$$

$$$$$ $$$$$ $$$$$ $$$$$

$$$$$ $$$$$ $$$$$ $$$$$

$$$$$ $$$$$ $$$$$ $$$$$

$$

조나단에게 제니가 준 돈

$$$$$ $$$$$ $$$$$ $$$$$

$$$$$ $$$$$ $

$82 빼기 $31은 _____이다.

이 문제를 풀기 위해, 학생들은 제니가 조나단에게 준 돈만큼 제니의 돈에 있는 달러표시에 동그라미를 쳐야 한다. 그다음 학생들은 5단위로 남아 있는 돈을 셀 것이다.

2. 세 자리 뺄셈을 위한 재그룹핑(regrouping)의 예이다. $324 - 245 =$ _____?

첫째, 100이 3개, 10이 2개, 1이 4개가 아래와 같이 표시될 수 있다.

(계속)

////////// ////////// ////////// ////////// ////////// ////////// ////////// ////////// ////
////////// ////////// ////////// ////////// ////////// //////////
////////// ////////// ////////// ////////// ////////// //////////
////////// ////////// ////////// ////////// ////////// //////////
////////// ////////// ////////// ////////// ////////// //////////

다음으로, 100을 2개, 10을 4개, 5를 1개 그려야 한다.
////////// ////////// ////////// ////////// ////////// //////////
////////// ////////// ////////// ////////// ////////// /////
////////// ////////// ////////// //////////
////////// ////////// ////////// //////////
////////// ////////// ////////// //////////

왼쪽 숫자에서 시작하여, 아래와 같이 가장 높은 숫자를 묶음으로 표시하고, 십의 자리와 일의 자리에도 묶음 표시를 해야 한다.

100이 3, 10이 2, 1이 4 =
100이 2, 10이 11, 1이 14

////////// ////////// ////////// ////////// ////////// ////////// ////////// ////////// ////
////////// ////////// ////////// ////////// ////////// //////////
////////// ////////// ////////// ////////// ////////// //////////
////////// ////////// ////////// ////////// ////////// //////////
////////// ////////// ////////// ////////// ////////// //////////

다음으로, 학생은 빼야 하는 숫자만큼 막대에 줄을 그어 지우고 남아 있는 막대를 계산한다.

CRA 사용하기
• 구구단표와 아이스캔디 막대!
한 교사는 아이스캔디 막대를 사용하여 작은 수 구구단표를 나타내는 좋은 방법을 개발했다. 예를 들어, 3단 곱셈을 가르칠 때, 학생들은 3개의 막대기로 삼각형을 만들 것이다. 그런 다음 변의 개수를 센다(3개). 그다음 "3개의 변으로 이뤄진 하나의 삼각형은 3개의 아이스캔디 막대기와 같아요."라고 말한 후, "1 곱하기 3은 3이에요."라고 줄여 말한다.

다음으로 학생들은 또 다른 삼각형을 더해서 변을 모두 센다(여섯). 이들은 "세 변이 있는 삼각형 두 개는 6과 같아요." 혹은 "2 곱하기 3은 6이에요."라고 말한다. 학생들은 10개의 삼각형을 만들 때까지 이 과정을 계속한다.

4단 곱셈을 나타내기 위해서는 사각형을 사용하고 5단과 6단 곱셈을 나타내기 위해서는 별을 사용하여 동일한 활동을 반복한다. 이러한 활동은 학생이 사물을 조작하고, 구두로 공식을 반복하고, 구구단표를 시각적으로 본다는 의미에서 다중지능의 다양한 영역과 관련된다(신체/운동감각, 공간, 언어, 논리/수학).

• 교실에서 계산을!

이것은 큰 크기의 플라스틱을 사용하여 재밌는 동작 게임을 하는 것이다(샤워커튼도 괜찮다). 플라스틱판을 한 면이 대략 6피트 정도의 사각형 모양으로 자른다. 위에서 아래로 면을 따라 0에서 9까지 숫자를 써서 숫자 격자판을 만든다. 격자판이 움직이지 않도록 각 코너에 학생들을 배치한다. 다음으로 간단한 계산 문제(수학적 사실 문제)를 읽고, 짝끼리(혹은 개별로) 답이 적힌 칸으로 이동하여 답을 말해야 한다. 예를 들어, 교사가 "5×6=?"이라고 말하면, 학생들은 "5×6=30"이라고 말하면서 5만큼 뛰고 그렇게 6번을 움직인다. 짝 활동으로 할 때에는 답을 외치기 전에 학생들이 의논할 수 있는 기회를 제공한다. 이것은 분리하기 단계 활동으로 유용할 수 있고, 적게는 4명, 많게는 전체 학급으로 시행할 수 있다.

• 백분율 가르치기

학생들은 교육적 활동이 쇼핑과 같은 실생활에 도움이 된다는 사실을 알게 될 때 가장 동기화가 잘된다. 쇼핑할 때 학생들은 대부분 백분율을 계산해야 하는 상황을 접하므로, 교사들은 쇼핑한 경험을 수업의 도구로서 이용할 수 있다. 백분율 수업을 위해 교사들은 옷장에서 오래된 옷을 가져와 '의상실'을 만들 수도 있다. 12~20개 정도의 물건만으로도 학생들이 백분율을 배울 수 있다. 첫째, 각 물건에 가격표와 할인율이 적힌 태그를 붙인다. 태그에는 "10% 할인", "25% 할인" 등이 적힐 것이다. 학생들은 모든 물건의 설명과 원가, 할인가를 기록하도록 한다.

단계별 버전의 하나로, 분리된 집단의 학생들은 위에 기술된 최종가격을 계산하고 물건의 지방세율을 더한다. 또 다른 아이디어로, 식료품 목록의 가격을 계산하게 하고 여러 물품의 지방세율을 덧붙여 계산하게 한다.

더 나아가 많은 학생들은 모든 학년에 걸쳐 수학을 잘 못함에도 불구하고, 교육과정 자료를 개발하는 회사들은 적절한 표상적 예시 없이 고학년의 추상 문제를 지속적으로 제시해 왔다. 이로 인해 많은 교사들이 특정 학년부터는 수학 문제 표상을 포함하지 않으려 할 것이다. 게다가 CRA 문제는 항상 유치원과 저학년에서만 수학교육의 기초가 되었기에, 고학년 수준에서도 표상적 교수가 적용되어야 한다. 현대 이론가들은 기초대수학에서의 표상적 교수 예시를 제공해 왔다(Allsopp, 1999; Witzel et al., 2008). CRA 교수의 대수학 예시는 **글상자 4.5**에 제시되어 있다.

글상자 4.5   CRA로 대수학 가르치기

대수학에서의 CRA 예시

대수학 공식 $2a+3a+5=25$를 가르칠 때 'a'를 푸는 방법을 생각해 보자(Allsopp, 1999). 다음과 같이 구체물로 표상될 수 있다. 종이접시로 'a'를 나타낸다. 따라서 종이접시 2개는 "$2a$"를 나타낸다. 책상에 종이접시 2개를 함께 둔다. 두꺼운 종이를 폭 1인치와 길이 3인치인 막대조각으로 자른다. 더하기 표시를 위해 두 막대조각을 사용한다. '$3a$'를 나타내기 위해서 접시 3개를 함께 둔다.

다음으로 공식에서 '$+5$'를 설명하기 위해 작은 조각(아마도 플라스틱 조각)이 필요할 것이다. 두 번째 덧셈 기호를 나타내기 위해서 막대조각 2개를 더 두고, '5'를 제시하기 위해 5개의 조각을 둔다. 마지막으로 등호를 나타내기 위해 막대조각 2개를 평행하게 둔다. 예시는 다음과 같다.

다음으로 방정식을 저울대의 개념으로 소개할 필요가 있다. 등호는 지레받침을 나타내고, 저울대는 다음과 같이 나타난다.

$$2a+3a+5 \qquad = \qquad 25$$

한쪽에서 작은 조각 5개를 빼면, 저울의 균형은 깨져서 다음과 같이 나타날 것이다.

오른쪽에서 작은 조각 5개를 빼면 균형이 잡힐 것이고, 저울은 다음과 같이 나타날 것이다.

$$2a+3a \qquad = \qquad 20$$

다음으로 5a를 만들기 위해서 2a와 3a를 더하면, 아무것도 옮겨지지 않았기 때문에 저울은 여전히 균형을 이룬다.

$$5a \qquad = \qquad 20$$

마지막으로, 'a'의 값을 찾기 위해 5로 나눌 것이다. 따라서 'a'의 값은 4이다.

CRA 차별화 기법

차별화된 교실에서, 교사들은 광범위하고 다양한 수학 전략으로 접근할 필요가 있고, 구체적 혹은 표상적인 교수의 사용으로 현재 수학에 어려움을 겪는 많은 학생들을 도울 수 있다. 더욱이 CRA는 초등과 중등 수준의 다양한 분리하기 활동에서 활용될 수 있다. 수학 수업을 계획할 때, 교사들이 어떤 학생들에게는 전자칠판에 수학 문제 푸는 것을 모델링해 주거나 수학 문제 유형과 관련된 비디오를 학생들에게 언급하는 것과 같이 추상적인 예시만을 제공하는 반면, 다른 학생들에게는 문제를 그래픽 혹은 표상적 예시의 두 가지 방법으로 모두 제공하면서 모델링을 제공할 수 있다. 이와 같은 교수적 차별을 통해, 평균 혹은 평균 이상의 학생들은 자신의 속도에 맞춰 나가게 될 것이고 수학 수업에서 어려움을 겪는 학생들은 지원받을 수 있게 될 것이다. 위의 예에서 제시했듯이, 학습의 표상단계는 이제 꽤 높은 학년에서 이용되고 있으며, 선행연구들은 이 기법의 사용을 강력하게 지지한다(Allsopp, 1999; Fahsl, 2007; Harris et al., 1995; L. Jordan et al., 1998; Marsh & Cooke, 1996; Shaw-Jing et al., 2000; Witzel et al., 2008). 차별화 교수를 실시하고자 하는 교사는 분명히 특정 학생의 이해 수준에 맞추어 CRA 기법을 교수에 적용해야 한다. 이것이야말로 가장 좋은 차별화 교수이다.

차별화된 수학 교수를 위한 공학기법

몇 년 전만 해도 이용 불가능했던 다양한 공학기법이 21세기 수학교실에서는 중요한 차별화 교수도구가 되어 가고 있다(Bender & Waller, 2013; eSchool News, 2012a). 사실 수학 실제에 대한 공통핵심교육과정은 수학 수업에서의 공학기기 사용을 특별히 강조하고 있으며(이 책의 제1장 **글상자 1.1** 5번째 항목 참조), 이러한 도구는 거의 매일 지속적으로 발전하고 있다. 물론 많은 학교의 학생들은 교실에서 와이파이 또는 컴퓨터/교육 태블릿을 이용하는 데 여전히 어려움을 겪고 있다. 하지만 거의 모든 학교가 와이파이 보급을 준비하고 있고, 학생들이 태블릿이나 노트북을 사용하도록 하기 위해 BYOD(bring your own device, 개인 소장 기기를 가져옴) 권한을 사용하고 있다. 이로써 앞으로 남은 21세기의 수십 년은 교사가 수학 교수의 차별화를 위해 노력하는 데 있어 공학이 주된 역할을 할 것이다.

물론 새롭게 개발된 소프트웨어 프로그램이나 앱, 교수도구가 너무 광범위하여 이 책에 기술하기는 어렵다. Bender와 Waller(2013)는 21세기 수학 수업에서의 공학 응용법을 추천하고 있으니 참조하기 바란다. 이 장에서는 수학에서 특히 유용한 교육공학 기반 도구를 언급하는 것이 중요하므로, 다른 장들

> 앞으로 남은 21세기의 수십 년은 교사가 수학 교수의 차별화를 위해 노력하는 데 있어 공학이 주된 역할을 할 것이다.

에 이어서 이 장은 차별화된 수학 수업을 잘 보조할 수 있는 공학 응용법 및 도구에 대해 기술할 것이다.

제1장에서 언급했듯이, 많은 학생들은 수학에 상당한 불안을 가지고 있고, 이러한 두려움은 학령초기에서조차도 학생들을 힘들게 한다. 이것은 많은 수학교사들이 다양한 21세기 교수도구를 이용하는 또 다른 이유이기도 하다. 이러한 공학기기들은 종종 학생들이 지닌 수학에 대한 두려움을 경감시킨다. 아래에 수학 교수를 위한 교육용 게임뿐만 아니라 디지털 환경에서의 수학적 탐구를 위한 아바타 사용에 관해 기술할 것이다. 이러한 최신식 교수도구의 사용으로 어

> 많은 수학교사들은 학생들이 지닌 수학에 대한 두려움을 경감시키기 위해 다양한 21세기 공학 기반 교수도구를 이용한다.

린 학생들은 수학 교수에서 불안함을 덜 느끼며, 이들의 수학교육 참여가 높아진다 [Baird, 2012; International Society for Technology in Education(ISTE), 2010; Maton, 2011; Stansbury, 2012a, 2012b]. 물론 이것은 결국 수학에서 더 높은 성취를 이끌어 낸다.

수학 교수의 차별화를 위한 아바타

친근한 만화 캐릭터만큼 유아들을 덜 위축되게 만드는 방법은 없다. 그러므로 수학 교수에 스스로 만든, 살아 있는 듯한 캐릭터를 사용하는 것은 아주 합리적으로 보인다. 아바타는 디지털 환경에서 자신이나 누군가를 나타내는 캐릭터이며, 스스로 만들어 낸 아바타는 디지털 세상에서 수학(혹은 다른 교과목)을 가르치는 데 사용될 수 있다. 오늘날 많은 교사는 학생들이 수학이나 다른 교과목을 공부할 때 아바타를 사용하는 것을 좋아한다는 사실을 발견한다(Stansbury, 2012b). 학생들은 만화나 자신의 디지털 이미지를 만들고 그 이미지를 수학 개념을 탐구하는 데 사용한다. 아바타

는 수학 개념을 탐구하는 데 있어 매력적인 방법이 될 수 있는데, 이는 수학 개념의 시각적 표상은 확실히 학생의 관심을 모으며, 많은 학생들은 아바타 중심의 활동을 '놀이'처럼 여기기 때문이다. 본 저자가 교수용 공학도구 중 자주 언급하는 도구 중의

> 아바타는 디지털 환경에서 자신이나 누군가를 나타내는 캐릭터이며, 스스로 만들어 낸 아바타는 디지털 세상에서 수학(혹은 다른 교과목)을 가르치는 데 사용될 수 있다.

하나가 초 · 중등 수학에서의 아바타 사용인데, 그 이유는 이 방법으로 가르칠 때 학생들이 수학을 즐겁게 배울 수 있기 때문이다.

아바타와 CRA 교수

수학 교수에서의 아바타 사용은 앞서 논의한 표상적 혹은 CRA 강조와 꽤 부합한다. 디지털 환경에서 학생들은 수학 문제에 대한 표상을 구성할 뿐만 아니라, 자신의 표상을 조작하는 데 개인 아바타를 사용할 수 있다! 앞서 논의했듯이 수학에서 표상적 예시를 사용할 때, 표상적 수학과 함께하는 아바타는 더 효과적이다. 왜냐하면 그 표상적 이미지에는 학생 자신이 포함되기 때문이다. 이러한 애니메이션 활동이 아주 강력하다는 것은 교사들의 초기 일화 보고에 나타난다. 사실상 다양한 수학능력 수준의 학생들을 포함하여, 모든 학생을 실제적으로 이끄는 보편적 언어(universal language)로서 애니메이션을 고려해야 할 것이다(eSchool News, 2011; Stansbury, 2012b).

더 나아가 학생들이 자신의 캐릭터 애니메이션을 통해 배우도록 함으로써 수학교육과정의 어려움을 낮추고, 위협적이지 않은 환경에서 학습하게 된다. 제1장에 논의되었듯이, 수학 불안을 없애는 것은 어린 학습자들에게 중요하고, 아바타는 그것을 이루도록 하는 도구가 될 수 있다. 마지막으로, 교사들은 학생들이 학습활동 장면에서 자신의 아바타 애니메이션을 통해 창의적으로 표현할 수 있을 때, 수업에 더 참여하고 수업 내용을 더 잘 유지한다고 보고해 왔다(eSchool News, 2011).

수학 수업에서의 보키

어떤 교사들은 수업시간에 학생들에게 가상의 자신을 만들도록 하는 것에 대해 다소 두려움을 가질 수 있다. 하지만 다양한 컴퓨터 프로그램을 사용하여 수학 수업에

학생들이 자신의 캐릭터 애니메이션을 통해 배우도록 함으로써 수학교육과정의 어려움을 낮추고, 위협적이지 않은 환경에서 학습하게 된다.

서 애니메이션을 만들 수 있다. 보키(Voki)는 학생들이 스스로 아바타를 만들고 수업에서 지속적으로 사용할 수 있게 해 주는 온라인 애니메이션 도구이다(www.voki.com). 보키는 사용하기 가장 쉬운 애니메이션 프로그램이며, 무료로 사용할 수 있다. 대부분의 애니메이션 프로그램과 마찬가지로 보키는 학생들이 그들 자신의 아바타를 만들고 아바타와 대화문을 작성하도록 한다. 아바타(소프트웨어에서 보키라고 불린다)가 교육과정에 얼마나 적합한지 이해하고자 한다면, 유튜브에 제공된 보키교실(Voki Classroom) 소개 비디오를 볼 것을 추천한다(www.youtube.com/embed/ao9KQltMkP0).

　기본적인 보키 서비스는 대부분 무료이며 광고로 기금이 마련되기 때문에, 컴퓨터 스크린 측면에 팝업 광고가 뜬다. 다음 수준의 서비스인 보키교실(그림 4.1 참조)은 교육자들이 이용 가능한 구독 서비스이다. 한 달에 약 2.5달러로, 교사는 수학 수업에서 각 학생이 만든 보키를 관리하는 시스템뿐만 아니라 모든 수준의 보키 캐릭터에 접근할 수 있다. 교사가 서비스를 구매하면, 그는 학생 계정을 만들고 수학 과제를 관리하며, 웹사이트를 통해 무제한의 공학적 지원을 받을 수 있다. 그동안 학생들은 자신의 보키를 만든다. 이 서비스 수준에서는 광고가 나타나지 않는다.

그림 4.1　보키교실

출처 : ⓒ 2012 Oddcast Inc.

수학 수업에서 보키 아바타의 이용에는 실제로 제한이 없다. 예를 들어, 보키 웹사이트에 나와 있는 한 6학년 수학 수업지도안에는 교사가 학생들로 하여금 자신의 아바타로 수업에 나오는 수학용어의 설명과 예시를 만들도록 권장한다. 학생들은 자신의 아바타를 사용하여 서로 수학 개념을 설명하거나 교실 전체에서 설명하는데, 학생에게 (아바타를 통해) 실제로 더 높은 이해 수준을 요하는 용어를 가르치게 한다. 사실 공통핵심교육과정은 수학에 대해 의사소통하는 것을 매우 강조하는데, 보키는 이러한 의사소통을 촉진할 수 있다.

아바타는 학령초기와 초등학년에서 수 사실의 자동화를 연습하는 데 사용될 수 있다. 고학년 학생들은 전체 수학 문제를 설명하기 위해 스크립트를 만들 수 있고, 아바타를 이용한 모든 설명은 학급 웹사이트, 블로그, 위키에 업로드할 수 있으며, 이것들로 수업시간에 학습한 문제의 복습 카탈로그를 만들 수 있다.

보키교실의 일부분으로, 교사는 학생들을 위해 웹사이트에서 할 수 있는 수학 과제를 개설할 수 있다. 학생들은 자신의 아바타로 과제를 완수하고, 교사는 온라인에서 각 학생의 아바타 활동을 평가할 수 있다. 교사는 그 계정으로 여러 다른 교실뿐만 아니라, 학급의 다른 수업과 과제도 운영할 수 있다. 요약하자면, 보키는 훌륭한 애니메이션 중심 교수도구이며, 모든 교사가 수학의 모든 수준에서 사용할 수 있다.

> 보키는 훌륭한 애니메이션 중심 교수도구이며, 모든 교사가 수학의 모든 수준에서 사용할 수 있다.

보키를 사용한 차별화 교수

위에 제시된 설명처럼 보키는 차별화된 수학 교수를 위해 많은 아바타를 만든다. 아주 분명한 하나의 옵션으로 학생 발표에서 차별화될 수 있다. 급우들 앞에서 수학 내용 발표하기를 두려워하는—부정적인 피드백이나 수학에 대한 자신감 결여에 따른 두려움—학생은 그들의 아바타를 통해 할 수 있다. 학생이 사전에 발표안을 만들어 녹음하기 때문에, 보키에서 만든 아바타처럼, 아바타가 수학을 설명하는 부분에 대한 압박감을 덜어 준다. 그러므로 이러한 교수법은 모든 학생이 학습하는 수학 개념에 더욱 집중하도록 해 줄 것이다.

교사들은 또한 다양한 학습양식과 학생의 강점을 수용하기 위해 보키 창작과제를 다양화할 수 있다. 수학에 어려움을 겪는 학생들은 창작 조건을 수정하게 된다. 어떤 학생들에게는 더 길고 깊이 있는 내용을 만들도록 하는 반면, 수학에 어려움이 있는 학생들에게는 수학용어에 대해 비교적 간단한 30초짜리 아바타 발표를 만들도록 한다.

또래 튜터링 아바타를 개발하여 수학 수업에서 잘 사용할 수 있는데, 이를 위해 좀 더 높은 수준의 학생들은 다른 학생들을 위해 수학 개념에 대한 '또래교사' 설명을 만들게 된다. 이것은 우수학생들과 학습에 어려움을 겪는 학생들 모두를 위한 훌륭한 차별화 기법이다. 왜냐하면 또래교사를 통해 수학 내용을 종합하고 그 자료를 설명하면서 해당 수학 개념이나 문제를 분석하는 데 더 많은 시간을 가질 수 있기 때문이다. 아바타 설명이 학급 블로그나 위키에 업로드되면, 설명이 필요한 학생들은 아바타로부터 명확한 설명을 듣게 될 것이다. 또한 이들은 스스로 아바타를 통해 복습 자료를 청취할 수 있으며, 수학시간에 질문하는 것에 대해 전혀 두려워할 필요가 없게 된다.

학생 아바타들은 수학의 형식적 평가를 지원할 수 있다. 추가적인 도움이 필요한 학생들은 자료를 복습하고 헷갈리는 수학 문제에 대해 생각하도록 돕는 아바타를 만들어야 할 것이다. 이러한 상황에서 이들은 아바타가 개념을 설명할 때 사용하기 위해 대화문을 만들 것이다. 아바타 기반 콘텐츠가 업로드되면, 교사는 그 콘텐츠에 들어가서 학생의 설명을 청취하고, 추가적으로 도움이 필요한 영역을 확인할 수 있다. 이러한 과정은 학생들이 위협적이지 않은 환경에서 개별적인 도움을 받을 수 있게 한다.

마지막으로, 교사의 설명 부분에서도 아바타를 사용하여 다양한 학습양식을 위한 차별화를 돕는다. 시각적 학습자인 학생들은 수학 문제에 관한 설명을 교사에게 듣는 것보다 아바타를 볼 수 있게 하는 것이 더 이로울 것이다. 많은 경우에 학생들은 어떤 설명을 할 때 교사보다 교사의 아바타에 주의를 더 기울인다. 학생이 만든 아바타처럼 교사가 만들어 낸 아바타를 블로그나 위키에 올림으로써 나중에 학생들이 거기에 들어가 학교와 집 모두에서 복습할 수 있게 한다.

수학 교수 차별화를 위한 게임

수학 교수를 위한 개인 아바타와 더불어, 컴퓨터기반 게임은 수학 수업에서 부가적으로 공학을 기반으로 한 차별화의 기회를 제공한다. 2013년 교육용 게임이 실행 가능한 교수방법으로 평가받음에 따라 수학교사들은 교육용 게임 행사에 신속하게 참가했다(Baird, 2012; Hudson, 2012; A. Miller, 2011a; Sheehy, 2011; Takahashi, 2012). 물론 교사들은 수십 년 동안 게임보드나 공학기반 게임과 같이 다양한 게임 포맷을 사용해 왔다. 상업용 비디오게임 시장이 막대한 매출을 올리는 동시에, 교육자들은 수학과 같이 주요 내용을 가르치는 데 공학기반 게임을 사용하기 시작했다(Baird, 2012; A. Miller, 2011b, 2012). 많은 웹사이트는 광범위하고 다양한 수학영역의 교육용 게임을 제공하고 있으며, 자주 이용되는 수학 게임 사이트가 **글상자 4.6**에 설명되어 있다.

많은 사람들은 교실에서 교육용 게임의 사용이 증가하는 것을 학교 교육과정의 "게임화"라고 일컫는다(Baird, 2012). 1980년대의 수학 게임은 수학의 절차적 과정을 강조한 데 반해, 오늘날의 많은 게임은 수학과정의 심도 있는 이해와 더불어 그 과정들의 응용까지 보여 준다. 이 두 가지는 공통핵심교육과정에서 강조하는 기술이다(Magee, 2013). '게임화'란 용어는 현대 교육과정에서 수학의 다음과 같은 모든 수준―절차적, 깊은 개념적, 응용―이 기대된다는 점을 강조하기 위해 사용되어 왔다. 교수를 위한 교육용 게임의 확고한 지지자로 빌 게이츠를 들 수 있는데, 그는 게임을 차세대 교육의 기반으로 보았다. 초기 연구에 따르면 게임과 시뮬레이션 시나리오는 수학에 매우 효과적인 교수도구이다(Baird, 2012; ISTE, 2010; Maton, 2011). 사실 초기에 사용된 대부분의 수학 게임이 그러하듯, 이들 연구 또한 수학의 응용보다는 절차적 이해에 초점을 두는 경향이 있었다. 그럼에도 불구하고 오늘날 모든 수학교사는 21세기 교수법 중 하나로 게임을 고려해야 한다.

오늘날 많은 게임은 학령후기의 학년뿐만 아니라 학령초기 및 초등학년 수준의 수학 교수를 위해 개발되었으며, 이 게임들은 무료로 이용 가능하다. 예를 들어,

> '게임화'란 공학기반, 교육용 게임의 맥락에서 모든 교육과정을 가상으로 가르치는 추세를 말한다.

PEMDAS Blaster(수학 연산 순서를 교수한다)와 Algebra Meltdown은 광범위한 범주의 수학기술을 가르치기 위해 고안되었으며, 최근에 출시된 많은 게임들과 마찬가지로 이 게임은 수학공통핵심교육과정과 관련 있다(www.mangahigh.com 참조). 이 사이트의 게임들은 7세부터 16세까지의 학생들을 대상으로 한다.

글상자 4.6	수학교육용 게임을 설명하는 웹사이트와 앱

Math Playground ─ 학년 수준에 걸쳐 교과 콘텐츠를 학습하기 위한 무료 수학 게임을 제공한다(www.mathplayground.com/games.html). 학생들은 로그인하고 프로필을 만들어야 한다. 한 명 혹은 그 이상의 학생(최대 4명)들은 선택한 수학 게임을 할 수 있다. 칸 아카데미(제3장에 설명되어 있다)와 비슷하게, 초등학교 특정 수학 주제에 관한 비디오도 제공되며 거꾸로 수업에 유용하다.

BrainPOP ─ 저학년의 사용이 늘고 있는 또 다른 웹사이트(www.brainpop.com)이다. BrainPOP은 무료 사이트이며, 만화 캐릭터를 사용하여 수학, 과학, 사회, 영어, 기술, 예술과 음악, 건강 등 다양한 영역의 교육과정중심 내용을 가르친다. 이 사이트에는 무료로 제공되는 짧은 지침 비디오, 광범위한 영화, 퀴즈, 실험, 연표, 활동이 포함되어 있다. 공통핵심교육과정이 아닌 국가표준에 따라 내용이 정렬되어 있고 그에 따라 검색이 가능하다(2012년 2월 현재). 이 교수활동은 모든 학년에 적절한데, 특히 유치원에서 3학년을 대상으로 한 45개의 게임이 있다(BrainPOP Jr.에서 클릭한다).

SoftSchools.com ─ 초등학생을 위한 온라인 수학 게임을 무료로 제공하는 또 다른 웹사이트(www.softschools.com)이며, 연산, 어림, 분수, 소수, 수감각을 포함한다. 많은 활동이 무료지만, 몇몇 서비스는 구독기준에 따라 제공된다. 교사들은 이 사이트에서 자릿값, 통계, 소수, 환산, 기타 주제부터 대수학까지의 다양한 주제를 위한 수학 활동지를 무료로 만들 수 있다.

JumpStart World of Learning ─ 학생(유치원부터 2학년)들이 환경과 상호작용하는 통합된 가상세계이다. 학생들은 이 과정에서 읽기, 수학, 비판적 사고기술을 학습한다(www.jumpstart.com/school). 게임 환경은 중요한 교육적인 기술을 습득하면서 상호적 활동을 하도록 조장한다. 이것은 교사나 홈스쿨링 파트너가 이용하도록 고안되었다. 교사들은 학급 운영시스템을 통해 각 아동(혹은 전체 학급)의 진전을 검토할 수 있다. 각 아동의 가상세계에서 개인 사진, 예술작품, 칭찬 배지, 보석을 완전히 개인적으로 꾸민다. 캐릭터와 배경은 게임 경험에 따라 가상세계에서 아동의 진전도에 반응하면서 반복적으로 변한다.

Pop Math Lite ─ 우수 사이트로 선정된 앱으로 스마트폰을 이용해 기본연산에 초점을 둔 수학 게임을 할 수 있다(https://itunes.apple.com/app/pop-math-lite/id303 258911?mt=8). 많은 부모들이 자녀에게 이 앱을 사용하게 하므로, 교사들은 저학년 수업에서 이미 사용해 본 경험이 있는 학생들에게 쉽게 적용할 수 있을 것이다.

이 교육용 게임들은 모두 핵심 수학 개념을 반복적으로 연습하게 함으로써 학생들이 목표에 이르도록 설정되어 있고, 교사들은 자신의 아이디와 비밀번호를 사용해서 학생의 진전도를 확인할 수 있다. 교사들에 따르면 학생들은 하교 후 장시간 이와 같은 흥미로운 수학 게임을 하며, 때론 밤까지 게임을 하기도 한다(위 웹사이트에서 여러 교사의 리뷰를 볼 수 있다). 분명히 어떤 수학교사는 이 웹사이트에서처럼 교수용 게임을 이용해야 할 것이며, 학생들의 수학 학습을 동기화할 수 있는 교육용 게임에 접근해야 할 것이다.

최근 노트북이나 태블릿이 사용됨에 따라, 이들 기기에서 할 수 있는 공학기반 게임들이 개발되었다. 예를 들어, Math Mate는 안드로이드 스마트폰에서 작동하는 수학기술 연습을 위한 무료 게임이다(www.android4schools.com/2012/04/03/math-mate-practice-math-skills-on-your-android-phone/). 이 게임은 연습과 도전의 두 가지 모드로 구성되어 있다. 도전 모드에서는 학생의 수행이 측정되고 순위가 매겨진다. 각 모드에는 덧셈과 뺄셈부터 더 복잡한 곱셈과 나눗셈 문제까지의 기술이 포함되어 있으며, 세 가지 플레이 수준으로 되어 있다. 교사들이 스마트폰이나 다른 공학 기기로 이용 가능하다면 이런 게임을 무료로 이용할 수 있다. 더 나아가 수학교사들은 학생의 부모와 이 게임에 관한 정보를 공유해야 하고, 부모는 자녀들이 정해진 시간에 스마트폰으로 게임을 할 수 있도록 해야 한다. 많은 유아들이 부모가 쇼핑을 하거나 의사 진료를 기다리는 동안 스마트폰으로 게임하는 것을 볼 수 있다.

차별화를 위한 대체현실게임[1]

교육용 게임의 가장 새로운 혁신으로 디지털 세상이나 '대체현실'에서 개별 학생의 상호작용을 들 수 있다. 이것은 대체현실게임인 ARG로 언급된다(Maton, 2011). 그러므로 ARG는 디지털 세계뿐만 아니라 실생활에서 사용되는 게임이다. ARG에서는 학생들이 아바타를 선택하며, 그 캐릭터는 온라인 디지털 환경(또는 '대체세계')을 통해 자신을 나타내는 액션 인물로 이용된다. 게다가 학생들은 스스로 실생활에서

---

1 역자 주 : 가상의 사건이 현실에서 일어났다는 가정하에 네티즌들이 사건을 해결하는 게임을 일컫는 말이다. 가상세계에서 하는 것이 아니라 현실세계에서 하는 게임으로 대안현실게임(Alternative Reality Gaming)이라고도 한다. 대체현실게임은 대체로 사람들이 친숙한 대상과 서로 관련될 수 있도록 현실세계에서 아이디어를 얻어 그 아이디어를 가상세계로 짜 넣는 방식으로 설계되는데, 엔터테인먼트 콘텐츠를 활용함으로써 고객에게 새로운 경험 가치를 제공하는 것이 특징이다. 일반적으로 미스터리한 사건을 제시한 후 그에 대한 단서를 하나씩 제공하며 문제를 해결하도록 한다(네이버 지식백과).

수학 과제를 완성함으로써 퀘스트(quests)[2]를 수행한다.

물론 최근에는 많은 ARG들이 공교육부터 미국 군대까지 다양한 환경에서 교육적으로 사용하기 위해 개발되었다(Maton, 2011). 사실 산업체와 미국 군부 모두 한정된 공간에서의 전차전을 위한 개별적 전투 기법부터 공중 전투기 전투까지 모든 것을 가르치기 위해 ARG를 사용한다. 산업체와 군대의 ARG들은 아직까지 연구되고 있으며, 이 ARG들의 경향을 통해 교육, 특히 수학과 과학 교육으로의 기본적 패러다임 이동을 볼 수 있다.

> 교사들은 몇몇 학생들이 하교 후 긴 시간이 흥미로운 수학 게임들을 계속한다는 일화를 보고했다.

한 예로, ARG Math Trek은 학생들이 사진과 수학을 게임의 실제적인 부분으로 이용하게 하며, 게임을 위한 물리적 기반에 학생들의 고향이나 지역사회가 포함되어 있다(http://naturalmath.wikispaces.com/Math+Trek). 이 ARG는 학생의 고향이나 지역사회와 관련된 패턴, 수학적 관계, 추상적 개념을 알아내도록 하는 퀘스트를 학생들에게 보낸다. 당신은 수학 실제를 위한 표준(Standards of Mathematical Practice)에서 수학 패턴을 이해하는 능력을 강조한다는 것을 기억할 것이다(제1장의 **글상자 1.1 표준 7 참조**). 이 게임은 모든 연령에 적용된다. 2012년 11월, 노스캐롤라이나 Natural Math 클럽의 수학자들은 매주 게임을 만들어서 전 세계의 수학교사들이 참여하도록 초청했다. 교사들은 게임을 시작하기 위한 그룹으로 초청되어 게임 웹페이지 링크를 추가했다.

> ARG는 아바타가 맡은 역할을 하게 되는 가상현실을 만들어 내는 것과 관련되며, 한편으로는 물리적 세계로부터 학습하는 것도 하게 되는데, 이는 게임을 하면서 수학 콘텐츠를 배우기 위함이다.

가까운 미래에 전체 수학교육과정을 교육용 게임과 ARG로 가르치게 될 것을 상상해 보면 ARG의 잠재적 가능성이 얼마나 클지 느끼게 될 것이다! 2013년도에는 대부분의 교육과정 영역에서 개발되지 않았지만, 교사들이 21세기 교실에서 살아남기 위해서는 수학 콘텐츠에 적합한 게임과 ARG를 연구해야 할 것이다. 게임과 ARG는 가까운 미래에 수학 수업을 장악할 것이며, 오늘날 교사들은 수학교육용 게임이나 ARG를 사용하기 시작해야

---

2 역자 주 : 게임을 원활하게 진행하기 위해 이용자가 수행해야 하는 임무 또는 행동. 게임의 장르나 특성에 따라 내용은 다르게 구성된다(네이버 지식백과).

할 것이다.

수학 게임과 ARG의 장점

게임과 ARG로 수학을 가르치는 것에는 여러 장점이 있다. 아마도 가장 중요한 장점으로, 학업을 완수하는 데 있어 강력한 동기화가 작용될 수 있다는 점을 꼽을 수 있을 것이다(Hudson, 2012; ISTE, 2010; A. Miller, 2011a, 2011b; Takahashi, 2012). 모든 교사는 많은 학생들이 학급에서뿐만 아니라 방과 후 활동으로 게임을 선호함을 알고 있다. 입증된 바는 아니나, 이러한 이유로 교실에서의 게임 혹은 ARG 사용에 관한 초기 자료, 특히 대부분 일화 보고에 의하면 게임이나 ARG가 수학을 포함하여 다양한 교과영역을 다루는 데 효과적인 교수도구라고 알려져 있다(Ash, 2011; eSchool News, 2012b; ISTE, 2010; Maton, 2011).

> 모든 교과목 영역에서 교육용 게임과 ARG로 가르치게 되는 미래의 교육과정을 상상해 보자.

다음으로, 수학 수업의 도구로서 게임은 학생들이 지닌 수학에 대한 많은 두려움과 불안을 경감하는 기회를 제공한다. 일반적으로, 교실에서 게임을 사용하고 있는 교사들은 대부분의 학생들은 교육용 게임에 의한 교수를 재미있어하는 것으로 평가한다(Baird, 2012). 전통적 교수와 비교하여 게임은 덜 위협적인 듯하고, 이것은 수년 넘게 언급되어 온 많은 수학 불안감을 경감시킬 것이다.

> ARG에 관한 초기 자료, 특히 대부분의 일화 보고에 의하면 게임과 교육 시뮬레이션이 수학에서 효과적인 교수도구라고 제안한다.

게다가 많은 교육용 게임과 ARG는 상호작용하는 특성이 있는데, 상호작용은 수학에서의 학습 경험을 질적으로 더욱 향상시킬 수 있다. 사실 대화식 게임은 많은 학생이 함께 게임하도록 하므로 학습에 사회적 요소가 더해져 협동적으로 내용을 배우게 된다. 더 나아가 게임에 따라서, 경합 유형은 전 세계적으로 다른 지역에 있는 학생들을 참여시킬 수 있다. 미국학생, 캐나다학생, 런던학생, 프랑스학생들이 북아메리카와 유럽 간의 수입과 수출 경제에 관한 모의실험 게임으로 경합을 하고 있는 장면을 상상해 보자. 이와 같이 수학 주제에서의 전 세계적인 상호작용은 학생들의 참여를 증가시키고 학생들에게 동기를 부여할 수 있다. 이러한 방법을 마련하고 관리하는 데는 다소 어려움이 있을 수 있지만, 학생들의 수학에 대한 흥미와 즐거움의 차원에서는 긍정적이다. 더욱이 가까운 미래에는 교육용 게임이 더 쉽게 마련될 것이라는 희망이 있다.

최신 게임의 또 다른 장점은 비디오 콘텐츠의 풍부성과 더불어 교육용 게임과 비교육용 게임 콘텐츠 간의 유사성에 있다. 대부분의 부모가 알고 있듯이 아동들은 비디오 콘텐츠의 질이 높은 게임을 좋아하며, 비디오 표현은 나날이 더욱 현실적이다. 대부분의 최신 게임은 매우 복잡한 비디오 표현으로 만들어지며, 시각적 표현 옵션은 수학 학습을 증가시킬 수 있다. 게다가 복잡한 비디오 콘텐츠로 구성됨에 따라, 이러한 게임들은 오늘날 많은 학생이 가정에서 하려는 활동과 유사하게 만들어진다. 게임은 많은 학생들이 즐길 수 있으며, 이것이 학생들을 수학 내용에 집중하게 하는, 바꾸어 말하면 성취가 향상되는 주된 이유인 듯하다(eSchool News, 2012b; Sheehy, 2011).

하지만 교육용 게임의 효과에 대한 논쟁은 계속되고 있으며, 학생의 참여 수준이 높다는 것은 또한 게임을 사용할 때 유의할 점이 되기도 한다(eSchool News, 2012b; Sheehy, 2011). 컴퓨터 게임의 참여가 아주 높은 것은, 어느 순간 게임이 부정적인 영향을 미치게 할 수도 있다. 여러 아시아 문화권에서의 보고에 따르면 교육적 게임보다 비교육적 게임을 더 많이 하게 된다고 알려져 있는데, 몇몇 나라에서 심리학자들은 게임이 어린이들을 '중독'시킨다고 본다(*Frontline*, 2010). 물론 이는, 게임을 교육적으로 활용하기보다는, 철저히 개인적인 즐거움을 위해 비교육적이고 상업적인 게임을 사용할 때와 관련이 있다. 일상생활을 배제하고 게임 콘텐츠에 지나치게 몰입한다는 것은 교실에서 사용하는 교육용 게임과 무관하며, 앞서 언급했듯이 수학에서의 교육용 게임은 학생들에게 많은 이점이 있다.

> 게임 효과에 대한 논쟁은 여전히 계속되고 있으며, 다른 모든 것은 배두하고 게임에만 지나치게 몰두하는 것을 포함하여 부정적인 영향이 있을 수 있다.

부모가 게임의 효과에 대한 관심을 공유해야 하듯이, 교사들은 앞서 지적한 우려를 인식할 필요가 있다. 여전히 비교육용 게임에 대한 유의점에도 불구하고, 교사들은 차별화 교수기법으로 교실에서 교육용 게임을 사용하는 것에 대해 고려해 봐야 한다. **교수 팁 4.4**는 수학을 가르치기 위해 교육용 게임을 사용하기 시작한 교사를 위한 여러 가지 지침을 제시하고 있다.

교수 팁 4.4   수학 수업에서 게임과 ARG를 사용하기 위한 지침

여러 게임 혹은 가상세계 웹사이트를 주의 깊게 선택한다

많은 웹사이트는 다양한 학년 수준의 콘텐츠를 포함한 교육용 게임을 제공한다. 무료 사이트도 있고, 매달 비용을 지불하는 사이트도 있다. 아래 웹사이트들은 학급을 위한 게임 자원을 제공한다. 더 많은 정보를 얻으려면 "교육용 게임 초등 수학(educational games primary elementary mathematics)" 같은 검색어를 구글이나 빙에서 검색해 본다.

www.funbrain.com

funschool.kaboose.com

pbskids.org

www.playkidsgames.com

www.edutopia.org

primarygames.com

www.knowledgeadventure.com

arcademics.com

http://www.sheppardsoftware.com

1. 수학 콘텐츠와 게임 / ARG를 연결시킨다

교육용 게임을 찾는 것은 시작에 불과하다. 교사는 공통핵심교육과정 그리고/혹은 국가 표준뿐만 아니라, 공부하고 있는 내용에 맞추어 주의 깊게 게임을 선택해야 한다. 게임은 학생들이 좋아할 훌륭한 활동이긴 하지만, 교사는 학생들의 학습을 극대화하는 게임을 선택해야 하는데, 더욱 풍부한 내용을 담고 있는 게임이 있다. 교사는 게임의 사용에 대해서도 고려해야 한다. 게임이 교수 초반에 사용되는가 혹은 전시학습 내용 연습에 사용되는가? 용도에 따라 사용할 게임이나 ARG가 달라질 수 있다.

앞에서 교사가 제작한 교육용 게임의 예시를 제시했지만, 교사가 공학기기에 아주 능통한 경우가 아니라면 일반적으로는 그것을 권하지 않는다. 이것은 상당히 복잡하고, 교사가 이를 개발하기 위해서는 공학기술이 필요하기 때문에, 모든 교사가 콘텐츠를 게임으로 '가져오는' 것을 시도하도록 권하지는 않는다. 오히려 교사가 게임 콘텐츠에서 자연스러운 수업을 이끌어 내어(Sheehy, 2011), 그것을 해당 단원의 공통핵심 혹은 국가표준과 연관시키기를 권한다.

2. 게임을 검토한다

교사는 학급에서 사용하기 위해 선택한 게임 혹은 ARG를 검토해야 한다. 많은 경우에 교사는 단순히 게임을 선택하여 검토 없이 그냥 사용한다. 교사는 검토를 통해 사용 가능한 게임을 결정하게 되고, 다양한 학습 수준을 지닌 학생들을 위해 다양한 수준의 게임을 정하게 될 것이다. 초반의 검토는 기본이지만, 교사가 해당 웹사이트에서 이용 가능한 게임에 대해 알게 되고 확신이 생기기 시작하면, 검토 없이 게임과 활동을 실행한다. 확신이 늘면 해당 사이트의 다른 자료를 사용하게 될 것이다.

3. 무료 게임과 사이트를 찾는다

무료 수학 게임이 많이 있지만(www.mathfactcafe.com 참조), 다양한 유료 웹사이트를 찾

(계속)

아보도록 권한다(예 : www.brainpop.com 혹은 www.softschools.com). 월정액이나 1인 정액(1년)을 지불하는 수학 게임 유료 사이트들의 경우, 비용을 미리 예측할 수 있기 때문에 교사들이 사용하기에 좋다. 학교 관리자들은 이러한 비용을 지불하기 위해 기금을 알아보지만, 교사들은 매우 유용한 게임을 찾아내어 자신이 이 비용을 지불해 왔다. 대개의 경우 학급당 구독 요금으로 아주 적은 액수를 지불한다.

4. 게임 테마를 비게임 콘텐츠에 연관 짓는다

게임 활동과 배우는 수학 내용 간의 관계가 강조될 때, 게임과 ARG는 수학에서 교육 도구로서 가장 효과적일 수 있다. 몇몇 게임은 이러한 관계가 잘 제시되어 있는 반면에 그렇지 않은 것들도 있다. 교사들은 게임과 배우고 있는 내용 간의 관계를 학생들에게 설명해야 한다. 많은 게임의 경우, 수학 개념을 보강하기 위해 게임 후 활동이 필요하다.

5. 사이버 안전에 대해 가르친다

교육용 게임과 ARG를 통해 학생들은 사이버 안전과 적절한 인터넷 사용에 대해 잘 배울 수 있다. 대화형 게임은 미래 교육의 상당 부분을 차지하게 될 것이고―하지만 학생 안전이 항상 가장 중요하다―교육자를 위한 다양한 지침이 제시되어 왔다. 본 저자가 쓴 '적절한 인터넷 사용' 정책을 찾아보길 제안한다(Bender & Waller, 2013 참조).

교육용 게임으로 차별화 교수

교육용 게임과 ARG는 차별화 교수를 위한 많은 방법을 제공한다. 첫째, 학생들은 전통적인 수학 수업 활동보다 교육용 게임에서 더 독립적으로 행동하도록 요구되므로, 학생들은 학습과정에서 더욱 적극적인 태도를 가지게 된다. 학생들에게 주어진 선택권은 거의 교육용 게임에 한정되었으므로, 학생들은 게임에서 선택할 수 있는 것들을 가지고 게임 시나리오 내에서 자신을 차별화하려고 한다. 특히 ARG는 온라인과 실생활 활동이 섞여 있다. 예를 들어 언어적 재능이 있는 학생들은 언어중심 수학 학습 옵션에 초점을 둔 게임 활동을 선택할 것이며, 시각적 학습이 강한 학생들은 시각중심의 수학 활동을 선택할 것이다.

> 학생들은 전통적인 수학 수업 활동보다 교육용 게임에서 더 독립적으로 행동하도록 요구되므로, 학생들은 학습과정에서 더욱 적극적이 된다.

다음으로, 수학 게임의 조건을 정할 때, 교사들은 학생들을 위해 다양한 차별화 옵션을 만들 수 있다. 게임에 따라서 게임 속 활동과 같이 많은 요소를 미리 정할 수 있고, 게임 수준도 다양한 학생들 혹은 수학 활동의 속도에 따라 미리 선정할 수 있다. 그러므로 수학 게임으로 교수를 차별화하는 것은 어렵지 않으며, 학생들은 상당히 차별화된 이러한 유형의 수학 활동에 참여하도록 매우 동기화된다.

수학 교수 차별화를 위한 무오류 학습

학습과 인간의 두뇌—특히 제1장에 기술되었듯이 학습의 토대인 '감정의 뇌'—에 관한 연구는 학생이 어떤 학습 영역에서 활동을 지속하도록 동기화되기 위해서는 높은 성취 수준이 요구된다고 강조해 왔다. 수학이야말로 이에 잘 부합하는 교육과정 영역이다. 왜냐하면 앞에서 논의한 바와 같이 수학과 연관된 부정적인 감정 때문이다. 심리학자들은 일반적으로 학습이 일어나려면 학생들은 최소한 85%의 시간을 성공해야 한다고 지적한다. 높은 성취 수준에 주안점을 두고, 어떤 학자들은 수십 년 전 특정 학생들에게서 높은 성취 수준과 오류가 거의 없도록 하는 교수적 기법에 대해 연구하기 시작했다(Schuster, Stevens, & Doak, 1990; Wolery, Bailey, & Sugai, 1988; Wolery, Cybriwsky, Gast, & Boyle-Gast, 1991). 이들은 무오류 결과를 만들어 낼 수 있다면 학습이 덜 힘들고 더 재미있을 것이라고 가정했다. 그러한 결과를 낸 교수적 절차는 무오류 학습 절차라 알려지게 되었다(Wolery et al., 1988; Wolery et al., 1991).

모든 행동 교수 절차와 같이, 무오류 학습은 학생들이 수학 수업시간에 성취한 정답 수와 오류 수를 매일 기록함으로써 알 수 있다. 이와 같은 기록은 학생이 오류가 없거나 거의 오류가 없는 방식으로 학습하고 있음을 확신하기 위해 필수적이다.

> 최소한의 무오류 결과를 만들어 낼 수 있다면 학습이 덜 힘들고 더 재미있을 것이다.

Wolery 등(1988)은 무오류 학습 절차에 대한 많은 근거를 제시했다. 첫째, 무오류 학습은 시간이 절약된다는 점에서 매우 효율적이다. 이 절차를 통해 다른 교육과정에서보다 적은 수업시간으로 숙달하게 된다. 또한 무오류 절차는 일반학급 수학 수업시간에 또래친구 방식에서 활용할 수 있는데, 분리하기 활동 혹은 차별화된 수학 활동뿐만 아니라 학급 내 모든 학생을 위한 주류라인 교수활동에서도 훌륭히 사용될 수 있다.

연구자들은 무오류 학습이 학생들 간에 긍정적인 사회적 상호작용을 촉진한다고 제안한다. 이를 통해 오류가 적게 발생하고 오류로 인한 사회적 낙인이 적게 나타난다(Wolery et al., 1988). 이는 무오류 학습 절차가 차별화된 수학 수업에서 대인 간 학습 포맷으로서 매우 효과적일 수 있음을 보여 준다. 또한 무오류 절차는 통합학급에서 수학 수업을 받는 특수교육 대상 학생을 위해 선택할 수 있다는 점도 고려되어야 한다. 이러한 이유로 교사들은 조기 수학교육에서 무오류 학습의 사용을 고려해야 한다.

촉진 기법

촉진(prompt)은 학생이 질문에 반응하기 전 교사나 또래튜터의 도움을 말한다. 촉진은 언어적이거나 신체적이며, 정반응의 가능성을 높이기 위해 사용된다(Wolery et al., 1988). 더 나아가 만약 충분하고 적절한 촉진으로 대부분의 오류를 효과적으로 없애고 정반응을 충분히 보상해 주면, 촉진은 무오류 학습기법이 된다. 학생들은 매우 적은 오류로 새로운 수학 내용을 숙달하게 될 것이다.

예시를 통해 살펴보자. 만약 수학에 어려움을 겪는 한 학생이 정수 덧셈에서 자릿값 결정(즉 받아올림)에 어려움이 있다면, 교사는 아래와 같이 세로로 기입된 두 자릿수 덧셈 문제를 제시할 것이다.

$$\begin{array}{cccc} 25 & 44 & 62 & 47 \\ +\ 37 & +\ 19 & +\ 34 & +\ 39 \end{array}$$

아동은 받아 올림이 필요한 문제를 풀기 위해서 받아 올림을 해야 하는 문제인지 아닌지를 결정해야 한다. 학생이 이 문제를 완성하도록 도움을 줄 때, 만약 이 학생이 일의 자리 숫자들을 더하고 다음 행의 가장 윗부분에 숫자 1을 쓰지 않고 그 행 아래 두 자리 답을 쓰기 시작한다면(어린아이들의 공통적 오류이다), 또래나 교사는 다음 행의 가장 위에 '십의 자리' 숫자 쓰는 것을 아동이 상기하도록 다음 열의 가장 위를 살짝 두드림으로써 아동을 촉진할 수 있다. 이 촉진과정을 통해 대부분의 오류는 없어지고(아동이 이미 수학적 사실에 관한 사전기술을 습득했다고 가정), 무오류 학습이 이루어질 것이다. 이러한 촉진은 또래교수 혹은 또래친구(peer buddy) 교수 접근을 적용하는 차별화 학급에서 매우 효과적인 기법이다.

시간지연 기법

시간지연은 또 다른 무오류 학습 절차이다(Schuster et al., 1990). 시간지연 절차는 학생에게 문제를 제공하고, 일정 시간 기다린 후, 문제의 답을 구두로 알려 주는 것으로 실행된다. 시간이 지남에 따라, 교사나 또래튜터는 답을 알려 주는 시간을 점차 증가시켜 한다(Schuster et al., 1990; Wolery et al., 1991). 예를 들어, 이 절차는 학습장애학생에게 곱셈을 가르치기 위해 사용된다(Koscinski & Gast, 1993). 시간지연 절차는 학령초기나 초등학년에 걸쳐 수학적 사실을 쉽게 가르치기 위해서도 적용될 수 있다.

시간지연의 실행

버렐라 교사가 3학년 수학시간에 또래교수와 시간지연 절차를 함께 사용하여 곱셈수 사실을 가르치는 예를 살펴보자. 버렐라 교사는 곱셈구구 기술(혹은 다른 유형의 수학 문제)을 기준으로 또래친구들을 미리 선정해야 한다. 8단과 9단을 외우지 못한 학생들이 함께 짝이 되고, 5단과 6단에 도움이 필요한 학생들이 함께 활동을 하게 된다. 이 또래친구들은 수학적 사실을 배우는 기간 동안 매일 20분씩 함께 활동하게 된다.

버렐라 교사는 첫 번째로 학급에서 모델링을 통해 시간지연 절차를 가르쳐야 한다. 교사는 한 학생을 선택하여 시간지연 교수 절차로 작업한다. 버렐라 교사 앞쪽에는 수학적 사실(예 : $4 \times 8 = $ ___)이, 뒤에는 답이 있는 수학적 사실($4 \times 8 = 32$)이 있는 플래시 카드를 사용하여 학생들에게 수학적 사실을 보여 준다. 첫 번째 교수시간 동안에는 0초 시간지연이 사용될 것이다. 이것은 버렐라 교사가 문제를 제시하는 것과 그가 문제와 답을 구두로 읽어 주는 것 사이에는 0초의 시간이 있다는 것을 의미한다. 특히 버렐라 교사는 수학적 사실이 적힌 플래시 카드를 들고 나서(학생들은 답이 없는 면을 볼 것이다), 즉시 식과 답을 읽는다. 그러므로 학생들에게 시각적으로 제시된 수학적 사실과 학생이 받은 언어적 자극 간에 걸린 시간은 0초이다. 버렐라 교사는 카드를 보여 주고 "4×8은 32이다."라고 말한다. 그다음 학생은 "4×8은 32이다."라는 공식을 반복한다. 학생이 오답을 말하면, 버렐라 교사는 학생에게 카드의 뒷면을 보여 준다. 버렐라 교사는 **글상자 4.7**에 제시된 것과 같이 일일 점수표의 "정

글상자 4.7	곱셈구구 8단 시간지연 점수표

학생 이름 _____ 날짜 _____ 시간지연 _____

수학적 사실	정답		오류		
	예상	지연	예상	지연	무반응
8 × 1 = 8					
8 × 2 = 16					
8 × 3 = 24					
8 × 4 = 32					
8 × 5 = 40					
8 × 6 = 48					
8 × 7 = 56					
8 × 8 = 64					
8 × 9 = 72					
8 × 10 = 80					

답 지연" 열에 "4×8 = ___ " 식에 슬래시 표시를 한다. 이 표시는 학생이 답을 듣기 위해 기다린 후 문제와 답을 맞게 다시 말한 것을 나타낸다. 버렐라 교사는 학생들이 수학적 사실을 배우도록 도와주기 위해, 0초 시간지연을 사용해서 10개의 모든 수학적 사실을 두 번 제시할 것이다. 그러므로 이 시점에는 점수표에 20개의 표시를 하게 된다.

　시간지연 절차의 다음 단계에서 버렐라 교사는 플래시 카드 제시와 식의 정답 제시 간 3초 지연으로 수학적 사실을 제시한다. 이때 식을 읽게 하고 만약 답을 안다면 교사가 말하기 전에 답하도록 촉진한다. 만약 학생이 수학적 사실에 대해 정확하게 답한다면, 버렐라 교사는 반응을 "정답 예상"으로 표시한다. 그렇지 않으면 그 학생은 정확한 답을 얻기 위해서, 언어적 촉진이 제공될 때까지 기다리도록 교수된다. 만약 학생이 답을 모르고, 교사의 언어적 촉구를 기다리며 식을 반복한다면, 그 학생의 반응은 "정답 지연"에 표시되고 보상받아야 한다.

각각의 '정답 예상'은 버렐라 교사에 의해 체크 표시로 기입된다. 각각의 정답 지연은 슬래시 표시로 기입된다. 다른 반응들은 '×'로 기입된다. 버렐라 교사는 3초 지연을 사용해서 모든 수학적 사실을 두 번씩 제시하고, 40개의 슬래시 표시는 교수 후반부에 아동의 점수표에 기록된다. '정답 예상'이 늘어나는 것이 이 절차의 목표이기 때문에 그 학생의 '정답 지연'과 '정답 예상'은 매일 표시된다. 또한 정답 지연과 정답 예상으로 기록된 것은 모두 정답 — 따라서 **무오류 학습** — 이라는 것을 학생에게 강조한다.

다음 날, 버렐라 교사는 8단 10개를 0초 시간지연으로 한 번만 제시하고, 3초 시간지연으로 세 번씩 제시하는 것을 고려해야 한다. 이는 학생이 진전되고 있는지, 부족한지에 따라서 결정하게 될 것이다. 마지막 세 번째 날에, 학생의 진전이 나타나지 않는다면 3초 시간지연이 사용된다. 또 다시 10개의 수 사실이 네 번씩 제시되고 학생들의 점수가 계산되고 표시된다.

글상자 4.7에 제시된 데이터 도표는 시간지연 교수를 위한 비교적 표준화된 기록 포맷을 제시한다. 학생의 반응 유형을 교사가 구체적으로 기록할 수 있도록 하기 위해서 5개의 행으로 제시된다. "지연"은 아동이 반응하기 전에 교사의 촉진을 기다렸음을 나타낸다. "예상"은 아동이 교사의 언어적 촉구를 기다리지 않았음을 나타낸다. 예상과 지연 모두, 아동이 바르거나 틀리게 대답할 가능성이 있다. 그렇지 않으면 아동은 구두로 전혀 반응하지 않았을 것이다. 그러므로 5가지 가능한 답이 있다. 5가지 사용 가능한 용어는 정답 예상, 정답 지연, 오류 예상, 오류 지연, 무반응이다. 정답 예상은 증가하고 다른 모든 반응은 줄어들어 아동이 100% 정확하게 수행하고, 모든 정답이 지연이 아닌 예상으로 되는 것이 교사의 목표이다. 아동이 올바른 지연을 보상받았다고 '느껴' 성공 경험에 대한 확신을 갖게 하는 것은 중요하다. 수학에서 이 같은 무오류 학습의 감정적 영향을 과장되게 말하는 것이 아니다. 학생들은 점점 어려워지는 수학 문제에 대해 동기화되기 위해서는 수학에서 높은 수준의 성공을 경험해야 한다.

시간지연 기법은 차별화된 수학 수업에서 이 장의 후반부에 기술되어 있는 학급 차원 또래교수 전략과 같은 또래교수 전략과 함께 사용될 때 특히 더 잘 이루어진다.

버렐라 교사는 튜터 역할을 할 때, 튜터와 튜티의 역할이 어떻게 바뀌는지 설명해 줘야 한다. 다시 말하자면, 이전에 튜티의 역할을 맡은 학생이 버렐라 교사에게 수학적 사실 플래시 카드를 제시하고 학생은 버렐라 교사의 성공을 일일 점수표를 표시하도록 교수된다. 이 시점 이후에는 서로 지도하도록 하는 것이 쉬워진다. 이는 저학년에서조차도 쉬워진다. 이상적으로, 학급의 학생들은 이 절차를 한 번 배우게 되면, 튜터나 튜티로 동등하게 임무를 다할 수 있게 되고, 하루에 한 가지 역할을 하게 될 것이다. 학생들은 약 10분 동안 수학적 사실을 튜터받게 되고, 그런 뒤 추가 10분 동안은 또래를 위해 튜티로 임무를 다해야 한다. 차별화된 학급에서 이 기법이 사용됨으로써 대인 간 지능이 강화될 뿐만 아니라, 모든 학생에게 의미 있는 튜터링 역할을 하게 하고 수학에 어려움을 겪는 많은 학습자들의 감정적 위축을 줄일 것이다.

다양한 학년 수준에 걸친 시간지연 사용

선행연구에서는 초등학교 학급에서 학생들에게 무오류 학습 절차를 사용함으로써 이들에게 제시된 사실적 요소가 빠르게 숙달되었다는 결과를 얻었다(Schuster et al., 1990; Wolery et al., 1991). 또한 유지 검사에서 시간지연 교수의 결과가 3개월 이상 유지되었음이 입증되었다. 다시 말하자면, 거의 대부분의 초등수학 문제 유형에서, 시간지연 절차의 일관된 사용은 자동화를 증가시키며, 비위협적 방법이기에 지속적으로 높은 수행을 산출할 것이다.

시간지연 기법은 교사가 차별화된 수학 수업에서 또래교수 전략과 함께 사용할 때 더 잘된다.

더욱이 시간지연은 고학년 수준에서 사용될 수 있다. 예를 들어, 최근 연구를 통해 고학년의 다양한 교육과정 영역에 포함된 사실적 요소들이 시간지연 방법으로 숙달될 수 있음이 밝혀졌다. 예를 들어, Wolery, Cybriwsky와 동료들(1991)은 학습장애 청소년이 중등교육과정 영역의 사실적 요소를 숙달하도록 하기 위해 시간지연을 사용했다. 이 연구에서는 교수 내용에 연방정부 기관들의 기능, 지방 기관과 단체에서 제공하는 서비스, 약국에서 구입할 수 없는 약품, 특정 비타민과 미네랄의 효과를 포함한 내용을 포함했다. 이러한 다양한 주제가 보여 주듯이, 분리된 사실적 요소로 구체화될 수 있는 어떠한 수학 내용(예 : PEMDAS의 의미

분리된 사실적 요소로 구체화될 수 있는 어떠한 수학 내용도 시간지연 절차를 통한 교육과정으로 구조화될 수 있다.

혹은 수학 문제해결 기법)도 시간지연 절차를 통한 교육과정으로 구조화될 수 있다.

베끼기, 가리기, 비교하기 기법

차별화 교수를 지원하고 수학에서 높은 수준의 성공을 이끌어 내는 또 다른 무오류 학습 절차 기법으로 베끼기(Copy), 가리기(Cover), 비교하기(Compare)를 들 수 있다. Stading과 Williams, McLaughlin(1996)은 3학년 학습장애학생에게 곱셈구구를 가르치기 위해 무오류 학습기법을 사용했다. 이 절차에서 학생에게 7의 곱셈과 나눗셈을 숙달시키기 위해 수학적 사실 방정식 문제를 제시하는데, 식과 답은 플래시 카드에 적혀 있다. 그다음 학생들은 각 과제를 수행한다 : 베끼기, 가리기, 비교하기.

플래시 카드 하나가 제시되면, 첫 번째로 학생은 그것을 소리 내어 읽으면서 공식과 답을 따라 적는다. 다음으로 학생은 플래시 카드를 뒤집고 자신이 따라 썼던 공식을 가리고, 기억해서 식을 써 본다. 마지막으로 학생은 자신이 쓴 두 개의 식을 비교한다. 이것은 학생이 스스로 할 수 있는 아주 단순한 무오류 학습 절차이다. 종이에 동일한 수학적 사실을 단순히 제시하는 것보다 플래시 카드로 활동하는 것이 더욱 '조작적'이다.

무오류 학습으로 차별화

여러 가지 무오류 학습 절차에서 제시했듯이 학생들은 오류가 없거나 거의 오류가 없는 방식으로 기본 수학적 사실을 비롯한 더 복잡한 수학 문제까지도 숙달할 수 있다. 무오류 학습은 개별화된 교수 절차이기 때문에, 학생의 정확한 학습 요구에 근거하여 차별화된 교수를 제공하게 된다. 사실 이 절차는 특수교육과 일반교육 수학 수업에서 모두 성공적이었음이 반복적으로 보고되었다(Stading et al., 1996; Wolery et al., 1988).

한편 수학에서 무오류 학습 절차 사용을 통해 얻을 수 있는 추가적인 주요 장점이 한 가지 있다. 앞서 설명했듯이, 최근의 두뇌 연구는 학생이 특정 교과를 두려워할 때 그들이 그 교과에 적극적으로 임하거나 그 내용을 숙달할 가능성이 적다는 것을 밝혀 왔다(Sousa, 2008). 수학 수업에 대해 많은 학생들이 공포의 경험을 가지고 있기 때문에, 수학교사들은 이러한 부정적 감정을 경감시켜 주어야 하며, 이러한 이유로 무오류 학습은 차별화된 교실에서 결정적으로 중요한 교수적 접근이 될 수 있는 것이다. 모든 개별 학생에게 무오류 학습 — 덜 위협적인 — 방식으로 가르치게 된다면, 수학시간이 즐거워질 것이다. 아마도 학생들은 수학 문제해결의 기쁨을 경험하게 될 것이고, 이는 거의 모든 수학교사의 꿈이다.

수학 교수의 차별화를 위한 학급차원 또래교수

앞에서 살펴보았듯이, 무오류 학습은 평균 규모의 일반학급 수학 수업에서 가능할 뿐만 아니라 아주 재미있는 차별화된 학습활동을 만들 수 있는 매우 실제적인 교수 전략이다. 시간지연에 대한 앞의 논의에서 학급차원 또래교수는 일반학급 수학 수업을 차별화하기 위한 교수 접근으로 설명되었다. 이 시스템에서 모든 학생은 개별적으로 선정된 수학 활동에서 서로 튜터하는 것을 배운다. 이것은 차별화된 수학 수업에서 주류라인 교수와 분리된 집단 활동 모두에 좋은 기회를 제공한다(Allsopp, 1997; Greenwood, Delquadri, & Hall, 1989).

지난 30년간, 주로 캔자스대학에 있는 Charles Greenwood 박사가 이끄는 많은 연구자들이 어떤 크기의 초등학급에서도 쉽게 사용할 수 있는 또래친구 튜터링 시스템을 개발했다(Allsopp, 1997; Greenwood et al., 1989; Mortweet et al., 1999). 이 절차와 다른 또래교수 기법들은 상당한 지지를 받아 왔다(Baker, Gersten, & Lee, 2002; Foegen, 2008; Kroeger & Kouche, 2006; Kunsch, Jitendra, & Wood, 2007; National Mathematics Advisory Panel, 2008). 이러한 이유로 학급차원 또래교수 기법은 앞에 제시한 시간지연 전략 논의의 토대가 되었다. 이 절차에서 학생들은 서로 짝이 되어 수업에서 튜터와 튜티 모두의 역할을 하게 된다.

> 학급차원 또래교수에서는, 각 학생을 위해 개별적으로 선정된 수학 과제에서 학급 내 모든 학생이 서로 튜터링을 하며 배운다.

학급차원 또래교수가 어떤 유형의 수학 문제에서도 교수 초반에 사용되어서는 안 되지만, 안내된 연습 및 독립적 연습 단계에서는 매우 유용하다. 사실 특정 학생이 범한 모든 오류가 기록되기 때문에, 이 교수 모델은 전통적 교수보다 학생의 진전도 점검에 더욱 도움이 될 수 있다. 교사는 매일 수업시간 후에 이 기록을 점검하고 개별 학생의 수학 문제에 대한 이해 수준을 판단할 수 있다. 학생이 어려움을 겪고 있는지 일일 평가지 점수를 통해 빠르게 확인하게 될 것이다.

기본적으로, 학급차원 또래교수에서는 수학시간에 또래교수활동을 위한 시간 — 약 20분 — 을 매일 비워 둔다. 학생들은 짝을 짓고(교사는 매일 다양하게 짝을 구성해야 한다), 또래교수 시간을 위한 자료(예 : 받아 올림이 있는 두 자릿수 덧셈) — 일반적으로 특정 문제 유형에 관한 플래시 카드나 활동지 — 를 제공받는다. 또래교수 시간 동안 한 학생은 '튜터'의 역할을 하고, '튜티'의 정답과 오류를 기록한다. 튜터는 플래시 카드에 있는 수학적 사실이나 방정식, 문제를 다른 학생에게 제시하고 반응을 기록할 것이다. 문제가 활동지에 제시되었을 때에도 튜터는 오답을 기록해야 하는 책임이 있다. 활동지가 사용될 때 각 학생에게 복사본이 제공되어야 한다. 튜터가 활동지에 정답과 오답 표시를 하는 동안 튜티는 문제를 완성한다.

튜티는 정답마다 2점을 얻는다. 오류가 생기면 튜터는 문제를 이해하도록 도와줄 수 있고, 튜티가 문제를 수정하면 1점을 얻는다. 무반응인 경우에는 0점을 준다. 튜터와 튜티 모두 도움이 필요하다면, 도움 요청을 위해 손을 들도록 교육받는다. 10분 후 학생의 역할이 바뀌며(즉 튜터가 튜티가 된다), 새로운 튜터는 튜티의 진전을 기록하기 시작한다. 물론 각 학생의 진전은 매일 도표로 기록되고, 학생들은 이전 수행보다 점수를 향상시키도록 동기화된다. 20분의 또래교수 시간 동안, 교사는 교실을 돌아다니다가 필요한 경우 학생을 지원해야 한다. 그러므로 교사는 학습의 촉진자가 되고, 추가적 도움이 필요한 학생에게 더욱 깊이 있는 일대일 교수를 제공할 수 있다. 더욱이 교사들은 학급차원 또래교수 환경을 구성해야 할 책임이 있다. 이는 세 가지 고려사항에 의해 실현된다.

1. 학급 내 모든 학생의 정확한 기술 수준을 보여 줄 시험이나 특정 평가를 통해 플래시 카드나 활동지에 제시될 수학 문제의 구체적인 유형을 정할 수 있다. 이 플래시 카드나 활동지에는 초기 교수를 통해 배웠으나 숙달하지 못한 학생들에 해당하는 구체적인 문제 유형이 포함되어야 한다.

2. 튜터가 튜티의 정답과 오답을 기록하는 일일 기록지를 개발한다. 활동지 중심 활동에서, 교사는 수업 후 각 학생의 활동지 복사본을 검토하고 오류를 분석할 수 있다.

3. 또래교수를 어떻게 진행하는지 교사가 설명해 주는 훈련기간이 필요하다. 이때 또래교수의 상호적인 특성을 강조해야 한다. 즉 각 학생은 매일 튜터와 튜티 역할을 하게 된다.

이 시점에서 앞에 제시된 시간지연 기법에 대한 논의를 다시 본다면, 학급차원 또래교수가 그 논의에서 어떻게 포함되었는지 생각해 보게 될 것이다. 그 부분에서 차별화된 학급에서 연구 기반 교수방법이 비교적 쉽게 응용됨을 알 수 있다.

학급차원 또래교수에 관한 대부분의 연구는 초등학교 일반학급에서 시작되었고 읽기와 국어 과목 영역에 집중되어 왔다. 그럼에도 불구하고 이러한 교수 절차는 초등수학(Mortweet et al., 1999), 중학교 혹은 중등 대수학에서 효과가 있는 것으로 나타났다(Allsopp, 1997, 1999; Foegen, 2008; Kroeger & Kouche, 2006). 더욱이 또래교수 절차는 국가수학자문위원회(NMAP, 2008)에 의해 지지되어 왔다. 초등학교나 중학교 시기, 이 기법은 대부분의 수학 문제 유형에 적용하기 매우 쉽고, 따라서 학령초기나 중학교 교사들은 이 기법의 적용 방법을 배워야 한다.

차별화 교수 계획 : 학령초기

많은 전문서적에서는 의미 있는 차별화 수업을 계획하는 데 있어 실질적인 교수적 아이디어를 제시하지 않는다. 이 책은 교사를 위해 다양한 학년 수준에서 특정 기법을 추천함으로써 이러한 우려점을 경감시키도록 할 것이다. 물론 모든 학급이 다르고 교사들이 여러 교수 아이디어에 대해 익숙하게 느끼는 정도가 다르다. 한편 수학 공통핵심교육과정과 연결하여, 두뇌 적합화 교수와 차별화 기법, 21세기 교수기술을 사용하여 일반학급 수학 수업을 어떻게 가르칠 것인가를 제안한다. 유치원부터 3학년생까지의 이러한 계획은 **교수 팁 4.5**에 제시되어 있다.

차별화된 교수 계획을 통해 모든 학생은 자신의 수준에 맞는 교수를 받게 될 것이다. 그리고 수학 게임과 관련된 즐거움과 성공적 경험으로 인해 수학과 관련된 두려움과 불안은 경감될 것이다.

교수 팁 4.5   차별화된 수업계획 : 유치원부터 3학년까지

이 지침들은 학령초기 교사들이 매일 60분의 수업을 할 것이라는 가정에 기초한다. 이것은 일일 수학 수업 일정이 아니라, 교사를 위한 일반적인 지침으로서 특정 활동을 위해 권장하는 시간을 포함한다.

칸 아카데미 — 유치원부터 3학년까지의 모든 학생을 위한 것으로, 교사는 학급의 모든 구성원을 칸 아카데미 내에 배치하며, 매일 15분의 활동을 하도록 한다. 학생들은 본인에게 맞는 수준의 활동을 부여받게 되며, 교사는 학생에게 배지를 줌으로써 칭찬해 줘야 한다.

수학교육용 게임을 시작한다 — 게임 성격의 칸 아카데미와 더불어, 모든 유치원부터 3학년 교사는 교육용 웹사이트를 선택하고(www.brainpop.com, www.softschools.com), 매주 여러 번 게임을 사용한다. 이것은 학생들이 학령초기에 위협적이지 않은 방식으로 수학의 즐거움을 경험하도록 할 것이다.

수학 학습센터 — 학령초기의 모든 학년에 학습센터 — 최소 2개의 센터 — 가 구성되어야 한다. 교사가 일부 학생과 좀 더 직접적으로 활동하는 동안 다른 학생들을 위한 센터가 구축되어야 한다. 학습센터는 조기 수학교육과정에 적합한 주제인 정수 연산이나 측정에 주안점을 둔다. 교사들은 적어도 몇몇 학생을 위해 매일 학습센터를 이용해야 한다.

학생 아바타를 사용한다 — 1학년에서 3학년까지 모든 학령초기 교사들에게 학생들이 자신을 위한 아바타를 만들어 일주일에 한두 번은 사용할 것을 권장한다. 보키는 이것을 위한 하나의 방법이다. 본문에서 논의했듯이 아바타는 학생들이 수학을 좀 더 즐길 수 있도록 하며, 수학과 관련된 스트레스를 많이 경감시킬 것이다.

학급차원 또래교수 — 교사들은 2학년부터 학급차원 또래교수를 일상이 되도록 해야 한다. 이 또래교수의 상호적 성격으로 인해 학생들은 자신에게 필요한 차별화 교수를 받고 있다고 확신하며, 사회적인 성격을 지닌 수학 수업이 제공된다. 매일 20분의 또래교수를 제안한다.

CRA를 강조한다 — 유치원부터 3학년까지의 모든 교사는 수업 초반에 CRA 교수를 강조하도록 촉구한다. 이 수준의 학생들에게 매일 최대 15분의 수업 전개를 권고하며, 학령초기에 해당하는 대부분의 수학 교과서에는 CRA 예시가 포함되어 있다. 3학년 교사들의 경우는 CRA 예시를 보충해야 할지 모르니, 이 장에서 제공하는 여러 웹사이트를 사용해야 할 것이다.

2단계 중재로 시간지연 기법을 사용한다 — 개관에서 언급한 바와 같이, 중재에 대한 반응(RTI) 과정에서, 1단계 중재의 결과에 따라 차별화 교수가 고려된다. 지속적으로 어려움

(계속)

을 갖는 학생을 위해, 이들이 갖는 특정 어려움에 목표를 둔 시간지연 절차를 제안한다. 대부분의 다른 학생들이 학습센터에서 학습하고, 칸 아카데미를 하고, 매일 20분 동안 학급차원의 또래교수를 하는 동안, 교사들은 몇몇 학생에게 시간지연을 사용할 것이다.

다음은 무엇인가?

이 장은 어린 아동들을 위한 수학의 다양한 차별화 전략을 제시하고 있다. 처음에는 수감각과 수학 준비/초기 수학 기술이 논의되었고, 어린 아동들을 가르치는 교사들을 위한 전략이 제시되었다. 다음으로, 수학 교수에서 여러 학년 수준에 걸쳐 매우 강조되어야 하는 전략인 CRA 기법이 설명되었다. 수학에 대한 두려움을 경감시킬 차별화 교수에서의 공학 옵션과 무오류 학습, 학급차원 또래교수가 논의되었다. 이 모든 기법은 훌륭한 차별화 교수기법이며, 많은 어린 아동의 수학 불안을 경감시키도록 도울 것이다. 또한 학령초기 수준에서 차별화된 수학 수업을 구성하는 것과 관련하여 구체적인 권고와 더불어 차별화 교수 계획이 제시되었다.

다음 장은 초등 중간 학년에 주안점을 둔다. 추가적인 공학 옵션이 제시될 것이고, 수학공통핵심교육과정에서 강조되는 수학 개념의 깊이 있는 이해를 위한 스캐폴딩에 대해 논의할 것이다.

5

3~6학년에서의
차별화 교수전략

초등 중학년을 위한 차별화 교수 변화

학생들이 3~6학년으로 올라감에 따라 교육과정도 달라진다. 물론 학생들은 학교를
통해 성숙하며, 그에 따라 수 인식과 수감각, 수학적 기술 수준이 더 향상된다. 수감
각은 바로 앞 장에서 논의되었는데, 언급한 것처럼 수감각을 꾸준히 강화시키는 활
동들은 초등학교와 중학교 학년 수준 전체에서 권고된다. **교수 팁 5.1**에 제시된 전략
들은 3~6학년 학생들의 수감각 향상에 도움이 될 것이다.

다음 장에 논의되는 바와 같이, 아래에 소개되는 몇몇 전략은 중학교 수학 수업에
서도 적용될 수 있는 것처럼, 교사들은 초등 저학년을 위해 소개된 많은 전략들이 고
학년에게도 동등하게 적용된다는 것에 유념해야 한다. 베테랑 교사들은 실제로 학생
들이 학년에 따라 성숙하듯이 그들의 학년 수준과 교육과정에 적합하도록 전략이나
교수 아이디어를 능숙하게 조정한다.

교수 팁 5.1   상위 수준의 수감각 개발

어림 경험하기

어림은 상위 수준 수학에서의 성공적인 성취를 위해 중요한 기술이며, 교사들은 '보다 적게' 그리고 '보다 많이'와 같은 주제로 학생들과 토의함으로써 직간접적으로 어림을 가르쳐야 한다. 일부 학생은 전형적으로 '옳은' 답을 얻기 위해 노력하기 때문에 어림하는 것이 불편하다. 학생들에게 특정 범위(예 : "오늘 교실에 신발이 얼마나 있나요? 40과 70 사이의 숫자로 말해 보세요." 혹은 "미디어 센터에 학생들이 한 그룹에 얼마나 앉아 있을까요?") 내에서 어림하도록 격려한다.

줄 서서 번호 부르기

저학년 학생들은 급식실이나 그 밖의 다른 곳에 가기 위해 빈번히 줄을 선다. 학생들이 줄을 설 때마다, 교사들은 그들에게 인원수를 세도록 격려하면서 수감각을 강조한다(Griffin et al., 2003). 고학년에서는 좀 더 흥미롭게 하기 위해, 줄 서 있는 학생들은 '조용한 목소리'로 번호를 세고, 특정 수의 배수가 되는 학생(5의 배수가 되는 학생)은 자신의 수를 더 크게 말하게 한다. 배수는 수업에서 자주 사용되므로, 이러한 활동은 배수 학습을 더 흥미롭게 한다.

다른 교과목에서 숫자 강조하기

이야기를 읽을 때 숫자를 접하게 되면, 그 숫자를 탐색하기 위해 시간이 좀 걸린다. 이야기 속에서 등장인물들이 무엇인가를 함께 할 때, 잠깐 멈추어 "이야기 속에서 그것을 얼마나 많이 하는지 알고 싶어요. 첫줄에 있는 학생들이 일어서서 그 숫자를 나타내 봅시다."라고 말한다.

측정 강조하기

유치원 초기 때부터, 교사들은 사물을 측정하고 수업에서 그것에 대해 토의해야 한다. 교사들은 교사나 학생의 책상 길이를 측정하기 위해 짧은 테이프를 사용할 수 있다. 바닥에서 거리를 측정할 때, 교사들은 보폭 셈하기 요소를 추가할 수 있다(예 : "첫 번째 열 학생 책상과 교사 책상 간 10피트는 몇 걸음일까요?"). 한 학생에게 그 거리를 걷게 해서 보폭으로 얼마가 되는지 세게 한다. 그런 뒤 교사는 교실의 다른 자리에서 10피트의 다른 바닥공간을 측정하고, 같은 학생이 그 거리를 가기 위해 얼마나 많은 보폭을 사용해야 하는지 학생들에게 묻는다.

수익 차트 만들기

상위학년에서는 차트화된 데이터를 사용하여(수업 시작 후 단 1~2분 정도 소요된다) 학생들에게 실생활에서의 숫자 사용을 조사하도록 고무시킬 수 있다. 한 예로, 경제 수업에서 교사는 학생들에게 주식시장에서 가짜 돈 1,000달러로 구매할 주식을 고르고, 주식 가격의 변화를 차트로 만들게 할 수 있다. 이것은 실생활에서의 중요성과 더불어 재미있는 학습활동이 될 수 있다.

숫자의 즐거움을 모델링해 주기

교사가 학생에게 남길 수 있는 가장 중요한 유산은 아마도 숫자 놀이의 즐거움일 것이다. Gurganus(2004)는 교사가 숫자의 즐거움을 모델링해 주고 수학에 대해 호기심을 불러일으키는 분위기를 만드는 것이 중요함을 강조했다.

노래에 맞춰 의자 차지하기 분수 게임

미국 국가수학자문위원회의 보고서(2008)는 분수 교수가 증가되어야 함을 강력하게 강조했다. 이 '음악 사각형' 게임으로 분수를 나타낼 수 있다. 4명의 학생과 4개의 의자로 시작하고, 보드판에 '$\frac{4}{4}$'를 쓴다. 의자는 분자, 학생은 분모를 나타냄을 설명한다. 만일 교사가 음악이 흐르는 동안 의자 하나를 치우면, $\frac{3}{4}$ 또는 의자 3개와 4명의 학생이 될 것이다. 교사는 학생들과 다양한 분수에 대해 토의할 수 있고, "음악이 끝나면 무엇이 남을까요?" 혹은 "무엇이 없어질까요?" 등을 이야기할 수 있다.

학생들이 3~6학년으로 성숙함과 더불어, 수학 수업 역시 수학교육과정에 있어 최소 두 가지 변화에 의해 영향을 받는다. 3학년 혹은 4학년 이후 수학은 더욱 추상적이고 복잡해진다. 이러한 이유로, 초등 저학년에서 수학에서 성공적인 성취를 이루었던 일부 학생들이 분수나 소수, 두 단계 문장제 문제와 같은 복잡한 개념이 소개될 때 어려움을 경험하기 시작할 수도 있다. 더욱이 수학교육과정은 3학년 시기쯤에 다소 까다로워진다. 앞서 언급했듯이, 대부분의 수학 교사 지침서는 4~6학년에 수학 문제의 표상적인 예시를 제공하지 않으며, 학년 수준이 올라감에 따라 문제해결을 더욱 강조한다.

> 학생들이 4~6학년으로 올라가면서, 학생들과 수학교육과정 모두 변화한다.

공통핵심교육과정과 관련된 수학 실제를 위한 표준(제1장 참조)은 모든 수준의 학생들이 수학적 모델링을 통해 수학기술을 개발할 수 있도록 많은 기회를 제공받아야 한다고 제안하고 있다. 단순히 이런 제안을 하는 것은 상대적으로 쉽겠지만, 이러한 규정이 4학년 수학교사가 기초 연산이나 분수, 한 단계 문장제 문제해결에 어려움을 가진 많은 학생들을 가르쳐야 할 때에는 더욱 힘들게 만든다. 초등학교 중학년이 되면 많은 학생들은 수학에서의 어려움이 증가하게 되는데, 곱셈, 나눗셈, 분수와 같이 간단하거나 복잡한 연산이 포함된 과제에서 그렇다. 따라서 교사들에게 초등학교 중학년에 걸쳐 구구단이나 분수 연산 등과 같은 기초적인 수학기술 지도를 위한 기법은 유용할 수 있다.

그러한 이유로, 덧셈이나 곱셈, 나눗셈의 수학적 사실 차트와 같은 보조교재의 사용은 구구단이 소개되는 초등 저학년뿐만 아니라 초등 고학년에게도 독려된다 (Foegen, 2008). 또한 나중의 수학 수업에서 성공적인 성취를 위해서는 연산의 자동성이 요구되기 때문에, 교사들은 학생들이 자동성에 도달할 수 있도록 모든 노력을 기울여야 한다(NMAP, 2008).

수학적 사실 차트의 사용에 덧붙여, 초등 수학 수업에서 사용되는 상대적으로 간단하지만, 혁신적인 많은 교수적 수정 옵션이 있다(Foegen, 2008; Jitendra, 2002; Joseph & Hunter, 2001). 어려움을 겪고 있는 학생들이 수학을 더 편안하게 느끼도록 도움을 줄 아이디어로서, **글상자 5.1**에 제시된 대부분의 교수적 수정을 교사들이 실

글상자 5.1   차별화된 수학 수업을 위한 수정

- 전통적인 보드게임이나 컴퓨터기반 게임공학을 사용하여, 팀 간 게임이나 또래친구 활동으로 수학 개념 수업을 새롭게 구성한다. 이는 활동에서 대인관계 학습양식을 가진 학생들의 참여에 도움이 된다.
- 어떻게 문제를 생각하는지를 나타내는 '소리 내어 생각하기(think alouds)'를 강조한다. 이것은 공통핵심교육과정의 실제(글상자 1.1, 표준 3)에서 강조하는 바와 같이, 학생들이 수학에 대해 서로 소통할 기회를 제공한다. 교사들은 정답과 오답 모두에 대해 학생들이 그 답에 어떻게 도달했는지에 관한 질문을 덧붙여야 한다. 이러한 아이디어의 수정으로는, 학생들이 그 질문에 답하기 전 '또래동료' 그룹과 협의하게 하고, 또 다른 학생들에게는 그 답을 얻기 위한 다른 대안적인 방법을 제안하게 한다.
- 학생들을 위해 다양한 유형의 수학 문제와 관련된 단서카드를 사용한다. 단서카드는 문제 실행에 있어서 실제적인 단계를 제시해야 하며, 학생들에게 언제 어떤 단서카드 세트를 사용하는지 구분하는 법을 지도해야 한다. 즉각적인 접근을 위해 교실 주변에 이것을 부착해 놓는다.
- 숫자를 정렬하고 개념을 시각화하는 데 도움이 되는 그래프 종이를 사용한다.
- 교실에서 항상 구체물과 그림 표상물을 사용 가능하게 하고, 정답을 맞힌 학생들은 다른 학생들에게 이 도구를 사용하여 그 문제의 해결방법을 보여 주게 한다.

행할 것을 권고한다.

이 장에서는 일반교육 수학 수업에서의 배경으로서 이렇듯 간단한 교수적 수정과 더불어, 공통핵심교육과정에 포함된 바와 같이 수학 개념의 더 깊은 이해를 촉진하기 위해 구성주의 교수를 강조하며, 초등 중학년의 차별화된 수학 교수를 위한 일련의 부가적인 전략들을 제시한다. 또한 몇 가지 공학기반 교수기법들이 설명되는데, 이는 수학에서의 협력적인 작업은 물론, 학생들이 함께 작업하고 수학 개념을 토의하는 과정에서 21세기 커뮤니케이션 기술의 개발을 육성시키기 위함이다. 마지막으로, 스캐폴딩은 수학 수업에서 모든 학생을 위한 차별화 교수에 매우 효과적인 플랫폼이기 때문에 이 장 후반부에서는 다양한 스캐폴딩 전략들이 제시된다.

물론 독자들은 유치원과 초등, 중등 학년에 걸쳐 교수기법들이 꽤 많이 중첩된다는 점을 유념해야 하며, 그래서 앞서 논의된 많은 교수기법들(예 : CRA 교수, 공학기반 지도 아이디어)이 이러한 초등 중학년에서도 사용된다. 하지만 늦어도 초등 중학년 정도에는 깊고 넓은 지식과 수학의 이해를 키우기 위해 문제해결에 초점을 맞추어야 한다.

구성주의 이론과 개념적 수학

앞서 반복하여 언급한 것과 마찬가지로 공통핵심교육과정에서는 수학에 대한 기준으로 수학 개념의 깊은 이해와 문제해결기술의 개발을 강조하고 있다(Garelick, 2012; NMAP, 2008). 많은 교육전문가들은 '구성주의 이론'이 모든 학년 수준에 걸쳐 수학 개념의 깊은 이해를 발달시킬 수 있는 가장 적절한 관점이라고 제안했다(Grobecker, 1999; E. D. Jones, Wilson, & Bhojwani, 1997; Woodward & Montague, 2002). 구성주의 이론은 학생들을 수학적 이해가 미성숙할 수 있지만,

> 특정 문제에 대한 선행기술을 숙달하고, 수학 문제의 의미, 혹은 더 많은 이해를 '구성해' 가면서 교사나 교육과정에 의해 지원된다면 수학에 대한 더 깊은 지식을 개발할 수 있는 학습자로서 인식하게 한다.

구성주의 관점에서 교사는 (칠판에 문제를 제시하는) 정보 제공자가 아니라, 오히려 학생들이 다양한 수학기술을 더 잘 이해하도록 돕기 위해 적절한 지원과 함께 학

습 기회를 제공하는 조력자이다. 그러한 관점에서 수학교사는 문제해결 테크닉의 '모델'이기보다는 오히려 '코치'로서의 역할을 해야 한다. 더욱이 학생들의 수학 개념의 인지적 이해가 성숙해 감에 따라, 교사는 지원을 철회하고 학생들이 더욱 독립적으로 할 수 있도록 허용해야 한다.

이러한 관점에 따라 교사들은 효과적인 교수를 위해 일련의 교수기술을 개발할 필요가 있다. 첫째, 교사들은 학생들의 현행 수학기술과 문제에 대한 그들의 이해수준에 근거하여 어떠한 지원이 필요한지 이해해야 한다. 다음으로, 학생에 따라 교사는 필요한 특정 유형 및 수준의 지원을 적용해야 하며, 학생의 이해가 향상됨에 따라 나중에는 그것을 철회해야 한다. 이러한 관점과 밀접하게 연관된 것은 그들의 수학적 경험이 발달함에 따라 학생들의 인지적 이해를 '안내'하는 개념이다(Alsup, 2003). 나는 3~6학년을 위한 수학 교수의 논의에서 이러한 구성주의 개념을 제시하지만, 이러한 구성주의는 중학생뿐만 아니라 더 낮은 학년과도 관련된다.

> 구성주의 관점에서 교사들은 정보 제공자가 아니라 오히려 학생들이 다양한 수학적 기술의 이해를 향상시키도록 하는 데 있어 학생들에게 도움을 주기 위해 적절하게 지원을 하는 조력자이다.

교사들은 학생들의 문제해결 방법을 듣고 나서 문제해결과정에서 학생들을 인지적으로 안내하도록 설계된 효과적인 질문을 함으로써 이러한 '안내'를 한다. 따라서 학생들은 그 문제를 해결하기 위해 자신들이 배운 정보를 사용할 책임이 있으며, 학생들은 신비롭고 재미있는 수학 문제해결에 노출된다. 앞 장에서 설명된 것처럼 학생들은 문제를 해결하기 위해 구체물이나 모델을 사용할 수 있지만, 구체물이나 표상 모델을 넘어 더 깊은 수준의 개념적 이해로의 이동을 강조할 것이다. 그러한 면에서 구성주의 관점은 공통핵심 교육과정에서 강조하는 수학 과정의 깊은 개념적 이해의 개발에 매우 잘 부합된다.

스캐폴딩

이러한 구성주의 관점이 등장하면서, 교사들은 '스캐폴딩'이라는 용어를 사용하기 시작했다. 스캐폴딩은 수학을 포함한 매우 다양한 과목에서 사용되는 교수기법의 하나이며, 원래는 교사들이 학습 과정에서 학생들의 수학 문제 이해를 돕기 위해 학생들에게 질문을 하고(Woodward & Montague, 2002), 그 후 학생들의 기술이 향상됨에 따라 그러한 안내를 철회함으로써 전략적으로 학생들을 안내하는 절차로 나타난다. 그러나 개별 교사의 지도 외에도 많은 교수 절차가 학생들의 내용 이해를 도와줌으로써 학습을 지원할 수 있다(예 : 그래픽 조직자, 그림). 그러므로 스캐폴딩은 학습을 용이하게 하기 위해 촉구된 내용과 자료, 교사 혹은 또래의 지지 순서대로 가장 잘 이해될 수 있다(Grobecker, 1999; Karp & Voltz, 2000). 스캐폴딩에서는, 교사가 학습 과정에서 개별 학생의 특정 요구에 맞추어진 개인적인 촉구 및 안내로 학생들을 지원하는 것과 새로운 과제에 있어 학생들을 위한 충분한 지원(즉 스캐폴딩)을 제공하는 것을 강조한다(Karp & Voltz, 2000). 더욱이 그러한 지원은 학생들이 결국 과제 수행을 '자신의 것'으로 만듦에 따라 점진적으로 철회된다. 그리고 학생은 처음에 견습생으로 간주되고, 학습활동 후에는 곧 전문가가 된다.

구성주의 관점과 21세기 공학

구성주의 관점은 전통적인 수업보다는 21세기 교실의 협력적인 교수 세계와 훨씬 관련이 있을 것이다. 학생들이 수학과 관련된 다양한 앱과 수학 웹사이트, 다양한 웹 2.0 툴(예 : 블로그, 위키, 구글, 협력적인 클라우드 기반 과제 등)을 사용해 감에 따라 그들의 이해를 돕는 스캐폴딩으로서 그러한 공학을 사용하게 될 것이다. 더욱이 이 도구를 통해 학생들은 20년 전만 해도 상상할 수 없었던 방식으로 협력하여 수학 문제를 해결할 수 있게 된다. 이러한 협력적인 상황에서 21세기 공학도구들을 여러 번 사용하면서, 학생들은 종종 다양한 수학 예시에 대한 이해를 '구성하기' 위한 노력으로 다른 학생들을 돕는다. 구성주의 관점에서 이들 또래친구는 교수적 '안내'를 하는 데 공학을 사용하고 있으며, 수학에 다소 두려움을 가진 여러 학생에게는 이것이 교사에 의한 전통적인 교수보다 훨씬 덜 위협적일 것이다. 전통적인 교수가 일대일 개인교수로 제공되더라도 말이다.

이러한 면에서 구성주의 이론은 수학에 대한 더 깊은 개념적 이해와 적용을 강조하고, 공학기반 지도 전략의 지속적인 발달과 함께하기 때문에 한층 더 교육에 영향을 미치게 된다. 많은 수학교사들은 이러한 강력하고 새로운 구성주의, 공학기반 티칭 툴을 잘 이용해야 한다.

초등수학 차별화를 위한 공학기반 도구

> 구성주의 관점은 전통적인 수업보다는 21
> 세기 교실의 협력적인 교수 세계와 훨씬
> 관련이 있을 것이다.

이전 장에서는 교육과정 영역을 보다 덜 위협적이고 더
호감 가도록 만들기 위해 두 가지 공학기반 교수전략 —
컴퓨터기반 게임과 수학을 의인화한 아바타 사용을 제시
했다. 그러나 21세기의 티칭 툴은 이것보다 훨씬 더 많은
것을 할 수 있으며, 실제로 수학을 학생 개인이나 그룹을 위한 협력적이고, 창의적인
활동으로 만들 수 있다. 보통 웹 2.0으로 언급되는 최근 개발된 공학기반 티칭 툴을
사용함으로써, 학생들은 보다 협력적이고 높은 참여와 사회적인 태도로 수학 콘텐츠
를 파악할 수 있으며, 이들 도구에 기반한 과제는 수학 수업을 훨씬 흥미진진한 학습
경험으로 변형시키는 경향을 지닌다. 오늘날 교실에서 학생들은 단순히 정보의 소비
자가 아니라 공학을 사용해 실제로 세계에 공유되고 타인에 의해 학습될 수 있는 콘
텐츠를 창작한다. 그러므로 수학은 '이러한 절차와 공식을 학습하는 것'으로부터 '이
문제에 대한 실행 가능한 수학 해결책을 고안하기 위해 교실이나 온라인에서 또래들
과 창의적으로 참여하는 것'으로 변형된다.

이 장에서 제시하는 학급 블로그와 위키는 교사가 그러한 협력을 촉진하는 데 사
용할 수 있는 초기 도구이다. 교사가 교수공학을 사용하는 것에 대한 배경지식이 거
의 없더라도, 이러한 도구는 쉽게 습득될 수 있다. 이것은 차별화 교수를 강화하고,
모든 학생을 위해 수학 경험을 풍부하게 할 수 있는 21세기 티칭 툴이다.

수학 교수를 위한 블로그

일반적으로 초등학교 중학년의 학생들은 자신보다 어린 연령대보다는 또래와 훨씬
더 많이 어울리기 시작하는데, 많은 공학도구는 이러한 사회화에 대한 증가하는 욕
구를 이용할 수 있으며, 그러한 욕구를 교수도구로서 이용할 수 있다. 예를 들어, 오
늘날 많은 교사들 — 그중 특히 수학교사 — 은 학생들이 교과 내용을 습득하는 데 있
어 서로 협력할 수 있도록 블로그를 이용하고 있다. 특히 이러한 공학도구는 수학교
사들이 실행 가능한 수학 해결책의 구성과 소통을 강조하는 수학공통핵심교육과정
3항을 다루는 데 도움이 된다.

블로그는 협력적으로 개발된 온라인 저널로, 교사와 학생 모두에 의해 포스팅된 정보가 시간의 역순으로 정리되어 보관된다(W. M. Ferriter & Garry, 2010). 블로그를 사용하여 교사와 학생들은 수학 문제에 대한 해결책을 모색하거나, 또래들에게 그 문제와 관련된 정보를 추천하기 위해, 비디오나 모델이 되는 문제와 같은 다른 자료를 온라인으로 링크함으로써 개별적으로 혹은 함께 작업할 수 있다. 모든 블로그 항목은 순차적으로 작성되어 있으며, 따라서 교사들은 학생들이 추가한 특정 코멘트를 따라갈 수 있다. 학생들은 수학 문제에 대해 협력적으로 작업할 수 있는데, 그룹의 학생들이 순서대로 문제의 단계를 완성해 간다. 블로그에서 학생들은 다른 학생의 작업에 대해 코멘트를 남김으로써 연계성을 갖게 된다. 결국 교사들이 학급 블로그를 만들면, 학생들은 학교가 끝나고 오랜 후에도 그 수학 내용에 대해 상호작용할 수 있다.

나는 21세기 수학교사들이 전문적으로 블로그를 적어도 두 가지 다른 방법으로 사용할 것을 권고한다 : 전문적인 학습도구로서와 학생들의 수학 흥미를 키우기 위한 교수도구. 첫째, 블로그를 하는 것은 정보와 교수 아이디어를 전문적으로 공유할 수 있는 최상의 방법이며, 수학교사들이 이용 가능한 많은 블로그가 있다. 교사들은 그들을 위한 가장 대중적이고 일반적인 주제의 블로그를 살펴보기를 원할 것이다(www.edudemic.com/special-ed-blogs-updated/). 한편 **글상자 5.2**에 제시된 바와 같이, 몇몇 수학 관련 블로그는 수학 교수 아이디어에 관심 있는 교사들에게 좋은 출발점이다. 이와 같은 블로그를 이용해 교사들은 상대적으로 적은 시간을 소요하면서도 놀랄 만한 교수 아이디어를 얻을 수 있다.

> 블로그는 온라인 저널로, 교사와 학생 모두에 의해 포스팅된 정보가 시간의 역순으로 정리되어 보관된다.

학생의 블로그 사용을 고려할 때, 교사들은 21세기 교실에서 사회적인 학습의 가치를 깨달아야만 한다. 오늘날 이용 가능한 많은 사회적 네트워크 사이트의 극단적인 인기는 사회적으로 연결되고 싶어 하는 학생들의 갈망을 나타내는 것이며, 수학교사들은 사회적 상호작용에 대한 그러한 갈망을 이용해야 한다. 블로그는 이를 위한 가장 간단한 방법이다.

학급 블로그의 이용은 수학 내용에 초점을 맞춘 학생들 간 높은 수준의 상호작용을 제공함으로써 사회적 중재학습을 위한 갈망을 채운다(Richtel, 2012). 학생들은 이

글상자 5.2   **수학에서의 교수 아이디어를 위한 블로그**

The Number Warrior — 애리조나의 한 고등학교 수학교사가 운영하는 이 블로그는 수학의 상위 수준 주제에 대한 수수께끼와 관찰, 비디오 등을 제공한다(numberwarrior.wordpress. com). 여기에는 다양한 게임과 협동학습 아이디어 또한 포함되어 있으며, 모든 수학교사가 토론에 참여하도록 초대된다.

Math for Primates — 다양한 수학 주제를 재미있는 방식으로 제시하는 수학에 관한 팟캐스트 시리즈가 포함되어 있다(www.mathforprimates.com/). 이 사이트는 또한 수학에 있어 상위 수준의 학생들을 위한 교수 아이디어를 모으는 데 사용될 수 있다. 하나의 예로, 최근의 포스트는 무한대 개념을 탐구한다.

Continuous Everywhere but Differentiable Nowhere — 뉴욕에 거주하는 한 수학교사에 의해 운영되며, 수학교사들이 직면하는 다양한 질문을 설명한다(samjshah.com/). 블로그를 통해 이 교사가 그의 수업을 어떻게 운영하는지에 대한 몇 가지 논점을 발견할 수 있는데(예 : 처음에는 하나의 문제만 하고, 그런 뒤 문제를 완성하도록 또래친구들을 할당한다), 수학교사들에게 있어 다른 교사가 수학 수업을 구조화하는 법을 '생각해 보는' 것이 유익할 수 있다.

Let's Play Math — 수학 교수에 대한 방대한 내용을 제시하며, 다양한 게임과 교수적 제안을 포함한다(letsplaymath.net/).

I Speak Math — 노스캐롤라이나에 있는 한 중학교 수학교사에 의해 운영되며, 분수 연산에 관한 비디오 제작이나, 소수에 대한 자유투 경연대회 개최와 같이 많은 창의적인 교수 아이디어를 제시한다(ispeakmath.wordpress.com).

Keeping Math Simple — 수학교육학에 초점을 두며, 많은 교수적 아이디어를 제공한다(math4teaching.com/). 블로그 제작자인 Erlina Ronda는 이론과 실제 간의 차이를 좁히려 시도한다.

EduHub — 교사들이 수학 교수에 대한 아이디어를 공유할 수 있는 개방형 위키이다(https://plans.pbworks.com/academic).

러한 방식으로 배우는 수학을 훨씬 더 잘 즐기는 것 같고(Richtel, 2012), 수학 숙제가 그 문제에 대한 협력적인 블로그 포스팅이나 공부 중인 문제들과 관련될 때 숙제를 완성하는 데 훨씬 더 많은 동기를 부여받는다.

학급의 교수도구로서 블로그를 사용하려는 교사들은 블로그를 시작하기 위해 특정 주제에 대한 간단한 노트('포스트'라고 불린다)를 작성하고, 학생들이 그 포스트에 그들 자신의 포스트로 반응하도록 격려한다. 교사의 최초 포스트는 수학 내용에 대한 일반적인 내용이나 학생들이 토의할 실질적인 수학 문제에

> 학생들은 수학 숙제가 그 문제에 대한 협력적인 블로그 포스팅이나 공부 중인 문제와 관련될 때 숙제를 완성하는 데 훨씬 더 많은 동기가 부여된다.

관한 것이 될 수 있다. 다음은 3학년 공통핵심교육과정의 반올림 지도 시 교사들이 사용할 수 있는 블로그 포스트의 예시다.

10 혹은 100에 가장 가까운 정수로 반올림하기 위해 자릿값 이해를 사용한다.(3.NBT.1)

교사 : 누가 숫자 76을 반올림하는 방법을 알고 있을까요? 어떻게 하는지 누가 설명할 수 있을까요?

학생의 포스트는 다음과 같은 다양한 아이디어를 포함할 수 있다.

라키샤 : 저는 일의 자리에 있는 6이 5보다 크기 때문에 반올림할 수 있다고 생각해요. 답은 80입니다.

빌리 : 그건 70입니다. 그렇지 않나요?

학생들은 교사에게 그들의 반응을 포스팅할 수 있고, 혹은 다른 학생들의 코멘트에 반응할 수 있다. 여기 몇 개의 예가 있다.

스테이시 : 라키샤가 옳습니다. 저는 80으로 올릴 필요가 있다고 생각해요, 그 이유는 일의 자리에 있는 숫자가 5 이상이면 올릴 수 있기 때문이죠.

아담 : 라키샤와 스테이시 모두 맞아요. 답은 80입니다.

이러한 간단한 예가 보여 주듯이, 일반적인 블로그 토의라도 사실상 꽤 협력적인 경향을 나타낼 수 있다. 더욱이 학생들은 조금의 코칭만으로도, 올바른 아이디어에 초점을 두어 지도받을 수 있고, 위에서 빌리의 아이디어처럼 옳지 못한 답은 무시할 수 있다. 대안적으로, 학생들은 오류가 발생할 때 블로그에서 다른 학생들을 조심스럽게 코치하도록 배울 수 있다. 이러한 방법으로, 블로그는 비위협적이면서 여전히 매우 상호적일 수 있다. 더 나아가 학생들은 개인용 컴퓨터나 모바일기기, 인터넷, 그 밖의 접근 가능한 공학도구를 통해 학교나 집에서 블로그에 일지를 기록할 수 있

다. 일부 블로그 플랫폼에서는, 학생들이 블로그를 '팔로우'하는 선택권을 가짐으로써, 학생들은 블로그가 업데이트될 때마다 이메일을 통해 자동으로 알림을 받을 수 있다.

블로그는 지금까지 수년 동안 다양한 교사들에 의해 사용되어 왔으며, 학생들의 참여와 협력적인 학습을 증가시키는 경향이 있다. 하지만 이를 이용하지 않는 교사들도 있다. 어떤 사례에서는, 학교가 와이파이 장비를 갖추지 않거나 학생들이 사용할 컴퓨터가 없다. 그럼에도 불구하고 이것은 21세기 소통기술이자 많은 협력 선택권을 제공하기 때문에 수학교사들이 교실에서 활용해야만 하는 공학도구이다. 마지막으로, 블로그는 이전에 사용해 본 적이 없는 미숙한 교사에게조차도 시작하기 매우 쉽다. **교수 팁 5.2**의 단계는 그와 관련하여 도움이 된다.

 교수 팁 5.2   수학 수업 블로그 시작하기

블로그 호스팅 사이트를 선택한다

먼저, 교사들은 자신의 블로그를 만들 웹사이트를 선택해야 한다. 일부 사이트는 광고로 운영되어 비용이 발생하지 않는 반면에 광고가 없는 것도 있다. 교사들은 또한 공개 수준 (누가 블로그에 참여할 수 있는지 혹은 블로그를 볼 수 있는지 — 학생만 혹은 학생과 부모?)뿐만 아니라 학생들의 보안까지 고려해야 한다. 다음과 같이 많은 사이트들이 이용 가능하다.

www.classblogmeister.com — 이것은 특히 교사들과 학급 사용을 위해 고안된 무료 웹사이트이다. 모든 글과 코멘트는 업로드에 앞서 교사에게 승인받도록 보내지는데, 교사가 블로그에 수용 가능한 것인지 확인하는 데 도움이 된다. 교사들은 또한 그 사이트가 패스워드로 보호되어 있는지 확인할 수 있다.

www.21classes.com/ — 이것은 교사들을 위한 몇 가지 선택권이 있는 블로그 호스트이다. 하나의 교사 블로그는 교사에게 무료이며 교사에게 계정과 코멘트 관리를 위한 중앙 대시보드를 제공한다. 이 무료 옵션으로 비디오와 이미지 업로드가 가능하다. 블로그는 학급에서 공개 혹은 비공개로 만들 수 있다. 교사는 어떤 포스트를 승인할지 그리고 특정 포스트가 특정 그룹에게만 승인되는지도 관리한다. 또한 이 사이트는 학생들이 자신의 개인 블로그를 교사들로부터 점검받을 수 있는 유료 프로그램도 제공한다.

edublogs.org/ — Edublog는 전적으로 교사를 위해 만들어진 호스트이다. 교사들은 자신의 블로그를 비공개 혹은 공개로 만들 수 있도록 한다. Edublog는 학생들의 사이트 열람이 안전하도록 성인전용 사이트를 걸러낸다. 교사들이 이 사이트를 사용할 때 몇 가지 선택권이 있다. 무료 버전으로 학생들은 이메일 계정 없이 자신의 블로그를 만들 수 있다. 이 사이트는 Pro 버전 사용을 추천하는데, 이것은 학생 50명당 3.33달러이다. Pro 버전은 교사 점검을 위한 더 많은 옵션을 제공한다.

education.weebly.com/ — Weebly는 교사에게 무료이다. 교육을 강조하기 때문에 블로그에는 어떤 광고도 나타나지 않는다. 학생 40명까지 완전히 무료이다. 호스트는 그림과 비디오, 문서, 사진 갤러리 업로드를 지원한다. 모든 웹사이트(교사 혹은 학생이 만든 것)는 패스워드로 보호될 수 있으며, 부모와 교사에게 더 높은 수준의 보안을 제공한다. Weebly는 드래그 앤 드롭 편집기를 자랑하는데, 이것으로 모든 사이트를 쉽게 만들 수 있다.

블로그 독자를 고려한다
일반적으로 수학 블로그의 독자 규모가 더 클수록 학생들은 그 블로그 활동에 활발하게 참여하는 데 더 많은 동기가 부여된다. 더 큰 독자층은 블로그에 대한 흥미를 키운다 (Richtel, 2012). 학생들에게 로그인과 패스워드를 요구하는 블로그는 독자층이 넓더라도 안전할 수 있다. 학교 및 학부모 커뮤니티에서 블로그를 사용할 수 있게 하면 학생들은 독자와 그들을 참여시키는 방법에 대해 생각하고, 블로그 사용에 대한 학생들의 흥미를 유발한다. 궁극적으로, 이것은 수학 토론에 대한 학생들의 동기와 의지를 증가시킨다.

블로그 호스트의 지침을 따른다
마지막으로, 교사들은 자신의 특별한 블로그를 위해 호스팅과 셋업 지시를 따라야 한다. 다시 말해, 현재 이메일을 사용하는 누구라도 블로그를 셋업할 수 있지만, 다양한 호스팅 사이트에 따라 지침이 다르다. 나는 일반적으로 교사들이 특정 호스트의 정보와 요령을 배우기 위해 한두 개의 블로그 호스트를 살펴보고, 그 웹사이트에 있는 튜토리얼 비디오를 보기를 권고한다.

첫 포스트를 만든다
첫 블로그 포스트는 학생들의 호기심을 자극하고 그들이 참여하고 싶어지도록 동기를 부여하는 것이어야 한다. 교사들은 초반에 일반적인 질문을 할 것이며, 어느 정도 지난 후에는 학생들이 생각해야 할 특정 수학 문제를 포스팅할 것이다. 외부 문서, 모델 문제, 비디오 시연, 그림 또는 오디오 클립에 대한 링크도 블로그에 포함될 수 있다.

블로그는 초등수학 수업에서 많은 차별화된 교수 옵션을 제공한다. 예를 들어, 교사들은 블로그를 통해 학생들에게 의미 있고 내용이 풍부한 과제를 제공하는 한편,

여전히 학생들에게 직접교수를 제공할 수 있다. 하나의 예로, 4학년 수학교사로서 측정을 가르치고 공통핵심교육과정의 측정과 데이터 표준(4.MD.3)에 초점을 맞춘 교사 창을 상상해 보자.

> 실생활 수학 문제에서 직사각형의 면적과 둘레 공식을 적용해 봅시다. 예를 들어, 면적 공식을 미지수가 포함된 곱셈 방정식으로 봄으로써 바닥 면적과 길이가 주어진 직사각형 방의 넓이를 구해 보세요.

대부분의 4학년 수업에서 학업기술 수준과 학습선호도는 매우 다양하다. 그러므로 창의 수업에는 아마도 보충수업이 필요한 몇몇 학생이 있는 한편, 어떤 학생들은 그 과제를 습득한 후 더 어려운 과제를 요구할 것이다. 차별화 교수를 위해, 창은 협력적이고 창의적인 과제를 하도록 수업 블로그를 활용할 수 있다. 이 교사는 앞선 학생들에게는 다양한 모양의 건축물 면적에 관한 비디오 링크를 리뷰하면서, 블로그에서 과제를 하도록 할 수 있다(예 : 둘 이상의 건물 구역 면적을 계산한 후, 그 면적을 모두 합쳐 전체 바닥 면적을 구하게 하는 것). 학생들은 그 비디오를 시청한 뒤 블로그에 해당 유형의 계산에 대한 질문과 코멘트를 올린다. 학생들은 학교의 여러 교실로, 그와 같은 여러 개의 면적 계산 문제를 만들 수 있다. 이와 동시에, 창은 다른 그룹의 학생들에게 직접교수를 제공할 수 있다. 이러한 방식으로, 창은 수업 상황에서 어떤 학생도 당황스럽게 만들지 않고 상호적인 수업 블로그 사용을 통해 내용을 차별화할 수 있다.

블로그는 수업활동을 차별화하는 방식으로 제공함으로써 수업을 더욱 쉽게 차별화할 수 있게 만든다.

블로그는 또 다른 방식으로 차별화하는 데 도움이 될 수 있다. 교사와 학생들은 모든 디지털 문서와 오디오, 비디오 클립도 수업 블로그에 링크시킬 수 있기 때문에, 다양한 학습양식을 가진 학생들에게 전통적인 수업 상황에서는 제공될 수 없는 많은 학습 옵션이 제공될 수 있다. 블로그를 통해 동일한 수학 내용이 다양하게 제시됨으로써 수업자료가 차별화될 수 있다. 교사는 수학 예시에 대해 좀 더 시각적인 표상을 요구하는 학생들을 위해 그러한 게시물을 탑재할 수 있다. 대조적으로, 청각적인 설명을 요구하는 학생들에게는 수업 블로그에 게시된 팟캐스트를 링크해서 해당 내용의 팟캐스트를 알려 준다. 사실 수업 블로그에 링크된 다양한 자료를 통해 학생들은 수학 내용을 명확하게 이해하는 데 자신에게 가장 도움이 되는 미디어를 탐색할 수 있다.

이러한 의미에서 수업 블로그는 시간을 절약하는 데 사용될 수 있다. 교사들은 종종 수업에서 그들의 실질적인 교수시간이 꽤 제한적이라는 것을 알게 되며, 앞서 설명한 예와 같이, 잘 개발된 수업 블로그 과제는 교사들로 하여금 일부 학생과 작업하는 동안 한 그룹 이상의 학생들에게 다른 과제 옵션을 제공할 수 있게 한다.

또한 블로그를 통해 학생 창의력을 위한 제한된 옵션을 제공할 수 있다. 예를 들어, 수학에서 다양한 도형을 공부할 때 교사들은 학생들에게 휴대전화를 사용하여 자신이 사는 동네나 가정에서 보는 도형의 사진을 찍어 업로드하게 할 수 있다. 더 나아가 학생들에게 업로드하는 도형이 왜 흥미롭다고 여기는지 블로그에 간단한 코멘트를 덧붙이도록 할 수 있다.

수학 수업에서의 위키

앞서 언급한 것처럼, 블로그가 학급의 상호작용을 가능하게 하는 반면, 위키(wikis)는 수학에 있어 협력과 공동의 문제해결을 증가시키기 위한 더욱 효과적인 공학도구이다(Watters, 2011b; Wetzel, 2012). 학급 위키는 모든 학생이 위키에 포스팅을 할 수 있다는 점에서 블로그와 유사하며, 이것은 수학 프로젝트에서의 진정한 협력을 위해 더 많은 옵션을 만들어 낸다. 그러나 위키는 단순한 학급 블로그보다 훨씬 기능성이 높고 교수 옵션이 더 많다. 사실 위키는 본질적으로 학급을 위한 편집 가능한 웹사이트이며, 학급 블로그뿐만 아니라 많은 다른 21세기 학습도구들을 포함할 수 있다. 위키는 수학 수업에서 학습도구로 사용될 수 있으며, 또는 부모와 다른 교사, 관리자, 그 밖의 사람들이 수업에서 하는 작업을 검토하게 하는 의사소통도구로 구축될 수 있다. 위키는 학생의 신원을 보호하기 위해 보통 접근이 제한되지만, 학생들이 협력적으로 창작하고 쓴 것을 포스팅하거나 디지털 사진이나 디지털 비디오 프로젝트와 같은 디지털 파일을 공유할 수 있도록 허용한다(Watters, 2011b; Wetzel, 2012).

> 위키는 편집 가능한 웹사이트로, 보통 접근이 제한되어 있으며, 학생들은 협력적으로 내용을 창작하고, 디지털 파일의 형태로 그들의 작업을 포스팅할 수 있다.

위키는 블로그처럼 1990년대 후반 이후 일부 학급에서 사용되어 왔다(Richardson,

2010; Watters, 2011b). 일부 교사는 수학 단원의 수업계획서와 수업활동 과제 페이지의 조합으로 학급 위키를 사용한다. 오늘날 교사들은 위키가 매우 다용도이며 교사가 구상하는 모든 유형의 과제를 포함할 수 있기 때문에, 실질적으로 그들의 모든 수업을 학급 위키를 기초로 하여 실행할 수 있다. **글상자 5.3**은 수학 수업에서 위키를

글상자 5.3   수학 수업에서의 위키를 위한 교수 아이디어

위키에 대한 다음의 모든 교수 아이디어는 학급 위키 내 여러 페이지에 제시될 수 있다. 교사들은 이러한 교수 아이디어 조건을 비공개용 위키 페이지에 설정한 뒤, 학생들이 작업하도록 공개용 위키 페이지를 제공한다.

오늘의 문제─교사가 출제한 오늘의 문제 혹은 한 주의 문제를 위키에 제시할 수 있는데, 학생들은 개별적으로 혹은 팀으로 작업할 수 있고 문제를 처음으로 해결한 팀에는 강화가 제공된다.

예시 만들기─위키는 학생들에게 자신이 사는 지역에서 디지털 카메라(일반적으로는 부모의 스마트폰)로 찍은 수학 개념을 나타내는 흥미로운 이미지 자료를 업로드하는 공간을 제공할 수 있다. 학생들은 수업에서 그 이미지 및 수학에 있어서의 중요성에 대한 간단한 문단을 써야 한다.

문제 만들기─팀으로 활동할 때 학생들은 수업 주제 관련 예시 문제를 만들어야 하며 그것을 위키에 업로드할 수 있다. 그런 뒤 다른 학생들은 그 문제를 평가하고 아마 풀 것이다.

오늘의 내 수학 문제─학생들은 개별적으로 자신의 일상생활에서 접하는 수학 문제를 제시할 수 있다. '문제 만들기'와 달리 이 과제는 수업단원과 관련 없는 모든 유형의 수학 문제가 포함된다.

나의 수학용어─이 페이지에서 교사는 특정 수업단원의 모든 수학용어와 이전 단원의 모든 복습용어를 입력해야 한다. 그런 뒤 학생들은 용어에 대한 정의와 예시를 제시해야 한다.

세상과의 협력─위키를 사용하면서 교사들은 학생들이 전 세계의 다른 학생들과도 수학 문제에 대해 함께 작업하도록 도와줄 수 있다. 예를 들어, 유타 주에 사는 학생들은 마운틴밸리 사진과 그 계곡의 대략적인 면적 계산을 공유할 수 있는 한편, 노스캐롤라이나 해안지역에 사는 학생들은 해협이나 강유역의 그림을 제공할 수 있으며, 마찬가지로 그 지리적 특색을 반영한 면적의 예를 제시할 수 있다. iEARN(www.iearn.org)은 교사들이 이러한 유형의 협력이 이루어지도록 자신의 학급과 세계를 연결할 수 있도록 도와준다.

사용하기 위한 많은 아이디어를 제시한다.

앞서 설명한 것처럼, 블로그는 연대순으로 학생들과 교사들이 포스팅한 코멘트를 분리하여 보존하고, 협력을 돕는 반면, 일반적으로 학생들이 동시에 동일한 수학 문제를 직접 풀 수는 없다. 하지만 교사들은 위키를 이용함으로써 더 많은 학생들의 협력을 권장할 수 있는데, 그 이유는 위키에서는 학생들이 단순히 코멘트하기보다는 다른 사람들의 작업을 실제로 편집할 수 있기 때문이다. 그러므로 학생들은 위키에서 동일한 디지털 파일 내에서 작업하는 동안 문제를 협력적으로 풀 수 있다. 물론 전 세계적으로 가장 유명한 위키의 예로 위키피디아는 무료이며, 모든 사람이 편집할 수 있는 온라인 백과사전이다(www.wikipedia.org).

이전에 가능하지 않았던 이러한 협력적이고 창의적인 옵션이 위키에서 탐색됨으로써, 위키는 진정한 웹 2.0 툴이 되었다. 따라서 한 그룹이 특정 수학 문제를 소그룹으로 작업할 때 학생들은 서로의 실수를 수정할 수 있을 것이다. 이러한 기능성으로 위키는 오늘날 학생들이 즐기는 협력 유형과 사회적 학습을 증가시키기 위한 탁월한 공학도구가 된다. 또한 블로그처럼, 대부분의 위키에서 교사들은 누가 참여했는지, 학급의 누가 없는지를 알기 위해 모든 게시물의 추적이 가능하며, 협력적인 작업에서조차 이러한 특색은 개별 학생의 기여를 지켜보는 데 꽤 유용하다.

위키는 또한 학생들이 수학 문제해결 시나리오에 그들 자신의 작업 기여를 게시하도록 권장하는 데 사용될 수 있다(Wetzel, 2012). 학생들은 다른 사람들의 콘텐츠를 빠르게 편집하는 데 익숙해지며, 시간이 지남에 따라 서로의 자원으로 사용되는 수학 학습자의 온라인 협력 커뮤니티로 이어질 것이다. 그러한 점에서 위키는 학생들의 수학 참여를 늘리고 즐거움을 증가시킬 것이다. 다시 말해, 학생들은 사회적 네트워크를 좋아한다는 학교 밖 행동과 수학 수업의 맥락에서 사회적 교류 증가에 대한 동기를 사용함으로써 표현하고 있으며, 교사들은 교실에서 그리고 수학 숙제를 완성하는 동안 충분히 참여하도록 학생들을 격려하는 데 학급 위키를 사용할 수 있다.

> 교사들은 위키를 이용함으로써 더 많은 학생들의 협력을 권장할 수 있는데, 위키에서는 학생들이 동일한 디지털 파일 내에서 작업하는 동안 협력적으로 다른 사람들의 작업을 실제로 편집할 수 있기 때문이다.

더욱이 위키 내에서 개발된 기술들은 진정한 21세기의 대표 기술이다. 수학 위키의 서면 콘텐츠나 비디오 콘텐츠를 개발하면서, 학생들은 공동으로 작업하고, 정보를 분류하고, 다양한 자원을 사용하여 정보를 평가하고, 새롭게 종합한 정보를 창작하고, 위키에 이미 있는 콘텐츠에 기여하는 방법에 대해 학습한다(Bender & Waller, 2013; Richardson, 2010). 이것들은 21세기 작업현장에서 요구되는 기술일 것이며, 단순히 위키를 사용하는 것으로 이러한 기술을 배우게 된다.

위키는 다른 어떤 교수도구보다 더 나은 교수적 기능을 제공한다. 위키는 수학용어를 가르치는 데 있어 탁월하다! 초등학교 중학년부터 그 이상까지, 수학교육과정은 용어 개발을 포함하며, 많은 교사는 각 단원에서 수학용어에 일정 시간을 할애한다. 대조적으로, 수학에서 학급 위키를 사용함으로써 그 시간을 절감할 수 있다!

> 위키는 다른 어떤 교수도구보다 더 나은 기능을 제공한다. 위키는 수학용어를 가르치는 데 있어 탁월하다.

위키 내에서 교사들은 간단히 수업을 위한 용어를 열거할 수 있으며, 학생들에게 그 용어를 정의하고 위키에서 예를 제공하게 한다. 학생들은 위키에서 또래들이 한 것을 점검하고, 위키를 통해 작업해 가면서 각 용어의 정의를 익힐 수 있다. 교사들은 단지 용어들을 '공개용'(즉 편집 가능) 위키 페이지에 나열하면 되며, 학생들로 하여금 그 용어들을 정의하도록 해야 한다. 학급 위키에서 그러한 작업이 완성되도록 함으로써 교사는 소중한 수업시간을 아낄 수 있다. 그러나 학생들은 여전히 위키피디아 이용과 유사한 방식으로 그 콘텐츠를 습득한다. 대부분의 학생들은 이러한 유형의 활동을 즐기며, 교사가 수학용어를 가르치는 데 추가적인 수업시간을 소모하지 않고서도 이 활동에 의해 용어를 학습할 것이다.

오늘날 학교에서 와이파이와 컴퓨터 혹은 태블릿(예 : 아이패드)의 사용이 가능해지도록 애쓰면서, 많은 교사들은 인터넷을 수학 수업에 어떻게 연계하여 사용할지에 대해 생각하고 있다. 위키는 이를 위한 최상의 방법 중 하나이다. 사실 이전에 위키를 한 번도 사용해 본 적이 없는 교사일지라도 자신의 학급용 위키를 대략 30~45분만에 구축할 수 있다. 더욱이 인터넷에는 교사들이 위키를 개발하고 사용하도록 지원해 주는 많은 사이트가 있다. 나는 교사들이 학급 위키를 구축하기 위해 위키스페이스 웹사이트(www.wikispaces.com)를 사용할 것을 제안하는데, 그 이유는 이 사이트가 교사에게 무료 서비스를 제공하기 때문이다(그림 5.1 참조).

오늘날 700만 명의 교사와 학생들은 이미 자신들의 학급 위키에 위키스페이스를 사용하고 있다. 위키스페이스 홈페이지(www.wikispaces.com/content/wiki-tour)에

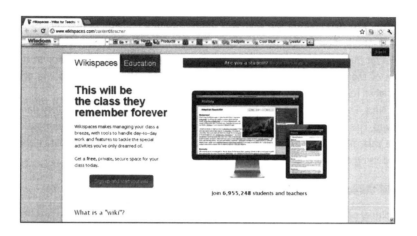

탑재된 간단한 비디오를 통해 사용법을 익힐 수 있다. 수학 수업을 위한 위키를 구축하는 데 있어 실제적인 단계는 선택한 웹사이트에 따라 다양하지만, **교수 팁 5.3**에 제시된 일반적인 단계는 학급 위키를 시작하는 데 도움을 준다.

수업 위키를 사용하여 교수를 차별화하는 것은 상대적으로 쉬운데, 그 이유는 일반적으로 수업에서 사용할 수 있는 모든 차별화 옵션이 위키 옵션과 유사하기 때문이다. 하지만 위키는 학생들로 하여금 위키를 위한 실질적인 콘텐츠 창작을 통해 학습에 참여하도록 하기 때문에, 학생들이 위키 틀 내에서 협력적으로 활동을 완성해가면서, 그들의 학습양식과 선호도, 강점에 따라 그들 자신을 다소 분리하려는 경향이 있을 것이다. 그러한 관점에서 수업 위키에 기반을 두어 교수할 때에는, 차별화 교수가 거의 교사의 입력 없이 일어나기 시작한다.

예를 들어, 대인관계 학습자는 기하학 문제에 대해 온라인에서 함께 공부하려는 성향이 더 클 수 있을 것이며, 반면 운동기반의 학습 성향이 더 큰 학생은 기하학 문제의 '워크스루맵(walk-through map)'을 함께 공부하고 개발하기를 원할 수 있다. 둘 다 디지털 비디오 동영상을 만든 후, 그것을 수업 위키에 업로드할 수 있다. 이 예시

> 위키는 학생들로 하여금 위키를 위한 실질적인 콘텐츠 창작을 통해 학습에 참여하도록 하기 때문에, 학생들이 위키 틀 내에서 협력적으로 활동을 완성해 가면서, 그들의 학습양식과 선호도, 강점에 따라 그들 자신을 다소 분리하려는 경향이 있을 것이다.

교수 팁 5.3   학급을 위한 수학 위키 만들기

위키 명칭과 패스워드를 선택한다

위키스페이스 웹사이트(www.wikispaces.com/site/for/teachers)에 접속하는 것으로 시작한다. 그곳에서 무료 위키(홈페이지에 대한 권한이 낮음)를 구축하기 위한 옵션을 선택할 수 있을 것이다. 다음으로 아이디와 패스워드, 위키스페이스 명칭을 설정하도록 요청받을 것이다.

보안 수준을 선택한다

학생들이 인터넷을 사용하기 때문에 학생 보안은 중요하며, 따라서 오로지 학급 구성원과 학교 관계자들만이 보고 편집할 수 있는 개인 위키를 만들 것을 교사들에게 제안한다. 나중에 위키를 보기 전용으로(편집할 수는 없다) 부모들이 이용할 수 있도록 하고 싶어질 수 있다. 개인용 위키 옵션은 교사들에게 무료이다.

위키 홈페이지를 만든다

위키 내에서 첫 페이지로, 학급에 대한 간단한 소개와 다른 기초 정보를 포함하는 홈페이지를 만들어야 한다. 교사들은 먼저 페이지의 상단에 '헤딩' 기능을 사용하여['1수준 헤딩(Level One Heading)'을 선택한다] 홈페이지 맨 상단에 위키 제목을 만든다. 제목이 굵고 크게 만들어질 것이다.

다음으로, 타이틀 페이지에 오프닝이나 소개 단락을 만들도록 제안한다. 이것은 위키의 콘텐츠와 목적에 대한 문단 길이의 설명이어야 한다. '관심을 모으는' 단락으로 표현되어야 하며 질문을 사용하는 것은 매우 바람직하다.

비디오나 디지털 사진을 추가한다

위키 홈페이지의 목적은 학생들의 흥미를 자극하는 것이며, 따라서 교사들은 학습할 수학 주제와 관련된 재미있는 사진이나 비디오를 추가해야 한다. 또한 '추천 비디오', '여러분이 곧 배우게 될 문제!'와 같은 다른 헤딩을 추가할 수도 있다. 그 헤딩 아래에는 학생들의 주의를 끌 수 있는 비디오나 학습하게 될 문제 예시의 링크를 걸 것이다. 앞서 언급한 유튜브나 티쳐튜브, PBS.org, 디스커버리 채널 등 많은 웹사이트에서 흥미로운 수학 비디오를 찾을 수 있다. 일반적으로 긴 비디오보다는 짧은 비디오(3~10분)를 선택해야 한다.

내비게이션 옵션을 추가한다

다음으로, 위키에 더 많은 페이지를 추가할 것이기 때문에 내비게이션 옵션을 선택해야 한다. 내비게이션 옵션은 학생들이 한 페이지에서 다음 페이지로 어떻게 넘어가는지 알게 한다. 페이지 상단에 있는 편집 바는 '위젯'이라고 불리는 버튼이다. 그것을 클릭하면 위키에 추가할 옵션 목록이 열릴 것이며, 그중 하나는 '내비게이션 툴 추가(add the navigation tool)'이다. 그것을 클릭하면 다른 위키 페이지로 안내할 수 있는 위치 툴이 페이지 하단에 추가될 것이다.

비공개용 페이지와 공개용 페이지를 만든다

이제 홈페이지 만들기는 거의 다 끝났으며, 이제 학생들의 편집을 원치 않는 내용은 비공개로 할 필요가 있다. 대부분의 경우, 교사들은 학생들(혹은 다른 사람들)이 홈페이지 콘텐츠를 수정하는 것을 원치 않으며, 따라서 그 콘텐츠 페이지는 비공개용으로 할 필요가 있다. 많은 위키 페이지는 학생들이 수정할 수 있는 반면, 일반적으로 홈페이지는 그렇지 않다.

위키에서 페이지를 비공개용으로 하기 위해서는, 커서를 편집 바의 오른쪽 상단에 있는 일련의 점 위로 이동시켜 클릭한다. 그러면 옵션이 제시되며, 그중 하나는 페이지 '잠금(Lock)'이다. 일단 한 번 클릭하면 홈페이지는 완성된 것이다. 비공개용으로 하기 원하는 각 페이지마다 '잠금'을 반복해야 한다. 학급 위키 제작자인 교사는 언제든지 자신이 편집할 수 있도록 모든 페이지를 공개용으로 전환할 수 있다. 하지만 그 과정이 끝나면 다시 비공개용으로 전환해야 한다.

다른 위키 페이지를 만든다

다음으로, 학생들이 편집할 수 있는 수학 콘텐츠 관련 추가적인 위키 페이지를 만들어야 할 것이다. 이러한 '공개용' 페이지는 학생들이 위키에 창의적인 기여를 하도록 한다. 이 중 하나는 앞서 언급한 용어 페이지여야 하며, **글상자 5.3**은 일련의 교수 아이디어를 제시하며, 각각은 수업 위키에서 별도의 분리된 페이지일 수 있다.

위키의 외형을 조정한다

항목의 색상이나 수업 위키의 배경 색상을 바꿀 수 있는 다양한 옵션이 있으며, 시간 경과에 따라 그러한 옵션을 다루어야 한다. 교사들은 문서를 조작하고, 글꼴을 바꾸고, 각 페이지의 여백을 조정하기 위해 페이지 상단에 있는 툴바에서 '페이지 편집(edit this page)' 탭을 사용할 수 있다. 이것이 필수는 아니지만, 위키가 더 멋질수록 학생들의 더 많은 참여를 이끌 수는 있다.

수업 위키에 함께할 학생과 학부모를 초대한다

일단 위키가 준비되면, 교사들은 '사용자 크리에이터 기능(user creator feature)'을 사용하여 학생들을 초대해야 한다. 어떤 경우에는 교사가 학생들을 직접 등록할 수 있으며, 그것이 더 선호되는 초대 프로세스이다. 수학 수업에서 초기 교수 단위에 두세 개의 위키를 사용한 후, 부모를 관찰자로서 참여하도록 위키에 초대할 수 있다. 이를 통해 많은 친목관계가 조성될 수 있을 것이며, 교사의 교수기술에 대한 학부모의 인식을 향상시킬 것이다.

나는 항상 학생 보안 옵션으로, 최소 한 명 이상의 교사가 수업 위키에 포함될 것을 권고한다. 이는 관리자나 부장, 다른 학교 관계자를 포함하며, 이들이 위키를 실제로 팔로우할 필요는 없지만, 때때로 그것에 접근해야 할 것이다. 이것은 위키의 모든 콘텐츠에 대해 누구라도 질문을 제기할 수 있는 유용한 관리 기능으로서 작용한다.

에서 설명하는 것처럼, 위키가 수학 수업에서 사용될 때 학생들은 자신의 학습 강점에 맞게 연습할 많은 옵션을 가질 것이다.

수학에서의 계산기 사용 : 끊이지 않는 논쟁

지난 수년간 수학교사들은 계산기 사용에 대해 논쟁해 왔으며 심지어 비난하기조차 했다(Fahsl, 2007; NMAP, 2008). 초등, 중등 및 고등학교의 일부 교사들은 계산기 사용을 허용하고 독려하는 데 반해, 다른 이들은 계산기가 학생들의 수학적 사실의 즉각적인 회상을 극도로 손상시킬 수도 있다는 점을 근거로 들어 그 사용을 막는다. 어떤 교사들은 계산기 사용이 학생들의 수학에 대한 깊은 이해를 손상시킬 수 있다고 의심한다.

명백하게, 학생들이 문제해결을 포함한 더 고차적인 수학으로 발달해 감에 따라, 그들의 수학적 사실에 대한 지식은 중요해지며, 대부분의 학생들은 궁극적으로는 수학적 사실에 대해 어느 정도 자동화 수준(즉각적인 기억)에 도달한다. 후기 수학에서 수학 수업의 강조점이 계산 및 수학적 사실에서 더 복잡한 문제해결로 이동할 때, 그러한 자동성은 수학에서의 성공을 매우 용이하게 한다. 하지만 많은 학습장애학생 및 수학에 어려움을 보이는 학생들은 기초적인 수학적 사실에서 자동성에 도달하지 못할 수도 있으며(Foegen, 2008; L. S. Fuchs, Fuchs, Powell et al., 2008), 수학에서의 특정 기능에서 계산기 사용은 어려움을 보이는 학생들에게 바람직할 수 있다.

수학공통핵심교육과정, 그리고 특히 수학 실제를 위한 표준에서는 계산기 사용을 허용한다(이 책의 **글상자 1.1**의 표준 5 참조). 하지만 이것은 학생들이 기본적인 수학적 사실을 학습하지 말라는 의미는 아니다. 미국 국가수학자문위원회(NMAP, 2008)는 계산기 사용에 대한 연구를 검토했으며, 그 보고서에 따르면 대수학을 가르치는 교사들 사이에서 저학년의 계산기 사용에 대한 심각한 우려가 있다고 지적했지만, 수학교육과정에서의 계산기 사용에 대한 찬성과 반대 어느 쪽도 거의 지지받지 못한 것으로 나타났다. 그 보고서는 더 나아가 계산기 사용이 수학적 사실의 자동성 발달을 지연시키는 정도까지, 학생들의 계산 유창성이 불리하게 영향을 받을 것이라고 경고했다.

이러한 염려가 주목받으면서, 수학에서 계산기 사용을 우려하여 주의하도록 권고되었으며, 계산기 사용을 허용하는 교사들은 이러한 공학적 지원의 적절한 사용을 사법적으로 고려해야 한다. Fahsl(2007)은 특정한 유형의 과제(예 : 이미 완성한 것의 점검이나 복잡한 문제해결)에서만 학생들에게 계산기 사용을 허용할 것을 제안했다. 하지만 특정 수학 수업의 목표가 수학적 사실에서의 자동성을 포함한다면 계산기 사용은 허용되어서는 안 된다.

깊은 개념 이해를 위한 차별화 교수

앞서 명시했듯이, 구성주의 관점은 학생들이 새로운 수업 내용과 관련된 사전지식과 교사에 의해 제공되는 다양한 지원을 바탕으로 새로운 수학 개념에 대한 이해를 구성한다고 제안한다. 앞서 다룬 공학기반 전략에 덧붙여, 많은 다른 전략들은 초등학교 중학년의 학생들이 수학적 이해를 구성하도록 도와주는 인지주의 관점에서의 스캐폴딩으로 사용된다. 수학적 사실에 대한 그래픽 교수로부터 초등학교 중학년에서의 문제해결을 위한 다양한 전략까지, 아래에 제시된 전략들은 오늘날 권고되는 교수적 실제 유형의 전형적인 예가 된다.

구구단을 위한 그래픽 교수

구구단 학습을 위한 기계적인 암기 대신 표상적인 예시 혹은 구체물 예시까지도 도움이 될 수 있다. Woodward(2006)는 이전에 도출된 사실에 대한 개념적이고 표상적인 조작에 기초하여 구구단 지도를 위한 그래픽 예시를 설명했다. 특히 구구단에서 더 높은 구구단을 지도하는 데 있어, 학생들은 그들이 이미 알고 있는 것을 활용하고 그로부터 정확한 답을 도출해 내는 것을 배울 수 있다. 7×8이라는 문제를 풀 때, 7×7＝49라는 것을 이미 알고 있으면, 그 학생은 이미 알고 있는 것에 기초하여 그 문제를 생각함으로써 필요한 수학적 사실을 도출할 수 있다. 7×8이라는 문제는 〈그림 5.2〉에 나타난 바와 같이 수직선 상에서 개념화될 수 있을 것이다.

패턴 구구단 교수

수학공통핵심교육과정은 수학에서 패턴을 명백히 강조하며(제1장의 **글상자 1.1**의 수

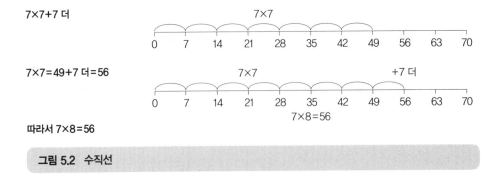

7×7+7 더

7×7

7×7=49+7 더=56

7×7   +7 더

따라서 7×8=56

그림 5.2 수직선

학 실제 7항 참조), 구구단은 패턴 기반 교수를 위한 탁월한 매개체이다. 사실상 교사들은 많은 아동들에게 더 어려운 패턴으로 옮겨 가기에 앞서 쉬운 패턴에서 시작하는 것이 중요하다는 것을 알아냈다(Lock, 1996).

쉬운 것에서 더 어려운 것으로의 기술 발달 예시로서, 구구단(곱셈의 수학적 사실) 교수를 생각할 수 있다. 전형적으로 행해지는 것처럼 구구단을 순서대로(1단, 2단, 3단, 4단 등) 가르치는 것보다는, 교사들이 1단과 2단을 지도한 후 뒤이어 5단과 10단을 지도함으로써, 쉬운 것에서 더 어려운 것으로의 곱셈 패턴을 지도할 수 있다. 이것은 학생들이 1과 2수준을 배울 수 있고(혹은 이미 알 수도 있다), 심지어는 5나 10으로 셀 수 있기 때문에 쉽다. 따라서 가르친 첫 번째 단은 자신감을 쌓고 암기하기 쉽다.

다음으로, '제곱' 패턴(즉 3×3, 4×4, 5×5, 6×6 등)을 가르칠 수 있다. 그다음으로, 교사는 역순 문제(3×4=4×3)에서 교환법칙을 강조할 수 있다. 다음으로, 교사는 1부터 10까지의 구구단표를 만들 수 있고, 낮은 수준의 구구단에서 이미 알고 있는 것을 새로운 구구단을 설명하는 데 사용할 수 있다. 따라서 구구단은 쉬운 것에서부터 더 어려운 패턴으로 가르침으로써 더 쉬워질 수 있다.

계산과정 기억술

계산에서 차별화 교수를 용이하게 하는 또 다른 기법은 과정 기억술에 기초한다 (Higbee, 1987; Manolo, 1991; Manolo, Bunnell, & Stillman, 2000). 기억술은 암기과제를 지원하는 데 사용될 수 있는 두문자어 혹은 문장이며, 이 기법은 읽기 교수에서 수십 년 동안 사용되어 왔다. 예를 들어, 간단한 과정 기억술은 수년간 다양한 언어 과제에서 과정에 대한 기억을 돕는 고안으로 사용되어 왔다(예 : 'c' 다음을 제외하고는 'e' 앞에 'i'는 neighbor and weigh에서처럼 'a'로 발음). 하지만 수학 교수에서는 최근 몇십 년까지 과정 기억술이 거의 사용되지 않았다(Manolo et al., 2000).

기억술은 일본에서 문제해결의 조직과 과정을 기억하기 위해 사용되었다(Manolo, 1991; Manolo et al., 2000). Manolo와 그의 동료들(2000)은 과정 기억술이 정상적인 능력을 가진 학생들에게 효과적인 교수도구라는 게 밝혀졌으므로, 이것이 수학에 어려움을 가진 학생들에게도 사용할 수 있을 것이라 가정했다.

과정 기억술은 수학에서 학생들의 기억을 도와주는 구성 개념의 표상을 활용한다. Manolo와 동료들(2000)은 정수와 소수 사칙연산의 규칙과 절차를 가르치기 위해, 숫자를 '전사(warriors)'로, 수학 연산을 군대 상황 이야기로 나타냄으로써 학생들을 수학 과정에 더 활발하게 참여시킬 수 있음을 밝혀냈다. 이러한 기법의 몇 가지 적용 사례가 **글상자 5.4**에 제시된다.

지난 20여 년간 다양한 연구는 과정 기억술이 수학에 어려움을 가진 학생들에게 매우 효과적임을 밝혀 왔다(Higbee, 1987; Manolo, 1991; Manolo et al., 2000). 이 기법은 수학 연산에 '전사'를 사용함으로써 요즈음 매우 인기 있는 많은 영화나 비디오 게임과 유사하게 보이게 한다는 점에서 학생의 동기를 증가시킨다. 전사와 전투를 포함하는 은유는 올바른 절차의 더 나은 회상을 촉진한다.

과정 기억술이 효과적인 또 다른 이유는 이 기법이 학습과 기억에 관한 근본적인 정신적 원리인 구성 개념의 조직화, 잘 이해된 개념과의 연계성(예 : 전사는 적과 전투를 가진다), 주의, 시각화를 적극적으로 사용하기 때문이다. Higbee(1987)는 또한 과정 기억술이 학생들에게 보다 잘 이해하기 쉬운 구조를 제공한다고 제안한다. 이 기법은 추상적 상징과 구체물을 연관시켜 응집력 있는 조합을 만든다. 이러한 이유로, 교사는 차별화된 수학 수업에서 분리된 집단이나 주류라인 교수집단에 상관없이 이 혁신적인 기법을 사용할 것을 고려해야 한다.

시각화

앞서 언급한 것처럼, 뇌의 시각적 처리과정 기술과 수감각, 조기 수학 준비기술 간에

| 글상자 5.4 | 과정 기억술 예시 |

소수 지도를 위한 과정 기억술

뺄셈 : 정수와 소수의 뺄셈을 위한 과정 기억술에서는 학생들로 하여금 두 수가 전쟁을 하는 전사들의 다양한 집합체임을 상상하도록 알려 준다. 각 전사의 숫자는 힘을 나타낸다. 소수점 왼쪽에 있는 전사들은 계급장을 받고, 소수점 오른쪽에 있는 전사들은 계급장을 받지 않는다. 전쟁에서 계급이 있는 전사는 계급이 있는 전사와, 계급이 없는 전사는 계급이 없는 전사와 줄을 맞춰야 한다. 이것은 학생들이 뺄셈에 앞서 소수 자리를 정렬시켜야 함을 상기시킨다. 뺄셈 문제에서 위 그룹은 수비가 되고, 아래 그룹은 공격을 한다. 공격자들은 칼을 가지고 있기 때문에(즉 문제의 빼기 부호), 공격자로 인식될 수 있다.

$$
\begin{array}{r}
24.6 \quad\text{수비자}\\
-\ 12.7 \quad\text{공격자}\\
\hline
\end{array}
$$

뺄셈을 할 때, 어떤 열에서건 수비자의 힘(즉 윗줄에 있는 수)이 공격자의 힘(아랫줄에서 동일한 열에 있는 수)보다 약하면, 수비자는 전쟁을 하기 위해 10을 증가시켜야 한다. 그 결과 옆 수비자의 힘이 1 감소된다. 예를 들어,

$$
\begin{array}{r}
24.6\\
-\ 12.7\\
\hline
\end{array}
\quad\text{이}\quad
\begin{array}{r}
23.6 +10\\
-\ 12.7\\
\hline
\end{array}
\quad\text{으로 바뀜}
$$

학생들은 답을 구하기 위해 푼다.　　　　　11.9

덧셈 : 덧셈 문제는 전사들이 보트 타는 것으로 설명할 수 있다(Manolo, 1991; Manolo et al., 2000). 덧셈 부호는 돛대이고, 아래 선은 배로 나타낸다. 뺄셈의 예와 같이 소수점 왼쪽에 있는 전사들(숫자)은 계급장을 받고, 오른쪽에 있는 전사들은 계급장을 받지 않는다는 것을 배워야 한다. 항상 계급이 있는 전사들은 계급이 있는 전사들끼리, 계급이 없는 전사들은 계급이 없는 전사들끼리 정렬해야 한다. 만약 소수점의 오른쪽에 있는 빈칸과 동일한 열에 정렬된 계급이 없는 숫자가 있다면 학생들은 그 빈칸에 0을 넣어야만 하는데, 그 이유는 0의 자리가 있는 전사는 실제로 문제가 되지 않고, 결과에 영향을 주지 않기 때문이다. 그러한 상황의 유형에서 문제는 다음과 같이 바꿀 수 있다.

$$
\begin{array}{r}
39.4\\
+\ 12.45\\
\hline
\end{array}
\quad\text{는}\quad
\begin{array}{r}
39.40\\
+\ 12.45\\
\hline
\end{array}
\quad\text{이 된다.}
$$

만약 어떠한 소수점도 없다면, 학생들은 전사의 가장 오른쪽 끝에 점을 찍고, 그 점을 사용함으로써 전사들을 정렬시킨다. 마지막으로, 문제를 푼다.

$$
\begin{array}{r}
47\\
+\ 9\\
\hline
\end{array}
\quad\text{은}\quad
\begin{array}{r}
47.\\
+\ 9.\\
\hline
\end{array}
\quad\text{이 된다.}
$$

곱셈 : 곱셈 문제는 전투 전략을 교환하기 위한 모임을 하는 전사로 설명된다(Manolo, 1991; Manolo et al., 2000). 아래에 있는 전사들은 '전문가(expert)'이고, X 혹은 '곱하기' 부호 옆에 있다. 이들 각 'X-perts(전문가)'는 자신들의 '특별한 전투기술'을 가르치기 위해 윗줄 전사 그룹의 각 멤버들과 만나야 한다. 예를 들어, 아래 문제에서 'X-pert' 4는 위 그룹의 7과 5, 6, 8, 3과 만나야 한다. 학생들은 처음에 문제를 베껴 쓸 때 계급이 있는 전사 위에 계급이 있는 전사를, 계급이 없는 전사 위에 계급이 없는 전사를 배치할 것을 기억해야 한다. 각각의 숫자를 곱하고 나서 선 아래 답을 쓰는 것은 그들 모임의 성과를 산출한 것이다. 전사들의 기술은 그들이 있는 곳에서 더 멀리 떨어질수록 더 특별해진다. 학생들이 더 특별한 전사들로 이동할 때마다 0을 배치하는 것은 이러한 특별한 결과를 표시한다.

$$
\begin{array}{r}
386.57 \\
\times \quad 23.4 \\
\hline
154628 \\
1159710 \\
7721400 \\
\hline
9035738
\end{array}
$$

학생들에게 모든 계급이 없는 전사들을 어떻게 세는지 보여 줘야 하며, 답에서 소수점을 정확하게 찍기 위해 최종 답의 오른쪽에서 왼쪽으로 자릿수를 세어야 한다. 아래 예를 보자.

$$
\begin{array}{r}
386.57 \\
\times \quad 23.4 \\
\hline
154628 \\
1159710 \\
7721400 \\
\hline
9035.738
\end{array}
$$
386.57 (이 문제에서 학생은 계급이 없는 전사들을 3개 센다.)

9035.738 (따라서 세 명의 계급이 없는 전사들은 학생들이 답의 5와 7 사이에 소수점을 찍어야 함을 의미한다.)

나눗셈 : 나눗셈에서는, 학생들로 하여금 다양한 갑옷이 진열된 선반 앞에 서 있는 전사들을 상상하게 한다(Manolo, 1991; Manolo et al., 2000). 각 전사들은 진열장 안에 있는 갑옷을 입으려 하고 있으며, 진열장은 긴 나눗셈 기호 자체 혹은 √로 나타낼 수 있다. 하지만 오직 계급이 있는 전사만이 갑옷을 입어 볼 수 있으며, 그래서 만일 제수가 점(혹은 소수)을 가지고 있다면, 그 점은 반드시 오른쪽 방향으로 옮겨져야 한다. 또한 진열장 안에 있는 점은 같은 수만큼 오른쪽으로 옮겨져야 한다. 따라서 나눗셈 문제는 아래에 나타난 바와 같이 변화된다.

(계속)

$.08\sqrt{34.26}$ 은 모든 소수가 오른쪽으로 두 자리 이동하여 $08\sqrt{3426}$ 이 된다.

만일 진열장 안의 소수를 이동시키기 위해 필요한 공간이 충분하지 않다면, 갑옷이 진열장에 추가될 수 있다. 학생들에게 진열장 위의 소수가 '비싼' 갑옷과 '비싸지 않은' 갑옷을 분리한다고 말해 준다. 전사는 첫 번째 갑옷(이 문제에서는, 3사이즈의 갑옷)을 입어 보고, 큰 전사(이 문제에서 8사이즈)가 입기에 너무 작다는 것을 알게 된다. 따라서 그 전사는 다음 것을 또한 입어 보는데, 그 사이즈는 34가 된다. 갑옷이 얼마나 잘 맞는지 보여 주기 위해, 학생들은 곱셈표를 사용하여 전사의 사이즈(8)를 보고 그 열의 아래로 내려가 갑옷이 34에 가장 근접하지만, 34를 넘지 않는 사이즈를 찾는다. 학생들은 이 문제에서 갑옷 수 아래에 '맞는 숫자'를 써야 하며, 구구단표에서 갑옷이 맞는 전사의 수를 찾는다 (이 예에서는 4이다).

학생들은 진열장에 위의 갑옷 사이즈의 수를 34에서 두 번째 자리 위에 쓰도록 요청된다. 학생들은 이렇게 쓸 것이다.

$$\begin{array}{r} 4 \\ 08\sqrt{3486} \\ \hline 32 \end{array}$$

갑옷이 얼마나 사용되지 않았는지 알아보기 위해, 학생들은 입으려고 시도되는 갑옷으로부터 '맞는 숫자'를 빼야 한다. 남은 수(이 사례에서는 2이다)가 전사의 사이즈보다 더 크지 않다는 것을 확인하기 위해 점검되어야 한다. 다음 갑옷을 진열장으로부터 내려와, '맞는지' 알아보기 위해 다시 한 번 입어 본다. 이러한 과정은 전사들이 각 갑옷을 다 입어 볼 때까지 반복된다.

출처 : Manolo, 1991; Manolo et al., 2000에서 수정함.

는 관련성이 있는 것 같다. 그러한 이유로, 많은 연구자들은 수학 교수에서의 시각화 사용에 관해 연구해 왔다(Foegen, 2008; Sousa, 2008). 시각화는 종종 초등 중학년 이상에서의 문제해결에 사용되는데(Foegen, 2008), 시각화 전략은 학생들이 수학 문제를 푸는 동안 구체적이거나 표상적인 이해와 좀 더 추상적인 문제해결 간의 차이를 메울 수 있도록 교사가 인지적으로 안내할 수 있게 해 준다. 사실 학생들에게 수학 문제를 도표로 시각화하는 법을 가르침으로써, 그들이 문제를 이해하고 추상적인 사고능력을 개발하도록 도와줄 수 있다. 따라서 문제의 '이미지'에 대한 의도적인 구성은 문제에 대한 학생들의 개념적 이해를 강화시킬 것이다.

　　몇몇 연구자들은 학생들이 문제를 시각화하는 데 도움을 주기 위해 인지적으로 안내된 탐구방법을 제안해 왔다(Behrend, 2003; Foegen, 2008). 수학에 어려움을 가진 아동을 포함하여 모든 아동은 자연적인 문제해결능력을 가지고 있으며, Behrend(2003)는 교사들에게 학생들로 하여금 자연적으로 생성하는 문제해결 전략부터 시작할 것을 제안한다. 그것을 기반으로, 교사들은 일련의 포커스 질문을 사용하여 학생들이 더 완벽하게 문제를 시각화하게 할 것이다. 이 기법에서 교사는 다양한 수학 문제에 대한 학생들의 관심을 도출하는 포커스 질문을 한다. 포커스 질문의 예시가 **글상자 5.5**에 교사-학생 간 대화로 제시되어 있다.

　　이 대화에서 보여 주는 것처럼, 시각화는 문제를 해결하려는 학생들의 자연스

글상자 5.5　인지적으로 안내된 시각화의 예시

문제

마리아는 쿠키 4봉지를 가지고 있다. 쿠키는 1봉지에 3개씩 들어 있다. 쿠키는 모두 몇 개일까?

대화

교사 : 제이야, 어떻게 7이라는 답이 나왔는지 말해 보세요.

제이 : 어떻게 푸는지 잘 몰라서요, 4 더하기 3은 7이어서, 그래서 답은 7이에요.

교사 : 질문은 쿠키가 모두 몇 개인지를 묻는 거예요, 그렇죠? 문제를 다시 한 번 읽어 볼래요?

제이 : 네.

교사 : 잘 생각해 봐요. 쿠키가 4봉지 있어요. 머릿속에 그려 봤나요?

제이 : 네. (수 세기용 조각을 집을 수 있다.)

교사 : 각각의 봉지에는 3개의 쿠키가 있어요.

제이 : 각 봉지에 3개요?

교사 : 그렇죠, 각 봉지에 3개씩.

제이 : 네, 그래서 저는 이게(수 세기용 조각) 더 필요해요.

　　　(제이는 종이에 동그라미로 표시된 4개의 '봉지' 안에 3개의 '쿠키'를 넣는다.)

교사 : 그래서, 쿠키가 몇 개 있지요?

　　　(제이는 '쿠키'를 세고, 답을 알아낸다.)

제이 : 12개요!

교사 : 맞았어요! 쿠키는 모두 12개지요.

런 시도로 시작된다. 다음에 교사는 학생들이 시각화할 수 있도록 문제를 좀 더 철저히 이해하게 하기 위해 포커스 질문을 해야 한다. 일정한 기간에 걸쳐 특정한 문제 유형의 조건과 그 문제의 시각화를 연결하여 상기시킴으로써, 학생의 문제해결 능력은 강화될 것이다. 시각화의 사용은 또한 이렇듯 새롭게 깨우친 문제해결 전략을 학생들이 일반화하도록 도와준다. 더욱이 문제의 시각화에 초점을 둠으로써 관련 없는 정보가 포함된 다단계 문제의 해결 또한 가능해지는데, 이는 시각화가 학생들로 하여금 관련된 정보에만 주목하도록 하기 때문이다(Behrend, 2003; Carpenter, Fennema, & Franke, 1996).

따라서 수학에 어려움을 가진 많은 학생들이 그러하듯 자신의 답이 틀렸다고 자동적으로 생각하는 대신에, 학생들은 자신이 어떻게 그 답을 도출했는지 정당화하는 데 더 자신감을 가질 수 있게 된다. 학생들이 자신의 답을 다른 학생들에게 설명할 때, 다른 답을 한 학생들은 오류를 발견하고 수정한다. 그룹 활동 기반의 이 전략은 분리된 집단의 기법이건 혹은 주류라인 교수집단에서 사용할 전략이건 차별화 수학 수업을 매우 효과적으로 만든다.

인지적으로 안내된 시각화를 실행하는 것은 간단하지만, 모든 학생이나 집단에게 다를 것이다. 첫째, 교사는 소규모의 분리된 집단에서 작업하면서 학생들에게 생각할 문제를 준다. 다음으로, 교사는 학생들이 자신의 방법으로 문제를 풀게 해야 한다. 그런 뒤, 교사는 학생들이 자신이 사용한 전략을 공유하도록 할 것이다. 마지막으로, 오답을 한 학생에게는 포커스 질문을 사용하면서 정답에 도달하기 위한 시각화 과정으로 그들을 안내해야 한다. 사실상 학생들이 이러한 방법으로 참여한 후에는, 위에 언급한 최종 단계를 학생들이 사용하도록 ─ 학생들이 '안내' 질문을 하도록 ─ 할 수 있다. 처음에는 교사의 감독하에 행해져야 하지만, 학생들이 이 기법에 유창해짐에 따라 숙달한 학생들이 안내하는 역할을 하면서 분리된 집단에서 이것을 사용하는 것이 가능해진다.

Behrend(2003)는 수학에 어려움을 가진 두 명의 초등학생에게 시각화가 정확한 문제해결을 더욱 촉진하는지 측정하기 위해 이 전략을 사용했다. 두 초등학생은 위 대화에 나온 문제와 유사한 문제를 풀었고, 각자 그 문제에 답하기 위한 전략을 세웠다. 그런데 두 학생의 답은 모두 오답이었다. Behrend는 한 학생에게는 수학을 탐구하려는 열망을 북돋워 주고, 다른 학생에게는 "더 많이 생각하고, 덜 추측하세요."라고 가르침으로써, 수학에 결함을 가진 학생들이 문장제 문제를 이해하기 위해 시각화를 사용하도록 배울 수 있음을 입증했다. 학생들은 그들의 시각화를 도와줄 조작물을 사용하여 문제 상황을 모델링하는 법을 배웠으며, 단순히 지필 과제로 제시되었을 때보다 문제에 더욱 활발히 참여했다. 더 나아가 학생들은 오류가 생겼을 때 어느 부분에서 왜 문제해결이 잘못되었는지 깨닫고 앞으로 정확하게 문제 푸는 방법을 알 수 있었다.

이러한 사례에서 보여지듯이, 인지적으로 안내된 시각화는 학생들이 구체적 혹은 표상적 수학으로부터 더욱 깊은, 더욱 추상적인 사고로 옮겨 가도록 도움을 줄 수 있는 기법이다(Foegen, 2008). 또한 선행연구를 통해 이러한 기법이 단순한 기계적 암기나 고정된 '연습문제지' 유형의 교수보다 수학의 더 큰 개념적 이해에 귀결됨을 알 수 있다. 이는 제1장에서 논의된 공통핵심교육과정에서 강조하는 방향이다.

단서단어 지도

학생들이 문장제 문제를 이해하도록 하는 데 있어, 많은 교사들은 연산을 나타내는 특정 단서단어를 지도하는 것으로 시작한다. '~보다 많은', '~보다 적은', '여분의', '나누어 주었다', '더하다'와 같은 단어들은 종종 특정 연

> 인지적으로 안내된 시각화는 학생들이 구체적 혹은 표상적 수학으로부터 더욱 깊은, 더욱 추상적인 사고로 옮겨 가도록 도움을 줄 수 있는 기법이다.

산을 나타내며, 이것을 학습하는 것은 문제해결의 첫 단계가 될 수 있다. 사실상 거의 모든 문장제 문제에서 특정 용어는 다양한 연산을 연상시키며, 일반적으로 문장제 문제는 이러한 단서단어를 수학적인 연산으로 변환하는 것이다. 많은 교사는 문장제 문제를 푸는 것이 '비밀 코드' 혹은 교사가 가르쳐 줄 수 있는 단서단어와 정말로 관련된다는 것을 학생들에게 가르쳐 줄 경우 그들이 더욱 동기화된다는 것을 알게 된다. 이러한 단어들이 모든 문장제 문제에서 항상 동일한 의미를 갖지는 않기 때문에, 교사들은 학생들에게 문제 내 다른 정보에 의해 단서단어의 해석을 점검해야 함을 주지시켜야 한다. 교사는 학생들에게 단서단어가 특정 연산을 '나타내곤 한다'는 점을 적어도 단언할 수는 있다.

처음, 단서단어와 관련된 수업을 하는 동안 교사는 단서단어가 분명한 연산을 의

미하는 문제만 선택해야 한다. 3~5학년 학생들은 단서단어를 사용하여 한 단계 연산 문제를 표현하는 '수 문장(number sentence)'을 쓰도록 훈련받아야 한다. 그런 다음, 다중의 수 문장을 요하는 다단계 연산 문제가 소개된다. 이 작업을 점수 매길 때, 교사들은 문제해결에 수여되는 점수와는 별도로 이러한 수 문장을 정확하게 식별했는지에 일정 점수를 부여하는 것이 좋다.

> 많은 교사는 문장제 문제를 푸는 것이 '비밀 코드' 혹은 교사가 가르쳐 줄 수 있는 단서단어와 정말로 관련된다는 것을 학생들에게 가르쳐 줄 경우 그들이 더욱 동기화된다는 것을 알게 된다.

단서단어 전략을 사용하는 교사들은 단서단어 게시물을 준비하고 그것을 교실 앞쪽에 비치하는 것이 좋으며, 문장제 문제에 대해 토론할 때 그것을 자주 참조할 수 있다. 처음에는 수업에서 문장제 문제를 읽을 때, 학생들로 하여금 문제에서 단서단어를 찾게 해야 한다. 그런 다음 학생들은 그 문제에서 그 단서단어의 의미를 찾기 위해 살펴봐야 한다.

마지막으로, 교사들은 학생들로 하여금 단서단어가 일반적으로 나타내는 연산과는 다른 연산을 나타내는 문제를 완성하게 해야 하며, 문제의 문장 구성에 따라 그 의미가 어떻게 변화되는지에 대해 가르쳐야 한다. 그러나 처음에 교사는 단순한 문장제 문제를 제시해야 한다. 여기에 예가 하나 있다.

> 학교 선생님은 알론조와 그 여동생 미아에게 집으로 크래커를 가져가도록 했다. 알론조는 엄마가 그를 사랑하고, 매일 가족을 위해 열심히 일한다는 것을 알기에 그 사랑에 대한 보답으로 엄마에게 10개의 크래커를 드리기로 결심했다. 그는 14개의 크래커를 받았고, 미아는 6개를 더 집었다. 알론조는 미아한테 엄마에게 크래커를 드리기로 한 계획에 대해 말했고, 둘의 크래커를 합쳐서 엄마에게 10개를 드리고, 나머지는 서로 나눠 먹기로 했다. 집에 도착하기 전까지 이들은 각각 얼마나 많은 크래커를 먹을 수 있을까?

다음으로, 교사는 학생에게 문제를 푸는 방법의 단서가 되는 단어가 무엇인지 물어봐야 한다. 교사와 학생들은 그 용어(즉 더, 얼마나 많은, 합치다)를 적어야 한다. 교사는 이 문제에서 그렇듯 "더"라는 용어가 종종 덧셈을 의미하는 반면, "각각 얼마나 많은 크래커를 먹을 수 있는가"와 같은 문구는 뺄셈을 제안할 수 있다는 것을 토의하는 것이 좋다.

단서단어 전략을 사용한 차별화는 어렵지 않다. 위에 제시된 예시 문제를 소개한 후와 교사주도의 수업이 있기 전, 차별화된 활동을 위해 학생들의 그룹을 결정하고자 교사는 제2장에서 설명된 추측하기(Guess), 평가하기(Assess), 분리하기(Tear Out) 기법을 사용해야 한다. 교사가 주류라인집단에 남아 있는 학생들에게 수업을 하는 동안 분리된 집단은 관련된 활동을 한다. 이러한 활동은 다음을 포함할 수 있다.

> 한 하위집단은 문제에 있는 단서단어를 주목하는 것으로써 다양한 문제를 '분석한다'. 그 집단의 전반적인 수준에 따라 교사는 그 집단의 학생들에게 단서단어 목록을 제공하거나 제공하지 않음으로써 이 활동을 단계화할 수 있다.
> 또 다른 분리된 집단은 위에 제시된 단서단어 속 최소 2개의 단서단어를 포함하는 2개의 새로운 문장제 문제를 만들도록 할 수 있다. 다음으로, 이 집단은 그 문제들이 수업에 제시되기 전에 풀어야 한다.

문장제 문제 맵핑

학생들이 문장제 문제를 이해하도록 도와줄 수 있는 스캐폴딩의 또 다른 예로 문장제 문제 맵핑을 들 수 있다. 이 책 전체에 걸쳐 언급하는 바와 같이, 수학 학습에 어려움을 가진 많은 학생들은 과제를 학습하는 동안 그들의 생각을 조직화하는 데 어려움을 가지고 있다. 이것은 수학 문장제 문제를 이해하려는 학생들의 노력에 치명적일 수 있다. 이 학생들은 대부분의 문장제 문제에서 확인할 수 있는 기본 구조가 있다는 것과 이 구조의 식별이 문제해결에 도움이 된다는 것을 이해하지 못할 수도 있다. 많은 연구자들은 수학에 어려움을 가진 학생들에게 수학 문제의 전반적 구조 식별에 관해 교수할 것을 장려했고(Gagnon & Maccini, 2001), 이것은 문장제 문제 맵핑으로 알려져 왔다. **글상자 5.6**에는 문장제 문제 맵핑의 예시가 제시되어 있다.

이 문장제 문제 맵핑에서 나타난 바와 같이, 단서단어의 개념이 다시 한 번 강조된다(Gagnon & Maccini, 2001). 하지만 이 기법은 단순하게 단서단어를 사용하는 것을 초월하여, 실제로 학생들이 문장제 문제의 인지적 이해를 구조화하도록 도와준다. 문장제 문제 맵핑은 수학 학습에 문제를 가진 학생들이 문장제 문제의 구조에 관한 그들의 생각을 조직화하도록 의도되었다. 따라서 일반적인 수학 수업에서 학생이 수학 문제를 읽을 때에는, 문제에 대한 이해를 구축하기 위한 스캐폴딩으로서 문장제 문제 맵핑을 동시에 완성하게 해야 한다.

글상자 5.6 문장제 문제 맵핑

이름 : _____ 날짜 : _____ 문항 번호 : _____

이것은 어떤 유형의 문제인가?

_____

_____

이 문제는 어떤 정보에 대해 묻는가?

_____

_____

어떤 단서단어들이 사용되었는가?

_____

_____

단서단어들은 어떠한 연산을 나타내는가?

_____

_____

이 연산을 수행하는 데 특별한 순서가 있는가?

_____

_____

(이 시점에서 학생들은 문제를 시도해야 한다.)

정답일 것 같은 답을 얻었는가?

_____

_____

문제를 이해하는지 확인하기 위해 문제를 재점검했는가? 그리고 놓친 것은 없는가?

_____

_____

_____

출처 : Bender(2012a).

문장제 문제 맵핑 활동은 짝 활동에서도 매우 효과적이다. 둘 혹은 세 명의 학생이 파트너가 되어 맵핑할 수 있다. 더 나아가 이러한 문장제 문제 맵핑은 문제의 정확성과 이해력을 점검하기 위한 사후 문제 활동으로 수업에서 검토되어야 한다.

문장제 문제 맵핑은 학년 수준에 따라 필요하면 조정될 수 있으며, 교사는 학생들에게 맞는 방식으로 어떠한 형태로든 원하는 대로 이것을 자유롭게 실행할 수 있다. 마지막으로, 문장제 문제 맵핑은 해당 내용의 추후 시험을 위한 학습 가이드로 사용될 수 있다. 사실상 문장제 문제 맵핑으로 매우 다양한 교수활동이 구축될 수 있다.

차별화 교수 계획 : 3학년에서 6학년까지

앞 장에서 언급했듯이, 나는 교사들이 다양한 학년 수준에서 수학 수업을 차별화하기 위해 다양한 전략을 사용하는 방법에 대한 일반적인 권장사항을 말하려고 한다. 다시 한 번 말하지만, 모든 수업은 다르며 교사마다 차별화 교수에 대해 편안함을 느끼는 정도가 다양하므로, 이 권장사항은 단순히 가이드라인으로 사용되어야 한다. 아래에 제시한 몇 개의 경우, 저학년을 위해 추천한 것으로서 교사들이 계속 진행할 것을 권고한다. **교수 팁 5.4**에는 3학년에서 6학년까지의 수학 수업을 위한 차별화 교수 계획이 제시되어 있다.

 교수 팁 5.4   차별화 교수 계획안 : 3학년에서 6학년까지

이 지침은 교사들이 앞 장의 **글상자 4.5**에 제시된 차별화 교수 옵션을 살펴보았다는 가정에 기초한다.

칸 아카데미 계속하기
나는 교사들이 모든 학년 수준에 걸쳐 칸 아카데미에서 수업의 모든 구성원을 구성하고, 이를 위해 매일 15분을 할당하도록 권고했다.

수학에서 교육용 게임 계속하기
교사들은 학생들의 요구에 부합하는 게임 웹사이트를 찾고, 교육용 게임을 사용하여 매주 일정 시간 정도 학생들에게 수학 연습을 시켜야 한다. 이것은 수학에 대한 긍정적인 경험을 조장할 것이다.

(계속)

거꾸로 수학 수업

이르면 3학년, 늦어도 4학년에는, 제3장에서 설명한 것처럼, 교사들이 거꾸로 수학 수업을 시도해야 한다. 학생들은 숙제로 비디오 시연을 보고, 수학 수업시간은 그 문제 유형에 대해 또래 연습시간으로 활용하는 것으로써 새로운 내용이나 개념적인 영역을 시작할 것을 권고한다. 이러한 또래친구 활동을 매일 20분 정도 권고한다.

　이상적으로는, 수학의 모든 수업 전개가 5학년까지는 '거꾸로' 형태로 완성될 수 있으며, 교사들은 수학 수업에서 교수시간의 상당 부분을 절감할 수 있다.

블로그 만들기

3학년에 시작하여, 아니면 그 전에, 교사들은 학생들이 수업 블로그 활동을 하도록 해야 한다. 이것은 학생들 간 수학 문제에 대한 코칭을 훨씬 촉진할 것이며, 참여도를 높여야 한다. 교사들은 방과 후 과제로서, 학생들이 최소한 주 2회 블로그 포스팅을 하도록 할 수 있다.

수학 위키로 가르치기

최소 4학년에는, 학생들의 사회적 상호작용과 수학에서의 의사소통을 증가시키기 위해 수업 블로그에서 위키 포맷으로 옮겨 가야 한다. 학생들은 매일 10~15분간 수업 위키를 통해 서로 상호작용해야 한다.

학생 아바타 계속 사용하기

많은 학생들은 아바타 사용을 좋아하는데, 학생들이 이것에 익숙하다면, 초등학교 수학 전체에서 아바타가 사용되기를 제안한다.

2단계와 3단계 중재 옵션의 범위 수정하기

이 장에서 설명된 모든 스캐폴딩은 탁월한 중재가 될 수 있는데, 그 이유는 어쨌든 스캐폴딩은 종종 개별화된 교수를 의미하기 때문이다. 문장제 문제 맵핑이나 과정 기억술, 그래픽 삽화를 사용함으로써 수학에 어려움을 가진 학생들에게 도움을 줄 수 있으며, 따라서 이것은 2단계와 3단계 수준에서의 효과적인 중재다.

　이러한 차별화 교수 계획을 사용함으로써, 모든 학생은 그들의 수준에 따라 자신에게 필요한 교수를 받을 수 있을 것이며, 재미있는 수학 관련 게임과 성공적인 경험을 통해 수학과 관련한 두려움과 불안이 완화될 것이다.

다음은 무엇인가?

이 장은 8~11세 사이 학생들의 수감각 향상을 위한 더욱 발전된 전략을 포함하여, 초등학교 중학년을 위한 다양한 차별화 전략을 제시했다. 구성주의 이론의 맥락에서, 블로그와 위키를 포함하여 다양한 부가적인 공학기반 지도 전략이 논의되었다. 또한 수학적 사실에 대한 그래픽 표상과 과정 기억술, 단서단어, 문장제 문제 맵핑을 포함하여 몇몇 스캐폴딩 전략이 제시되었다. 앞 장에서와 마찬가지로, 초등학년 수준에서의 차별화된 수학 수업을 구성하기 위한 차별화 교수 계획안이 구체적인 권고사항으로 제시되었다.

다음 장에서는 초등 고학년과 중학교 학년에 초점을 둔다. 많은 중학교 교사들이 교수도구로 사회적 네트워크를 사용하고 있기 때문에 사회적 네트워크 옵션이 설명될 것이며, 10대 초반을 위한 인지적 교수전략이 제시될 것인데, 그것은 수학에서의 개념적 이해를 개발하는 데 도움을 줄 것이다.

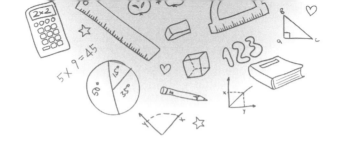

6

6~8학년에서의
차별화 교수전략

중학생을 위한 차별화 교수

중학교 수학으로의 이동

중학교 수학으로 넘어가면서 수학교육과정 내의 요구 또한 한 번 더 증가한다. 예를 들어, 고학년 수준의 수학공통핵심교육과정에서는 모든 유형의 개념 이해, 수학 모델링, 문제해결, 분수 연산이 점점 더 강조되고 있다(Garelick, 2012). 최근에는 개념 이해가 강조되면서, 현실세계 시나리오(real-world scenarios)가 포함된 문제가 더욱 증가되었다. 더욱이 공통핵심교육과정에서 중학교 수학에 대한 요구가 상당 부분 변화할 가능성이 있다(Magee, 2013). 중학교 수준의 수학에는 두 가지 다른 경로가 있다. 그 하나는 학생들에게 대수학을 지도하는 것이고, 두 번째는 학생들이 9학년의 대수학을 준비하도록 일반적인 수학 수업을 실시하는

> 고학년 수준의 수학공통핵심교육과정에서는 모든 유형의 개념 이해, 수학 모델링, 문제해결, 분수 연산이 점점 더 강조되고 있다.

것이다. 이전에 8학년 수학 수업에서 대수학을 요구해 온 주(州)에서는 이것이 상당한 교육과정의 변화를 의미한다.

수학적 추론의 강조

수학공통핵심교육과정에서 수학적 추론은 모든 학년에서 강조되는데, 특히 중학교 학년에서 더욱 강조된다(제1장 **글상자 1.1**의 수학 실제를 위한 표준 2 참조). 학생은 성장하면서 응용 상황에서 귀납적 · 연역적 추론을 실행하는 능력이 향상된다. 귀납적 추론은 특정 상황에서 이해한 것을 이용하여, 정보의 패턴을 찾아 일반화하는 것과 관련된다. 그러므로 학생들은 그들이 관찰한 것에 기초하여 추론을 만들고 정당화할 때 귀납적 추론을 사용한다. 예를 들어, 삼각형의 각을 공부하는 학생들은 여러 개의 다양한 삼각형의 각을 조사하고, 이들 삼각형 내각의 합은 항상 180도라고 결론짓는다(Annenberg Learner, 2013). 이 학생들은 많은 삼각형을 조사하고 관찰한 것에 기초하여 추론하므로 귀납적 추론을 사용하는 것이다.

반대로, 연역적 추론은 특정 사례에 대한 가설을 입증하기 위해서 일반적인 법칙을 사용하는 것과 관련된다. 다시 말해, 연역적 추론에서는 우리가 이미 알고 있는 진술을 사용하여 다른 진술을 입증한다. 앞의 예에서, 학생들이 삼각형의 각을 관찰하게 되면, 어떤 삼각형이든지 내각의 합이 180도라는 일반적인 법칙을 얻게 될 것이다. 중학교 학생들은 처음에는 귀납적 추론을 통해서 종종 그들의 추론을 정당화시킨다(Annenberg Learner, 2013). 하지만 수학교사의 목표는 학생들이 좀 더 형식적인 판단이나 연역적 추론을 사용하여 증명할 수 있도록 지원하는 것이다.

공통핵심교육과정에서 추론과 증명은 분리된 주제가 아니라, 오히려 중학교 수학의 모든 측면에서 통합되어야 한다. 이런 의미에서 수학 콘텐츠는 학생들이 수학 개념을 이해하고, 자신들이 얻은 결과를 가설 설정과 조사를 통해 다른 상황으로 확장하도록 격려하는 것이어야 하며, 학생들은 이에 열심히 참여해야 할 것이다. 수학 실제를 위한 표준 3과 4에서 강조하듯이(제1장 **글상자 1.1** 참조), 학생들이 그들이 추론한 것을 다른 사람들과 공유하고 정당화하기 위한 기회를 갖는 것은 중요하다. 교사(혹은 다른 학생들)의 효과적인 질문은 귀납적 · 연역적 추론기술을 향상시키는 데 중요하다. 질문(예 : "어떻게 그러한 결론을 얻게 되었을까?")이나 "너의 답이 정당함을 증명해 보아라."라고 간단히 말하는 것은 모든 수학교사가 개발해야 하는 교수 습관이다. 교사들은 학생들로 하여금 정당성을 증명하는 팀 활동을 하도록 하고, 다음으로 다른 팀에게 그 정당성이나 증명의 정확성을 조사하도록 할 수 있다. 학생들이 상호작용하면서 서로 다른 전략을 공유할 수 있는 기회가 항상 많이 있어야 하는데, 이는 학생들이 수학적으로 추론하고, 그들의 생각을 정당화하며, 자신과 다른 사람들의 생각을 평가하기 때문이다(Annenberg Learner, 2013).

차별화된 수학 수업을 위한 새로운 전략

초등학교 고학년과 중학교 수준의 공통핵심교육과정의 변화에서조차도, 앞서 제시된 많은 전략과 기법은 꽤 효과적이라는 사실이 지속적으로 밝혀졌다. 하지만 차별화된 중·고등학교 수학 수업에서도 모든 학생의 학습을 강화하기 위한 여러 부가적 기법이 있다(Bottge, Rueda, LaRoque, Serlin, & Kwon, 2007; Shaftel, Pass, & Schnabel, 2005). 이 장에서는 5학년에서 중학교까지 수학 수업을 차별화하기 위해 사용할 수 있는 여러 전략을 소개한다. 첫째, 사회적 네트워킹을 이용하여 교수하는 것을 포함하여, 차별화 교수를 촉진할 수 있는 여러 최첨단 공학기반 교수 아이디어가 제시된다. 특히 교사를 위한 사회적 네트워킹 기법으로 페이스북, 트위터, Ning에 대해 논의할 것이다. 다음으로, 다양한 공학기반의 협력적·교수적 지원에 대한 제안을 제시한다. 그런 다음 인지과학에서 지속적으로 연구 중인 대표적인 인지전략들을 제시한다.

사회적 네트워킹과 개인적 학습 네트워크

페이스북 : 수학을 위한 강력한 교수도구

페이스북은 세계 1위의 사회적 네트워킹 사이트이다. 페이스북이 지난 10년 넘게 컬트 현상의 무언가가 되어 왔음은 과장된 말이 아니며, 페이스북 계정이 없는 중학생이나 고등학생을 찾아보기 어렵다. 페이스북 페이지를 만드는 조건(13세가 되어야 이메일 계정을 가질 수 있다) 때문에, 초등학교 초·중등 학년에는 이 사회적 네트워킹 기법이 적절하지 않다. 하지만 많은 고학년 교사들은 학생들이 아주 익숙한 공학도구로 수학에 참여하도록 엄격한 사용 규정을 두고, 수학 수업에서 페이스북 페이지를 사용하고 있다. 현재 페이스북은 자신의 정보를 보여 주기 위해 학생과 성인들이 사용하는 세계적으로 가장 유명한 사회적 네트워킹 사이트이다. 그리고 2013년 5월, 전 세계 11억 명이 이 사회적 네트워킹 수단을 선택했다.

사람들은 페이스북 페이지에 자신의 사진과 활동을 포함한 개인 정보를 게시할 것이다. 그들은 자신의 취미와 관심사를 올리거나, 자신의 활동에 대해 매주 한 시간 이상(어떤 사람은 하루 중 많은 시간을 소비한다) 게시물을 만들어 올릴 것이다. 페이스북에 있는 다른 사용자가 정보를 게시한 원작자를 찾

> 페이스북은 자신의 정보를 보여 주기 위해 전 세계 11억 명의 학생과 성인들이 사용하는 세계적으로 가장 유명한 사회적 네트워킹 사이트이다.

으면 해당 게시물을 읽을 수 있다. 하지만 사람들은 자신의 정보 허용을 제한할 수 있다. 대부분의 경우, 학생과 교사는 정보를 공유하기 위한 친구 그룹을 선택한다('friend me'). 따라서 시간이 지나면서 페이스북에 가입한 사람들은 팔로워 관계를 맺어 서로의 페이스북 페이지를 방문하여 정보를 보고 댓글을 달 수 있다.

이 사회적 매체의 높은 인기 때문에, 중학교와 고등학교의 많은 교사는 수학 수업에서 사용하는 문제와 과제, 그 밖에 수학 수업과 관련한 주제만을 다루는 페이스북 페이지를 만들어 왔다(B. Ferriter, 2011; W. M. Ferriter & Garry, 2010; Watters, 2011c). 이렇듯 교육에 기반을 둔 페이스북 페이지는 사회적 네트워킹 상호작용을 목적으로 하지 않는다. 오히려 이들 페이지에는 학습할 주제에 대한 교사 노트, 전달 사항, 여러 게시물에 대한 협력적 토의, 학생 제작 게시물 정보가 제시된다(Kessler, 2011; Phillips, 2011).

페이스북의 교육적 현상의 영향력을 설명하기 위해, 애틀랜타 지역 고등학교 교사의 사례를 공유하고자 한다. 그 교사는 사전에 학생들에게 매우 제한적으로 전화통화를 허용했다. 도움이 필요한 학생은 단원평가 전날 저녁에 교사에게 직접 전화를 걸 수 있도록 했고, 그때만 학생들의 질문에 대해 설명해 줄 것이라고 말해 주었다. 처음 세 번의 단원평가까지 교사에게 전화가 오지 않았고, 세 번째 단원평가 후에 학생들에게 시험 전 왜 질문을 하지 않았냐고 물어봤다. 그들의 대답은 분명했다!

우리는 모두 항상 페이스북을 해요. 선생님이 페이스북을 만들고 우리가 그것을 이용하면 안 될까요?

오늘날 많은 교사들의 경험과 비슷한 이 예시는, 교사가 학생들이 편안하게 사용하고 있는 매체에서 그들과 소통하는 것을 고려해야 함을 보여 준다. 학생들이 특정한 의사소통 방식으로 도움을 요청한다면, 수학교사로서 당연히 그 의사소통도구를 이용해야 하지 않을까?

> 학생들이 특정한 의사소통 방식으로 도움을 요청한다면, 수학교사로서 당연히 그 의사소통도구를 이용해야 하지 않을까?

물론 학생들의 학습 기회를 위한 공학 사용의 영향력에 관해 최근에야 연구되고 있지만, 페이스북을 통해 다양한 수학 주제를 다룸으로써 얻을 수 있는 네트워킹의 장점은 간과할 수 없다. 예를 들어, 최근에 개발된 한 교육 앱은 페이스북에서 사용되도록 고안되었으며, Hoot.me(http://hoot.me/about/)로 불린다. 이 앱은 같은 학교나 같은 수학 수업의 학생들이 정해진 저녁시간에 같은 수학 내용을 공부하도록 연결해 준다(Watters, 2011c).

이 시나리오를 상상해 보자. 학생이 페이스북에 접속할 때, 일반적인 페이스북 질문인 "무슨 생각을 하나요?" 대신 Hoot.me 앱은 "무슨 활동을 하고 있나요?"라는 질문으로 학생들을 촉진한다. 공부하려고 페이스북에 동시에 접속한 학생들이 "나는 분모가 다른 분수 덧셈 숙제를 하고 있어요."와 같이 답하면, 이 주제와 관련된 수학 수업을 하는 다른 학생과 함께 공부할 수 있는 학습 세션이 그들에게 제시될 것이다. 그 주제에 해당하는 단원평가가 있는 전날 저녁, 교사들은 학생이 숙제를 시작할 때 페이스북에 접속하도록 한다. 요약하면, 이 앱이 그 주제에 관해 공부하고 있는 페이스북 계정이 있는 같은 학교나 같은 학급의 다른 학생들을 찾아내면(Watters, 2011c), 그 학생들은 수학 내용에 관해 서로 대화를 주고받게 된다. 따라서 이 앱은 학생들이 협동학습의 기회를 갖도록 효과적으로 짝 지어 준다!

또한 수학 수업과 관련하여 페이스북 페이지의 다른 사용법도 많이 있다. 예를 들어, 교사들은 학생들이 공부해야 할 것에 관한 전달사항을 게시하거나, 유튜브나 칸 아카데미, 혹은 다른 출처로부터 특정 수학 문제를 설명하는 비디오 링크를 추가할 수 있다. 학생들이 페이스북 페이지에 수학 문제에 대한 질문을 게시하면, 몇 분 이내에 다른 학생으로부터 여러 가지 답을 얻을 수 있다. 페이스북과 같은 강력한 네트워킹 도구를 사용하기 위한 아이디어들은 단지 교사와 학생의 통념에서만 제한될 뿐이다.

많은 교사들이 교수도구로서 페이스북을 찾기 시작했지만, 교사와 학교가 고려해야 할 몇 가지 문제가 있다. 예를 들어, 많은 학교들은 학교차원에서 이 콘텐츠를 차단한다. 어떤 지역은 교사와 학생이 사회적 네트워크에 접속하는 것을 금지한다. 학교들이 이러한 이슈를 고려해 볼 때, 효과적인 21세기 의사소통도구의 사용을 금지하는 것이 타당하지 않다는 것은 명백하다.

게다가 학생들과 교사들 간의 사회적 네트워킹에 대한 우려는 다양한 방법으로 효과적인 관리가 가능하다. 많은 학교에서 사용하는 한 가지 간단한 방법은 학급 페이스북에 학교 행정가를 참여시키거나 교사가 이끌도록 하는 것이다. 이것은 전형적으로 교사/학생 사회적 네트워킹의 부적절한 접속을 막기에 충분하다.

명백하게, 교사가 제한된 영역을 넘어 페이스북이나 어떤 다른 방식으로 학생과 '사회적 교류를 하는' 것은 부적절하다. 하지만 21세기 사회에서는 다른 측면을 고려해 봐야 한다. 교사와 학생들 간의 사회적 네트워킹은 부적절하지만, 한편 특정 학습 주제에 주안점을 두고 학습 네트워크로서 사회적 네트워크를 사용한다는 개념을 학생에게 소개하지 않는 학교 또한 부적절하다. 더 나아가 학교들은 모든 학습 시도를 위해 가장 앞서가는 21세기 학습도구를 사용하기 위한 아이디어를 모델링해야 한다.

현대 사회에서 사회적 네트워크의 중요성이 강조되면서, 몇몇 학교들은 이러한 네트워크를 만드는 데 있어 좀 더 안전한 방법을 찾아 왔다. **글상자 6.1**에는 페이스북 페이지와는 별개로, 교사와 학생이 수학 수업을 위한 네트워크를 만드는 데 도움이 되는 여러 제안이 제시되어 있다.

글상자 6.1   **교실에서 안전하게 이용 가능한 사회적 네트워크 옵션들**

Edmodo

Edmodo는 페이스북 방식과 같이 교사와 학생들이 학습하는 주제에 대한 정보를 공유할 수 있는 무료의 사회적 네트워킹 옵션이다(www.edmodo.com). 교사들은 관련 웹사이트, 디지털 파일, 과제, 수업 달력과 관련된 링크를 저장할 수 있고, 교사와 학생들은 함께 정보를 만들어 내고, 다른 이에 의해 게시된 정보에 반응할 수 있다. 교사는 무료 계정을 만든 후, 학생들을 초대한다. 학생들은 교사가 수업시간에 준 코드를 사용해서 로그인한다. 교사들은 그들의 학급 혹은 학생들에게 개인적인(예 : 점수 부여) 게시물을 제공할 수 있다. 또한 교사가 학생의 작업에 대한 보상으로 사용할 수 있는 강화 배지 세트가 있다.

(계속)

Twiducate

Twiducate는 최근에 개발된 사회적 네트워크이고(2009년에 시작됨), 무엇보다 교사에게 친숙하다(www.twiducate.com/). 이 네트워크에서 교사는 모든 초기 작업을 한 후, 계정 입력을 위한 코드를 학생들에게 제공한다. 이 네트워크는 무료의 다른 사회적 네트워크들에 비해 교사에게 더 많은 통제권을 제공한다.

Ning

Ning은 현재 많은 교육자들에 의해 사용되고 있는 무료 서비스이다(List & Bryant, 2010). Ning은 가장 큰 사회적 네트워크 플랫폼이고(www.ning.com), 원래 사업을 위해 설계되었다. 여기에는 페이스북에서 제공되는 모든 옵션이 포함되어 있고, 비용이 상대적으로 저렴하다. 특히 Ning 미니(위의 웹사이트 참조)는 개별 학급과 같이 소규모의 사회적 네트워크를 위한 간단한 옵션이며, 한 달 비용은 2.95달러다. 하지만 2010년에 대형 교육과정 회사인 Pearson Education은 교사들이 무료로 사회적 네트워크를 사용할 수 있도록 Ning과 제휴할 것이라 공표했다. 이러한 Ning 미니 사이트는 150명으로 제한되지만, 교사와 학급, 몇몇 교육행정가, 부모들이 그 네트워크에 가입하기에는 충분한 수이다. 교사들은 무료 Ning 네트워크를 만들기 위해서 Pearson 로그인 페이지를 방문해야 한다(www.pearsoned.com/pearson-to-sponsor-free-access-for-educators-on-ning/#.UYP5_ZPD9jo).

수학 수업에서 사회적 네트워크를 사용하고자 한다면, 이와 관련된 학교 정책에 관해 학교 행정가와 초반에 상의해야 한다. 또한 있을지 모르는 인터넷 사이트 차단에 대해 기술 관련 관리자에게 확인해 본다. 이러한 쟁점이 해결되면, 수학 수업에서 이 도구를 사용하는 것은 어렵지 않다. 수학 수업을 위해 어떻게 페이스북 페이지를 만들어야 하는지에 대한 몇 가지 지침이 **교수 팁 6.1**에 제공되어 있다.

페이스북과 같은 네트워크는 비공개 메시지를 허용하기 때문에, 네트워크 상황에서의 차별화 교수는 어렵지 않다. 그러므로 교사들은 특정 학생에게만 개인적으로 의견을 게시할 수 있으며, 학습 프로파일에 기초하여 다른 학습전략을 제안하거나 수학 콘텐츠와 관련된 특정 아이템을 제안할 수 있다.

또한 많은 경우, 학생들이 게시하고자 하는 것에 의해 차별화가 이루어진다. 학생들이 스스로 코멘트를 하거나 다른 콘텐츠를 만들 때, 과제 선택은 자신의 학습선호도에 근거한다. 그러므로 학생들이 게시하는 것은 결과적으로 넓은 범위의 차별화가 된다. 예를 들어, 시각 중심적인 학생은 그래픽, 비디오 등을 더 공유하고, 언어 중심

교수 팁 6.1 수학 수업을 위한 페이스북 페이지 만들기

네트워킹 플랫폼을 선택한다

이미 많은 고학년 학생들이 페이스북 계정을 가지고 있기 때문에, 가능하면 페이스북 사용을 고려해야 한다. 다시 말하지만 학교 당국과 의논하고, 이 사회적 네트워킹 페이지가 전적으로 수학 콘텐츠에 초점을 둘 것임을 명확히 해 둔다. 또한 모든 이의 마음을 안심시키기 위해서 교육행정가나 다른 교사가 참여하도록 초대하거나, 적어도 그들과 팔로우하는 것도 고려할 수 있다. 페이스북이 아니라면 Edmodo나 Ning을 고려해 볼 수 있다.

학교에서 차단하는지 여부를 조사한다

어떤 경우에는 학교에서 보호 장치를 설치하여, 부적절한 성적 콘텐츠나 비속어가 포함된 웹사이트를 포함하여, 특정 사이트에 학교 컴퓨터가 접근하는 것을 막는다. 교실에서 페이스북 사용을 금하지 않는 학교조차도 그런 사용을 차단하는 조치가 있을 수 있다.

학생을 보호하는 것은 매우 중요하므로, 학교에서 인터넷의 '허용 가능한 사용'에 대한 정책을 마련하고, 그 정책을 받아들인다는 서약에 모든 학생이 서명하는 방법도 있다. '허용 가능한 사용'에 대한 정책은 일반적으로 물리적으로 차단하는 것보다 더 부적절한 콘텐츠의 접근을 막을 수 있다. 학교에서 어떤 특정 사이트(예 : 성적 콘텐츠 사이트, 남녀 만남 사이트)를 막는 것은 적절하나, 차단이 제대로 작동하지 않는 것이 문제다. 차단 장치를 제거할 수 있는 중학생들이 꽤 있기 때문이다. 효과적인 교수도구에 차단 장치를 사용하는 것보다는 오히려 적절한 인터넷 사용을 강조할 때 학생에게 더 나은 서비스를 제공할 수 있을 것이다.

부모에게 알린다

부모는 인터넷 사용과 관련해서 두려움을 가지고 있으므로 교육자들은 그들의 두려움에 아주 민감해야 한다. 수학 수업 페이스북 페이지를 알리기 위해 학교 행정가가 학급의 모든 부모에게 안내문을 보낼 것을 제안한다. 부모에게 페이스북 수업 사이트의 모든 의사소통은 수업에 관한 것이며, 교사들과 학교 행정가들은 페이스북 계정의 모든 의사소통을 주의 깊게 점검할 것이라는 확신을 주어야 한다. 부모를 초대하는 것 역시 걱정을 경감시키는 데 효과가 있을 수 있다.

교사 계정을 만든다

이 시점에서, 교사들은 페이스북 웹사이트(혹은 다른 네트워크 웹사이트)에서 신청 절차를 완료해야 한다. 페이스북 사이트는 이메일을 요구하며, 계정을 만드는 방법에 대한 설명이 사이트에서 제공된다. Ning과 Edmodo 계정을 만들기 위한 절차도 유사하다.

학생(그리고 부모)을 초대한다

다음 단계는 개별 학생에게 '친구' 신청을 함으로써 페이스북에 학생을 초대하는 것이다.

(계속)

이 과정은 간단하며, 페이스북에 익숙한 학생들의 도움을 받을 수 있다.

초기 콘텐츠를 만든다

페이스북(Ning 혹은 Edmodo) 페이지가 만들어지면, 배우게 될 수학 주제와 관련하여 학생들이 흥미로워할 만한 내용을 업로드해야 한다. 교사는 학습 중인 단원을 간단히 한 단락으로 정리하고, 가능하다면 그 단원의 수학 주제 중 하나에 대해 학생들의 의견을 물어봐야 한다. 이러한 초기 질문으로 그 이슈나 주제에 대해 흥미롭고 깊이 있는 토의를 시작할 수 있게 된다. 수학 문제 혹은 지금 배우고 있는 수학 내용이 실생활에서 어떻게 사용되는지에 대한 예시를 게시할 수 있다. 또한 학생에게 다른 '실생활'에서의 예시를 찾게 할 수 있다. 교사는 페이스북 페이지에 콘텐츠를 게시하는데, 이 네트워크를 더 잘 사용하는 방법으로, 교사는 질문을 하고 학생들로 하여금 그 질문과 관련된 포스팅을 올리도록 할 것을 제안한다. 또한 너무 많은 내용을 페이스북에 게시할 수는 없다. 페이스북이 학생들의 흥미를 불러일으키는 훌륭한 방법이기는 하지만, 한 번에 많은 정보나 여러 비디오 예시를 제시하는 것은 적절한 방법이 아니다. 더 좋은 포맷은, 앞 장에서 논의했듯이, 위키이다.

또한 수학 수업에서 페이스북을 사용하는 교사들은 과제를 성공적으로 완수한 학생들을 자주 칭찬해야 한다. 부모가 자주 페이스북에 팔로우하는 것과 학생들이 잘한 활동에 대해 칭찬하는 것은 교사가 부모와 학생 모두와 성공적 관계를 맺도록 돕는다는 것을 기억하라!

매일 게시한다

어떤 학생들은 거의 매일 페이스북을 확인하며, 또 다른 학생들은 매일 여러 번 확인한다. 교사가 수업에서 페이스북을 사용하기로 결정한다면, 평일에 매일 게시할 것을 제안한다. 위에서 언급한 것처럼 과제에 대한 칭찬이나, 부여될 숙제에 대한 간단한 암시, 수업시간에 할 퀴즈를 올릴 수 있다. 수학과 관련된 새로운 이야기나 학생이 탐구하게 될 흥미로운 주제에 관한 글을 게시할 수 있다. 학생들이 복습해야 할 간단한 글을 게시할 수 있다. 많은 학생들이 페이스북을 즐기고 매주 많은 시간 페이스북에 접속하기 때문에, 수업을 위한 페이스북 페이지는 학생의 흥미와 참여를 극적으로 높일 것이다(Watters, 2011c). 매일 올리는 게시물은 학생들이 수학을 더욱 편안하게 느끼도록 할 것이다.

적인 학생은 의견, 차트화된 데이터, 텍스트를 공유할 것이다. 이러한 공학기반 포맷에서는, 많은 다른 사람들과 마찬가지로, 학생들은 자신이 무엇을 만들어 교사 및 급우들과 공유할지를 선택함으로써 스스로를 차별화하는 경향이 있다.

교실에서의 트위터

오늘날 학생들과 사회적으로 함께하는 학습중심 네트워킹의 또 다른 방법은 학급에서 트위터를 사용하는 것이다(www.twitter.com). 제5장에서 수학 수업을 위한 블로

> 트위터는 '마이크로블로그' 서비스로, 트위터의 각 포스팅은 140글자로 제한된다.

그 운영에 관해 논의한 바 있다. 트위터는 '마이크로블로그'로 알려진 특별한 형식의 블로그인데, 블로그 가입 인원수가 엄격히 제한된다. 트위터의 각 게시물('트윗'으로 불린다)은 140글자로 제한된다. 그러나 메시지 길이의 제한에도 불구하고, 오늘날 교사들은 교수와 학습에 트위터를 여전히 많이 사용한다(Brumley, 2010; B. Ferriter, 2011). 트위터는 교사와 학생이 메시지와 같은 간단한 블로그를 보내어 읽게 하고, 교사의 트위터 페이지에 게시된 각 트윗은 그 교사를 팔로잉하는 사람(이 경우는 학생들이다)의 페이지에 게시될 것이다.

트위터는 2008년 이후 가장 빠르게 성장하는 사회적 네트워크 중 하나이다(Richardson & Mancabelli, 2011). 더욱이 교육자들은 트위터를 최소한 두 가지 방법, 즉 교사의 교수적 응용과 전문성 개발에 사용하고 있는데, 각각에 대해서는 아래에서 논의한다.

전문성 개발 도구로서 트위터는 최첨단 교수 아이디어에 대한 간단한 설명이나 수업과 관련된 읽기 권장사항 혹은 다른 교사의 블로그를 팔로우하는 것과 관련한 제안사항에 대한 훌륭한 출처이다. 저자를 포함한 많은 교육자들은 '사회적 네트워크'로서 트위터를 사용하기보다는 교육적인 아이디어와 교사를 위한 제안사항을 공유하기 위해 트위터를 사용하고 있다.

개인적으로 당신을 초대한다! 원한다면 이 책의 저자인 나와 연결할 수 있다! 당신은 무료 트위터 계정을 만들고 나의 코멘트를 팔로우함으로써 나를 '팔로우'할 수 있다(twitter.com/williambender1). 나는 교육적으로 유용한 흥미로운 기사, 짧은 비디오, 웹사이트에 관한 교육적이고 교실중심의 정보를 공유하는 방법으로서 이 계정을 사용한다. 통상적으로 매주 3~5번씩 약간의 아이디어를 게시한다. 지역사회의 상황을 따르기 위해 지역에 있는 교육행정가들을 포함하여 지역 내 다른 교육자들을 추가할 것을 제안한다. 전문성 개발 기관과 동일한 수학 콘텐츠를 가르치는 다른 교사들의 트위터를 팔로우할 수도 있다.

'학습 네트워크'나 '개인적 학습 네트워크'라는 용어는 이러한 유형의 사회적 네트워크와 순수한 의미의 사회적 네트워크를 구분하기 위해 사용되어 왔다(Richardson & Mancabelli, 2001). 개인적 학습 네트워크(Personal Learning Network, PLN)는 오로지 하나의 일반적인 주제에 대한 학습과 토의에 전념하는 개인의 사회적 네트워크이다.

> 개인적 학습 네트워크(PLN)는 오로지 하나의 일반적인 주제에 대한 학습과 토의에 전념하는 개인의 사회적 네트워크이다.

트위터의 다른 교육적인 활용은 교수도구로서의 실제적 사용이다(B. Ferriter, 2011 ; Richardson & Mancabelli, 2011). 캘리포니아의 한 교사는 학생들에게 수업에서 인터넷을 사용할 수 있는 장치를 가져와(주로 BYOD 권한이라 불리는 장치를 학생들이 가져온다), 트위터에 가입하게 했다. 교사는 장치가 없는 학생들에게 학교 노트북이나 태블릿을 제공했다. 다음으로 교사는 학생들이 실제 수업시간 동안 그의 계정을 트윗하도록 했고, 노트북을 이용해 이들 트윗을 스마트 칠판으로 옮겨 놓았다. 학급의 전체 학생들은 그것을 통해 서로의 생각과 의견을 볼 수 있었다. 더욱이 교사는 누가 트윗을 했는지, 하지 않은 사람은 누구인지 알 수 있고, 학생들이 좀 더 활동적으로 참여하도록 촉진할 수 있다. 이 수업에서 트위터는 모든 학생의 참여를 증가시켰고, 어떤 학생들은 그들의 학교생활 전체에서 가장 흥미로운 활동으로 트위터를 사용한 학급 토론을 꼽았다.

> 트위터는 또한 학급에서 훨씬 더 많은 상호작용을 촉진할 수 있는 교수도구로서 사용될 수 있다.

수학교사들은 학생들이 퀴즈나 다른 활동을 상기하도록 하기 위해서 트위터를 사용할 수 있다(예 : "내일 정수의 나눗셈과 분수에 대한 퀴즈가 있다는 것을 명심하고, 공부하도록 하세요!" 혹은 "칸 아카데미 비디오로 두 자릿수와 세 자릿수 나눗셈을 복습하세요."). 교사들은 수학 콘텐츠와 관련된 새로운 이야기를 강조하기 위해 트위터를 사용할 수 있다(선거하는 해에는 투표 결과의 퍼센트에 관해 이야기할 수 있는 좋은 시기이다). 교사들은 트위터를 사용하는 학급 트위터들을 팔로우하도록 부모들의 가입을 권장할 수 있다. 사실 퀴즈에 관해 위와 같은 트윗으로 부모들이 알게 된다면, 자신의 자녀들이 수학 퀴즈를 대비해서 공부하도록 언어적으로 상기시켜 촉진할 것이다.

트위터는 일대일 의사소통을 위한 상대적으로 안전한 의사소통도구로 제공될 수 있다. 교사는 학생들에게 '오늘 수업에서 가장 중요한 부분에 대해서 트윗'하도록 학생들에게 당부하고, 교사들은 그 트윗을 공유할지 여부를 결정할 수 있다(B. Ferriter, 2011). 학생들은 학급 전체 앞에서 손을 드는 대신, 이러한 포맷을 통해 교사에게 좀 더 편안하게 질문할 것이며, 이것을 통해 더욱 개방된 생각의 교환이 일어날 수 있게 된다.

트위터는 다양한 수학 주제에 관해 수업에서 빠르게 여론조사를 할 수 있는 훌륭한 도구이다(Young, 2012). 그런데 이는 또한 학생과 학생 간의 네트워킹에도 유용하다. 학생들은 숙제를 할 때 다른 학생들이나 교사로부터 도움을 요청하기 위해 트위터를 사용할 수 있다(List & Bryant, 2010). 또 다른 수학 교수 아이디어로는 다양한 교수활동을 위해 트위터를 사용하는 것을 들 수 있다(List & Bryant, 2010; Young, 2012). 여기에는 다음이 포함된다.

막대그래프나 파이 차트로 나타낼 수 있는 데이터 수집하기

학급 투표하기

학생들의 수학 수업 토의 요약한 것을 트윗하게 하기

어휘 복습

질문하기 방법("다른 사람들이 풀지 못했을 거라 생각한 것에 잠시 멈추고 트윗한다!")

이러한 아이디어들이 제안하듯이, 수업에서 이용할 수 있는 마이크로블로그 기법은 많고, 교사들은 교수도구로서 이것을 시도할 것이다.

트위터 계정을 만드는 것은 어렵지 않으며, 학생들은 교실에서 트위터를 한 번 사용해 보면 그 사용방법이 비교적 쉽다는 것을 이해하게 된다. 많은 교사들은 이미 개인적·사회적 네트워킹 도구로서 트위터를 사용하고 있으며, 수학 수업 전용으로 별도의 트위터 계정을 가질 것을 권고한다. 트위터의 많은 방법은 페이스북과 유사하다. 따라서 이 장에서 트위터 계정을 만들기 위한 지침을 제공하지는 않을 것이다.

트위터는 많은 방법으로 수학 교수의 차별화를 도울 수 있다. 첫째, 트위터는 기본적으로 개인적인 의사소통 기법이 내포된 사회적 네트워크 의사소통 기법이다. 많은 교사들은 그들이 학급 전체에 트윗하는 만큼 자주 트위터 내 개인적 트윗 기능을 사용한다는 것을 발견한다. 다음으로, 학생들이 수업에서 교사나 다른 이로부터 도움을 요청하게 함으로써 이러한 유형의 의사소통 기법은 강화될 것이다. 트위터가 이 책에 기술된 칸 아카데미나 브레인 팝(BrainPOP), 혹은 다른 공학도구들처럼 수학

콘텐츠를 제시하지는 않지만, 이는 21세기 의사소통기술을 대표하며, 교사가 항상 도움을 줄 수 있다는 것을 학생들이 알게 한다.

마지막으로, 수학 수업에의 참여 동기가 낮은 학생들에게 트위터는 중요하다. 교사들은 참여하고 있거나 참여하지 않는 학생들을 쉽게 팔로우할 수 있고, 그런 다음 적절하게 교수활동 그리고/혹은 질문을 지도할 수 있기 때문에 이런 의미에서 트위터는 강제적인 상호작용을 하게 한다. 이런 점에서 트위터는 수업이나 수학 숙제를 정상적으로 완수하지 못한 학생들의 참여를 더욱 높일 것이다(Young, 2012). 이러한 장점으로 트위터는 수학 교수의 차별화를 위한 강력한 교수도구라 할 수 있다.

수학 교수를 위한 새로운 공학도구

앞서 설명한 사회적 네트워킹 도구는 학생들이 수학에 초점을 둔 PLN을 시작하게 하거나 수학 문제해결을 위해 협력적으로 활동하게 할 수 있다. 물론 많은 다른 도구들도 수학 활동을 지원하고, 협력적 혹은 사회적 기반 학습을 촉진할 수 있다. PLN이 형성된 수업에서도 여전히 학생들은 수학 숙제를 혼자 할 때면 어려움을 겪게 된다. 이러한 이유로 학생들이 집에서 수학 숙제를 하면서 어려움을 겪을 때, 혼자 내버려지지 않는다고 확신하도록 다양한 공학 도구가 개발되었다. 예를 들어, IDEAL Web Math는 학생들이 개별적으로 계산기를 사용하여 문제를 해결하도록 지원하는 안드로이드 계산기 앱이다(https://play.google.com/store/apps/details?id=in.co.accessiblenews.ideal.webmath). 많은 온라인 계산기와는 다르게 이 앱은 수학 문제의 답만 계산하는 게 아니라, 어떻게 답이 도출되었는지 설명한다. 그러므로 이것은 현재 이용할 수 있는 많은 계산기 앱 중 하나라기보다는 진정한 교수도구라고 할 수 있다.

최근 개발된 여러 공학도구들은 불과 몇 년 전만 해도 가능하지 않았던 수학 활동의 기회를 제공한다. 예를 들어, WolframAlpha는 수학과 과학을 포함한 수천 가지 영역에 대해 학생들이 답을 찾을 수 있도록 도와주는 무료의 상호적 검색엔진 앱이다(www.wolframalpha.com). 구체적으로 살펴보면, 만약 이 프로그램에서 수학에 관한 질문을 한다면, 프로그램 스스로 온라인을 검색하여,

많은 온라인 계산기와는 다르게 IDEAL Web Math는 수학 문제를 계산하는 것뿐만 아니라, 어떻게 답이 도출되었는지 설명한다.

질문에 대한 데이터를 얻고, 답을 계산하여 제시할 것이다. 예를 들어, WolframAlpha 사이트에서, 학생은 "1990~2000년 미국 강수량 평균"을 입력하면, 이 프로그램은 몇 초 내에 정보를 얻고 답을 도출할 것이다.

최근에 개발된 수학 교수도구의 또 다른 예로 숙제 지원 프로그램인 ASSISTment 가 있다. 메인 주 뱅거에 거주하는 7학년 학생들은 온라인 프로그램에서 자동 피드백을 얻기 위해 수학 숙제 지원 프로그램을 사용하고 있다(McCrea, 2012). 이 프로그램은 여러 해 동안 제한적으로 이용되어 왔으며, 현재 전 세계 많은 학교에서 평가되고 있다(McCrea, 2012).

이와 더불어 수많은 다른 프로그램들이 협력적 활동을 지원한다. 협력적 활동은 전통적 수학 교수법은 아니지만, 오늘날 공학은 가정에서의 협력이 가능하게 한다. 많은 Web 2.0 도구는 협력적인 교수 기회를 촉진하게

> 많은 Web 2.0 도구는 협력적인 교수 기회를 촉진하게 되는데, 이런 협력적인 상황에서 학생들은 더욱 잘 참여하고, 수학 문제에 다양한 답을 시도하며, 서로 배우려 한다.

되는데, 이러한 협력적인 상황에서 학생들은 더욱 잘 참여하고, 수학 문제에 다양한 답을 시도하며, 서로 배우려 한다. 예를 들어, 교실 컴퓨터로 공부하는 4명의 학생에게 동시에 같은 문제를 제공하고, 함께 문제를 해결하는 학급을 가르친다고 상상해 보자. 실제로 그 학생들은 각자 집에 있는 컴퓨터로 정해진 시간에 네트워크로 접속하고, 약속된 저녁시간에 협력적으로 문제를 해결할 수 있다. 최신의 다양한 컴퓨터 기반 교수도구는 학생들이 정확히 같은 시간에 같은 문서로 작업하는 것을 가능하게 한다.

한 예로 Sync.in이 있다(http://sync.in). 만약 5명의 학생이 온라인에서 수학 문제를 풀고 있다면, 그 활동에 대한 각 학생의 기여도가 각기 다른 색으로 강조되고, 그들의 활동은 같은 시간에 모두의 스크린에 나타난다. 학생들은 문제를 풀 때 내장된 차트 기능을 사용하여 서로에게 질문을 하거나 코멘트할 수 있다. 하지만 Sync.in은 원래 문서처리 프로그램이라서 텍스트는 잘 다루는 반면, 숫자 표현에 있어서는 강력한 플랫폼은 아니다.

MixedInk는 학생들이 같은 시점에 같은 문서로 작업할 수 있는 협력적 활동을 위한 또 다른 무료 도구이다(www.mixedink.com). 이 플랫폼은 사용자 우호적이고, Sync.in보다 교실 상황에 더 적합한 경향이 있지만, 이것 또한 문서 작성 프로그램이

다. 이것은 학생들이 문장제 문제를 어떻게 풀어야 하는지에 대한 아이디어를 브레인스토밍하는 데 사용될 수 있지만, 수학적 표현에서는 약간 문제가 있다.

학생들을 지원하거나 수학 수업에서 협력적 활동을 촉진하기 위해 선택하는 애플리케이션이나 공학도구가 무엇이든 간에 이 시점에서 21세기의 협력적 활동은 10년 전 학급에서 보았던 것들과 아주 달라 보일 것이라는 것은 명확할 것이다. 현대의 수학 수업은 더욱 많은 협력적 활동과 다양한 공학도구에 의해 지원되는 더욱 많은 작업들로 특징지어질 것이며, 학생들이 서로에게 자원이 되어 줄 수 있는 협력적 구조에서 과제가 제시될 때 유익할 것이다. 본질적으로, 이것이 개인적 학습 네트워크의 훌륭한 점이다.

공학에서 유의할 점 하나

오늘날 수학을 가르치기 위한 공학적 옵션의 나열이 아주 위압적일 수 있지만, 교사들이 주목해야 하는 하나의 기본적인 유의점이 있다. 공학만으로는 훌륭한 교사가 아니라는 것이 초기 연구에서 분명히 제시된다(이 점에 대한 비평과 확장된 논의에 대해서는 Bender & Waller, 2013 참조). 요약하면 "그 상자만으로는 충분하지 않다!" 이는 컴퓨터나 노트북(즉 상자) 그 자체가 참여를 증가시키거나 학업성취를 이끌지 못한다는 것이 연구를 통해 나타났음을 의미한다. 오히려 교사들은 학업성취를 향상시키기 위해 좋은 교육, 좋은 연구 기반 교수기법, 교수적 실제로 입증된 공학기기를 사용해야 한다. 요약하자면, 늘 그렇듯이 교사들이 바람직한 학습을 분명히 하기 위해서는 학생들의 강점과 학습 프로파일을 제시할 필요가 있을 것이다. 이러한 맥락에서만이 교사들은 학생들의 요구와 선호도에 잘 맞는 차별화 교수전략과 적합한 공학기기를 선택할 수 있게 된다.

이 장의 다음 부분은 초등학교와 중학교 학생들을 위한 구체적 전략에 초점을 둔

> 공학 그 자체가 참여를 증가시키거나 학업성취를 이끌지는 못한다. 오히려 교사들은 학업성취를 향상시키기 위해 좋은 교육, 좋은 연구 기반 교수기법, 교수적 실제로 입증된 공학기기를 사용해야 한다.

다. 수학 교수에서 전도유망한 영역은 다음에 기술될 앵커드 교수의 개념이다. 또한 지난 30년 동안 많은 연구들은 인지과학과 두뇌 연구를 통해 다양한 이론을 개발해 왔으며, 이 관점에 대한 설명이 다음에 제시된다. 그 다음으로 고학년 학생들을 위한 수학 전략이 제시된다.

수학에서의 앵커드 교수

공통핵심교육과정에서 권장되고, 프로젝트 기반 학습이 강조(제3장에서 논의)된 것처럼, 수학 교수는 실생활 경험에 기반을 둔 문제, 즉 흥미로운 문제를 해결하기 위해 수학을 적용해야 하는 문제들이 학생들에게 제공될 때 가장 효과적이다. 앵커드 교수 접근만큼 수학에서 실생활 적용의 중요성을 강조한 수학 교수 절차는 없다(Bottge & Hasselbring, 1993; Bottge, Heinrichs, Chan, & Serlin, 2001; Bottge, Heinrichs, Mehta, & Hung, 2002; Bottge et al., 2007). 앵커드 교수에서, 5~8학년 응용수학은 도전적인 방식으로 문제가 제시된 비디오 삽화 형식의 실생활 이야기 문제를 사용하여 '구체적으로 만들어'진다. 앵커드 교수 지지자의 관점에서 수학은 실생활 문제해결에 '기반을 두어야(anchored)' 하는데, 이것은 비디오 공학기기의 창의적 사용에 의해 가장 효과적으로 이루어지게 된다.

앵커드 교수는 1997년 밴더빌트대학의 인지학습공학센터(Cognition and Learning Technology Center)에서 시작되었다. "Jasper Woodbury의 도전(The Adventures of Jasper Woodbury)"이라는 비디오 '앵커'를 이용한 교육과정 자료 세트(즉 실생활 수학 문제 시나리오)가 1997년 출판되었고, 최근 개정되었다(Bottge, 2007). 이 교육과정은 학생들이 CD를 사용하여 실생활 시나리오를 보고, 거리, 비율, 시간과 같은 개념을 포함한 수학, 기하학, 대수학 문제를 해결하도록 한다.

> 앵커드 교수에서, 5~8학년 응용수학은 도전적인 방식으로 문제가 제시된 비디오 삽화 형식의 실생활 이야기 문제를 사용하여 '구체적으로 만들어'진다.

앵커드 교수의 예

이 교육과정은 수학, 기하학, 대수학 교수를 위한 비디오 앵커로 12개의 비디오 삽화를 사용한다. 각 삽화에는 중학교 학생이 아주 흥미로워할 만한, 현실성 있는 시나리오를 통해 실생활 문제해결 도전 시리즈가 제시된다. 앞서 논의된 칸 아카데미와는 다르게, 이 비디오들은 문제해결 방법에 대한 설명을 제공하지 않고, 학생들의 동기를 유발할 만한 맥락적 배경에서 문제를 제시한다. 학생들은 컴퓨터기반 프로그램을 함께 사용함으로써 그들의 초기 계산에 기초하여 다양한 문제해결을 시도한다. 문장제 문제의 예시는 비디오 삽화의 사진과 함께 웹사이트에 게시된다. 상업적으로 구매 가능한 이들 시리즈는 기본 대수학과 기하학 기술을 사용하는 중학교 수학 응용에 중점을 두고 광범위하게 연구되어 왔다. 이 시리즈들은 5~8학년을 대상으로 고안되었고, 발행 날짜로 인해 공통핵심교육과정보다는 미국 수학교사협의회(NCTM, 2000)의 규준과 관련성이 있다.

"Kim의 Komet"은 이 시리즈의 한 에피소드이다. 이 에피소드는 학생들이 일차함수, 최적선, 기울기 계산, 높이(rise), 하강(run)과 같은 대수학 전 기술 개념을 익힐 수 있도록 설계되었다. 선행기술은 정수와 소수 계산이다. 이 비디오 앵커에는 두 명의 여자아이가 등장하여 5종 경기를 겨루는데, 이들은 자동차로 5개의 장애물(짧은 점프, 긴 점프, 공중제비 등) 중 하나를 완벽하게 넘어야 하며, 이를 위해서는 경사로에 있는 자동차를 어디서 출발시켜야 하는지 계산해야 한다. 처음에 학생들은 장애물을 넘는 자동차의 비디오 예시를 통해 시간과 거리를 알 때 속도 계산하는 것을 배운다(Bottge et al., 2007). 다음으로 학생들은 속도와 분진점(release points)을 표시하고 최적선을 그린다. 이것을 컴퓨터 프로그램으로 완성한 후, 구성원들은 대형램프(손바닥 크기의 자동차를 위한 램프)와 비디오에 나오는 것과 유사한 5개의 장애물을 실제로 만든다. 램프의 구조에 대한 교수는 교육과정에 포함된다(Bottge et al., 2007).

앵커드 교수의 효과

비디오 앵커를 사용하여 수학 문제를 제시하는 것은 많은 학생들에게 긍정적이며 꽤 의미 있을 수 있다(Bottge et al., 2007). 더 나아가 이 교수법의 증대는 최근 두뇌 적합화 교수에 대한 이해와 직접적으로 관련된다. 예를 들어, 제1장에서는 정서적 뇌에 관해 논의했고, 문제를 해결하는 데 정서적 개입과 동기가 주요 역할로서 작동했다. 정서적 개입이 없으면 학생들은 수학 활동에 덜 동기화될 것이다. 특히 학생들은 전통적 방식으로 문장제 문제(이야기 문제)를 배우는 것을 종종 지루해하며, 대부분 문제해결에 동기화되기 어렵다.

한편 앵커드 교수에서는 비디오나 CD로 문제가 제시되고, 학생들은 직접적이고 반복적으로 문제가 제시되는 실생활 상황을 보게 된다. 학생들은 앵커드 교수에서 사용된 비디오를 통해 매우 동기화되며, 문제와 문제해결에 참여하도록 이끄는 '정

서적 긴장'을 경험한다. 또한 이 교수법을 적용한 연구
자들은 앵커드 교수의 긍정적인 동기 효과를 반복적으
로 언급했다(Bottge et al., 2007). 학생들은 비디오에 제
시된 문장제 문제에 '열중'하며, 비디오에는 수학의 여러

비디오 앵커를 사용하여 수학 문제를 제
시하는 것은 많은 학생들에게 긍정적이며
꽤 의미 있을 수 있다.

하위영역의 문제로 구성된 실제적인 시나리오가 제시된다(Bottge et al., 2002; Bottge
et al., 2007). 더욱이 이 하위영역의 문제들로 수학 교수를 단계화할 수 있고 다양한
수준의 하위 학생집단에 적합하게 난이도를 수정할 수 있게 되므로, 이를 통해 교수
차별화가 이루어질 수 있게 된다. 앵커드 교수는 초등학교 고학년의 수학 문장제 문
제를 가르치기 위한 두뇌 적합화 교수도구라 할 수 있다.

게다가 연구자들은 일련의 수학 문제를 성공적으로 완수하도록 학생들을 동기
화시키고자 비디오 앵커 및 비디오 이야기에 기초한 응용 과제를 함께 사용해 왔다
(Bottge et al., 2001; Bottge et al., 2002). Bottge와 동료들(2001, 2002, 2007)은 이것
을 강화된 앵커드 교수(Enhanced Anchored Instruction)나 EAI로 언급했다. 요약하자
면, 학생들은 비디오 예시에 제시된 수학 문제를 해결하면서 수학에 집중하게 될 것
이며, 이것은 수학 문제해결에 기반을 둔 비디오 앵커에서 보여 주는 궤도를 형성하
는 것으로 이어진다. 이를 통해 수학을 아주 꺼리는 학습자들조차도 꽤 동기화된다.
예를 들어, 한 EAI 교수활동에서는, 학생들이 8~10일 동안 비디오 앵커에 노출된다.
다음으로 학생들은 짝 활동으로서, 자료를 가장 효과적으로 사용하기 위한 방법을 찾
기 위해 다양한 계산법을 사용하면서 수립한 계획을 읽는다. 이 시나리오는 광범위하
고 다양한 수학 문제로 구성되어 있다. 비디오 앵커 그 자체로도 상당히 동기화되지
만, 이 활동에 대한 학생들의 실제적 동기는 기회를 갖는다는 것이었다.

차별화 교수에 있어 비디오 앵커는 학생들이 특정한 문제에 접근할 수 있도록 다
양한 방법을 제공한다. 교사와 또래친구의 안내로—많은 앵커드 교수 연구는 학생
들이 짝으로 함께 활동하도록 강조한다—학생들은 전통적인 학급에서보다 더욱 구
체화된 방법으로 응용수학을 이해하기 시작한다. 또한 분리된 집단을 위해서, 이 같
은 비디오 기반 교수는 교사가 별도로 작업하게 되는 학생집단에게 폭넓고 다양한
옵션을 제공한다.

앵커드 교수에 관한 질문

선행연구에서 앵커드 교수 접근법의 효과를 입증해 왔지만(Bottge et al., 2001; Bottge et al., 2002; Bottge et al., 2007; Woodward & Montague, 2002), 아직 여러 이유로 이 접근법은 폭넓게 이행되지 않았다(Woodward & Montague, 2002). 첫째, 이 접근법은 최근에 시행되기 시작하여 여전히 개발 중이다. 다음으로, 광범위한 실행에 앞서 사용자에게 친근한 포맷의 폭넓고 다양한 비디오 교육과정이 개발되어야 한다. 더욱이 Woodward와 Montague(2002)는 앵커드 교수 수업이 상황에 기초하지 않는 개념 수업에는 일반화되지 않을 수 있다는 점에 관심을 가졌다. Woodward(2001)는 비디오 시나리오를 개발할 때 사회적인 이슈와 연관된 문제는 12~13세에게 적절하지 않다는 것을 지적했다. 다음으로, 대부분의 연구가 수학에 어려움을 겪는 학습자들을 대상으로 실시되어 왔기 때문에, 다양한 능력을 가진 학생들을 위한 실행이 타당한지 입증될 필요가 있다. 그러므로 수학에서 앵커드 교수를 실행하기에 앞서 여러 사항을 고려해야 할 것이다.

그렇더라도 이 교수 접근법을 실행하지 않을 수 없다. 예를 들어, 수년 이내에 교육자들은 학년 수준에 맞는 수학교육과정을 시행하는 데 있어 학생들에게 많은 수학 문장제 문제를 문어 형식이 아닌 다른 방식으로 제시할지도 모르며, 이는 실생활 문제해결을 더 친근하게 제시하게 될 것이다. 이러한 방법은 읽기의 결함으로 인해 수학에 어려움을 겪는 학생들에게 큰 도움이 될 것이다. 앵커드 교수를 사용함으로써, 문제해결기술은 강화된 비디오공학을 사용하여 교수될 수 있게 된다. 이로 인해 앵커드 교수는 대부분의 학생들이 제시된 문제를 해결하고자 노력을 기울이도록 동기화시키는 데 효과적일 것이다.

다음으로, 대부분의 교육자는 "이 문제가 내게 얼마나 중요해요?"라는 학생들의 질문을 받아 왔다. 앵커드 교수에는 그 '중요성'이나 문제의 적용성이 비디오에 제시된 문제와 실제적으로 적용하는 과제(즉 램프 만들기)를 통해 명백히 드러난다. 모든 문제가 실생활의 실천적이고 실제적인 문제를 강조한다는 것은 이 질문에 대한 만족스러운 답이 되지 못할 것이며, 이는 앵커드 교수 원리에 근거한 수학 교수로의 이동으로 해소될 수 있을 것이다.

앵커드 교수의 이러한 교수적 측면은 실생활 문제, 문제해결에서의 팀워크 등을 강조하는 프로젝트 기반 학습에서 강조되는 몇 가지 교수적 실제와 유사하다(제3장의 PBL 논의 참조). 그러므로 어떤 전문가들은 이 두 가지를 동일한 교수적 패러다임 양상을 지닌 것으로 고려할 수 있을 것이다. 하지만 이 두 가지 사이에는 명백한 차이점이 있다. 예를 들어, EAI에서는 문제가 학생들에게 제시되는 반면, PBL에서는 학생들이 문제의 생성에 참여한다. 그럼에도 불구하고 궁극적으로 PBL은 앵커드 교수를 사용하기 위한 훌륭한 교수적 플랫폼을 제공할 것이다.

마지막으로, 앵커드 교수로의 이동은 적절한 교육과정이 광범위하게 이용될 수 있을 때만 실행될 것이다. 아직까지는 드물지만, 몇 년 내에 주요 출판사들이 점차 적극적으로 비디오 앵커를 만들게 되기를 기대해 본다.

> 앵커드 교수에는 그 '중요성'이나 문제의 적용성이 비디오에 제시된 문제를 통해 명백히 드러난다.

수학공통핵심교육과정에서 강조된 바와 같이, 교사들은 수학의 진정성과 실제적인 적용에 대한 교수적 요구에 직면하게 되면서, 앵커드 교수전략은 새로운 수학교육과정 개발에 있어서 가장 중요한 영향력을 행사하게 될 것임은 분명할 것이다. 문제해결 교육과정이 이 포맷으로 제시됨으로써 얻는 효과로 인해서 10년 내 대부분의 문제해결 교수가 이 모델로 이동하게 될 것이다.

결국 이 접근법은 차별화 교실의 학생에게 많은 분리하기 옵션을 제공할 것이므로, 차별화 교수로 이동하는 교사들은 이것을 하나의 교수 옵션으로 고려해야 할 것이다. 오늘날 교사들은 앞서 언급한 프로그램과 같이 현존하는 프로그램의 적용을 고려해야 하고, 가능하다면 언제든지 교육과정 내에 앵커드 교수를 포함해야 한다.

고학년에게 게임 가르치기

21세기 교실에서의 공학기반 게임의 광범위한 개념이 앞서 논의되었는데, 수학교육용 게임은 중학교 학년과 고등학교 학년에서 더 많이 선택된다(Helms, 2013; A. Miller, 2011a, 2011b; Takahashi, 2012). 더욱이 공학기반 게임에 더하여, 공학기반 교수가 포함되지 않은 중학교 수학 수업에서 시도한 실제적인 게임 상황이 많이 있으며, 와이파이가 안 되는 교실에서 이들 게임은 수학 교수를 차별화하는 데 매우 적합하다.

물론 고학년 학생들은 수학에 대한 반감을 오랫동안 가져 왔기 때문에 중학교 그리고/혹은 중·고등학교 학생들을 위한 재미있고 도전적인 수학을 만드는 것은 상당히 힘든 일일 수 있다. 어떤 경우, 중·고등학교 학생들은 수학 활동에 전혀 동기화되어 있지 않을지도 모른다. 때론 이 현상은 어린 시절에 수학에서 실패를 경험했기 때문일 수도 있다. 심각한 동기부여 문제가 있는 고학년 학생들을 위해서는 수학 기반 교수용 게임을 사용하는 것만이 답일 수 있다(Helms, 2013).

최근에 개발된 중학교 수학을 위한 온라인 게임의 예로서 "미궁의 유혹(Lure of the Labyrinth)"을 들 수 있다. 이것은 교육용 게임으로, 영향력 있는 팀에 의해 개발되었기 때문에 수학교사로부터 많은 관심을 받아 왔다. 처음에 이 게임은 FableVision(www.fablevision.com/)과 공동으로 매사추세츠 교육공학게임연구소(MIT Educational Arcade, educationarcade.org)에 의해 개발되었다. 이 온라인 팀플레이 게임은 매릴랜드 공익 텔레비전(Maryland Public Television)의 웹사이트(labyrinth.thinkport.org)가 주최했었다.

이 게임에서 학생들은 잃어버린 개를 구하기 위해 비밀 미로를 찾는다. 어린 여자아이의 생김새를 하고 있으며, 때때로 도움을 주는 기묘한 요정이 그들을 찾아온다. 학생들은 게임을 하는 동안 서로 주기적으로 의사소통을 하며, 진전을 보이고, 다양한 문제를 해결하기 위해 수학적 절차를 사용한다. 이 게임은 수감각과 비율, 비례, 변수, 기하학, 대수학 전 기술에 초점이 맞춰져 있다. 이 게임의 처음 1분은 유튜브에서 볼 수 있으며(www.youtube.com/watch?v=SXN9M4hFV8M), 더 긴 샘플 동영상도 볼 수 있다(www.youtube.com/watch?v=t-VEAVimafs). 이 게임에는 실제적이고, 과제에 기반한 다양한 평가 전략이 삽입되어 있다. 이를 통해 수학교사는 각 학생의 진전을 추적하기 위한 표적 데이터를 제공받을 것이다.

오늘날 교사들은 수학 교수에 게임을 사용하는 방법을 찾고 있으며, 여기에는 특별히 수학 교수도구로 개발되지 않은 게임도 포함된다. 예를 들어, 7학년에서 고등학교까지의 많은 교사들은 인기 있는 게임인 "앵그리버드"를 대수학 교수도구로 사용하는 것을 살펴보았다(Helms, 2013). 사실 간단한 구글 검색만으로도 수학 수업에서 앵그리버드 게임을 사용하는 방법을 찾을 수 있고, 어떤 웹사이트는 이제 여러 학년 수준에 걸쳐 수학 교수에 앵그리버드 게임을 사용하는 법을 보여 준다(www.

mathgametime.com/games/angry-birds_1_1).

온라인, 클라우드 기반 게임, 혹은 ARG에 대한 관심
이 증가하면서, 베테랑 수학교사는 여러 해 동안 게임
을 사용하여 수학을 가르친다는 사실을 깨닫게 될 것이

> 심각한 동기부여 문제가 있는 고학년 학생들을 위해서는 수학기반 교수용 게임을 사용하는 것만이 답일 수 있다.

다. 물론 오늘날은 이전에 비해 수학 게임을 더 강조하고 있다(Shaftel et al., 2005).
또한 새롭게 개발되는 게임들은 공학과 관련 없는 보드게임이기 때문에, 와이파이가
안 되거나 컴퓨터 접근이 차단된 학교의 교사들에게 중요한 관심사가 될 수 있다. 예
를 들어, Shaftel과 동료들(2005)은 학생들이 게임판을 돌아가며 다양한 유익한 활동
을 한다는 점에서 다른 보드게임과 유사한 2개의 보드게임을 설명한다. "그것이 인
생(That's Life)"이라는 게임에서 학생들은 게임판의 바깥 가장자리 주위에 사각형 모
양으로 자리 잡고, 자동차를 사거나 50달러 신용카드 청구서를 지불하거나, 50달러
로 의류 쇼핑을 하는 것과 같이, 성인 수준의 다양한 경제활동에 참여한다. 물론 100
달러의 공공요금을 지불해야 하거나 룸메이트의 이사로 렌트비가 두 배로 늘어나는
것과 같이 예측할 없는 요소가 존재하기도 한다(이는 소수 곱셈을 가르친다). 이와
같은 게임들은 재무계획 기술과 다른 수학기술(소수점 두 자리 수의 덧셈과 뺄셈)을
가르칠 뿐만 아니라, 수학을 꺼리는 대부분의 중·고등학생들의 관심을 얻게 될 것이
다.

인지전략과 두뇌 연구

앞서 논의되었듯이 구성주의적 사고가 아닌 인지과학이 최근 수십 년간 많은 전통
적인 전략의 기반이 되어 왔다. 이와 관련된 연구들은 뇌 인지과학이나 학습의 초인
지 이론으로 언급되어 왔다. 인지전략은 수학에 대한 더 깊이 있는 개념적 이해의 증
진뿐만 아니라 과제의 절차적 완성에 방향을 맞추고 있기 때문에, 수학공통핵심교
육과정에서 깊은 수준의 이해가 강조되는 것에 부합된다. 사실 이러한 이유로 학습
에 관한 인지 이론들은 최근 수십 년간 교육심리에 상당한 영향력을 끼쳐 왔다(E. D.
Jones et al., 1997; Sousa, 2008).

초인지는 문자 그대로 '사고에 관한 사고'를 의미한다. 그것은 또한 과제를 수행하

문자 그대로 초인지는 '사고에 관한 사고'를 의미한다. 그것은 또한 과제를 수행하는 방법을 계획하고 점검하는 것으로 정의된다.

는 방법을 계획하고 점검하는 것으로 정의된다. 초인지 이론은 1970년대와 1980년대에 발전했으며, 초기의 행동 기반 학습 이론으로부터의 유의미한 변화를 나타내는데, 이는 제4장에 기술되었듯이 시간지연 교수기법의 기반이 되었다.

초인지 이론은 행동심리학자들이 관찰할 수 없으면 중요하지 않다고 간주하는 사고과정이 문제 완성의 기초가 된다고 규정한다. 하나의 간단한 예를 통해 이러한 관점을 설명할 수 있다. 아래의 문제를 생각해 보자.

$$45$$
$$+87$$

가장 단순한 수학 문제조차도 정확한 답을 얻기 위해서는 여러 단계를 순차적으로 수행해야 한다. 최소한 이 문제는 학생에게 다음을 요구한다.

- 일의 자리의 숫자를 더해라(12의 합을 얻으려면).
- 일의 자리의 아래에 숫자 '2'를 써라.
- 십의 자리의 가장 위에 숫자 '1'을 써라.
- 십의 자리의 숫자 3개를 더하라(10의 합을 얻으려면).
- 문제 아래에 합에 대한 숫자를 모두 써라.

물론 순차적 단계는 수학에 어려움을 겪는 학생들에게 매우 어려울 수 있다. 특히 학습장애학생들은 이러한 과제를 조직화하고 계획을 세우는 데 어려움이 있다. 그러므로 학생을 위해 열거된 이 단계들은 학생이 자신의 수행을 점검하면서 '사고에 관해 사고'하도록 하거나 수학 문제를 완성하기 위해 여러 단계를 계획하도록 한다.

1980년대 후반 MRI 뇌 스캔 기법의 발달로 두뇌 연구가 시작되었는데, 최근 연구에서 학생들이 문제 완성에 대한 자신의 단계를 점검하기 위해 실제로 수학 문제를 풀 때 사용하는 것과는 다른 뇌 영역을 사용한다는 사실이 밝혀졌다(Sousa, 2008). 수학적 사고가 우반구와 시각피질을 기반으로 하는 반면, 수학 문제를 완성하기 위한 계획하기(즉 초인지적 사고)는 대뇌 좌반구의 전뇌 영역을 기반으로 한다. 그러므로 위의 문제에 대한 인지적 계획과정 — 즉 문제 완수를 위한 단계의 계획과 점검 —
은 실제적 덧셈 기능과는 다른 뇌 영역에서 발생한다. 수학 문제를 풀 때, 학생들은
단계를 '계획'하기 위해서 그들의 전뇌를 사용하고, 사실적 계산을 수행하기 위해서
는 뇌의 다른 부분을 사용한다. 만약 수학교사로서 우리
가 학생이 문장제 문제나 연산문제를 완성하기 위해서
알아야 하는 정확한 단계를 명백하게 가르친다면, 학생
은 문제의 단계를 더 잘 계획하고, 그 문제에서 자신의
진전을 점검할 수 있을 것이다. 이를 통해 궁극적으로는
더 높은 수학 성취에 이르게 될 것이다.

> 학생들이 수학 문제를 실제로 풀 때 사용하는 것보다 문제 완성에 대한 자신의 단계를 점검하기 위해서 그들 뇌의 다른 부분을 사용한다.

그러므로 이 두뇌 연구는 인지적 교수를 강조하는 하나의 토대가 되어 왔다. 또한
이러한 교육적 실행과 관련하여 인지전략, 초인지전략, 학습전략을 포함한 다른 용
어가 사용될 수 있다. 그러나 그러한 전문용어의 사용과 관계없이, 자신의 진전에 대
해 자기점검을 하면서 개념적으로 문제를 생각하고 단계를 순서적으로 완수하도록
학생을 돕는 것이 중요하다.

기억을 향상시키기 위한 단순한 기억술과 인지전략 간의 차이점을 고려하는 것은
인지 교수를 더 잘 이해하는 데 도움을 준다. 기억술은 전형적으로 학생들이 문제의
기본 단계를 기억하도록 하기 위해 사용되며, 더욱 광범위한 학습전략의 구성요소
중 하나이다. 예를 들어, 수십 년 동안 긴 문장 "Please excuse my dear Aunt Sally."는
여러 단계의 공식으로 계산하는 연산을 수행할 때 학생들이 순서대로 기억하도록 도
움을 주어 왔다. 기억술 기반 문장에서 각 문장의 첫 번째 글자는 연산의 순서를 이
루는 용어의 첫글자와 관련된다[parentheses(괄호), exponents(지수), multiplication(곱
셈), division(나눗셈), addition(덧셈), subtraction(뺄셈)]. 같은 개념을 가르치기 위해
서 사용된 다른 두문자로는 PEMDAS가 있다. 이것은 단지 기억술이고, 다양한 연산
을 순서대로 수행해야 하는 '이유'처럼 이것이 목표가 아니지만 더 깊이 있는 이해로
이끈다는 점에서 기억술로 여겨져야 할 것이다. 정의를 기억하기 위한 동작과 챈트,
노래, 리듬을 사용해서 기억을 돕는 것들과 관련된 기억술이 있다.

역으로, 인지전략은 일반적으로 두문자어나 기억강화 문장보다 더 복잡하며, 단
계가 왜 제안된 방식대로 순서화되어야 하는지에 대해 강조한다. 그러므로 인지전략

이 기억강화 두문자보다 더 개발되어야 하며, 완성하는 데 더 많은 시간이 요구되는 경향이 있다.

문장제 문제를 위한 인지전략

지금까지 많은 연구자들은 학생들이 문장제 문제를 푸는 단계를 구체화하는 인지적 전략이나 기법을 개발해 왔다(Woodward & Montague, 2002). 이 단계들은 일반적으로 학생들이 기억해야 하는 두문자어에 의해 표상되고, 그 단계의 기억과 각 단계를 완수하기 위한 개념적 기반을 강조한다. 두문자어가 사용되지 않고 학생들이 더 깊이 있게 수학 문제에 대해 사고하기 위해 다른 전략들이 시도된다. 일반적으로 4학년 이상의 교사들은 분리된 집단에게 문제해결 전략을 차별화하여 배정할 수 있기 때문에 다양한 전략을 가지고 있어야 한다. 아래에 여러 전략이 제시된다.

> 인지전략은 일반적으로 두문자어나 기억강화 문장보다 더 복잡하며, 단계가 왜 제안된 방식대로 순서화되어야 하는지에 대해 강조한다.

RIDD 기법

Read(읽기), Imagine(상상하기), Decide(결정하기), Do(실행하기) 전략(RIDD; Jackson, 2002)은 학생들이 새로운 정보를 의미 있는 시각, 청각, 운동 단위로 변환하도록 돕는 이미지를 사용한다. 이 전략을 사용함으로써 새로운 자료는 학생들의 정신적 데이터베이스로 변환되고, 이는 더 효과적인 학습을 만든다. RIDD는 우선 학생들이 수학 문제와 문제의 지시사항을 읽는 데 도움을 주기 위해 개발되었고, 학년별로 수학에 어려움을 겪는 학생들에게 사용되어 왔다. 더욱이 이 전략은 시범을 보이기 쉬워서, 기법을 가르치는 시간이 덜 소요된다. 마지막으로 수학에서는 답만이 중요하다고 보는 학생들에게 문제를 푸는 과정이 중요하다는 것을 이 전략의 적용을 통해 가르칠 수 있다. 요약하자면, 수학에 어려움을 겪는 학생들이 인지전략을 배우는 다양한 이유가 있다. 많은 인지전략과 같이, RIDD 전략은 두문자어를 사용하는 것이며, **글상자 6.2**에 제시되어 있듯이 아동이 완수하기 위한 4가지 초인지전략으로 구체화된다.

글상자 6.2	RIDD 전략

Read the problem(문제를 읽는다). RIDD의 R은 "처음부터 끝까지 문단을 읽는다"는 것을 의미한다. 수학에 어려움을 겪고 있는 학생들은 구두점까지 읽지 않고 본문의 한 줄이나 하나의 활동을 내포하는 한 문구를 읽고는 중단한다. 더욱이 이 학생들은 잘 모르는 단어에서 멈출 것이며, 이 때문에 완전하게 이해하지 못하여 오답을 한다. 결과적으로, 이 기법은 어려운 단어를 간단한 단어나 이름, 무의미 단어로 대체하여 '계속 읽도록' 가르치는 것이다. 잘 모르는 단어를 '지정된 단어(designated word)'로 대체하도록 가르치는 것은 기억 처리과정 자원을 도출하게 하여 학생들이 본문에서 의미를 구성하는 과정을 지속하도록 한다. 처음 읽을 때 글 속의 긴 숫자도 대체해야 할 것이다. 그다음 학생이 다시 문제를 읽도록 격려해야 한다. 이 기법을 가르칠 때, 교사들은 몇 개의 대체용어를 사용하면서 문제를 소리 내어 읽고, 전략을 모델링해 주어야 한다. 학생들은 왜 교사가 단어를 대체하는지 알아야 한다.

Imagine the problem(문제를 상상해 본다). RIDD의 2단계는 I로 상징되고, '문제를 상상해' 보도록 학생들을 격려한다. RIDD에서 이미지의 사용은 학생이 새로운 정보를 의미 있는 시각적 · 청각적 · 운동감각적 형태로 만들도록 돕는다. 또한 이미지 처리과정은 아동 뇌의 다양한 영역을 활성화시키며, 문제해결의 인지적 자원과 더욱 관련성이 있다.

다음으로 문제의 새로운 개념 자료는 학생의 지식 기반에 쉽게 저장된다. 이미지 단계는 두 가지 초인지의 목적에 알맞다. 첫째, 학생들이 문제의 개념이나 연산에 초점을 맞추도록 하고, 둘째, 학생들이 문제에서 단계의 수행을 점검하도록 돕는다.

Decide what to do(무엇을 할지 결정한다). RIDD의 첫 번째 D는 "문제를 해결하기 위한 방법을 결정한다"는 것을 상징한다. 학생들은 문제와 이에 대해 만든 시각적 이미지로부터 이해한 것을 머릿속으로 검토함으로써 문제 푸는 방법을 결정한다. 어린 학습자를 위해서는, 이 단계에서 학생이 문제를 풀기 위해 어떤 절차를 선택할지 결정하는 데 있어 교사가 안내자로서 질문을 통해 촉진할 수 있다.

Do the work(실행한다). 마지막 단계는 RIDD의 두 번째 D를 상징하고, "실행한다"는 것을 의미한다. 문장제 문제에 어려움을 겪는 많은 학생들은 문제를 읽어 가다가, 첫 번째 연산에 관한 내용까지 읽고 멈춰 연산을 시작한다. 물론 이것은 실수를 하게 만들기 때문에 RIDD 기법은 실행하기 이전에 여러 단계로 계획하도록 강조한다. 이 마지막 단계를 시작할 때 학생들은 문제를 완성하기 위해 그들이 이미 시각화한 것과 문제를 해결하기 위해 이미 결정한 것을 사용한다.

첫째, 이 인지기법들이 앞 장에서 논의된 시각화, 이미지화, 인지적 안내 질문과 같은 많은 기법들과 어떠한 관련이 있는지에 주목해 보자. 이 기법은 아주 효과적인 교수기법을 하나의 종합적 전략으로 합한 것으로서, 차별화된 수학 수업의 많은 학생들을 위한 탁월한 선택이 된다. 특히 시각적인 학습에 강한 학생들은 시각화가 유용하기 때문에 이 전략이 더 유용하다. 교사들은 시각적인 학생들에게 주류라인 교수집단이 배우지 않는 전략을 차별화된 집단에서는 배우게 될 것이라고 말함으로써 그들이 참여하도록 할 수 있다! 이는 차별화된, 분리된 집단이 이 전략에 더 흥미를 갖게 만든다.

학생들은 종종 마지막 단계만이 '뭐라도 하는' 단계이기 때문에 RIDD를 좋아한다고 말한다. 교사들은 이 기법을 이행하면서, 때로는 학생들이 그런 생각을 말하는 것을 듣게 될 것이다. 물론 이것은 처음 세 단계의 계획 혹은 초인지 과정이 전체 문제해결과정의 중요한 부분이라는 것을 학생들이 인지하지 못함을 의미한다. 요컨대 RIDD를 사용하는 것은 문제를 읽는 것과 그 문제에서 요구되는 수학을 하는 것 사이에 관련된 다른 단계들이 있다는 것을 학생이 깨닫도록 도와준다.

> RIDD와 같은 전략을 사용할 때, 교사들은 인지전략인 두문자어를 아는 것과 차별화된 수학 수업에서 전략을 성공적으로 사용하는 것 간에 상당한 차이가 있음을 이해해야 한다.

RIDD와 같은 전략을 사용할 때, 교사들은 인지전략인 두문자어를 아는 것과 차별화된 수학 수업에서 전략을 성공적으로 사용하는 것 간에 상당한 차이가 있음을 이해해야 한다. RIDD는 모든 인지전략과 마찬가지로 여러 주 동안 여러 수업에서 반복적으로 교수되어야 하며, 궁극적으로는 학생들이 모든 문장제 문제에 접근하는 기반이 될 것이다.

다양한 이론이 인지전략을 교수하기 위한 다른 지침들을 제공하지만, 모두 오랜 시간 동안 인지전략을 사용해서 반복적으로 연습할 것을 강조한다. **교수 팁 6.2**에 제시된 단계들은 다양한 인지전략 절차에서 공통적이며, 이 장에 제시된 모든 인지전략에서 사용되어야 한다. 또한 모든 전략 교수는 그 전략이 저절로 기억나고 학생들에 의해 즉각적으로 사용될 수 있을 때까지 학습된 전략을 매일 반복적으로 연습하는 것이 결정적으로 중요하다.

문장제 문제를 해결하기 위해 학생들이 할 수 있는 또 다른 전략은 STAR 기법이다(Foegen, 2008; Gagnon & Maccini, 2001). STAR 기법은 문제를 완성하기 전에 학

교수 팁 6.2   인지전략으로 가르치기

1. 초기 안내된 연습으로, 전략과 그 전략이 어디에 사용될 수 있는지 설명한다. 학생들에게 그 전략에 적합한 문제와 적합하지 않은 문제를 식별하도록 가르친다. 전략 단계의 포스터를 만들어 교실 앞에 붙인다.
2. 구어와 사고 간의 차이점을 설명한다. 전략은 일생 동안 수학적 문제를 해결하도록 지원해 줄 수 있는 사고방법이라는 것을 학생들이 이해하게 한다. 이를 통해 학생들은 전략을 가치 있다고 생각하고 그 전략을 배우고자 하는 동기감이 증가한다.
3. 한 번에 하나의 전략 단계를 소개한다. 각 단계를 따로, 그리고 다른 단계와 결합해서 모델링해 준다. 단계마다 강화를 제공하고 오랜 기간 각 단계를 연습하게 한다. 그 단계들을 외우고, 각 단계를 상기하고, 각 단계의 활동을 구별하도록 학생들을 명시적으로 가르친다. 각 단계에서의 전략 실행이 자동화될 때까지 학생들과 활동한다.
4. 각 단계를 가르치는 데 직접교수(제2장에 기술)를 사용한다. 학생들이 독립적으로 단계를 말하고 쓰게 되면, 그들은 문제를 푸는 데 전략을 사용하기 시작할 수 있다.
5. 다른 문제로의 폭넓은 적용과 일반화에 목적을 둔다. 학생들이 전략을 배우게 되면, 그들에게 일정 기간 동안 매일 전략을 연습할 기회가 제공되어야 한다.

생들이 문제를 충분히 생각할 수 있도록, 문장제 문제를 의미 있는 수학 공식으로 바꾸는 것을 강조한다. 이 전략은 앞서 논의된 CRA 교수 절차를 사용한다(구체적 · 표상적 · 추상적 교수; Foegen, 2008). STAR 전략의 단계는 **글상자 6.3**에 제시된다.

이 과정에서 구체물과 이미지 표상이 모두 사용되지만, 여기에서는 문장제 문제의 공식을 언어적으로 전환하는 데 강조점을 둔다. 그러므로 위의 RIDD 전략과 반대로, STAR 전략은 언어기술에 강점이 있는 학생에게 적절한, 주로 언어기반의 언어학적 기법이다. 교사들은 각기 다른 학습의 강점을 이용하는 인지전략을 선택하여 사용함으로써 교수를 쉽게 차별화할 수 있다.

물론 교사가 인지전략 교수로 이동하게 됨에 따라, 학생들에게 너무 많은 옵션을 제시함으로써 문장제 문제와 연관된 핵심을 혼동할 가능성이 있다. 그러므로 만약 여러 인지전략이 동일한 집단의 학생들에게 같은 기능을 제공하는 경향이 있다는 것을 교사들이 알게 되면, 어려움을 겪는 학생들이 표상화할 수 있도록 그것들 중 하나의 전략만을 선택해야 한다.

차별화된 수학 수업에 있는 다양한 구성원을 위해 각기 다른 전략을 신중하게 사

글상자 6.3	STAR 전략

Search the word problem(문장제 문제를 탐색한다).

    1. 문제를 주의 깊게 읽는다.
    2. "내가 아는 것이 무엇인가? 그리고 내가 찾아야 하는 것은 무엇인가?" 질문한다.
    3. 사실들을 적는다.

Translate the words into an equation in picture form(문장을 그림 형식의 공식으로 바꾼다).

    1. 문제해결을 위한 변수를 선택한다.
    2. 필요한 연산을 결정한다(단서단어 사용).
    3. 가능하다면 구체물로 문제를 표상한다.
    4. 알고 있는 사실과 연산을 포함해서 그 공식을 그림으로 그린다.

Answer the problem(문제에 답한다).

    1. 미지수를 풀기 위해 필요한 연산을 수행한다.

Review the solution(풀이를 검토한다).

    1. 문제를 다시 읽는다.
    2. "답이 맞는가? 왜 그런가, 왜 그렇지 않은가?" 묻는다.
    3. 답을 점검한다.

출처 : Gagnon & Maccini(2001)에서 수정함.

용하는 것은 매우 효과적인 교수기법이 될 수 있다. 또한 차별화된 수학 수업에 기법과 전략을 다양하게 제공하기 위해서는 교사들이 학급의 다양한 학습집단에게 다양한 기법을 자유자재로 사용할 수 있어야 한다. 다음에 제시된 기법은 문장제 문제를 위한 하나의 부가적 학습전략이고, 다음으로 우리는 고학년에서의 차별화된 수학 교수를 위한 여러 가지 다른 인지적 접근법을 살펴볼 것이다.

SQRQCQ 기법

학생들은 문장제 문제에 포함된 많은 수학 개념에 대해 심사숙고하여 문제를 읽음으로써 배우게 된다. 그러므로 학생들의 읽기기술은 수학에서의 성취를 직접적으로 방해할 수 있다. 물론 모든 교과목을 담당하는 교사들이 읽기를 강조하지만, 문장제 문제에서는 때로 역사나 과학에서 문단을 읽을 때보다 읽기기술—하나의 용어가 문제의 전체 의미를 바꿀 수 있다—이 조금 더 요구된다. 사실 어떤 학생들은 수학에 강점을 가지고 있으나 수학 점수는 높지 않을 수 있는데, 이것은 문장제 문제에서 수학적 기능을 수행하기 위해 필요한 지시사항이나 단어를 읽고 이해할 수 없기 때문일 수 있다. 그러므로 수학교사들은 읽기를 가르쳐야 하고, 이를 위한 하나의 방법은 학생들에게 문제 속 개념과 연산에 관한 용어를 정리할 수 있는 그래픽 조직자를 제공하는 것이다.

Barton과 Heidema, Jordan(2002)은 문장제 문제의 글을 읽는 데 도움을 주는 인지전략을 제안했다. 그 전략은 SQRQCQ 방법이라 불린다. 앞서 논의된 전략과 같이 이 전략은 문제가 무엇인지 그리고 그들이 그것을 풀기 위해서 어떻게 시작하는지 학생들이 정확하게 충분히 생각하도록 돕는다. 이 단계들은 **글상자 6.4**에 제시된다.

여러 가지 면에서 이 전략은 앞서 기술된 전략보다 더 세부적이다. 예를 들어, 이 전략의 3단계에서는 학생들이 문제를 다시 읽도록 명시적으로 요구된다. 또한 4단계에서는 연산의 순서가 강조된다. 마지막으로 이 기법은 모든 인지전략과 마찬가지로 오랜 시간 동안 가르치고 반복적으로 강조되어야 할 것이다.

글상자 6.4　**SQRQCQ 전략 단계**	
Survey(문제 개요 파악하기)	문제를 전반적으로 이해하기 위해서 빠르게 읽는다.
Question(첫 번째 질문 하기)	문제에서 요구하는 정보가 무엇인지 질문한다.
Read(다시 읽기)	관련 정보와 사실, 그리고 그것을 풀기 위해 필요한 세부사항을 찾아내기 위해 문제를 다시 읽는다.
Question(두 번째 질문 하기)	문제를 풀기 위해 해야 하는 활동에 대해 질문한다. "어떤 연산을 수행해야 하고, 어떤 순서로 하지?"
Computer(계산하기)	계산하여 답을 구한다.
Question(최종 질문 하기)	풀이과정이 옳고 답이 타당한지 묻는다.

PASS 전략

PASS는 비교적 새로운 지능 이론과 인지 이론에 기초한 인지전략이다. 이 전략은 초 · 중 · 고등학교 학생들이 그들 자신의 인지적 처리과정을 수학 문제를 해결하기 위해 상호작용하는 처리과정으로서 이해하도록 효과적으로 도울 것이다. 이 이론은 뇌 구조에 대한 최근 연구에서 발견된 지능에 대한 이해에 기반한다(Das, Naglieri, & Kirby, 1994; Naglieri & Gottling, 1997; Naglieri & Johnson, 2000).

> PASS는 비교적 새로운 지능 이론과 인지 이론에 기초한 인지전략이다.

PASS는 알고리즘과 개념 구성, 토의 중인 문제에 대한 깊은 이해를 이끌어 내므로, 수학공통핵심교육과정에 진술된 목적에 부합한다. PASS의 두문자는 다음을 의미한다.

P Planning (계획하기)

A Attention (주의집중)

S Simultaneous (동시처리)

S Successive (순차처리)

두문자의 항목은 수학 문제를 완수하기 위한 정신적 기능뿐만 아니라 학생들이 경험하는 단계를 모두 고려한다. 첫 번째 정신적 기능인 계획하기는 문제를 완성하기 위해 필수적인 전략과 계획을 개발하는 과정이다(Naglieri & Gottling, 1997; Naglieri & Johnson, 2000). 이는 대부분 대뇌의 전뇌에서 일어나며, 과제 완성과 관련된 자기점검과 자기규제, 처리과정의 활용을 포함한다. 많은 다른 인지적 전략에서와 마찬가지로, 이 단계에서는 학생들의 사고과정을 강화하고 문제해결을 위한 계획하기가 실제 문제해결만큼 중요하다는 것을 이해하게 한다.

다음 정신적 과정인 주의집중은 활동에 집중, 주의산만 억제, 문제 속 관련 있는 사실에 대한 선택적 주의를 일컫는다. 또한 주의집중은 관련 없는 자극의 억제와 문제에 대한 '적절한 수준'의 각성과 관련된다(예 : 어떤 교사든지 수학 문제 속 특정 주제를 논의하게 할 때 지나치게 자극받거나 덜 자극받는 학생들을 경험했을 것이다).

다음으로, 동시처리과정 기능은 뇌의 후두-두정엽에서 발생한다. 이 처리과정에서는 한 사람이 한 번에 많은 정보를 다루고, 문제를 해결할 때 정보를 여러 묶음으로 정리하여 사용한다(Naglieri & Gottling, 1997; Naglieri & Johnson, 2000).

마지막으로, 순차적 정신 기능은 특정한 일련의 순서로 자극을 통합하는 것과 관련된다. 그러므로 이 활동은 학생이 특정 혹은 일련의 순서에 따라 정보를 다루도록 한다. 이후 학생들은 문제를 해결할 때 각각의 특정 단계에 어떤 정보가 필요한지를 결정하게 될 것이다(Naglieri & Johnson, 2000).

앞서 언급된 전략들이 더욱 구체적인 데 반해, 이 인지전략은 좀 더 총체적인 경향이 있다. 이 전략의 단계들은 복잡한 문제를 해결하는 데 이용하는 정신적 처리과정과 매우 유사하다(Das et al., 1994). 사실 거의 모든 학생은 당면한 특정 문제와 관련하여 자신의 정신적 처리과정에 대한 개인적 · 반성적 숙고로 도움을 받게 될 수 있다. PASS를 사용하여, 수학에 어려움을 겪는 학생들은 그들 자신의 정신적 처리과정 기술을 토대로 문제를 생각하도록 배우고, 그런 다음 문제를 완성해 나간다.

PASS의 실행

PASS 전략은 안내된 질문과 반성을 통해 실행되며, 매일 수학 수업에서 30분 동안 실시된다(Naglieri & Gottling, 1997; Naglieri & Johnson, 2000). 학생들은 처음 10분 동안 수학 문제를 풀고, 다음 10분은 토의하고, 다음 10분은 수학 문제를 푼다. PASS 교수의 단계는 아래에 기술된다.

정해진 시간 틀 속에서 처음 문제를 수행하는 동안(수업의 처음 10분), 학생들은 전통적인 방식으로 이미 배운 주제의 수학 문제로 구성된 수학 활동지를 받는다. 그러므로 그 학생들은 최소한 이전에 그러한 문제 유형을 접해 보았다. 학생들에게 10분 동안 가능한 한 정확하게 많은 문제를 풀도록 하고, 추가적인 교수는 제공하지 않는다. 이 활동시간은 학생의 사전교수 점수를 얻기 위해 사용될 수 있다.

> PASS 전략은 안내된 질문과 반성을 통해 실행되며, 매일 수학 수업에서 30분 동안 실시된다.

PASS의 이러한 특징으로 인해, 이 전략은 칸 아카데미의 사용 혹은 거꾸로 수업에서의 몇 가지 유사한 자원에 부합한다. 학생들은 수업 이전에 특정 유형의 문제를 여러 번 연습한 데다가 비디오를 보았을 것이며, 따라서 이 첫 활동을 할 준비가 되어 있을 것이다.

다음으로, 학생들은 10분의 토의시간을 갖는다. PASS에서는 교사가 토의를 이끌어서는 안 된다. 오히려 학생들이 토의를 주도해야 하며, 그 토의에는 어떤 주제라도 포함될 수 있다. 이 토의시간 동안 학생들의 활동이 익명으로 화이트보드나 프로젝터에 제시된다. 대부분의 경우 이것만으로도 충분히 고무적이며, 학생들은 제시된 것들로 토의할 수 있다. 만약 여러 날에 걸친 30분의 수학시간 이후에도 학생들이 자신의 문제해결 접근법을 토의하지 않는다면, 교사가 개입하여 토의를 이끌어야 한다 (Naglieri & Gottling, 1997; Naglieri & Johnson, 2000). 수학 문제 토의를 '선택할 수 있는 자유'는 수업 초반에는 필수인 것으로 간주되며, 이러한 선택을 이해하는 학생들은 그다음에 이어지는 토의에 '심도 있게 참여할' 가능성이 매우 높다.

그러한 토의가 화이트보드에 제시된 과제에 대한 문제해결전략으로 전환될 때, 교사는 문제해결하는 동안 학생들의 추론과정에 집중하기 위한 유도질문을 활용하면서 더 많이 참여하기 시작해야 한다. 학생들로 하여금 다음의 목적을 위해 자기반성하도록 질문한다.

- 각 학생은 문제를 어떻게 해결했는지 보고,
- 각 학생은 문제해결 방법을 구두로 표현하고 토의하게 하고,
- 그 방법이 효과가 있었는지 혹은 효과가 없었는지 설명하도록 학생을 촉진한다.

교사는 학생들의 사고를 활성화시킬 수 있는 질문을 사용할 수 있다. 이것은 교사 탐구 질문의 1단계로 고려될 수 있다. Naglieri와 Gottling(1997)에 의해 제안된 질문은 **교수 팁 6.3**에 제시되어 있다.

PASS 수업 이전에 이미 학생들은 활동지의 문제 유형에 노출되어 있었지만, 학생들이 자신의 문제해결 방법을 계획하는 데 있어 도움이 필요할 수 있다는 것을 기억하자. 이에 질문을 통해 학생들로 하여금 사용된 방법에 대한 자신의 개인적인 생각을 구두로 표현하게 한다. 따라서 안내된 질문과 말로 표현하는 단계는 PASS에서 중요한 단계이다. 시간이 지남에 따라 교사들은 **교수 팁 6.3**에서 보여 준 2단계 질문과 같이 다른 유형의 질문을 사용하여 수학에서 사용하는 계획, 주의집중, 순차적·동시적 정신적 처리과정에 대해 더 직접적인 질문으로 바꿀 수 있다. 학생들이 수학 문제를 푸는 동안 자신의 '두뇌 사고(머릿속으로 생각하는 것)'를 토의하게 하는 것은 학생들을 참여시키고 동기화하는 훌륭한 방법이다. 또한 공통핵심교육과정의 수학 실제에서 강조되듯이 문제해결에서의 이들 토의의 협력적 특징은 학생 자신이 한 것

교수 팁 6.3   PASS 전략을 위한 탐구질문

1단계 탐구질문

누구든지 나에게 이 문제에 관해 무엇이든지 말해 봅시다.

여러분이 활동지를 어떻게 풀었는지 말해 봅시다.

여러분은 왜 그러한 방법으로 풀었나요?

여러분은 그 문제를 어떻게 풀었나요?

여러분은 문제를 좀 더 정확하게 풀기 위해서 무엇을 할 수 있나요?

이 문제로 여러분은 무엇을 배웠나요?

그 밖에 이 문제를 어떻게 풀었는지에 대해 여러분이 알게 된 것은 무엇인가요?

다음번에 여러분은 어떻게 할 건가요?

나는 여러분이 중요하다고 말한 것을 여러분 중 많은 사람들이 하지 않았다는 것을 발견했어요.

여러분은 그것에 대해 어떻게 생각하나요?

2단계 탐구질문

여러분은 무엇에 주의를 기울일지를 어떻게 결정했나요?

당신은 수학 문제 몇 번을 처음으로 했나요? 두 번째로는 몇 번을 했나요? 그것을 하기로 어떻게 결정했나요?

시작하기 전에 그 문제를 어떻게 생각했는지 누가 말해 볼까요?

이 문제는 부분 답이 있나요?

여러분이 문제의 마지막 부분을 할 때 기억해야 하는 것이 있나요? 우리는 그것을 '기억하도록 어떻게 기억할' 수 있나요?

을 제시하고, 그것에 대해 논쟁하고, 다른 사람들이 한 것을 비평하고, 수학에 관해 의사소통하는 능력을 촉진할 것이다(제1장 **글상자 1.1**의 3번 항목 참조).

초기의 질문들과는 다르게, 2단계 질문들은 PASS 전략 내에서 강조되는 정신적 처리과정에 더 직접적으로 초점을 둔다. 오랜 시간 동안 반복적으로 PASS 기법을 사용함으로써, 학생들은 수학 문제를 완수하는 동안 자신의 정신적 처리과정에 더욱 직접적으로 주의를 기울이고, 이로써 학생들은 문제해결에 더욱 인지적으로 개입될 것이다.

마지막으로, 매일 수업에서 학생들이 초기 문제를 해결하고 다양한 문제해결 전략에 대한 토의를 한 후에는, 그들에게 추가적인 문제가 제공된다. 학생들은 앞서 토의한 몇 가지 효과적인 문제해결 방법을 실행하도록 권장되며, 만약 학생들이 특정 전략을 기억하지 못하면 문제를 푸는 동안 질문하게 해야 한다.

　PASS를 사용함으로써 학생들은 어떤 방법이 그들에게 잘 맞고, 그 문제들이 쉬워지는지 마침내 발견하게 된다. 새로운 자료가 소개되면, 학생들은 새로운 문제와 이전 과제의 차이점을 토의할 수 있다. 어떤 학생들에게는 동일한 문제해결 전략이 적합할 수 있는 데 반해, 다른 학생들은 문제해결 전략을 완전히 바꿀 필요가 있을 수 있다. 아이디어를 교환함으로써, 학생들은 지금 푸는 문제 혹은 새로운 유형의 문제를 풀기 위한 가능한 방법을 찾을 수 있게 된다.

　마침내 학생들은 온라인 혹은 수업활동지에 제시된 문제를 풀기 위해 자동적으로 다양한 방법을 시도하고, 10분 동안 서로 문제해결 방법을 토의하기 시작한다. 학생들은 그들의 PNL을 만드는 데 그 시간을 의미 있게 사용하기 때문에, 교사들은 이러한 교환을 허용할 뿐 아니라 격려해야 한다! 학생들은 과거에 성공적이었던 문제해결 전략을 사용하여 새로운 수업활동지를 풀기 시작할 것이다. 만약 그 전략들이 맞지 않다면, 다른 학생들이 토의시간에 언급한 방법을 사용할 것이다.

　어떤 교사들은 PASS 전략의 초반 며칠 동안 학생들에게 자유로운 토의시간을 제공하는 것을 꺼릴 수 있지만—특히 오늘날 표준과 책무를 강조함으로써 시간에 대한 압박이 크다—연구들은 이러한 약간의 시간이 큰 문제가 되지 않을 것임을 밝혀 왔다. 지금까지 수행된 다양한 연구에서, 일반적으로 학생들은 10분의 토의가 있기 전 약 3일 동안 풀이방법이 다양한 활동지를 풀기 시작한다(Naglieri & Gottling, 1997; Naglieri & Johnson, 2000). 더 나아가 학생에게 주어진 선택의 자유는 중요한 동기화 요인이다. 그들은 문제해결 전략에 대한 토의를 시작하기로 선택했기 때문에 그다음 날들에 더 관심을 집중할 것이다. 수학 문제의 유형(계산 또는 문장제 문제)에 따라, 마침내 학생들은 토의에서 계획한 전략을 교환할 것이다. 여기에 큰 수 구구나 나눗셈 사실들을 배우는 학생들의 전략 교환의 예가 있다.

> 나는 일의 자리를 일의 자리와, 영, 십의 자리와 한다. 이것은 쉽다.
> 나는 5단 역시 그렇게 한다.
> 나는 산만해질 때 자리를 옮긴다.
> 나는 문제를 한 줄씩 푼다.

> 나는 중간 쪽으로 향해 문제를 푸는 것을 좋아하기 때문에 활동지 위쪽에 있는 문제 하나를 풀고, 아래쪽에 있는 문제 하나를 푼다.

이러한 인용구들이 제시하듯이, 학생들은 효율적인 전략과 비효율적인 전략을 모두 공유할 것이고, 교사는 모든 전략에 대한 토의를 격려해야 한다. 이것은 일부 학생들이 다양한 문제해결 방법에 대해 더 깊이 사고하도록 독려할 것이다.

이 접근은 대부분의 수학 문제 유형에 사용될 수 있는데, 특히 곱셈과 나눗셈 문제에 유용하다. 수학적 사실을 반복 사용하는 학생들은 더 빠르게 암기할 것이다. 일반적으로 학생들은 집단으로 곱셈구구를 배우는데, 다양한 기억 전략 및 아이디어를 사용하는 게 중요할 수 있다. 예를 들어, $7 \times 9 = 63$을 회상하기 위해서 학생은 더 쉬운 $7 \times 7 = 49$라는 사실로 시작할 것이다. 그다음 $7 \times 8 = 56$과 마침내 $7 \times 9 = 63$으로 '늘려 갈' 것이다. 이 전략을 토의할 때, 학생들은 이러한 처리과정을 하는 게 자동화된 연상을 하는 것보다 문제에 답하는 시간이 더 오래 걸릴 것이라는 것을 빠르게 발견할 것이다. PASS 이론은 토의에 대한 최소한의 교사 안내만으로 학생들이 이 기법을 토의하도록 한다.

대수학에는 문제에 'x'를 푸는 것이 포함되며, 종종 단계들이 반복된다. PASS는 이와 같은 더 높은 수준의 인지적 계획을 지원해 줄 수 있다. 또한 이 단계들을 반복해서 제시하는 활동지를 학생에게 제공함으로써 학생들이 후에 그 단계들을 회상할 수 있게 된다. 기하학에서 PASS는 학생이 다양한 모든 공식을 훈련하는 데 사용될 수 있다. 삼각형에서 마름모 영역까지 무슨 공식이든지 될 수 있다. 물론 복잡한 문제는 시간이 더 많이 소요되므로, 이러한 활동지는 10분의 활동 안에 보다 적은 수의 문제를 풀 것으로 예상해야 할 것이다.

마지막으로, 수학 교수의 한 영역에서 배운 PASS 전략은 다른 영역에서의 인지적 이해 향상의 매개가 될 수 있다. PASS의 지시사들은 학생들에게 이러한 문제해결 접근이 학업 활동의 모든 영역과 다양한 다른 영역에서도 유용한 문제해결 전략을 제공한다고 제안한다(Naglieri & Gottling, 1997; Naglieri & Johnson, 2000). 이상적으로, 학생들은 그들이 특정 문제에 접근하는 방법을 다른 사람들에게 질문하고 자신의 문제해결 전략을 공유하는 습관을 형성하게 될 것이다. 물론 이것은 21세기 직장에서 요구하는 협력적 학습기술의 유형이다.

PASS 전략을 지속적으로 사용할 때 수학에 대한 개념적 이해가 향상된다는 사실을 밝힌 연구들이 있다(Das et al., 1994; Naglieri & Gottling, 1997; Naglieri & Johnson, 2000). 이와 관련한 대부분의 연구는 초등학교나 중학교 학생들, 그리고 수학에 어려움을 갖는 학생을 포함하여 이 기법을 연구했다. 이 연구들은 수학을 '가르치기 힘든' 학생들조차도, PASS의 결과로 수학 성취에서 향상을 나타낸다고 일관성 있게 밝히고 있다. 더욱이 문제해결 기법을 계획하는 것에 덜 숙달된 학생이 더 큰 향상을 나타냈다. 좋은 계획하기 기술을 가진 학생들은 향상되긴 했지만, 계획하기 기술이 부족한 학생들만큼 빠르게 향상되지는 않았다. 그러므로 연구는 PASS가 차별화된 수학 수업에서 모든 학생에게 효과적이라는 것을 보여 준다.

문제해결을 위한 스키마 중심 전략

> PASS 전략을 지속적으로 사용할 때 수학에 대한 개념적 이해가 향상된다는 사실을 밝힌 연구들이 있다.

문제해결을 위한 또 다른 접근법은 수학 문제를 표현하기 위해 그래픽 표상이나 스키마를 사용하는 것이다(Allsopp, 1999; Garderen, 2007; Jitendra, 2002). 이는 여러모로 앞서 기술된 시각화 기법과 문장제 문제 맵핑 기법과 유사하다. 한편 스키마(혹은 그래픽 표상)를 사용하는 학생들은 그래픽 조직자가 그려진 '하드카피(인쇄물로 출력된 자료)'에 수학 문제를 시각화하여 그리도록 촉진된다. 그러므로 이 기법은 시공간 사고에 강점을 가진 학생들을 크게 지원할 수 있다.

스키마 중심 교수법의 사용에는 많은 장점이 있다(Garderen, 2007; Goldman, 1989; Jitendra, 2002; Jitendra, Hoff, & Beck, 1999). 앞서 논의된 많은 전략과 마찬가지로, 그래픽 표상의 사용은 학생들이 수학 문제를 그림으로 표현하는 데 도움을 준다. 제1장에서 기술된 두뇌 친화적 학습의 관점에 따르면, 이 기법은 학생들의 두뇌 속 시각화 영역을 적극적으로 활성화시킬 것이다. 또한 앞에 기술된 시각화 기법과는 다르게 그래픽 표상을 활용하는 학생들은 문제에 대한 그래픽 그림을 실제로 그리거나 작성할 것이며, 이는 이후에 학생 지도안으로 사용되도록 하드카피로 제공한다.

이 전략에서는, 다양한 유형의 수학 문제가 다른 '스키마'로 언급되는 그래픽 조직자로 표상된다. 스키마는 문제의 특정 측면에 대한 정신적 다이어그램(mental diagram)이나 개념으로 정의될 수 있다(Jitendra, 2002). 이야기 문제가 제시되면, 학생들은 어떤 스키마 다이어그램이 그 문제를 표상하는지 아니면 그 문제의 다른 측면을 표상하는지 결정하려고 시도한다(Jitendra, 2002). 여러 예시가 **글상자 6.5**에 제시된다.

이 본문에 제시된 많은 전략들과 마찬가지로, 학년 수준에 적합하게 인지적 수준이 다른 그래픽 표상 전략이 있다. 제3장에 기술되었듯이 문제의 스키마 혹은 그래픽 표상의 사용은 모든 학년 수준의 수학교육과정에 구체적 · 표상적 · 추상적 교수를 더 많이 포함하려는 노력과 일치한다(Mancl et al., 2012). 교사들은 학생들에게 **글상자 6.5**에 제시된 스키마를 제공하거나, 학생들에게 이야기 문제에 대한 자신의 표상을 개발하게 할 수 있다. **글상자 6.6**에는 스키마를 해결하기 위하여 그들 자신의 표상을 개발하도록 학생들을 가르치기 위한 지침이 제시되어 있다.

어린 학생들이나 수학적 이해력이 덜 성숙된 학생들을 위해서, 교사는 각 문제의 유형을 학생들에게 알려 주고, 그 문제 유형을 위해 미리 그린 스키마나 표상을 제시할 것이다. 그다음 학생들은 그래픽 표상에 그 문제에 대한 적합한 정보를 기입할 것이다. 위의 도식을 사용하는 것은 수학 문제의 이해에 어려움을 겪는 학생에게 도움이 될 것이다. 수학적으로 성숙한 학생들인 고학년 학생을 위해서는, 교사가 학생

> 스키마는 문제의 특정 측면에 대한 심적 다이어그램이나 개념으로 정의될 수 있다.

글상자 6.5   일반적인 문제해결 스키마

문장제 문제의 스키마 다이어그램 예시

변화 스키마

문제의 한 유형으로 변화 스키마를 들 수 있다. 이러한 문제들은 그 문제에서 다른 정보로의 변화를 나타내는 일련의 정보를 포함한다.

> 존은 사과 몇 개를 가지고 있다. 폴은 존에게 사과를 13개 더 주었다. 지금 존에게는 17개의 사과가 있다. 존은 처음에 사과를 몇 개 가지고 있었는가?

(계속)

처음의 개수를 결정하기 위해서 정보의 전체 결과(17개의 사과)에서 변화 정보(13개의 사과)를 빼야 한다. 이 변화 문제는 다음과 같이 표상된다.

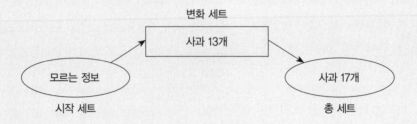

그룹 스키마

그룹 스키마에서는 항목들이 다양한 세트로부터 그룹 지어진다. 다음 문제를 생각해 보자.

티파니는 학교에 입고 갈 블라우스를 13벌 가지고 있다. 그녀의 쌍둥이 자매 타미는 13벌의 블라우스를 가지고 있다. 자매가 서로 옷을 바꿔 입을 수 있다면, 이들은 얼마나 많은 블라우스를 고를 수 있을까?

그룹 스키마는 아래와 같이 표상될 것이다.

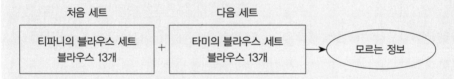

비교 스키마

어떤 문장제 문제는 '비교' 문제인데, 이는 학생들이 값을 알아내고 이어서 값을 비교하도록 한다.

존에게는 6개의 컴퓨터 게임이 있다. 그는 폴보다 3개를 더 가지고 있다. 폴은 몇 개의 게임을 가지고 있겠는가?

이 문제를 풀기 위해서 아동은 비교 스키마 혹은 3개의 정보를 포함하는 정신적 개념을 가지고 있어야 한다 : 2개의 지시 대상 수량(존이 가지고 있는 컴퓨터 게임 수, 그리고 차이)과 비교 답과 관련하여 파생된 정보. 대개 단서단어는 학생이 더해야 하는 것을 의미하지만, 이 예문에서는 빼기를 의미한다는 것에 주목하자.

비교 스키마는 다음과 같이 제시된다.

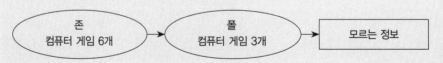

글상자 6.6	스키마 개발을 위한 지침

1. 문제 패턴을 찾는다.
   a. 문제를 주의 깊게 읽는다.
   b. 문제가 변화, 그룹, 비교 중 어떤 것을 요구하는지 질문한다(문제의 전반적인 스키마에 관해 생각해 본다).
2. 다이어그램으로 문제를 조직화한다.
   a. 알고 있는 정보를 다이어그램으로 맵핑한다(그것을 써 넣는다!).
   b. 모르는 정보는 물음표를 사용해서 표시한다.

문제해결

1. 문제를 풀기 위한 계획을 세운다.
   a. 사물의 가장 큰 세트 아래 전체 분량을 찾아서 전체 값 아래에 'T(total)'라고 기입한다.
   b. 아는 정보와 모르는 정보에 근거해서 연산을 선택한다(전체 값을 모를 때에는 전체 값을 구하기 위해 덧셈을 한다. 전체 값을 안다면 부분 값을 찾기 위해 뺄셈을 한다).
2. 문제를 푼다.
   a. 더하거나 뺀다.
   b. 답이 맞는지 확인한다.
   c. 답을 쓴다.

출처 : Jitendra(2002)에서 수정.

들로 하여금 문제 스키마의 다른 유형을 인지하도록 적극적으로 가르치는 데 더 많은 시간을 써야 할 것이다.

스키마 중심 교수의 실행

학생들이 스키마 개념을 숙지하게 될 때 수학 교수에서의 스키마 사용은 상당히 수월해진다(Garderen, 2007; Jitendra, 2002). 한편 학생의 학년 및 기술 수준에 따라 교수는 다양할 것이다. 저학년 때에는 단순한 스키마로 충분할지도 모르나, 수학에 어려움을 겪는 고학년들은 문장제 문제가 더 복잡하게 됨에 따라 어려움이 증가할지도 모른다. 예를 들어, 몇몇 복잡한 문제들은 답을 풀기 위해 뒤이은 연산에 사용될 정보를 이끌어 내기 위한 수학 연산을 포함한다. 초등 고학년에서 종종 발견되는 복잡한 수학 문장제 문제—복잡한 연산과 관련된 문제—를 위해서 학생들은 스키마 다이어그램으로 수학 문장제 문제의 핵심 형태를 그리고 빠진 정보를 확인하여 해결하도록 교수될 수 있다(Goldman, 1989; Jitendra, 2002). 고학년 수학의 스키마 중심 교수는 다음의 내용을 포함한다.

> 복잡한 문장제 문제에 제시된 다양한 스키마 인식 교수
> 문장제 문제에 진술된 주요 질문 확인
> 필요한 이차적인 스키마 식별

위에 제시된 단순 문장제 문제에 대한 다양한 유형의 스키마들은 학생들이 다단계의 문장제 문제를 더 작은, 단계별 문제로 전환하도록 돕는다. 한편 학생들에게 2단계 문장제 문제를 풀기 위한 전략을 직접적으로 가르칠 수 있고, 그 기법들은 아래에 제시된다(Goldman, 1989; Jitendra, 2002). 문제해결에 스키마나 그래픽 표상 기법을 적용함에 있어서, 교사는 여러 주에 걸쳐 학생들이 깊이 있는 이해를 내면화하도록 구체적 기법을 사용할 것을 계획해야 한다.

스키마 중심 교수의 단계

학생들이 향상을 보이게 되면, 다양한 스키마를 구별하고 스스로 다이어그램을 개발하도록 교수해야 한다. 그러므로 학생들이 중요한 요소를 식별할 수 있게 하기 위한 교사의 시연과 촉진적인 질문 후에 학생들은 그 문제 요소들을 스키마 다이어그램으로 식별하고 맵핑하는 방법을 배울 것이다. 교수단계는 문장제 문제의 텍스트에서 구체적인 정보를 찾고, 이 정보를 스키마 맵으로 변환하는 데 초점을 둔다. 이 과정은 여러 단계로 구성되어 있으며(Goldman, 1989; Jitendra, 2002), 다음에 제시되어 있다.

다양한 스키마 형태 구별

첫째, 처음에는 빠진 정보가 없는 문제로 각 스키마의 형태를 구별하는 방법을 학생들에게 가르친다. 학생들에게는 명시적이고 외현적인 모델링을 통해 이야기 특징을 맵핑하는 방법을 교수해야 한다. 교사는 스키마 다이어그램을 제공함으로써 이 교수를 스캐폴딩하고, 그것을 점차적으로 줄여 감으로써 학생들이 마침내 자신의 다이어

그램을 개발하도록 해야 한다. 또한 교사는 모든 학생이 문장제 문제의 중요한 요소들을 식별하고 스키마 다이어그램으로 맵핑하도록 돕기 위해 학생들과 자주 대화해야 한다.

교수의 차별화를 위해 이 단계에서는 또래교수를 고려해 볼 필요가 있다. 왜냐하면 학생들은 대인관계 기술을 사용할 수 있으며, 일반적으로 또래에 의해 이 기법이 시연될 때 숙달하기 용이하기 때문이다.

변화 문제 교수

이 단계의 목적은 학생들이 텍스트의 구체적인 정보에 중점을 두고 더하기나 빼기를 사용하여 전체 값을 찾는 변화 스키마 문제를 강조하는 것이다. '변화' 문제는 사물과 그것들 각각의 값을 정의하는 처음 세트에서 출발한다는 것을 학생들에게 교수해야 한다. 다음으로 더하기나 빼기로 인해 처음 세트는 마지막 세트로의 '변화'가 발생한다. 텍스트의 단서단어를 찾는 것은 물론이고 문제의 의미를 살펴보도록 학생들을 지도해야 한다. 다음의 문장제 문제를 살펴보면 변화가 발생함을 알 수 있다.

마티는 금요일에 구슬 31개를 가지고 있었다. 어느 날 아침 그는 학교에 가던 중 구슬 7개를 잃어버렸다. 마티가 학교에 도착했을 때 구슬 몇 개를 가지고 있겠는가?

마티가 구슬을 '잃어버렸기' 때문에 마지막 세트는 처음 세트보다 줄어든다. '변화'는 마지막에 보다 적은 수의 구슬이 남게 되므로, 변화 문제는 시간 의존적이다. 문제에서 '변화'가 발생하기 때문에 학생들은 동일 시점에서 처음 세트 숫자와 마지막 세트 숫자가 모두 정확할 수 없다는 것을 알기 시작해야 한다. 마침내 학생들은 변화 문제에서는 처음보다 마지막 값이 문제의 전체 값이거나 가장 큰 숫자를 표상한다는 것을 인지할 수 있어야 한다. 하지만 만약 문제가 보다 적은 수로 끝난다면, 문제해결에 사용되는 시작 값이 다른 두 숫자보다 더 크다.

그룹 문제 교수

'그룹' 문제는 '변화' 문제와 같은 시간의 영향을 받지는 않는다. 그룹 문제에서 더 작은 그룹들은 더 큰 그룹이나 전체 세트를 만들기 위해 합쳐진다. 이 경우에 전체 값은 문제에서 주된 질문의 답이 되지만, 또 다른 경우 작은 값들 중 하나의 값을 식별하기 위한 문제도 있다. 이에 해당하는 예시를 보자.

> 마리안느의 화단에는 50송이의 꽃이 있다. 이 중 28송이는 수선화고 나머지는 팬지이다. 팬지는 모두 몇 송이인가?

당신이 알 수 있듯이 '그룹' 문제 유형은 전체의 부분을 이해하는 것과 관련된다. 그들은 이 경우에 꽃이라는 공통적인 속성과 다양한 그룹(팬지 vs. 수선화)에 대한 구별을 강조한다. 학생들은 '그룹' 문제에서 전체는 부분의 합과 같다는 것을 이해해야 한다. 학생들이 그 개념을 갖고 빠진 정보를 확인하면 정확한 답을 얻을 수 있다.

비교 문제 교수

'보다 많은'과 '보다 적은' 개념은 모든 비교 스키마 문제의 중심이다. 그러므로 '비교' 문제에서 학생들은 두 부분(하나의 더 적은 값과 또 다른 더 큰 값)에 중점을 두고 교수된다. 학생들은 하나의 세트는 비교 세트로 그리고 한 세트는 지시 대상 세트로 식별하도록 배워야 한다. 이 문제를 보자.

> 야구 카드를 토마스는 46개, 윌리엄은 63개 가지고 있다. 윌리엄은 토마스보다 몇 개의 카드를 더 많이 가지고 있는가?

이 예시에서 지시 대상 세트는 63이고 비교 세트는 46이다. 학생들이 두 세트를 비교함으로써 값의 차이를 식별하도록 배우는 것이 중요하다. 문장제 문제에서 '보다 많은'과 같은 단서단어와 개념을 사용하여 차이점에 대한 진술을 검토함으로써 답을 찾을 수 있다.

결정 규칙에 대한 교수

스키마 기반 문제해결에서 올바른 연산을 하기 위한 여러 규칙이 있다. 예를 들어, 학생들은 모르는 값이 그 문제의 전체 세트(혹은 더 큰 것)인지 여부를 결정함으로써 문제해결을 위한 올바른 연산을 결정하도록 교수되어야 한다. 다음으로 '변화' 문제에서 만약 문제가 더 많은 결과를 산출하는 것이라면 마지막 값이 전체이고, 문제가 더 적은 결과를 산출하는 것이라면 처음 값이 전체라는 것을 학생들에게 가르쳐야 한다. '그룹' 문제에서 더 큰 그룹은 항상 전체이다. '비교' 문제에서 학생들은 차이점 진술을 검토하여 전체를 결정해야 한다. Jitendra(2002)는 **글상자 6.7**에 스키마를 사용하기 위한 다음의 결정 규칙들을 제시했다. 교사는 학생들을 위해 교실 앞에 전시하기 위한 조직자로서 이 정보에 대한 큰 포스터를 만들 수 있다.

빠진 요소 교수

다음으로, 교사는 학생들이 문제 스키마를 검토하고 빠진 정보를 찾도록 해야 한다. 교사는 다양한 문제에 대해 시범을 보이고, 학생들이 문제의 주요 요소를 확인하고 스키마 다이어그램으로 맵핑할 수 있도록 질문할 것이다. 학생들은 빠진 요소들을 찾아서 스키마 다이어그램에 물음표로 표시(즉 하이라이트)를 해야 한다. 교사가 주요 정보나 빠진 정보에 대한 잘못된 개념을 고쳐 주는 동안, 많은 학생들은 같은 문제를 읽고 스키마 다이어그램을 만들고 이것을 비교하게 한다.

다중 스키마 문제 교수

학생들은 하나의 스키마 문제를 숙달한 후, 여러 스키마를 포함한 문제를 배워야 한

글상자 6.7　**스키마 중심 교수의 결정 규칙**

스키마 중심 교수의 결정 규칙
1. 변화 문제
   만약 문제가 시작할 때보다 더 많게 끝나면 마지막 부분은 전체이다. 만약 문제가 시작할 때보다 적게 끝나면 처음 세트가 전체이다.
2. 그룹 문제
   더 큰 세트가 항상 전체이다.
3. 비교 문제
   차이점 진술에서 더 큰 수(비교 혹은 지시 대상 세트)가 전체이다.

연산 확인
　전체를 알지 못할 때, 전체를 구하기 위해 더한다.
　전체를 알 때, 알지 못하는 부분을 구하기 위해 뺀다.

출처 : Jitendra(2002)에서 수정.

다. 예를 들어, 다음 2단계 문제는 변화 스키마와 비교 스키마 둘 다 관련된다. 학생들은 주요 질문을 결정하고 주요 질문에 대한 답을 해결하는 데 필요한 빠진 정보를 확인해야 한다. 2단계 문제에 대한 일반적인 제안은 **교수 팁 6.4**에 제시된다.

2단계 문장제 문제해결에서의 스키마 사용 교수는 2개의 다른 스키마의 역방향 추

 교수 팁 6.4 **2단계 문제를 위한 제안**

폴은 사과 34개를 가지고 있다. 피터는 사과 7개를 폴에게 더 주었다. 지금 폴은 존보다 12개의 사과를 더 가지고 있다. 존은 몇 개의 사과를 가지고 있는가?

1차 스키마 : 비교 스키마

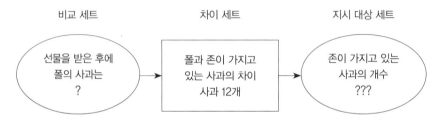

문제 공식 : ? − 12 = ???

2차 스키마 : 변화 스키마

문제 공식 : 34+7 =? 이것은 문제의 부분 답(PA)이다.

위 문제에 대한 최종 답을 얻기 위해 1차 스키마의 사용에 주목한다. 또한 3개의 진한 색 물음표(???)를 사용하여 문제에 대한 최종 답인 모르는 정보를 확인한다. 하나의 물음표(?)뿐만 아니라 2차 스키마와 PA는 마지막 문제에 답하기 위해 풀어야 하는 알지 못하는 정보를 나타낸다. 교사는 최종 답뿐만 아니라 문제에서 모르는 정보를 학생들이 구체적으로 확인하게 하기 위해 식별 용어와 표시법을 명시적으로 가르쳐야 한다.

론에 초점을 맞춘다. 역방향 추론은 문제에서 알지 못하는 정보를 우선 찾은 다음 최종 답을 구하는 법을 학생들에게 보여 주기 위해 사용된다. 그러므로 역방향 추론은 학생들로 하여금 묻고 있는 일차적 질문에 초점을 두고, 최종 답을 구하기 위해 풀어야 할 알지 못하는 정보뿐만 아니라 텍스트 속 핵심 사실을 식별하도록 요구한다. 학생들은 2차 스키마의 답으로서 '부분 답(partial answer, PA)'을 쓰도록 교수되어야 한다. 그들은 2차 스키마를 해결하여 구해진 빠진 정보를 나타내기 위해 1차 스키마에서의 표시법을 사용할 것이다.

위 문제에서 변화 스키마는 덧셈($+7$)과 관련되고, 비교 스키마는 뺄셈($41-12$)과 관련된다. 학생들은 1차 문제 질문(즉 존이 가지고 있는 사과의 수는 폴과 존이 가지고 있는 사과 수와의 비교를 통해 알게 된다)과 2차 문제 혹은 부분 답(폴이 가지고 있는 사과 개수가 몇 개인지에 관한 변화 문제를 나타내는 PA)을 찾아내도록 교수되어야 한다.

스키마로 차별화된 수학 교수

스키마 다이어그램을 수정함으로써 수학 문장제 문제에서 중요한 요소를 식별하고 맵핑하는 데 더욱 어려움을 가진 학생들에게 도움이 될 수 있다. 차별화된 교실에서, 특정 학생들에게는 스키마 다이어그램의 일부 요소가 제공될 수 있다. 다른 학생들은 자신의 다이어그램을 만들고 스스로 모든 요소를 확인해야 한다. 더 나아가 학생들이 그들의 다이어그램에 필요한 주요 요소를 식별하는 데 능숙해짐에 따라 특정 학생들에게는 이미 제공된 많은 요소들이 단계적으로 제거될 수 있다.

스키마를 사용한 차별화의 또 다른 방법으로 연산의 횟수를 달리하는 것이 있다. 예를 들어, 교사는 어떤 집단에게는 단일 스키마 문제를 제시하는 반면, 몇몇 분리된 집단은 다중 스키마 문장제 문제를 제시할 수 있다. 4~5개의 분리된 집단에게 다양한 스키마 형태를 결정하기 위해 다른 유형의 문제를 풀도록 함으로써, 교사는 분리된 집단의 활동을 단계화하기 위한 충분한 기회를 가질 것이다. 이것은 문장제 문제 스키마에 대한 2일째의 좋은 교수활동이 될 것이다. 그날에 있을 수업은 **교수 팁 6.5**에 기술된 바와 같이 진행될 것이다.

교수 팁 6.5   문제해결 스키마를 사용한 차별화 수업

1단계 : 스키마의 개념에 대해서 학생들에게 개관하고 앞서 논의된 개념을 상기시킨다. 그들에게 "오늘 우리는 스키마 문장제 문제에 관해 배울 거예요."라고 말한다.

2단계 : 집단을 분리하고, 그 집단들에게 분석하게 될 단일 스키마나 다중 스키마 문제를 부여한다. 집단별로 문제를 토의하기 위한 시간 10분을 주고, 그들의 활동에 관해 몇 가지 기록하고, 그 문제에 대한 문장제 문제 스키마를 정한다.

3단계 : 집단별 활동. 교사는 그 문장제 문제의 스키마를 식별하는 데 어려움을 가진 학생들을 지원하기 위해 가능한 모든 문장제 문제 스키마의 맵을 제공해야 한다. 교사는 올바른 방향으로 토의가 되는지 확인하기 위해 10분 동안 각 집단을 둘러보아야 한다.

4단계 : 각 집단별로 문장제 문제와 관련된 이야기 스키마를 급우들에게 다시 발표하게 하고 그 문장제 문제와 관련된 이야기 스키마를 확인하게 한다.

스키마 중심 교수에 대한 연구

많은 연구는 이 스키마 교수기법을 통해 수학에 어려움을 겪는 학생이 복잡한 2단계 문장제 문제를 포함하여 수학 문장제 문제를 푸는 방법을 배울 수 있게 된다고 보고한다(Goldman, 1989; Jitendra, 2002; Jitendra et al., 1999). 수학에 어려움을 겪는 학생에 관한 연구들은 단일 스키마와 다중 스키마 문제 모두에서 수학 성취도가 증가했음을 보여 주었다. 더욱이 스키마의 사용은 문제를 해결하는 동안 더 적합한 연산을 선택하도록 촉진했다. 그것은 2단계 문제에서 계산 오류를 줄이는 데 도움이 되었다. 초등 3학년에서 고등학생까지 스키마 중심 교수가 효과적임을 보여 주는 연구들이 있다. 명확하게, 차별화된 수학 수업을 하는 교사들은 어려움을 겪는 학생들을 위해 다양한 학년 수준에 걸쳐 이 기법을 사용할 것을 고려해야 한다.

확장된 표기법과 부분 나누기 교수

알고리즘은 기본 사실과 더욱 복잡한 계산의 결합과 관련된다. Lock(1996)은 전형적인 단순 덧셈과 뺄셈, 곱셈 문제해결 방법의 대안을 학생들에게 제공하기 위해 여러 아이디어를 제시했다. 여기에는 확장된 표기법(expanded notation)과 부분 합/곱 (partial sums/products) 혹은 부분 나누기(partialing)가 포함된다. 분리된 집단에서 이 아이디어를 사용함으로써 학생들에게 문제해결에 대한 참신하고 더 흥미로운 방법 을 제공할 수 있으며, 학생들로 하여금 알고리즘의 더 깊이 있는 의미를 이해하도록 도움을 줄 것이다. 이 전략은 **글상자 6.8**에 제시되어 있다.

본문에서 지금까지 제시된 전략과 기법이 분리하기 교수기법으로서나 주류라인 교수를 위한 차별화된 수학 수업에서 이용될 때, 교사는 모든 학년 수준의 다양한 능 력을 가진 학생들을 위해 차별화된 다양한 교수활동을 수행할 수 있어야 한다. CRA

글상자 6.8 확장된 표기법과 부분 나누기

확장된 표기법은 복잡한 수학 문제를 일련의 좀 더 단순한 수학 문제로 변형시키는 단계 들의 확인을 포함한다. 이 개념은 덧셈과 뺄셈 같은 다양한 연산에서 사용될 수 있다. 문 제 29+43=___ 을 보자. 이 문제에 대한 확장된 표기법이 아래에 제시되어 있다.

$$29$$
$$+43$$

십 2개와 일 9개
+십 4개와 일 3개

문제는 아래와 같이 완성될 수 있다.

일의 자리와 십의 자리를 더한다 :	십 6개	+	일 12개
필요하다면, 일의 자리를 다시 묶는다 :	십 6개	+	(십 1개와 일 2개)
십의 자리를 함께 놓는다 :	(십 6개와 십 1개)	+	일 2개
간단한 방법으로 십의 자리와 일의 자리를 적는다 :	7	+	2
답을 적는다 :	72		

부분 나누기는 학생들의 수학 연산에 도움을 줄 수 있고, 이것은 연산이 무엇을 나타내 는지에 대해 깊이 이해하게 한다. 덧셈의 부분 합은 일의 자리 합, 십의 자리 합, 그리고 그 합을 더하는 것을 포함할 것이다.

$$37$$
$$+64$$

첫째, 일의 자리를 더한다.(7+4=11)
다음으로, 십의 자리를 더한다.(30+60=90)
다음으로, 위의 부분 합들을 더한다.(90+11=101)

(계속)

부분 곱의 예는 약간 더 복잡하지만, 곱셈 과정이 실제로 포함하는 것을 학생들에게 보여 준다는 장점이 있다. 아래 문제를 보자. 부분 곱 풀이방법은 다음과 같다.

$$\begin{array}{r} 23 \\ \times 12 \\ \hline \end{array}$$

첫째, 위에 있는 숫자들을 2로 곱한다.

$$2 \times 3 = 6$$
$$2 \times 20 = 40$$

다음으로, 십의 자리의 1은 10을 나타내기 때문에 위에 있는 숫자들을 10으로 곱한다.

$$10 \times 3 = 30$$
$$10 \times 20 = 200$$

마지막으로 부분 값들을 더한다.

$$(6 + 40 + 30 + 200 = 276)$$

일의 자리에 작은 곱셈 기호(즉 '×')를, 십의 자리에 더 큰 곱셈 기호('×')를 기입한다. 이것은 학생들로 하여금 십의 자리로 곱한 것이 더 큰 숫자를 산출한다는 것을 상기하도록 도울 수 있다.

출처 : Lock(1996)에서 수정.

와 공학기반 교수, 게임, 인지전략, 스캐폴딩 기법 등의 활동은 교사들이 흥미로운 교수적 선택을 할 수 있게 한다. 더 나아가 혁신적인 기법의 지속적인 사용은 학생들이 중·고등학교의 높은 수준의 수학에서 점진적으로 진보할 수 있도록 도움을 줄 수 있다.

E. D. Jones와 동료들(1997)은 수학에 어려움을 갖는 중학교와 고등학교 학습자를 위해 교사들이 실제 활동을 설계하는 방법에 대한 지침을 제공했다. 교사는 일반적으로 수학에 어려움을 갖는 학습자를 위해 학생을 당혹스럽게 하지 않는 방법으로 복잡한 수학을 제시해야 할 것이며, 이는 교수의 실행단계 동안 학생의 학습을 지원하기 위한 적절한 스캐폴딩을 포함한다. 이 과정에서 공학과 협력교수는 상당히 도움이 될 수 있다. 또한 앞의 여러 장에서 제시된 수학 문제의 표상, 구체물 예시, 스캐폴딩, 안내된 질문, 과정에 관한 기억술과 같은 많은 전략이 도움이 될 것이다.

E. D. Jones와 동료들(1997)에 의해 설명된 이 지도 원리는 차별화 학급을 위해 수

교수 팁 6.6   높은 수준의 학생들을 위한 차별화 지침

1. 학습된 기술과 관련된 실행 과제를 적당한 양으로 부여함으로써 기억 과부화를 방지한다. SHEMR(제1장에 제시)에 의해 제시된 강력한 영향력을 가진 학습기법을 사용하는 것을 포함해서, 수업 단위 과정 동안 다중지능을 가능한 많이 포함하도록 하는 다양한 방식의 연습 과제를 제시한다. 각 학생이 강점을 지닌 지능이 단원의 특정 시점에서 강조될 때 흥미로운 학습 경험이 예측되므로, 각 수업 단위의 도입부에서 계획된 활동이 무엇인지 그리고 어떤 다중지능이 강조될 것인지 학생들에게 알려 준다.

2. 복습이나 어려운 기술의 초기학습은 하루 안에 제공하여 기억을 유지하게 한다. 학생들이 잘못된 개념과 법칙을 사용하지 않도록 연습을 감독한다. 연습을 돕기 위해 또래친구 계획(peer buddy plans)을 사용한다. 기억 활동을 돕기 위해 기억술 활동을 언제든지 이용한다. 내용이 일관성 있고 비교적 완성된 양식으로 제시될 수 있다고 가정한다면, 여러 학년에 걸쳐 내용을 복습할 때 몸짓과 노래, 챈트를 사용하는 것이 좋다.

3. 개념들 간 혹은 규칙 및 전략의 응용 간의 차이를 배울 때까지는 연습을 따로 함으로써 그들 간의 혼선을 줄인다. 차이를 숙지한 후에 학생들은 개념들이 서로 대립되는지 알아야 한다는 것을 강조한다.

4. 하위기술의 연습을 전체 과제의 수행과 연결시킴으로써 새로운 학습을 의미 있게 만든다. 학생들과 전체 과제와 하위기술에 대해 토의하고, 학생들이 배운 것을 반성적으로 숙고하게 한다.

5. 2단계 문제에서 부분 답에 점수를 부여하고, 그것에 대한 그래픽 표상을 제공한다.

6. 알고리즘의 구성 기술과 전략을 사전에 교수하고, 어려운 지식과 기술을 가르치기 전에 좀 더 쉬운 지식과 기술을 가르침으로써 과정상의 어려움을 줄여 준다.

7. 유창한 반응을 요구한다. 구두, 소집단 작업, 그림 작업 등과 같이 반응을 표현하기 위한 다양한 방법을 제공한다.

8. 새로운 기술로 넘어가기 전에, 연습하는 기술이 독립적으로 수행될 수 있어야 한다. 주기적인 복습을 위해서 또래와 활동하게 한다.

정되었으며, 이는 **교수 팁 6.6**에 제시되어 있다. 교사들은 모든 학습자의 수학 성취를 향상시키기 위해 현재 다루고 있는 이 아이디어들과 앞에 기술된 많은 기법들로 매우 차별화된 수학 수업을 구성할 수 있어야 한다.

다음은 무엇인가?

앞의 여러 장에서는 유치원과 초등 저학년 교사를 위한 실질적인 차별화 교수 계획이 제시되었지만, 초등학교 고학년과 중학교에서는 수학 교수를 운영하는 방법이 다양하기 때문에 계획 같은 것은 여기에 제시되지 않는다. 초등 고학년 교사는 아마 하루 종일 한 학급에서 수학을 포함한 모든 과목을 가르칠 것이며, 이들의 계획은 50분 동안 한 학급을 보는 중학교 수학교사와는 아주 다를 것이다. 한편 제4, 5장의 차별화 계획에서 제시된 아이디어와 권고사항은 다양한 교수 환경의 교사를 위한 하나의 토대가 될 수 있고, 이는 차별화 교수를 위해 자신의 계획을 개발하는 데 사용되어야 한다.

이 장에는 초등학교 고학년과 중학교 학년의 차별화 교수를 촉진할 수 있는 일련의 교수전략이 제시되어 있다. 오늘날 대부분의 학생들은 수학 수업에서 21세기 학습도구의 적용을 기대하기 때문에, 페이스북, 트위터, Ning과 같은 전략은 학생들이 수학 교수에 더 많이 참여할 수 있게 할 수 있다. 이 장과 앞 장에 기술된 다른 많은 공학도구들은 오늘날 학생들이 수학에 더 많이 참여하게 할 수 있고, 교사는 이 새로운 교수도구를 이용하도록 재촉받고 있다.

하지만 여러 장에서 논의했듯이, 공학을 적용하는 것만으로는 중학교와 고학년 학생의 참여나 성취도의 향상을 초래할 수 없다. 오히려 이러한 전략들은 타당하게 입증된 교수 실제의 틀 내에서 실행되어야 하며, 여기에 제시된 인지전략 교수, 스키마 기반 교수, 고학년을 위한 교육용 게임 등의 다양한 전략도 마찬가지다.

더 나아가 차별화된 교수적 실제와 더불어, 교사는 학생들의 다양한 이해력 수준을 밝히기 위해 차별화된 평가를 실행해야 한다. 다음 장은 학생들이 어떤 수준에 있는지, 그리고 수학에서의 차별화된 교수에서 학생들이 무엇을 필요로 하는지를 수학교사가 정확히 이해하도록 도와줄 일련의 차별화된 교수 실제를 제시한다.

7

차별화된 평가와 RTI

평가는 변화하고 있다!

교수에서와 마찬가지로, 평가에서도 변화가 오고 있다! 이 책의 제1장은 앞으로
5~10년 후 기대되는 수학 교수에서의 변화에 대한 논의로 시작했으며, 이 장은 수학
평가의 실제에 수반되는 변화에 대한 논의로 시작한다. 사실상 현재 알려지지 않은
것들이 너무나 많기 때문에 이 책의 2013년 개정판에서 향후 몇 년 후 교사들이 수학
평가에서 경험할 만한 변화를 조리 있게 설명하기는 꽤 어렵다. 반면 교육은 끊임없
이 변화하고 있으며, 심지어 통상적이기보다는 오히려 전환기인 것 같은 시기이다.
오늘날 수학 평가에서의 모든 것은 동시에 변화하고 있으며, 이 책은 그 변화의 정점
에 있다.

*The Teaching Revolution: RTI, Technology, and Differentiation Transform Teaching
for the 21st Century*(교육 혁명 : RTI와 공학, 차별화가 21세기 교육을 변화시킨다)(Bender
& Waller, 2012)란 책에서 나와 공동저자인 Laura Waller는 최근의 이러한 급격한 과
도기에 대해 요약하여 설명했다. 교실에서의 공학 사용의 증가, 수학공통핵심교육과

정의 실행뿐만 아니라 수학에서의 RTI 조치에 따라 수학 교수와 교육평가에 있어 사실상 모든 것이 향후 5년에 걸쳐 영향을 받을 것이며, 그 책에서 논의하듯, 도래하는 모든 변화는 부분을 합친 것보다 훨씬 더 클 것이다! 5~10년 내의 수학 교수와 평가가 어떤 모습일지 정확히 말하기는 매우 어렵다.

물론 많은 교사들이 다수의 차별화 지도 전략을 개발하면서 이미 수학에서 평가를 차별화하는 다양한 방법을 개발해 왔다. 하지만 주(州) 단위의 평가 실제에 있어 변화는 분명히 일어나고 있으며, 교사들은 이러한 변화에 가능한 한 뒤지지 않도록 권고받게 될 것이다.

> 사실상 모든 것이 향후 5년에 걸쳐 수학 교수와 교육평가에 있어 영향을 받을 것이며, 도래하는 모든 변화는 부분을 합친 것보다 훨씬 더 클 것이다!

제1장에서 보고했듯이, 45개 주와 컬럼비아 특별구는 수학공통핵심교육과정을 실행하고 있으며, 현재 연방자금의 지원을 받은 두 협회에서 공통핵심교육과정을 위한 두 가지 다른 평가 시스템을 개발하고 있다. PARCC(Partnership for Assessment of Readiness for College and Careers)는 공통핵심교육과정 실행과 연관된 평가 체제를 개발하기 위한 23개 주와 컬럼비아 특별구의 연합체이며, 2014-2015학년도에 이 평가 체제로 대체되었다(parcconline.org/). PARCC는 복잡한 텍스트 읽기와 연구 프로젝트 완성, 교실에서의 말하기와 읽기 과제 능력, 디지털 미디어 활용능력에 대해 학생들을 평가한다. 이 평가에서는 또한 학년 말에 한 번 치르던 고부담 책무성 시험(high-stakes accountability test)을 1년 동안 치러진 시험 점수의 평균으로 대체함으로써 단일 시험에 대한 부담을 경감시킨다.

SBAC(Smarter Balanced Assessment Consortium)는 위와 비슷한 21개 주(추가된 4개 주는 고문 자격으로 참가한다)의 그룹이며, 동일하게 공통핵심교육과정에 관한 평가 체제를 개발하기 위해 연방정부에 의해 자금 지원을 받는다(www.smarterbalanced. org/). SBAC는 컴퓨터 적용기술을 사용하여 학생의 수행을 측정하며, 개별 학생의 이전 답안에 기초한 맞춤형 질문을 한다. 이것은 학년 말 평가와 더불어 일련의 중간 시험으로 사용된다.

수학공통핵심교육과정에 대한 이들 평가는 거의 80%까지의 미국 학생들에게 적용될 것으로 보이지만, 교실에서의 차별화 교수와 평가에 대한 정확한 함의를 확인하기에는 아직 이르다. 하지만 몇 가지 사실은 분명한 것 같다. 첫째, 수학에서 이러한 새로운 평가는 꽤 포괄적이며, 개념적 이해와 절차적 유창성, 응용/문제해결 중심 수학기술의 밸런스를 측정한다.

다음으로, 수학 수행 수준을 측정하는 단일 항목의 OMR식 답안카드의 시대는 이제 끝난다. 오히려 공통핵심교육과정에 관한 평가는 컴퓨터기반이면서 실제적으로, 단일 항목 내 다양한 기술과 다양한 수준, 다양한 기준, 심지어는 다양한 학년 수준에 걸친 평가에 초점을 두게 될 것이다. 학생들은 이러한 평가에서 그들의 답을 증명하거나 정당화할 것이며, 그러한 증명은 학생들의 총점에 영향을 미칠 것이다.

마지막으로, 이러한 공통핵심교육과정 평가는 RTI 패러다임에서 사용되는 진전도 점검 평가 유형과는 매우 대조적일 것이다. RTI 평가는 꽤 분명히, 독립적인 수학기술에 초점을 맞추는데, 이는 이러한 RTI 모델이 행동주의적 사고로부터 파생된 것이며, 이는 역사적으로 명확하게 정의된, 관찰 가능한, 독립된 행동의 측정을 강조해 왔기 때문이다.

물론 학교 수준별 해당 학교의 주(州) 단위 평가에서의 주된 변화는 RTI 모델 내 진전도 점검을 위해 교사가 사용하는 평가방법에 직접적으로 영향을 주지 않는다고 주장할 수 있다. 하지만 최소한은 학급 내 평가—이 장의 주된 초점—이건 혹은 주 단위 평가이건 간에 평가방법에 대해 설명할 때에는 평가에서의 예상된 이러한 전환을 배경으로 제시해야 하며, 실질적으로 공통핵심교육과정을 적용하는 주(州)의 모든 교사는 적어도 일정 수준은 영향을 받을 것이다.

지난 10년에 걸친 교실에서의 차별화 교수에 대한 많은 전환과 결부하여, 차별화 평가 실제에서도 평행적인 변화가 있어 왔다(Bender, 2012a; Chapman & King,

> 수학공통핵심교육과정에 대한 이들 평가는 거의 80%까지의 미국 학생들에게 적용될 것으로 보인다.

2005). 모든 과목에서 지필시험보다는 학생들의 더 깊고 풍부한 이해를 측정하는 평가방법이 증가하고 있으며, 이러한 경향이 수학에 있어서는 다소 덜 뚜렷하게 나타나고 있지만, 더욱 폭넓은 평가로의 변화는 여전히 중요하며, 가까운 미래에 더 많은 전환이 이루어질 것이다.

같은 환경에 현재와 다가올 전환을 두기 위해, 이 장은 교사들이 일반교육 환경에서 차별화된 평가를 하기 위한 일련의 평가 옵션을 제시한다. 이들 중 일부는 지난 수십 년간 개발되어 온 평가 옵션인 반면, 다른 것들은 꽤 최근에 개발되었다. 후반부에는 사실상 모든 수학교사에게 영향을 줄 수 있는 RTI 조치에 대해 상당 부분 설명된다(Bender & Crane, 2011; Koellner, Colsman, & Risley, 2011). 마지막으로, 오늘날 교사들이 어떻게 수학을 평가하고 있는지 설명하기 위해 두 가지 RTI 사례연구가 제시된다.

수학을 위한 차별화된 평가 옵션

미국과 캐나다, 전 세계의 일반교육 환경에서 교사는 특정 학생들에 대한 평가를 차별화할 수 있는 다양한 옵션을 찾고 있다(Bender & Crane, 2011). 차별화 교수에 대한 초기 문헌들이 차별화 평가를 그리 많이 강조하지 않은 데 반해(Tomlinson, 1999), 최근에는 다양한 학습양식과 선호도를 가진 특정 학생들에게 맞는 평가를 찾는 것에 중점을 두고 있다(Chapman & King, 2005; Sousa & Tomlinson, 2011). 따라서 차별화 평가는 오늘날 일반교육의 모든 수학교사에게 매우 중요하다(Bender & Crane, 2011).

> 여기서 논의되는 혁신적인 평가방법들은 학생들이 일반교육 수업에서 무엇을 1단계 수준으로 숙달해야 하는지에 대한 명확한 그림을 제공하는 평가 패러다임으로 점점 강조되어 왔다.

기준중심 평가와 참평가, 역동적 평가, 포트폴리오 평가, 교육과정중심 측정(CBM), 디지털 포트폴리오 평가와 같은 혁신적인 평가방법들은 학생들이 일반교육 수업에서 무엇을 1단계 수준으로 숙달해야 하는지에 대한 명확한 그림을 제공하는 평가 패러다임으로 점점 강조되어 왔다(Chapman & King, 2005; Larmer & Mergendoller, 2010; Niguidula, 2011). 이것들은 모두 1단계의 모든 일반교육 수학 수업에서 실제적으로 사용되어야 하는 21세기를 위한 평가방법을 대표한다. 이들 중 일부는 RTI 패러다임 내에서의 보편적인 선별을 위한 요구에 부합할 수 있다.

기준중심 평가와 준거참조 평가

많은 교사들은 학생의 수행을 다른 학생들의 수행과 비교하기보다는 교육기준 목록과 비교하는 기준중심 평가(standards-based assessment)에 익숙하다. 기준중심 평가라는 용어는 오늘날 빈번히 사용되는 반면, 이러한 평가방법의 원래 용어는 준거참조 평가였다. 사실 준거참조 평가는 개발된 최초의 진단 평가도구 중 하나였으며, 이러한 유형의 측정은 적어도 40년 동안 사용되어 왔다. 더 나아가 수년간 준거참조 평가는 기준중심 평가와 교육과정중심 평가, 포트폴리오 평가 등 이 장 후반부에서 논의되는 다른 많은 유형의 평가를 위한 기초로서 혹은 구성요소로서의 역할을 해 왔다 (Bender, 2009; C. J. Jones, 2001). 하지만 이 평가는 교육 상황에 따라 그 명칭이 자주 변경되었으며, 최근에는 기준중심 평가 조치로서 주목받아 왔다.

> 기준중심 평가는 학생의 수행을 다른 학생들의 수행과 비교하기보다는 교육기준 목록과 비교한다.

대부분의 1980~1990년대 주(州) 단위 평가가 표준점수나 학년등가점수[종종 규준지향 평가(norm-based assessment)로 일컫는 방법]와 같은 포괄적인 요약점수에 의해 또래의 학업 수행과 비교하는 반면, 기준중심 평가는 기본적으로 교육기준에 관한 특정 목록에 비교하여 학생의 수행을 평가한다. 이것들은 읽기와 수학공통핵심교육과정 혹은 주 단위 특정 기준일 수 있다. 물론 버지니아와 텍사스, 알래스카 같은 주는 공통핵심교육과정을 선택하지 않고 그들만의 기준을 유지하겠지만, 그러한 비공통핵심교육과정조차도 주 단위 특정 기준이 기준중심 평가를 위한 기초로서의 역할을 할 것이다.

가장 간단한 용어로, 기준중심 평가는 전형적으로 일련의 순차적 기술이나 수학에서의 교육기준, 그러한 각각의 독립된 기술을 나타내는 항목을 포함한다. 따라서 학생의 수행은 그 학생이 그러한 목표기술을 얼마나 잘

> 기준중심 평가는 전형적으로 일련의 순차적 기술이나 수학에서의 교육기준, 그러한 각각의 독립된 기술을 나타내는 항목을 포함한다.

하느냐를 참조한다. 하나의 예로, 정수의 덧셈에 포함된 순차적 기술을 생각해 보자. 정수의 덧셈에 대한 평가는 **글상자 7.1**에 제시되어 있으며, 각각의 행은 독립된 덧셈 기술을 포함한다. 예를 들어, 첫 번째 행은 합이 10 이하인 한 자리 수 덧셈을 제시한다. 세 번째 행은 받아 올림이 없는 두 자리 수 덧셈을 제시한다. 각 항목의 행은 정수 덧셈의 더 넓은 영역에서 특정 준거/기술에 직접적으로 결부된다.

교사들은 이 평가에서의 학생 수행 결과를 가지고 도움이 필요한 특정 기술을 쉽게 결정할 수 있다. 또한 교사들은 이 평가를 사용하여 어떤 교수를 제공할 것인지 정확하게 결정할 수 있다. 예를 들어, 만일 학생이 처음 3개 행의 문제를 90% 혹은

글상자 7.1	정수 덧셈에 대한 CRT 평가

1.	5 +2	7 +2	4 +4	2 +6	8 +6	비율 점수 _____
2.	6 +8	3 +9	8 +4	2 +4	9 +2	비율 점수 _____
3.	35 +42	47 +32	54 +24	25 +13	83 +22	비율 점수 _____
4.	27 +46	27 +25	37 +34	28 +13	39 +22	비율 점수 _____
5.	64 +36	87 +35	98 +24	79 +14	78 +22	비율 점수 _____
6.	73 +36	87 +35	98 +21	76 +13	81 +22	비율 점수 _____

출처 : Bender(2009).

100%의 정확도로 완성하고, 네 번째 행의 문제는 단 20%의 정확도를 나타냈다면, 학생은 받아 올림이 없는 한 자리 및 두 자리 덧셈은 확실하게 숙달했으나, 대체로 받아올림 개념 및 두 자리 수 연산에 있어 자릿값을 이해하기 어렵다고 볼 수 있다. 왜냐하면 성공적으로 완성한 문제와 그렇지 않은 문제 간에 명확한 차이가 있기 때문이다. 이 학생은 자릿값과 받아 올림에 대한 집중교수가 필요하며, 집중교수는 십의 자리와 백의 자리에 받아 올림이 필요한 두 자리 수 문제로 시작한다.

기준중심 평가가 준거참조 평가의 최신판인 반면, 기준중심 평가 계획은 근본적으로 준거참조 평가의 요소가 아닌 몇 가지 고려사항을 강조한다. 첫째, 기준중심 평가로의 움직임은 학교 교육과정과 최근의 새로운 기준 간의 일치를 강조하며, 많은 주에서 현재 진행 중인 과정이다.

다음으로, 많은 기준중심 평가에서는 수행 수준을 설명하기 위해 준거점수(cut scores)가 사용된다. 전형적으로, '기준 이상', '기준 부합', '기준 이하'와 같은 용어가 사용된다. 이러한 수준은 전형적으로 개별 학생의 수행을 기술하기 위한 벤치마킹 과정에서 사용되며, 특히 벤치마킹 목적을 위해 1년간 수차례 활용될 수 있다. 기준 중심 시험은 객관식 시험에서 정답과 오답을 매기기보다 전체적으로 등급이 매겨질 수 있다.

교육과정중심 측정

교육과정중심 측정(CBM)은 준거참조 평가의 또 다른 예로 가장 잘 이해된다. 역사적으로, 전통적인 평가는 학습을 방해하는 청지각이나 시기억, 다른 인지기술과 같은 인지적 능력의 결함을 측정하는 것을 강조했다(Deno, 2003; C. J. Jones, 2001). 대조적으로, 1980년대와 1990년대에 많은 교육자는 특정 학업기술의 직접적인 평가와 관련된 학업 혹은 특정 교육과정중심 수행 측정을 강조하기 시작했다. 따라서 최근 수십 년간 교육과정중심 측정 혹은 CBM은 교사들이 특히 교육과정 내 독립된 기술에 초점을 두고 아동이 습득하지 못한 특정 기술을 강조하기 위해 교수를 차별화하도록 하는 진전도 점검 시스템의 하나로 발달했다(Deno, 2003; C. J. Jones, 2001; Koellner et al., 2011). 사실상 **글상자 7.1**에 제시된 평가는 CBM 측정의 예시이자 준거참조 평가의 예라고 할 수 있다.

학자들은 수학교사들이 특정한 학업 기술에서의 아동의 진전을 지속적으로 측정함으로써 특수아동을 위한 이후 교수 계획을 세우는 데 매우 유용한 정보를 획득할 수 있다는 점에 동의한다(Deno, 2003; McMaster, Du, & Petursdottir, 2009). 이러한 이유로, 아동의 교육과정 내 기술에 직접적으로 근거한, 반복적이고 빈번하게 측정된 평가는 일반교육 환경 내 모든 학생을 위한 1단계 차별화 교수를 위한 선택 옵션으로 보인다. 하지만 CBM은 또한 RTI 절차의 2단계와 3단계에서 진전을 측정하는 데 있어 가장 효과적인 옵션으로 강조되어 왔다(Koellner et al., 2011).

> CBM은 RTI 절차의 2단계와 3단계에서 진전을 측정하는 데 있어 가장 효과적인 옵션으로 강조되어 왔다.

학생의 수행을 빈번히 측정하는 것이 교사로 하여금 교수목표를 세우는 데 도움을 줄 수 있는 반면, 측정 빈도에 대해서는 학자들 간에 의견 불일치가 있다. 예를 들어, 어떤 이론가들은 매주 혹은 격주로 실시되는 교사 자작평가가 충분하다고 주장하는 데 반해(D. Fuchs & Fuchs, 2005), 다른 이들은 학생들의 진전이 RTI 과정에서 매일 평가되어야 한다고 제안한다(Bender & Shores, 2007 참조).

마지막으로, 이러한 반복적인 측정으로 얻어진 CBM 평가 데이터는 개별 학생의 수행을 나타내는 X/Y축 차트처럼, 쉽게 해석 가능한 형식으로 요약된다. 이러한 포맷의 정보는 일반교육 수학 수업으로부터의 보편적인 선별 데이터로서, 또한 뒤이은 2단계와 3단계 중재에서의 진전도 점검 데이터로서 모두 활용할 수 있다. 이 장의 후반부 RTI 사례연구에서 이러한 성격의 몇 가지 데이터 차트가 제시된다.

> 차트화된 CBM 평가 데이터는 교수를 위한 평가의 가장 가능성 있는 예이다.

하지만 한 학생에 대한 데이터를 차트화하는 것에 덧붙여, 교사들은 학급 전체에 대한 데이터 차트를 제공할지 혹은 학급 내 개별 학생에 대한 데이터 차트를 제공할지를 선택할 수도 있다. 학급 내 각 학생에 대해 차트화된 데이터로 수학에서 추가 2단계로 갈 학생을 선정할 뿐만 아니라, 앞으로 수학 수업에서 강조할 독립된 수학기술을 정할 수도 있다. 명확하게 차트화된 CBM 평가 데이터는 일반교육 환경에서뿐만 아니라 RTI 중재의 모든 단계에서 교수를 위한 평가의 가장 가능성 있는 예이다.

이러한 이유로, 교육과정중심 측정은 이 장 후반부에 설명되는 바와 마찬가지로, 대부분의 RTI 평가에 대한 기초로 폭넓게 수용된다. 따라서 아직까지 CBM을 사용하지 않고 있는 초등학교와 중학교의 수학교사들이라면, 이러한 평가 옵션에 곧 매우 친숙해질 것이다. **글상자 7.2**에 제시된 바와 같이, 교사들이 수학기술을 위한 CBM을 개발하거나 구입하는 데 도움을 줄 수 있는 몇몇 웹사이트들이 있다.

참평가

참평가는 학생들이 '실생활'에서 만들어 내는 산물과 유사한 실질적인 결과물을 만들어 내야 한다는 개념에 기초한다. 이러한 접근에서 학생들의 개념적 이해에 대한 평가는 그들의 결과물 산출에 대한 수행에 기초한다(Bender, 2012a; Boss & Krauss, 2007; Larmer & Mergendoller, 2010). 참과제는 실생활의 맥락에 기초하여 가능한 한

| 글상자 7.2 | 흔히 사용되는 CBM 옵션 |

Aimsweb은 유료 평가로, 읽기와 수학, 철자, 쓰기에 대한 CBM 평가가 포함된 데이터 병합 서비스이다(www.aimsweb.com). 이것은 대부분의 학교에서 읽기와 수학 RTI에서 강조되는 교육과정 영역의 주제를 포함하기 때문에 오늘날 학교에서 가장 인기 있는 서비스 중 하나이다. 수학평가는 조기수학 유창성과, 수학 계산, 개념, 응용 문제를 포함한다. Aimsweb은 또한 데이터 획득에 효율적인 평가도구 세트와 컴퓨터, 소프트웨어 도구의 프린트 세트와 CBM 데이터의 웹 기반 관리를 허용한다.

EasyCBM은 일련의 읽기 및 수학 CBM 평가를 포함하며, 개별 교사들은 무료로 사용할 수 있다(www.easycbm.com). 매년 각 학생에 대한 비용은 학교와 지역교육청이 지불하게 된다. 사이트에는 수학공통핵심교육과정보다는 미국 수학교사협의회의 주요 기준(Focal Point Standards)과 관련 있는 K~8학년 수학평가가 포함되어 있다. 이 평가의 개발자는 기초적인 계산 유창성보다는 '개념적 이해'를 검사한다고 설명한다(웹사이트 참조). 이 프로그램에서는 교사들이 진전도 점검 차트를 생성하고 학급에서 학생들의 수행을 종합할 수 있다.

Intervention Central은 다양한 교수전략과 수학과 읽기에서의 평가 옵션을 제공하는 매우 유용한 웹사이트이다(www.interventioncentral.org/). 이것은 수학 RTI에 있어 RTI 진전도 점검 옵션을 개발하는 데 매우 큰 도움을 준다. 이 사이트는 초등학교 교사가 학생들을 위한 정수 연산 CBM을 만들 수 있도록 CBM 활동지 생성기를 제공할 뿐만 아니라, 사전에 준비된 많은 CBM 도구를 제공한다. 교사들이 2, 3단계 수학 중재를 받는 학생들에게 도움을 주기 위해 실행할 수 있는 많은 다양한 중재가 매우 자세하게 설명되어 있다.

Edcheckup은 읽기와 쓰기, 수학의 상업적인 측정뿐만 아니라 학생 데이터를 관리해 주는 웹 기반 서비스이다(www.edcheckup.com). 수학평가 시험은 '수학 빈칸 채우기' 포맷을 사용하여 계산 수행능력을 측정한다. 이 사이트는 또한 학생들의 CBM 데이터를 온라인으로 입력하고, 선별과 진전도 점검 보고서 및 그래프를 생성해 내는 옵션을 학교에 제공한다.

실질적인 형태로 과제를 수행할 것을 요구한다(Larmer & Mergendoller, 2010). 더 나아가 어떤 참과제는 꽤 방대할 수 있으며, 단순히 개별 학생이 아닌 그룹 참여를 필요로 할 수도 있다.

참평가의 실제에는 다양한 평가 메커니즘이 포함될 수 있으며, 아래의 예와 같다.

학생들은 음악 한 곡을 연주하고 나서 수학용어로 음악적 관계를 설명한다(예 : 화음 구성을 5성으로 나타내기), 수학 활동을 하면서 피타고라스에 대한 비디오 동영상을 만든다, 혹은 집계된 데이터를 요약하여 그래프로 그린다.

오늘날 참평가는 차별화 교수에 대한 프로젝트 기반 학습 접근법에 가장 빈번히 결부되는데, 그 이유는 평가의 기초로서 둘 다 실생활 성과물을 강조하기 때문이다.

오늘날 참평가는 제3장에서 논의된 것처럼 차별화 교수에 대한 프로젝트 기반 학습 접근법에 가장 빈번히 결부되는데, 그 이유는 평가의 기초로서 둘 다 실생활 성과물을 강조하기 때문이다. 더 나아가 최근 프로젝트 기반 학습에의 관심이 다시 일어나면서, 지난 10년간 참평가에 대한 강조가 증가되어 왔다. 또한 일반교육에서는 참평가가 평가를 위한 탁월한 선택으로 제시되는 반면, 특정 목표기술의 시간 경과에 따른 학생의 개별 수행평가를 위한 실질적 옵션으로는 제공되지 않으므로, 이러한 평가 혁신은 RTI 2단계나 3단계의 진전도 점검보다는 일반교육에서 더 많이 사용되는 것 같다.

포트폴리오 평가

포트폴리오 평가는 시간에 따른 학생의 수학 작품 포트폴리오를 수집하는 것이며, 이것은 지난 10년간 하나의 차별화된 평가 옵션으로 논의되어 왔다(Bender, 2009; Chapman & King, 2005). 포트폴리오는 학생이 선정한 작품의 색인된 모음집으로 시간 경과에 따른 학생의 학업 성장을 나타내고 특정 기술에 대한 학생의 성취 근거를 제공한다. 포트폴리오는 학생의 작품 요약으로 전체 점수 하나를 강조하지 않으며, 이에 따라 그 작품의 책임감에 대한 학생의 소유권 증대가 촉진된다. 이 기법은 또한 학생의 수학 진전도에 대해 교사와 학생을 공동의 협력자로 만든다.

포트폴리오는 시간 경과에 따른 학생의 학업 성장을 나타내고 특정 기술에 대한 학생의 성취 근거를 제공하는 학생이 선정한 작품의 색인된 모음집이다.

포트폴리오에는 교사와 학생이 학생의 성취를 가장 정확하게 반영한다고 생각하는 수학 작품이 포함되어야 한다. 학생들은 그들이 특히 자랑스러워하는 작품(수학 퀴즈에서 좋은 점수)이나 가장 어려워하는 작품, 학생들이 지속적으로 진전을 보이고 있는 작품을 포함할 수 있다. 예를 들어, 칸 아카데미에서 얻은 배지나 다른 컴퓨터기반 교육과정에서의 유사한 성취 자료는 포트폴리오에 기록되어야 한다. 또한 각 포트폴리오는 두 가지 중요한 요소를 포함해야 한다.

1. 포함되는 각 항목을 설명하는 학생이 만든 색인과
2. 항목과 그것의 중요성, 그것이 무엇을 나타내는지에 대한 설명

색인에는 포트폴리오에 무엇이 포함되는지와 작업과 관련하여 어떠한 시간 프레임으로 이루어져 있는지에 대한 것들이 독자(학생의 다음 학년 교사와 부모, 학생 당사자)가 알 수 있도록 포함된다. 반성적 에세이에서는 학생이 선택한 작업이 자신의 가장 중요한 작품을 대표한다고 생각하는 이유가 자세히 설명되어야 할 것이다. 반성적 에세이는 포트폴리오에서 작품 프로젝트 간의 관계성을 보여 줘야 하며, 그 관계성을 시간에 따른 학생의 성장 측면에서 설명해야 한다. 더 나아가 포트폴리오 색인과 반성적 에세이, 이 두 항목 모두 포트폴리오 그 자체 내 지속적인 프로젝트로서 개발될 수 있다. 물론 둘 다 전체 포트폴리오에 대한 점수를 부여하기 전에 완성되어야 한다.

포트폴리오는 일정 기간에 걸친 학생의 수학 작업을 포함해야 한다. 어떤 사례에서는 하나의 예로, 학기 초 문제해결 작업은 학기 말 문제해결 작업과 직접 비교될 수 있다. 하지만 일부 포트폴리오는 더 제한된 기간(예 : 단일 채점기간)에 완성된다. 모든 포트폴리오 자료는 모아서 폴더에 넣어야 하는데, 어떤 교사들은 실제 포트폴리오 폴더를 사용하는 반면 — 이름은 여기서 유래되었다 — 다른 이들은 작은 상자나 파일 서랍, 체계적으로 작업을 모아 정리할 수 있는 보관함을 사용할 수 있다.

디지털 미디어 사용의 증가로, 오늘날 많은 교사들은 수학에 있어 차별화된 평가도구로 학생들에게 디지털 포트폴리오를 만들게 한다(Niguidula, 2011; Stiggins, 2005). 디지털 포트폴리오에서 작업은 디지털로 개발되고, 제시되고, 저장되며, 마찬가지로 대부분의 사례에서 포트폴리오 작업에 대한 색인도 디지털이다. 이것은 특히 학생들이 컴퓨터화된 수학 작업을 하고 있을 때 유용하며, 많은 최신 컴퓨터 프로그램은 디지털 포트폴리오에 포함될 수 있는 다양한 차트를 만든다.

Niguidula(2011)는 학생의 수행에 대해 특정 기준(예 : 공통핵심교육과정에서의)으로 학생들의 디지털 포트폴리오에 대한 색인을 구성할 것을 권고한다. 그러한 관점에서 학생이나 학생의 부모, 교사가 그 학생이 특정 수학공통핵심교육과정 기준과 관련된 능력을 나타냈음을 보여 주고자 할 때 그 교사가 학생의 디지털 포트폴리오에 들어가 특정 기준을 선택하면, 그 포트폴리오 그 자체가 그 기준과 관련된 학생의 능력을 보여 주는 학생의 작업을 제시할 것이다(Niguidula, 2011).

오늘날에는 공학기술을 이용하여 포트폴리오 내용과 학생들이 개발한 하드카피 보고서 둘 다 디지털 형식으로 스캔할 수 있으며, 마찬가지로 어떠한 프레젠테이션이나 디지털 사진/비디오 자료도 디지털 포트폴리오에 넣을 수 있다. 디지털 포트폴리오는 원래 학교 컴퓨터에 보관되었으나(Niguidula, 2011), 오늘날 공학 애플리케이션(예 : 구글 앱)은 '클라우드'에 하우징 디지털 포트폴리오 옵션을 제시하며, 이러한 학생 작업 포트폴리오는 향후 교사가 특정 학생과 작업할 수 있게 할 뿐만 아니라 향후 수년간 학생들이 그들의 부모들과도 작업할 수 있게 한다.

루브릭 기반 평가

교사들이 평가를 차별화하기 위한 전략을 개발함에 따라 많은 교사들은 학생들의 작업을 평가하는 채점 루브릭을 사용하는 데 익숙해졌다. 루브릭은 과제에서 특정 점수를 얻기 위한 다양한 과제 요소 및/혹은 준거에 대해 구체적인 설명을 해 줌으로써 과제 전반에 대한 질적인 기대치에 대해 소통하려는 시도이다. 좋은 루브릭은 몇 가지 기능을 수행할 것이다. 그것은 학생의 작업을 계획하는 데 있어 가이드로서뿐만 아니라 진전도를 측정하고 프로젝트 목표에 집중을 유지하는 역할을 할 것이다. 마지막으로, 루브릭은 프로젝트의 효과성을 평가하기 위한 도구로서의 역할을 할 수 있다.

많은 사례에서 채점 루브릭은 점수를 매기는 데 있어 일관성 있는 준거를 제공하는 데 사용되고, 과제를 완성하는 데에도 학생들에게 도움이 된다. 점수를 매기는 준거는 공개적이며 루브릭에 제시되기 때문에, 채점 루브릭은 꽤 복잡하거나 심지어는 사실상 주관적인 평가까지도 포함하여, 교사와 학생들이 비슷하게 학생들의 작업을 평가하게 한다. 채점 루브릭은 또한 자기평가, 반성, 또래 검토의 근거를 제공할 수 있다. 그것은 정확하고 공정한 평가와 이해를 증진하는 것, 뒤이은 학습/지도의 진행방법을 나타내는 것을 목표로 한다.

> 루브릭은 과제에서 특정 점수를 얻기 위한 다양한 과제 요소 및/혹은 준거에 대해 구체적인 설명을 해 줌으로써 과제 전반에 대한 질적인 기대치에 대해 소통하려는 시도이다.

글상자 7.3은 제3장에서 제시했던 PBL 프로젝트의 성과물과 연관된 루브릭 샘플이다(**글상자 3.3** 나는 언제 자동차를 살 수 있을까?). 아래에 제시된 프로젝트의 첫 번째 성과물은 스프레드시트에서 데이터 만들기다.

글상자 7.3 **스프레드시트 성과물을 위한 채점 루브릭 샘플**

성과물 과제

엑셀 예산 시트 : 엑셀이나 다른 데이터베이스에 개인 예산을 짤 것이다. 그것은 최소 2개월 동안이어야 하며, 다음을 포함해야 한다.

- 2개월 내에 벌 수 있는 모든 자금의 합계
- 2개월 내에 지출할 자금의 합계
- 2개월 내에 자동차를 구입하기 위해 저축할 수 있는 초과 자금의 합계

채점 루브릭	
항목 설명	획득 점수
스프레드시트에 포함되어야 할 항목	C

- 벌어들인 모든 자금을 개별적으로 나열하고, 2개월 동안의 합계를 산출
- 모든 지출을 개별적으로 나열하고, 2개월 동안의 합계를 산출
- 예상하는 월별 저축에 대해 일반적으로 명확하게 기록

스프레드시트에 포함되어야 할 항목	B

- 벌어들인 모든 자금을 개별적으로 나열하고, 2개월 동안 월별 합계 산출
- 모든 지출을 개별적으로 나열하고, 2개월 동안 월별 합계 산출
- 수입과 지출에 대해 정확하게 평균 계산
- 스프레드시트 데이터와 예상하는 월별 저축의 정확한 수치를 참조하여 작성

스프레드시트에 포함되어야 할 항목	A

- 벌어들인 모든 자금을 개별적으로 나열하고, 3개월 혹은 그 이상의 기간 동안 월별 합계 산출
- 모든 지출을 개별적으로 나열하고, 3개월 혹은 그 이상의 기간 동안 월별 합계 산출
- 수입과 지출에 대해 정확하게 평균 계산
- 스프레드시트 데이터와 예상하는 월별 저축의 정확한 수치를 참조하여 명시적으로 작성
- 예기치 않은 지출을 고려한 서면상의 근거

성과 1 — 엑셀 예산 시트 : 당신은 엑셀이나 다른 데이터베이스에 개인 예산을 짤 것이다. 최소 2개월 동안이어야 하며, 다음을 포함해야 한다.

- 2개월 내에 벌 수 있는 모든 자금의 합계
- 2개월 내에 지출할 자금의 합계

- 2개월 내에 자동차를 구입하기 위해 저축할 수 있는 초과 자금의 합계

이 루브릭에서 보여 주듯이, 성과물을 위한 과제와 평가되는 정보 간의 관계는 루브릭 그 자체 내에서 명확하다. 따라서 루브릭은 학생들이 이 작업을 완성할 때 과제를 더욱 명확하게 해 줄 것이다. 또한 여러 직종에서 직장인들은 임무의 중요도에 따라 투입되는 노력 정도를 결정할 수 있다는 점에서 볼 때, 다양한 작업 수준을 보여 주는 이러한 학교 과제는 좀 더 실제적이다. 마지막으로, 이러한 특징의 루브릭은 학생들로 하여금 특정 점수를 획득하고자 하는 욕구를 생각하게 한다.

루브릭은 필요성만큼이나 광범위하지만, 수행평가 프로젝트의 특정 요소뿐만 아니라 각 과제 혹은 성과물에 대한 상대적인 점수 '가중치'를 규정한다. 이러한 형식

> 루브릭은 수행평가 프로젝트의 특정 요소뿐만 아니라 각 과제 혹은 성과물에 대한 상대적인 점수 '가중치'를 규정한다.

에서 학생들은 과제 완성을 위해 무엇이 요구되는지뿐만 아니라 과제의 어떤 측면이 강조되는지에 대해 재빨리 깨닫게 된다(Bender, 2012a). 채점 루브릭은 또한 학생들이 자신의 과제와 다른 이들의 과제에 대해 사려 깊은 평가자가 되도록 도와주는데, 이는 프로젝트 기반 학습뿐만 아니라 다른 차별화 교수 접근에서의 핵심 고려사항이 될 수 있다.

루브릭 사용의 또 다른 이점이 있다. 루브릭을 사용한 평가 작업은 학생뿐만 아니라 교사에 의해서도 완성될 수 있다. 사실상 루브릭은 학생들로 하여금 서로서로 혹은 그들 자신이 교사가 추후 검토할 모든 과제를 평가하게 함으로써, 교사는 학생들의 과제를 평가하는 데 드는 많은 시간을 절감시킬 수 있다. 하지만 앞서 설명한 많은 다른 평가 혁신과 마찬가지로, 루브릭은 아마도 높은 RTI 단계에서보다는 오히려 일반교육 환경에서 더 유용할 수 있는데, 이는 루브릭이 본질적으로 좀 더 전반적이며, 전형적으로 매우 독립적인 학업기술을 목표로 하지 않기 때문이다.

많은 온라인 자료들이 수학에 있어 이미 만들어진 루브릭을 제공하는 데 반해, 일부 웹사이트는 교사가 그들만의 루브릭을 개발하는 데 유용하다. 만약 루브릭 개발에 대해 알고 싶다면, 무료 옵션인 Rubistar(rubistar.4teachers.org/)를 생각할 수 있을 것이다.

RTI에서의 차별화 평가의 원리

제1장에서 간단히 설명한 바와 같이, 대부분의 미국 학교에서는 3단계 RTI 모델을 채택했다. 이 모델의 1단계(Tier 1)는 일반교육 수학 수업에서의 교수를 나타내며, 이것은 학급 학생의 약 80%의 요구에 부합할 것으로 기대된다. 하지만 몇몇 학생들은 수학에서 성공하기 위해 더 집중적인 추가된 교수 중재를 요구할 것이다. 따라서 이 모델에서의 2단계(Tier 2)는 전형적으로 약 20%의 학생들에 의해 요구되는 더욱 집중적인 추가 중재를 나타내며, 한편 3단계(Tier 3)는 매우 집중적인 추가 교수를 나타내는데, 이는 전형적으로 학급의 약 5%의 학생들에 의해 요구된다. 물론 다양한 수준의 평가를 통해 어떤 학생들이 특정 단계의 집중적인 교수를 요구하는지가 결정된다. 이러한 3단계 RTI 피라미드는 **글상자 7.4**에 제시된다.

수학교사들은 이러한 일반적인 RTI 모델의 해석에 대해 다소 주의를 요한다. 예를 들어, 각 단계에서 학생들이 그들의 요구에 부합하는 비율에 관한 데이터는 초등 읽기 교수로부터 얻은 것이지, 수학 수행에 대한 것은 아니다(Bender & Crane, 2011). 사실상 어떤 학교에서는, 일부 학년 수준에서 읽기보다는 수학에서 성공적인 학생이 더 적을 수 있으며, 이러한 비율은 특정 학교의 데이터라기보다는 일반적인 가이드

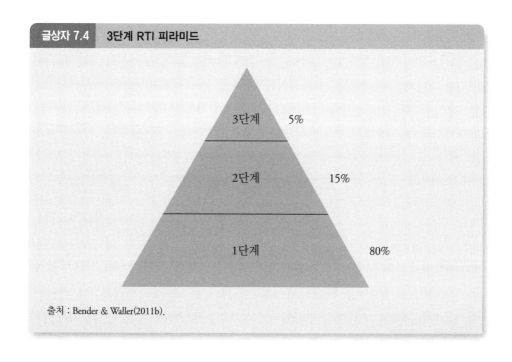

글상자 7.4 **3단계 RTI 피라미드**

3단계 5%

2단계 15%

1단계 80%

출처 : Bender & Waller(2011b).

라인으로 해석되어야 한다.

제1장에서 설명되었듯이, RTI 모델에서 1단계 교수는 학급에서 모든 학생을 위해 일반적인 수학 수업으로 제공되는 교수이다. 현재 모든 일반 수학 수업에서 차별화된 평가가 권고되기 때문에, 위에 설명한 모든 평가 옵션이 1단계 교수를 위해 사용될 수 있다. 하지만 어려움을 보이는 학생들이 수학에서 좀 더 목표지향적인, 집중적인 중재를 요구할 때에는 평가방법 역시 좀 더 목표지향적으로, 좀 더 집중적으로, 좀 더 빈번하게 이루어진다.

RTI 과정에 대한 초기 연구에서는 형성평가를 위한 두 가지 목적 — 선별과 진전도 점검 — 을 제시한다. 이 두 유형의 평가는 유치원과 초등학교, 중학교에서 거의 모든 수학교사들로부터 빈번히 요구된다(Bender & Crane, 2011).

보편적 선별(universal screening)은 학생의 수행을 벤치마킹하기 위해 연 2~3회 개별적으로 시행되는 선별평가로 일반교육 환경에서 모든 아동을 선별하는 것으로 정의된다(즉 개별 학생의 수학기술이 요구되는 성장 기대에 부합하는지 아닌지를 입증하기 위한 것). 이 수준의

> 보편적 선별은 개별 학생이 수학에서의 벤치마크에 도달했는지 여부를 입증하기 위해 연 2~3회 개별적으로 시행되는 선별 평가이다.

평가는 실제로 몇몇 주에서 '벤치마킹'이라 언급된다. 이러한 보편적인 선별 데이터는 학생들이 기대에 부응하는지 혹은 어떤 학생들이 수학의 특정 기술에 대해 부가적인 교수 중재를 필요로 하는지를 결정하는 데 사용된다.

대조적으로, 진전도 점검(progress monitoring)은 RTI 중재기간 동안 빈번히 반복되는 평가로 정의될 수 있으며, 일반적으로 추가적인 2단계와 3단계 RTI 중재 동안 매주 혹은 격주로 진행된다. 이러한 평가는 중재의 효과를 입증하거나 진행 중인 교육적 중재 프로그램을 계획하

> 대조적으로, 진전도 점검은 RTI 중재기간 동안 빈번히 반복되는 평가로 정의될 수 있으며, 일반적으로 추가적인 2단계와 3단계 RTI 중재 동안 매주 혹은 격주로 진행된다.

는 데 도움을 주기 위함이다.

그러므로 간단히 설명하자면, 보편적 선별은 학급의 모든 학생에게 적용되기 때문에 1단계 기능인 반면, 진전도 점검은 2단계와 3단계 RTI 절차에 해당하는 기능으로, 추가적인 중재에서만 적용된다. 이것은 단순하게 구분되는 것처럼 보일 수 있지만, 많이 혼동된다. 그 이유는 수학에서 일반적으로 보편적인 선별에 사용되는 평가

들이 진전도 점검도구로도 사용될 수 있기 때문이다. 더 나아가 많은 주(州)에서 RTI 패러다임 내에서 보편적 선별과 진전도 점검 둘 다에 특정 평가를 요구해 왔다. 따라서 모든 수학교사는 특정 평가가 이들 둘 다의 목적으로 요구되는지를 알아보기 위해 그들이 속한 주의 교육청 웹사이트를 확인해야 한다.

앞서 언급한 정의가 나타내듯, RTI는 CBM과 준거참조 검사, 더욱 일반적인 수행점검 계획처럼 다양한 혁신적 실제에 그 뿌리를 두고 있다(Deno, 2003; Koellner et al., 2011). RTI에서와 마찬가지로 수업 중 평가에 대한 최근 연구들을 살펴보면, 차별화된 평가는 특별히 학생의 약점을 목표로, 그것을 다루는 교수를 설계하기 위해 교사와 학생이 협력하여 활동할 수 있도록 하는 도구로 보인다(Chapman & King, 2005; Niguidula, 2011; Sousa & Tomlinson, 2011). 그러므로 평가와 교수는 분리된 시도라기보다는 상호 간에 지원하는 기술로 보인다. 다시 말해, 이러한 강조점—교수와 평가의 결합—은 RTI 조치 내에서 이행되고 있다.

물론 여기에 설명된 도구들이 차별화된 교실에서의 모든 평가에 대한 요구를 나타내지는 않지만, 그것은 수학에서의 RTI 조치의 최근 영향을 나타낸다. RTI 내에서 각각의 이러한 유형의 평가는 교수를 위한 형성평가의 오래된 전통에 의존하기 때문에 교사는 RTI와 이전에 논의된 평가 혁신 간 관계를 이해해야 한다(Bender & Crane, 2011; Chapman & King, 2005; Deno, 2003).

수학에서의 1단계 RTI 중재

유치원과 초등학교에서 대부분의 교육자들은 이제 3단계 RTI 피라미드 모델에 익숙하며, 그 모델을 읽기 교수에 사용할 수 있는 반면, 수학에서의 RTI는 대부분의 학교에서 다소 최근에야 강조되었다. 차별화된 교수를 촉진하기 위해 다양한 교수 및 평가 도구가 3단계 RTI 모델에 어떻게 어울리는지 이해하는 것은 어떤 이들에게는 새로울 수 있다.

첫째, 일반교육에서 수학교사는 읽기에서와 마찬가지로 수학에서 교수와 보편적 선별 둘 다를 책임진다. 이 책의 제4, 5, 6장에 제시된 모든 교수전략은 탁월한 교수 옵션이며, 이들 전략이 2단계와 3단계 RTI 절차에 중재로 사용될 수 있다.

다음으로, 많은 차별화된 평가전략들이 1단계 교수와 관련하여 이 장 앞부분에 제시된 것과는 대조적으로, 2, 3단계에서의 모든 평가는 실제로 CBM에 기초한다. RTI 문헌에 따르면, 유치원과 초등학교 수준의 일반교사들은 모든 학생이 특정 벤치마크에 부합하는지 점검하고, 2단계 수준에서 더 집중적인 추가 중재를 요구하는 학생들을 식별하기 위해 읽기와 수학에서 매년 3회 보편적인 선별평가를 사용할 것으로 기대된다(Bender & Crane, 2011; Bender & Waller, 2011a).

초·중등 수학교사들이 이러한 보편적인 선별을 하는 방법은 많이 있다. 첫째, **글상자 7.2**에 논의된 CBM은 보편적인 선별 옵션으로 사용된다. 다음으로, 교사들은 그들의 교육과정으로 구성된 선별도구를 사용할 수 있다. 덧붙여, 몇몇 새로운 평가는 수학에서의 진단 작업에 특히 유용하다. 이것은 **글상자 7.5**에 제시된다.

마지막으로, RTI 절차에서 일반교육 교사는 1단계에서, 아마 2단계 수준에서도 수학 교수를 실행한다. 또한 매년 3회 수학에서의 보편적인 선별을 수행한다. 이것은 일반교육 교사가 대개 RTI 내에서 학생들의 수행에 관해 확실한 정보를 수집하는 첫 번째 사람이라는 것을 의미한다(Bender & Crane, 2011).

글상자 7.5 수학에서 RTI를 위한 새로운 평가도구

Dibels Math
이것은 최근에 개발된 수학영역의 보편적인 선별도구로, 초등학교 읽기에 대한 보편적인 선별도구로 가장 널리 사용되는 DIBELS Next 평가도구를 제작한 회사에서 개발하여 출판했다. 그러한 이유로, 전국 단위로 개발된 수학영역의 RTI 절차로서 DIBELS Math가 상당한 주목을 받을 가능성이 높다. 이 도구는 보편적인 선별과 진전도 점검에 사용되며, 교사가 유치원~초등 1학년 수학 유창성을 평가하는 데 1~2분 정도의 시간이 소요된다. 이 도구는 타깃 중재를 제안하고 학생의 성장을 추적할 수 있다. 웹사이트에서 추가적인 정보를 제공받을 수 있다(dibels.org/dibelsmath.html).

SMI(Scholastic Math Inventory)
최근 개발된 컴퓨터기반 수학도구로, 2011년에 스칼라스틱에 의해 출판되었다(teacher. scholastic.com/math-assessment/scholastic-math-inventory/). SMI는 2~8학년을 대상으로 퀸타일 지수(Quantile framework)로 수학적 이해를 측정하는, 연구 기반의 컴퓨터 적용 수학평가 프로그램이다. 이것은 RTI 과정에서 교수를 안내하는, 빠르고 신뢰로운 평가이며, 공통핵심교육과정에 맞추어 조정된다.

2단계와 3단계의 교수와 평가의 책무

읽기 영역에서 보편적인 선별 데이터에 따르면 일반적으로 학생의 20%가 1단계 교수에서 성취하지 못한다(Bender & Crane, 2011; Bender & Waller, 2011b). 하지만 그 수치는 수학에서 다소 높아질 수 있는데(Bender & Crane, 2011), 그 이유는 8학년 말까지는 읽기에서보다 수학에서 더 많은 학생들이 결함을 보이기 때문이다(NMAP, 2008). 따라서 대부분의 유치원과 초등학교에서는 20% 혹은 그 이상의 학생들이 2단계의 추가적인 수학 중재를 요구할 것이다. 그 중재는 학생들로 하여금 내용을 숙달하도록 하기 위한 것이며, 일반적으로는 교사가 교실에서 4~6명의 학생에게 수학에 추가시간(보통 주 3회 20~30분)을 할애하는 것과 관련된다. 이러한 2단계 중재는 개별 학생이 필요로 하는 수학기술에 목표가 설정되고 집중되어야 한다. 많은 경우, 이것은 컴퓨터화되고 개별화된 수학 소프트웨어 프로그램에 의해 다루어지며, 이러한 몇몇 프로그램들은 부록에 설명되어 있다.

2단계 교수에 덧붙여, 일반교육 수학교사는 그 그룹에 속한 각 학생의 진전도를 점검하도록 기대된다. 다시 말하자면, 이것은 컴퓨터화된 프로그램에서 혹은 교사에 의한 진전도 점검을 위해 개발된 CBM을 통해 실시될 수 있다. 따라서 RTI에서는 최소한 보편적인 선별과 2단계 교수적 기대 차원에서 일반교육 수학교사의 역할이 증가함을 보여 준다.

> RTI에서는 최소한 보편적인 선별과 2단계 교수적 기대 차원에서 일반교육 수학교사의 역할이 증가함을 보여 준다.

하지만 RTI 모델에서 일부 학생들은 그들의 요구가 2단계 중재(Bender & Crane, 2011)에서의 집중적이고 추가적인 수학 교수에 부합하지 않을 수도 있으며, 이러한 소수의 학생들은 훨씬 더 집중적인 3단계의 중재를 요구할 수 있다. 오늘날 대부분의 초등학교는 수학영역의 RTI를 실행하고 있으며, 매일의 3단계 교수는 전형적으로 일반교육 교사보다는 다른 이들에 의해 실행된다. 예를 들어, 수학 코치나 선임교사, 중재 전문가가 매우 집중적이고 추가적인 수학 교수를 실행하고 각 학생의 진전도를 점검하면서 이 역할을 맡을 수 있다. 전형적으로, 이러한 3단계 중재는 아주 작은 소규모 그룹(예 : 교사 1인당 3명의 학생을 초과하지 않음)에서 매일 30~45분 동안 실시되며, 이는 학생들에게 그들이 요구하는 집중적인 수학 교수를 제공하는 것을 보장하기 위함이다(Bender & Crane, 2011).

사례연구 1 : 초등수학에서 RTI 절차

RTI 절차에서 평가와 중재가 서로 어떻게 지원하는지에 대한 예시를 통해 이러한 RTI 평가 절차가 어떻게 실시되는지 알 수 있다. 3학년 남학생인 케니를 상상해 보자. 케니는 곱셈 수학 사실을 학습하는 데 어려움을 가지고 있다. 특히 그는 수학공통핵심교육과정의 3학년 연산과 대수학 기준에 도달하지 못한다(기준 3.0A.1).

곱셈과 나눗셈을 포함한 문제를 표상하고 풀이하시오.
1. 정수의 결과물을 설명하시오. 가령 7개씩 5묶음인 사물의 총개수로서 5×7을 설명하시오. 예를 들어 5×7로 표현될 수 있는 전체 사물의 개수라는 맥락으로 설명하시오.

폭스 교사는 학생들에게 곱셈구구표를 가르친 후, 그해 10월 수업에서 모든 학생을 대상으로 하여 CBM 측정으로 보편적인 선별을 실시했다. 그 측정은 일련의 간단한 구구단 문제이며 각 단별로 다섯 문제씩 구성되어 있다(즉 10개의 수학적 사실 각각은 별개의 수학적 사실군이다 : 4단, 6단, 8단 등). 케니는 1단과 2단, 3단, 5단은 모두 정확하게 풀었지만, 다른 단에서는 그렇지 못했다. 또한 수업 후 케니의 퀴즈 점수는 구구단에서 지속적인 문제를 나타내고 있었다.

폭스 교사는 또한 2학년 주 단위 수학 평가에서 나타난 바와 같이, 케니가 연산에서 등가학년 1.4로, 수학에서의 조기 문제를 경험해 온 것에 주목했다. 폭스 교사는 케니의 2학년 때 선생님과 이야기를 나누었는데, 그 또한 케니가 수학, 특히 받아 올림이 포함된 자릿값에 어려움이 있다고 했다.

그러한 점에서 폭스 교사는 케니가 3학년 수준의 수학을 성취하도록 수업이 진행되지 못하고 있다고 결론 내렸다. 따라서 폭스 교사는 케니의 수행 수준과 위 데이터에 대해 3학년 선임교사인 러본과 의논했고, 그들은 케니에게 수학에서 추가적인 2단계 중재가 필요하다고 결정했다. 자릿값과 덧셈, 뺄셈이 걱정되지만, 이 두 사람은 3학년 교육과정(분수, 나눗셈 등) 대부분이 곱셈의 수학적 사실에 의존한다는 차원에서 케니에게 곱셈이 더 중요하다고 결정했다. 그러므로 2단계 중재는 그 특정 기술에 초점을 맞춘다. 이 회의를 통해 폭스 교사는 두 가지 과제를 해야 했다 : (1) 이 데이터와 러본 교사와의 회의에서 결정한 사실에 대해 요약본 작성하기, (2) 케니를 위한 2단계 추가 중재를 계획하고 설명서 작성하기.

폭스 교사는 또한 케니처럼 곱셈의 수학적 사실에 어려움을 가진 5명의 다른 학생이 더 있다는 것에 주목했고, 각 학생에 대해 동일한 유형의 데이터를 수집했으며, 러본 교사에게 이 학생들에게 동시에 2단계 중재를 실시할 것임을 알렸다. 폭스 교사는 수학 수업시간 이외의 적당한 시간에 추가 중재를 할 시간을 내어, 케니와 5명의 다른 학생들로 구성된 소그룹과 함께 작업을 했다. 이 작업을 교실에서 실시하기 위해, 폭스 교사는 주 3회 25분씩 2단계 수학 중재를 실시하는 동안 다른 학생들은 사회 수업의 그룹 과제를 완성하도록 계획을 세웠다.

대부분의 학교군에서 케니의 수행에 관한 이와 같은 기록들은 케니의 파일(그들이 다른 학생들에 대해 그러하듯이)에 수집될 것이다. 많은 학교군들은 RTI 양식이나 폴더 유형을 사용한다. 이 장 후반부에는 그러한 RTI 의 완성된 예시가 제시되며, 이것은 이러한 데이터가 어떻게 종합되는지뿐만 아니라 수학영역의 RTI 절차 단계까지도 보여 준다.

> 대부분의 학교군에서 학생들의 개별 수행에 관한 기록은 RTI 양식이나 폴더 유형을 사용하여 파일에 수집된다.

2단계 수학 중재

폭스 교사는 앞서 설명했던 연구 기반 중재전략인 호혜적 또래교수(이 경우 그가 이것을 전체 학급에 실행하지 않더라도. 전 학급 또래교수에 대한 이전 논의 참조)와 시간지연을 결합하여 2단계 중재를 실시하기로 결정했다. 그는 이러한 결합된 중재에 대해 한 단락 분량으로 설명서를 작성하여 3학년 선임교사인 러본에게 보여 주었다. 주 3회 25분간 중재를 실시하며, 다음 6주의 채점기간 동안 그 중재를 지속한다는 면에서 차별화되었다.

폭스 교사는 보편적인 선별도구로서 학급에서 실시한 CBM 측정을 통해 각각의 학생이 어떤 수학적 사실군을 필요로 하는지 정확히 알았다. 따라서 그는 특히 각 학생이 도움을 필요로 하는 곱셈 수학적 사실군에 대한 추가적인 교수를 목표로 삼았다. 2단계 중재의 타당성을 고려하여, 중재는 특히 각 학생의 개별적인 결함 영역에 목표를 두어야 한다. 이것은 강한 긍정적 효과의 가능성을 증가시킬 것이다. 이것은 모든 수학 수업의 보편적 선별에 CBM 측정을 사용하는 데 있어서 한 가지 중요한 이

점이다. 이러한 CBM 측정은 중재에 대한 특정 기술을 목표로 하는 데 도움이 된다.

또래교수를 위해 학생들을 짝 지음으로써, 폭스 교사는 재빠르게 이 6명의 3학년 생들이 자신의 또래친구에게 '구구단을 말하도록' 가르칠 수 있다. 따라서 각 학생은 그들이 필요로 하는 정확한 수학적 사실군이 제시되었고, 즉시 답을 하거나 튜터가 답을 말할 때까지 기다리게 하고, 그런 뒤 그것을 반복하게 했다. 학생들은 각 학생 의 반응을 제4장(글상자 4.7)에 제시된 것과 같은 시간지연 점수표에 기록하도록 훈 련받았다. 10분간의 연습이 끝난 후 학생들은 역할을 바꾸었는데, 튜터는 튜티가 되 었다. 그러한 방식으로, 6명의 학생은 매일 튜터와 튜티로서의 역할을 경험했으며, 각 학생은 그들이 필요로 하는 수학적 사실군에 관한 과제가 제시되었다. 단 이틀 후 모든 학생은 호혜적 튜터링 절차를 학습했으며, 그때 폭스 교사는 학생들이 과제를 완성하는 동안 학생들을 점검하고, 각 학생에 대해 '정답 예상' 수를 수집하고 차트 화한 자료를 만들어야 한다.

> 10분간의 연습이 끝난 후 학생들은 역할 을 바꾸었는데, 튜터는 튜티가 되었다.

일단 중재가 계획되자 폭스 교사는 러본 교사와 다시 한 번 그것을 공유했다. 그런 다음 6명 학생의 부모에게 학생들이 추가 중재가 필요하다는 것과 그 중재계획을 알리는 편지를 보냈다. 부모동의서가 2단계 중재를 시작하는 데 필수적인 것은 아니 지만, 아동의 수행을 부모에게 알리는 것은 항상 좋은 아이디어다(Bender & Crane, 2011). 그런 뒤 그는 이 6명의 학생 그룹을 위해 2단계 중재를 시작했다.

2단계 진전도 점검 결과

앞서 언급한 것처럼, 6명의 학생에게 호혜적 또래교수 절차를 가르치는 데 단 이틀 밖에 걸리지 않았다. 폭스 교사는 이후 몇 주간 중재를 진행하면서 개별 학생의 일일 진전도 점검 데이터를 수집했고, 그 데이터를 차트로 작성했다. 이러한 절차에서 교 수적 절차 그 자체―호혜적 또래교수와 시간지연의 결합―는 기본적으로 교수와 평가가 결합된다는 점에 주목하자. 따라서 이 중재 절차는 수집과 차트 작성이 필요 한 CBM 진전도 점검 데이터를 생성했다. **글상자 7.6**에 나타난 바와 같이, CBM 진 전도 점검 차트는 불과 4주 후에 케니가 약간의 진전을 보였지만, 이러한 성장은 그 가 다른 3학년생들을 따라잡기에 충분히 빠르지 않음을 보여 주었다.

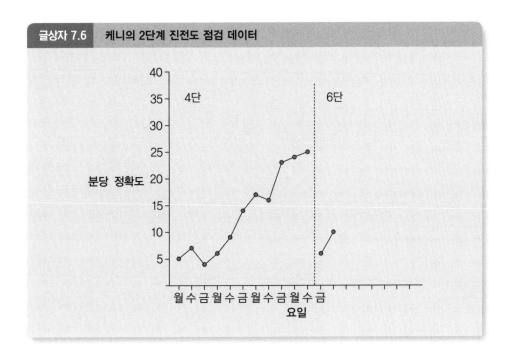

글상자 7.6 케니의 2단계 진전도 점검 데이터

폭스 교사는 4주간의 중재에 따른 이 데이터를 러본 교사와 공유했으며, 그들은 케니의 진전에 대해 상의했다. 중재를 통해 다른 5명의 학생 중 4명은 높은 수준의 진전을 보였지만, 케니와 나머지 한 명은 그렇지 못했

> 대부분의 학교에서 학생지원팀은 특수교육에의 적격성을 결정하지 않는다는 점에서 아동학습팀과 같지 않다.

다. 폭스 교사와 러본 교사 둘 다 케니의 진전이 상당하지만 충분한 성장은 아니었다고 느꼈기 때문에, 그 학교의 학생지원팀(Student Support Team, SST)의 부장인 존슨 씨에게 케니의 학업 진전에 특별히 초점이 맞춰진 팀을 요청했다.

대부분의 학교에서 학생지원팀은 특수교육에의 적격성을 결정하지 않는다는 점에서 아동학습팀(child study team)과 같지 않다. 오히려 SST의 업무는 교사가 심각한 어려움을 가진 학생들을 위한 대안적인 지도 아이디어를 탐구하도록 도와주는 것이며, 종종 더욱 집중적이고 추가적인 3단계 중재가 요구되는 학생들의 진전도 점검의 책임을 가진다.

3단계 중재계획

이 학교의 SST에는 수학 코치인 젠슨이 포함되어 있는데, 그가 전형적으로 학교의 모든 3단계 중재를 실행했다. 그녀는 교수 랩이라는 곳에서 가르치며, 적절한 수학 소프트웨어가 장착된 다수의 컴퓨터뿐만 아니라 3단계의 임무를 도와줄 보조인력도 제공받았다. 그러한 지원을 기반으로, 그녀는 다양한 학생에게 개별적으로 컴퓨터를 통한 매우 집중적인 중재를 실행할 수 있었다.

젠슨 씨는 자신이 케니와 매일 40분 동안 수업을 하며, 케니에게 SuccessMaker Math(부록에 수록된 프로그램 리뷰 참조)라는 개별화된 컴퓨터용 수학 프로그램을 배정했다고 알렸다. 그 프로그램은 개별적인 진단 및 개별 학생의 결함 영역을 다루는 표적 중재를 포함한다. 팀은 또한 폭스 교사가 일반교실에서 케니와 2단계 중재를 지속적으로 실시해야 한다고 결정했다.

3단계 중재는 2단계 중재보다 항상 확실히 더 집중적이고, 두 단계 모두 단순히 모든 학생이 동일 과제를 완성하도록 하는 또 다른 소그룹 중재라기보다는, 학생 개인의 결함 영역과 직접적으로 관련 있어야 한다.

3단계의 추가 중재는 앞선 2단계 중재와 마찬가지로 케니가 지닌 특정 결함 영역과 직접적으로 관련 있다는 점에 주목하자. 또한 3단계 중재는 개별 중심의 중재가 매일 40분씩 실행되므로 2단계 중재보다 훨씬 더 집중적이었다. 3단계 중재는 2단계 중재보다 항상 확실히 더 집중적이고, 두 단계 모두 단순히 모든 학생이 동일 과제를 완성하도록 하는 또 다른 소그룹 중재라기보다는, 학생 개인의 결함 영역과 직접적으로 관련 있어야 한다(Bender & Crane, 2011).

3단계 진전도 점검

추가된 6주가 끝난 후, 폭스 교사와 젠슨 씨는 학생지원팀에 3단계 진전도 점검 데이터를 제시할 준비가 되었다. SST 회의 일정이 잡혔으며, 그때 데이터를 제시하고 팀과 상의했다. **글상자 7.7**은 폭스 교사의 수학적 사실 중재에서 차트로 작성한 데이터를 보여 준다. 젠슨 씨는 케니에게 사용된 SuccessMaker Math 교육과정에서 수집한 데이터 차트를 제시하면서 다수의 부수적인 데이터 차트를 제시했는데, 이는 폭스 교사의 데이터와 마찬가지로 기본적으로 케니의 향상된 성장 곡선을 보여주었다.

이 데이터에서 알 수 있듯이, 폭스 교사와 젠슨 씨에 의해 실행된 결합된 중재로 케니는 빠르게 향상된 결과를 도출했다. 다음 채점기간 후에 팀은 3단계 중재를 리뷰했으며, 케니가 3학년 수학기술은 충분한 진전을 나타냈지만, 이 수준의 집중적인

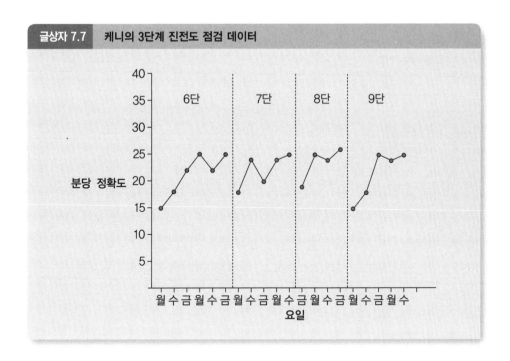

글상자 7.7 케니의 3단계 진전도 점검 데이터

중재가 지속적으로 필요하다고 결정했다. 따라서 팀은 케니가 모든 수학적 사실군에서 90% 수준으로 숙달했기 때문에 2단계 중재는 중단하는 것으로 결정했다. 하지만 젠슨 씨 교실에서의 3단계 중재는 케니가 급우들을 따라잡을 때까지 지속될 것이다.

수학에서의 RTI에 대한 주요 포인트

2단계와 3단계 중재를 실행할 때 몇 가지 중요한 포인트가 있다. 첫째, 위 중재에 대해 설명할 때, 교사는 상위 단계가 보다 더 집중적인 수학 교수를 제공한다는 RTI의 기대에 주의했다는 점에 주목하자(Bender & Crane, 2011). 증가된 강도의 지표들은 앞서 설명한 것처럼, 의사결정과정에서 입증되었다. 여기에는 각각의 중재에서의 학생–교사 비율에 대한 기록과 중재의 지속시간 및 빈도(하루에 몇 분, 주 몇 회, 몇 주 동안 등)에 대한 설명, 각 중재단계에서의 수행 점검 빈도에 대한 기록 등이 포함되었다. 이러한 수준에서의 세부사항이 모든 RTI 절차에 포함되어야 한다.

다음으로, 위에 설명된 RTI 절차에서 일반교육 교사는 일반수업에서의 1단계 중재에 대한 책임이 있을 뿐만 아니라 2단계의 추가 중재도 실행했다. 일부 사례에서 일반교육 교사는 광범위한 지원 없이 이러한 활동을 감당하게 될 수도 있으며, 그 그러한 중재를 위한 시간을 마련하는 것이 RTI의 가장 큰 도전 중 하나가 될 수 있다.

렇기 때문에 그러한 중재를 위한 시간을 마련하는 것이 RTI의 가장 큰 도전 중 하나가 될 수도 있다. 이 사례에서 2단계 수준의 또래교수 중재와 3단계의 컴퓨터화된 중재를 실행하는 것은 확실히 이러한 시간에 대한 우려를 덜어 준다.

다음으로, 이러한 논의에서 보여 주는 바와 같이 RTI 과정은 데이터중심 과정이다. 이 경우에 데이터는 2단계와 3단계 중재가 모두 성공적이었으나, 3단계 중재가 케니의 진전을 가속화하는 데 필수적이었음을 나타낸다. 많은 사례를 통해 중재가 실행된다고 높은 수준의 진전이 필연적으로 도출되는 것은 아니며, 그런 경우 2단계 중재에서 약간의 성취를 보였다 하더라도 더욱 집중적인 3단계 중재가 필요할 수 있다.

다음으로, 이 사례에서 보여 주는 것처럼 2단계와 3단계 중재 둘 다 때로는 더욱 긴 시간으로 연장할 필요가 있다. 직설적으로 말해서, 우리는 단순히 도움이 필요한 학생을 찾기 위해 RTI를 실행하는 것은 아니다. 우리는 학생들이 수학에서 성공하는 데 필요한 교수 수준의 정확한 강도를 찾기 위해 이러한 중재에 착수한다. 일단 성공적인 중재 강도 수준을 알아내면 그 중재는 필요한 기간만큼 오래 지속되어야 한다.

일단 성공적인 중재를 발견하면 이는 필요한 기간만큼 오래 지속되어야 하며, 이는 흔히 2단계 혹은 3단계 중재가 1년 혹은 그 이상 지속됨을 의미한다.

이것은 흔히 2단계 혹은 3단계 수학 중재가 1년 혹은 그 이상으로 연장됨을 의미한다(Bender & Crane, 2011).

마지막으로 RTI 과정에서 교수와 평가 간 극단적인 상호작용에 주목하자. 둘 다 서로의 구성요소이며, 서로에게 정보를 제공하므로, 교사는 각 학생의 학업 성장에 대한 지속적인 계획을 수립할 수 있다. 일반교육 수학 수업에서의 차별화 교수와 이러한 RTI 절차는 둘 다 교사가 수업을 계획하고 실시하는 방법에 영향을 주며, 이러한 두 조치는 서로를 지원한다(Bender & Crane, 2011).

사례연구 2 : 문제해결에 대한 중학교 RTI

상급 학년 수준에서의 RTI 절차를 설명하기 위해 **글상자 7.8**에 있는 예시는 원래 Bender와 Shores(2007)에 의해 권고된 RTI 형식을 활용하고 있다. 이 예시는 6학년생

글상자 7.8	문제해결에 대한 RTI

학생 이름 : 니콜 타미안 　　**연령** : *12세* 　　**날짜** : 10/17/14

교사 : *레닛 퐆햄* 　　**학교** : 터코아 <u>중학교</u> 　　**학년** : 6

학업/행동 문제에 대한 통지

나는 니콜이 내 첫 번째 기간의 일반 수학 수업에서 가장 기초적인 1단계(한 번의 연산) 문장제 문제에 어려움을 가지고 있다는 것을 학년 초부터 알았습니다. 이 학생이 일부 연산(곱셈과 나눗셈 모두)을 힘들어하지만, 가장 시급한 문제는 전반적인 문제해결 기술에서의 약점입니다. 이 학생에게 여러 번 개별지도를 했으며, 문장제 문제를 함께 풀 또래친구도 배정했습니다. 이 학생은 여전히 그것을 수행하지 못하며, 5학년 주 단위 평가(지난 봄) 결과 문제해결에 어려움이 있었습니다. 그 평가에서, 수학 응용은 4.1점을 받은 반면, 연산은 6.8점을 받았습니다. 니콜에게 문장제 문제해결에 초점을 맞춘 더욱 집중적인 중재가 필요하다고 생각합니다. 나는 이에 대해 수학부장인 카르지 교사와 공유했으며, 니콜을 위해 문장제 문제에 대한 2단계 중재를 제안했습니다.

서명 : *레닛 퐆햄* 　　　　　　　　　　　　　　　　**날짜** : *10/17/14*

2단계 추가 중재계획

나는 터코아 중학교 수학부장으로서 수학을 힘들어하는 학생들에 대해 교사들과 협의하며, 종종 필요한 모든 2단계 중재를 합니다. 또한 우리 학교에서 학생들은 주 4회 오후 30분 중재를 통해 어떤 과목이든 도움을 받을 수 있고, 또는 교직원이 지도하는 특별강화 수업에 참여할 수도 있습니다.

퐆햄 교사가 니콜 타미안에 대해 우려하는 바를 나와 공유한 후, 우리는 니콜에게 문장제 문제에 대한 2단계 중재가 필요하다는 결정을 내렸습니다. 처음에 나는 도움을 필요로 하는 다른 8명의 학생들과 마찬가지로, 한 단계 및 두 단계 문장제 문제에 대해 짧은(6문제) 사전검사를 사용하여 니콜을 평가했습니다. 니콜은 그 평가에서 한 단계 문장제 문제 2문항과 두 단계 문제 3문항 모두를 틀렸습니다. 나는 사전검사 점수를 기록했고, STAR 전략(이 책 앞쪽에서 설명)을 사용하여 한 단계 문장제 문제에 대한 교수 중재를 시작할 것입니다. 그런 뒤 다단계 문장제 문제로 옮길 것입니다.

STAR 전략을 지도하기 위해, 나는 중재하는 동안 매일 그 전략을 리뷰해 줄 예정이며, 학생들이 개별적으로 문장제 문제를 연습하게 하기에 앞서 그것을 시연해 줄 것입니다. 이 전략을 설명하는 포스터를 학생들이 참조할 수 있도록 벽에 게시할 것입니다.

9명의 학생은 다음 채점기간 동안 이러한 종류의 중재를 필요로 하며, 각자 매주 월요일부터 목요일까지 학교 전체의 중재가 실시되는 시간에 내 방으로 올 것입니다. 매일 20분간 2명씩 짝 지어, STAR 전략을 사용하여 일련의 한 단계 및 두 단계 문장제 문제를 완성할 것입니다. 니콜과 다른 학생들은 이 2단계 중재에서 서로가 함께 완성한 활동지를 매일 채점할 것입니다.

(계속)

중재기간의 마지막 날인 매주 목요일, 나는 학생들에게 학교 교육과정에서 선정한 한 단계 및 두 단계 문장제 문제를 제공할 것이며, 개별적으로 완성하도록 할 것입니다. 점수를 수집하고, 개별 학생들에 대한 데이터를 차트로 작성할 것입니다. 우리는 이 중재를 하나의 채점기간 동안 계속할 것이며, 채점기간의 마지막에 다른 학생들과 마찬가지로 니콜의 진전도를 재평가할 것입니다. 니콜의 어머니에게는 편지로 연락하였으며, 니콜이 2단계 중재에 참여할 것을 동의했습니다.

서명 : 아템 카르지   **날짜** : 10/19/14

2단계 중재 요약

학생지원팀은 문장제 문제에 대한 2단계 중재에서 니콜의 진전도를 점검했습니다(글상자 7.9에 제시). 팀은 니콜이 중재를 시작한 지 단 2주 내에 STAR 전략을 마스터할 수 있었으며, 빠르게 한 단계 문장제 문제를 숙달했다고 기록했습니다. 더 나아가 데이터를 통해 이 학생이 이제 두 단계 문장제 문제를 숙달했음을 알 수 있습니다. 또한 폽햄 교사는 최근 니콜이 수학 수업에 훨씬 더 열정적이며, 태도 및 일상 활동에서 향상되었음을 시사했습니다. 또래친구 아이디어가 니콜에게 잘 맞았기 때문에, 폽햄 교사는 자신의 전체 수학 수업에 또래교수를 실행하기로 결정했습니다.

니콜의 성공을 감안할 때, 학생지원팀은 그녀가 더 이상 2단계 중재를 요하지 않을 것이며, 이 시점부터는 2단계 지원 없이 수학 수업에서 과제를 성공적으로 완수할 수 있을 것이라 믿습니다. 따라서 2단계 중재는 성공적이었습니다.

서명 : 학생지원팀부장 토니 버렐라   **날짜** : 11/12/14

의 1단계 및 2단계 문제해결을 도와주는 것과 관련된다.

니콜을 위한 이 RTI 절차는 앞선 사례연구에서와 동일한 많은 이슈를 보여 준다. 하지만 이 사례연구는 대부분의 2단계 중재가 성공적이었음을 보여 주며, 어떠한 3단계 중재도 요구되지 않는다. 선행연구를 통해 수학에서 잘 개발된 2단계 표적 중재를 시작한 학생 중 약 60%가 성공을 거두며, 따라서 3단계 중재를 요하지 않음이 밝혀진 바 있다(Bender & Crane, 2011). **글상자 7.9**의 예시에서는 어떠한 3단계 중재도 요구되지 않기 때문에, 이 사례에서의 RTI 과정은 이전 사례연구에서보다 더 일찍 끝났다.

다음으로, 대부분의 2단계 중재가 하나의 특정 표적기술을 포함하는 데 반해, 일부는 이 예시에서 보는 것처럼 2개의 순차적인 기술(한 단계 문제와 두 단계 문제)을

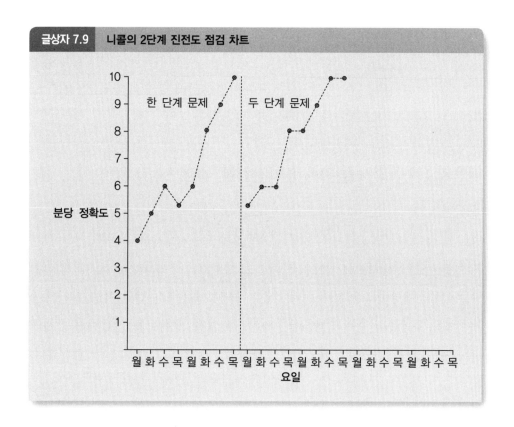

글상자 7.9 니콜의 2단계 진전도 점검 차트

포함한다. 그런 경우, 평가 데이터는 각각의 독립된 기술에 대한 아동의 수행 간 명확하고 해석 가능한 차이를 기술해야 한다.

선행연구는 수학에서 잘 개발된 2단계 표적 중재를 시작한 학생 중 약 60%가 성공을 거두며, 따라서 3단계 중재를 요하지 않음을 나타냈다.

다시 말하지만, RTI 과정에서의 데이터중심적인 특징뿐만 아니라, 팀 기반 의사결정에 주목하자. 일부 학교에서는 수학교사가 위의 첫 번째 사례에서 제시한 것처럼, 단순히 선임교사나 수석교사에게 필요성을 설명하거나 계획한 중재를 공유함으로써 2단계 중재계획을 시작할 수 있다. 다른 경우에서는, 학교의 SST(혹은 비슷한 팀)가 모든 2단계 중재에 앞서 관여해야 한다고 정하고 있다. 거의 모든 사례에서 초등학교들은 읽기영역의 RTI에서 하는 것과 마찬가지로, RTI/수학 과정에 SST가 관여하는 시기에 대해 동일한 지침을 따른다.

마지막으로, 수학에서의 교수 및 평가의 상호원동력은 이들 각각의 사례연구에서

> 장래에 CBM이 일반교육 수학 수업에서 보편적인 선별도구로 활용되는 평가 옵션일 때 수학 교수와 평가 간에 훨씬 더 밀접한 관계가 있을 것이다.

보여진다. 장래에 수학교사는 특히 CBM이 일반교육 수학 수업에서 보편적인 선별도구로 활용되는 평가 옵션일 때 수학 교수와 평가 간에 훨씬 더 밀접한 관계가 있을 것이란 점을 확신할 수 있다.

맺음말 : 수학교사를 위한 흥미진진한 시간!

이 장을 통해, 그리고 실로 이 책 전체를 통해 제안한 바와 같이, 수학에서 교수와 평가는 둘 다 과감하게 변화하고 있다. 교사들은 이러한 역동적인 변화가 그들의 수업에 영향을 미칠 것이라 예상할 수 있으며, 많은 교사는 이미 여기에 소개된 많은 교수 옵션들을 수용하고 있다. 온 나라 전역의 수학교사들은 거꾸로 수업을 하고, 수업 위키에 특정 유형의 수학 문제 비디오를 포스팅하며, 학생들과 뉴스에서의 수학에 대해 블로깅하고, 학생들의 결함 영역을 명시적으로 식별하기 위한 CBM 측정을 탐색하거나 개발하기도 하며, 그런 뒤 그러한 영역들을 목표로 설정한 2단계 혹은 3단계 중재를 제공하고 있다.

교사가 교실에 앉아 전체 학급을 대상으로 화이트보드나 스마트보드로 동시에 하나의 문제를 제시하는 시대는 지났다. 차별화 교수의 진정한 정의는 학생들이 수업에서 완성해야 하는 과제들 간의 차이를 의무화한다. 사실상 다음 10년의 수업은 학생들이 또래교수와 팀 기반 PBL 프로젝트를 시행하거나, 혹은 다른 학생에게 수학 내용을 제시하는 혁신적인 방법을 만듦으로써 훨씬 더 학생 중심적이 될 것이다.

여기에 설명된 다양한 변화로 인해 지금은 수학교사가 되는 가장 흥미로운 시간 중 하나이며, 이 '모든' 변화는 부분의 합보다 훨씬 더 클 것이다(Bender & Waller, 2011a). 예를 들어, 공학기술이 수업을 전달하는 방법에 확실히 영향을 미치겠지만, 공학기반 교수가 매우 차별화된 수업 상황에서 RTI 중재 및 거꾸로 수업을 동반하여 실시된다면 그 영향력은 10배 확대될 것이다. 사실상 수학을 가르치는 것이 10년이나 15년 안에 어떻게 될지 정확히 상상하는 것은 어려울 수 있지만, 교사들은 한 가지 확신할 수 있다. 수학 교수는 1990년대와는 철저히 다를 것 같다.

나는 이 책이 그 흥미로운 전환에 도움이 되길 진심으로 바란다. 그것은 참으로, 교사가 되기에 좋은 때이다!

최근에 개발되거나 널리 사용되는 수학교육과정

혁신적인 컴퓨터기반 교육용 소프트웨어 프로그램과 최근에 개발되어 오늘날 학교에서 사용되는 하드카피 수학교육과정은 매우 많다. 칸 아카데미를 포함하여, 이들 중 다수가 본문에 설명되어 있으며, 그중 일부는 교사가 무료로 사용할 수 있다. 이 부록에서는 최근에 개발되어 많은 수학교사들이 현재 사용하고 있는 광범위한 수준의 여러 수학교육과정을 제시한다. 이러한 많은 도구들은 노트북이나 태블릿 기반 교수를 가능하게 하며, 이는 제3장에서 논의되었듯이 거꾸로 수업의 옵션으로 제공될 것이다. 다른 것들은 제7장에 논의되었듯이 2단계, 3단계 RTI 수학 중재를 위한 훌륭한 기반이 됨이 증명되어 왔다. 그 밖의 다른 교육과정들이 여기에 포함되어 있는데, 이것들은 위의 이유로 인해 선택되었거나 오늘날 학교에서 자주 사용되기 때문이다.

Number Worlds

Griffin(2003a, 2003b, 2004a, 2005)은 아동들의 조기 수감각 이해에 대해 제시하는 또 다른 연구 기반 체제인 Number Worlds를 제공했다. 어린 학생들에게 수학 개념을 가르치기 위한 이 연구 기반 자원은 기본적인 수학 개념과 개념적인 수준 및 응용 수준에 해당하는 기술을 가르치는 수학 준비도/수학교육과정이다(Griffin, 2003b, 2004a, 2005). 이 교육과정은 유치원에 들어가기 전의 유아부터 초등 1학년생까지의 아동들을 위한 것이며, 소프트웨어와 구체물, 문제해결 시나리오, 게임, 수업 지도안, 하드카피 활동서를 포함하는데, 이것은 모두 숫자에 대한 실제적 이해를 개발하는 것과 숫자가 실생활에서 어떻게 사용되는지에 중점을 둔다(Griffin, 2004b; Griffin et al., 2003). 이 교육과정은 수학공통핵심교육과정의 선행 과정이지만, 학생들로 하여금 깊은 개념적 이해를 강조하는 방식으로 수학 준비도 기술과 수감각을 배우도록 한다는 점에서 수학공통핵심교육과정과 동일하다. Number Worlds는 스콜라스틱연구협회(Scholastic Research Associates, SRA)에 의해 현재 출판되었다(www. sranumberworlds.com).

SRA Number Worlds는 5가지 교육원리를 기반으로 한다. 프로그램은 다음과 같이 개발되었다.

> 다수준 활동을 사용하여 학생들의 현행 지식을 개발한다.
> 수감각을 개발하기 위해 학생들이 전형적으로 쓰는 자연학습 경로를 사용한다.
> 숫자를 학습할 때 아동들이 사용하는 보편적인 진행을 지원하는 방식으로 새로운 지식을 제시한다.
> 계산 유창성을 가르친다.
> 손으로 조작하는 탐구, 문제해결, 숫자를 사용하는 의사소통을 강조한다.

교육과정에 있는 각각의 개념은 학생들이 수학 구조에 대해 융통성 있게 이해할 수 있도록 다양한 방법으로 논의되고 사용된다(Griffin, 2003b, 2004b). 이 프로그램을 평균 성취 아동 외에도 특수교육 대상자 및 저소득계층 아동에게 적용했는데, 그 결과 전통적인 표준화된 수학 성취검사뿐만 아니라 수감각과 계산 유창성, 추론에서 향상된 결과를 얻음으로써 프로그램의 효과가 입증되었다(Griffin, 2004a, 2005). 이들 연구의 일부에서는 프로그램 종료 후 1년까지도 이 프로그램에 대한 긍정적인 결과들이 나타났음이 입증되었다(Griffin, 2004a, 2005).

　Number Worlds를 사용하여 차별화된 활동을 개발하는 것은 상당히 쉽다. 교사들은 다양한 학습양식을 지닌 학생들을 수용하기 위해 활동 순서를 조정할 수 있다. 교사들은 각 학생의 능력 수준을 진단하고 1년 동안 개별 학생을 위한 구체적인 활동을 선정하게 된다(Griffin, 2004a, 2005).

SAS Curriculum Pathways

SAS Curriculum Pathways는 고학년 학생들을 위해 최근에 개발된 온라인 교육과정의 하나로 학교에서의 사용이 증가하고 있다(www.sascurriculumpathways.com). 이 교육과정은 전 세계 교사들에게 무료로 제공되며, 12,000곳이 넘는 학교에서 5만 명 이상의 교사들이 사용한다. 이 프로그램은 영어와 언어, 과학, 사회, 수학, 스페인어에 관한 광범위한 온라인 교육과정 자료와 교수활동을 제공한다. 수업활동은 미국 수학공통핵심교육과정에 근거하여 설계되었으며, 6~12학년 수준에 적합하다. 교육과정은 무료로 제공되지만, 교사들이 자료를 보기 위해서는 로그인을 해야 한다. 그리고 간단한 동영상은 위의 웹사이트에서 무료로 이용 가능하다. 이 웹사이트를 지원하는 회사는 다양한 주제 영역의 콘텐츠 전문가들에게 교육과정의 모든 측면에 대해 자문을 받으면서, 이 교육과정 자료를 매우 신중하게 설계했다. 이 교육과정은 다양한 교육활동과 함께, 거꾸로 수업에서 사용할 수 있는 훌륭한 그래프와 짧은 동영상을 포함하고 있다. 모든 중학교 수학교사는 이 무료 교육과정을 살펴봐야 할 것이다.

Math in Focus : Singapore Math

Marshall Cavendish에 의해 개발된 이 종합적인 교육과정은 최근 수십 년간 싱가포르에서 수학을 위해 개발된 교수 실제에 기반을 두고 있다(www.hmheducation.com/singaporemath/index.php). 이 교육과정은 유치원생부터 8학년까지의 학생들이 수학 개념을 깊이 있게 이해할 수 있도록 구체적이고, 그림을 이용한, 추상적 프레임을 사용하여 개발되었다. 이 교육과정에 따르면 유치원 초기에는 수학적 개념뿐만 아니라 수학적 절차를 강력하게 강조하면서, 상대적으로 적은 내용이지만 깊이 있게 다룸으로써 학생들을 수학적 개념에 노출시킨다. 이 교육과정을 배우는 학생들은 하나의 수학적 개념을 단 2~3일 동안 배우기보다, 2~3주 동안 그 내용을 좀 더 완전하게 탐구함으로써 다음의 큰 개념으로 넘어가기에 앞서 이를 숙달하게 된다. 깊이 있는 이해를 강조하는 이 교육과정은 미국 수학공통핵심교육과정 개발을 위해 검토되었던 15가지 수학교육과정 중 하나였다. 이러한 이유로 이 교육과정은 계속해서 관심을 받게 될 것이다.

Accelerated Math for Intervention

이것은 Renaissance Learning사에서 상업적으로 이용 가능하도록 새롭게 개발한 교육과정으로, 한동안 광범위하게 인기를 끌었던 Accelerated Math 교육과정을 활용하며, RTI 중재에 사용하기 매우 적합하도록 진단 및 진전도 점검 도구의 오버레이를 추가한다(www.renleard.com/am/RTI.aspx). Accelerated Math for Intervention은 수학의 실제를 점검하고 차별화할 수 있게 하며, 숙달 정도에 대한 측정은 미국 중재반응센터(National Center on Response to Intervention)에 의해 인정되고 있다. 이 교육과정의 보고서는 숙달 수준으로 나아가는 학생의 진전도(TOPS 보고서)를 매일 제공하며, 수학기술마다의 다른 다양한 보고서(예 : 학급 내 수준에 대한 보고서)를 통해 교사들은 학생의 수행을 알아보거나 학생들의 수행을 비교할 수 있다. Accelerated Math는 여러 해 동안 광범위하게 사용되어 왔으며, 수학에서의 결함을 가진 학생들을 위해 수학에서 특정의 표적 중재가 더욱 강조되기 때문에, 교사들은 초등학년 수준에 걸쳐 이 교육과정을 더 자주 봐야 할 것이다.

IXL

IXL은 유치원부터 중학교까지의 학생들을 위한 수학 활동을 제공하는 구독 사이트다(www.ixl.com). 학생들이 온라인상에서 다양한 주제에 관한 간단한 질문에 답하면, 그들의 진전도가 표시된다. IXL은 학생들이 연습할 때 이해도를 진단한 후, RTI 체계에서 교수 및 진전도 점검에 사용될 수 있는 상세한 수행 보고서를 생성해 낸다. 다양한 보고서에는 학년 수준 숙달, 문제점, 수학 숙달 수준으로 나아가는 진전도 데이터까지도 포함되어 있다.

Vmath

Vmath는 Voyagers 읽기 프로그램으로 알려진 Voyagers사에 의해 개발되었다(www.voyagerlearning.com/curriculum/math-solutions/vmath). Vmath를 Vedic Math과 혼동하지 않도록 유의하자! Vmath는 2학년에서 8학년까지 수학에 어려움을 겪는 학생들을 대상으로 하는 많은 사례연구(위 웹사이트에서 볼 수 있다)가 뒷받침된 보충교육과정이고 벤치마킹 도구이다. Vmath에는 교사주도, 명시적 교수, 인쇄된 자료, 진단 옵션, 온라인상의 학생 활동이 균형적으로 제시되어 있는데, 이는 학년 수준에 따른 학생 지식에서의 갭을 채워 주기 위함이다. 교사들은 매일 수업에서 기술을 시범보여 주고, 그룹 및 개인 연습을 촉진하며, 학생들이 어려움을 경험할 때 교정적 피드백을 제공한다. 각 수업에서 개념적 이해와 기술 연습, 문제해결을 다룬다. 이 프로그램은 미국 수학교사협의회(NCTM)의 수학교육과정에 근거하며 진단도구 중 하나로 CBM을 사용한다. 이 프로그램은 RTI 요구에 잘 맞으며, 1단계, 2단계, 3단계 중재 모두에서 구체적인 표적 중재로 사용될 수 있다. 또한 학교가 일단 이 프로그램을 시행하기로 결정하면 집중적 훈련과 지원이 제공된다.

Study Island

Archipelago Learning사의 Study Island는 수학을 포함한 거의 모든 교과목의 교수적 실제를 제공하는 보충용 웹 기반 교육 프로그램이다. 이는 공통핵심교육과정뿐만 아니라 학습 관련 각 주의 교육과정(미국 공통핵심교육과정을 채택하지 않는 주에 특별히 유용한 교육과정이다)과도 구체적으로 결부되어 있다. 또한 Study Island는 각 주의 평가 프로그램과도 엮여 있다(더 많은 정보를 위해 www.studyisland.com을 방문하기 바란다). 이 교육과정은 전적으로 온라인을 기반으로 하므로, Study Island 개발자들은 교사와 학생을 포함하여, 권한이 부여된 사용자들이 학교와 집에서 이용할 수 있는 교수 및 진단 자료를 만들었으며, 이것은 두드러진 장점이 될 수 있다. 어떤 학생들은 이 교육활동을 집에서 하려 할 것인데, 오로지 학교 컴퓨터로만 로딩되는 소프트웨어 프로그램은 그러한 선택권을 주지 않는다.

교육활동은 탄력적인데, 즉 교사는 학생들에게 작업할 주제를 선택하게 하거나 교사가 개별 학생의 정확한 학습 요구 및 학습양식에 근거하여 구체적인 주제를 부여할 수 있다. 그런 다음 학생들에게 다양한 컴퓨터기반 활동이나 교육용 게임 활동이 제시될 것이다.

프로그램 내의 적응적 평가 공학(adaptive assessment technology)에 근거하여 특정 학생의 학습곡선에 따라 교육과정이 저절로 조정된다. 즉 읽기 콘텐츠가 더 빠르게 넘어가거나 혹은 다양한 콘텐츠 항목을 더 많이 연습하게 됨으로써 더 느리게 넘어가기도 한다. 학생들이 특정 수업 및 평가를 숙달하게 되면, 파란색 리본을 받고 다음 수업으로 넘어갈 수 있다. 하지만 학생이 낮은 점수를 받는다면, 이 프로그램은 학생이 숙달될 때까지 같은 기술을 지속적으로 연습하도록 촉진할 것이다. 그러므로 학생들은 그들이 질문에 답할 때마다 교수적 피드백을 받는다. 이것은 독립형의 교육 프로그램으로도, 다른 교육과 함께하는 보충용 프로그램으로도 실행될 수 있다. 따라서 이 프로그램은 학년 수준에 따라 수학의 1단계 수업으로나 2, 3단계 중재로 RTI 절차의 기반으로서 사용될 수 있다. 이러한 독립적 특성으로 인해 초등학교나 중학교, 심지어는 고등학교에서도 RTI 실행에 있어 이 교육과정 중재 및 평가 프로그램이 이상적으로 사용될 수 있다. 보다 현대적인 전산화 프로그램처럼 개별 학생이나 학급 전체를 위한 보고서가 생성될 수 있다.

Study Island는 제한적인 일화적 연구에 의해 지지되었으며, 이들 연구는 그 회사와 계약 중인 독립적인 회사에 의해 실시되었다. Study Island를 지지하는 연구에 관해서는 Study Island 웹사이트에서 확인할 수 있다(www.studyisland.com). Study Island 웹사이트는 RTI 상황에서 Study Island가 어떻게 실행될 수 있는지 제안하는 다양한 보고서를 제시하고 있으며, 이는 앞으로 RTI 실행을 고려하는 학교에 도움을 줄 것이다. 전국의 많은 학교는 RTI 상황에서 성공적으로 Study Island를 사용하고 있다.

Transmath

Transmath(www.voyagersopris.com/curriculum/subject/math/transmath/overview)는 John Woodward와 Mary Stroh에 의해 개발된 상위 수준의 하드카피 보충용 수학교육과정이며, 학생을 초등 수준의 수학기술에서 대수학 준비기술까지 레벨업시키는 데 초점을 두고 있다. 이 교육과정은 5학년에서 9학년까지 백분위 40 이하 수준의 학생을 위해 계획되었으나, 그 내용은 수감각에서 대수식까지 광범위한 수준의 기술을 포괄한다. 이 교육과정은 대부분의 수학핵심교육과정보다는 전반적인 주제를 덜 다루지만 수학공통핵심교육과정의 의도에 부합하도록 그 주제들을 개념적으로 더욱 깊이 있게 다룬다. 이 프로그램은 특정 수학영역에 중점을 둔 세 수준으로 구성된다 : 수감각과 유리수, 대수식.

3개의 배치 평가(앞에 언급된 각 수준에 하나씩)는 교육과정을 따르며, 각각의 수준에 해당하는 교수단원에는 2개의 수행평가가 포함되어 있다. 이 평가들을 통해 잦은 진전도 점검이 가능하므로, Transmath는 RTI 상황에서 유용한 교육과정이 될 수 있다. 이 교육과정을 지지하는 연구는 제한적이다. 많은 초등과 중등, 고등학교의 RTI 실행 과정에서 이 교육과정이 사용되고 있는데, 이 교육과정은 전환기적 특성을 지니며, 유니크한 수학영역에 중점을 둔다는 점에서 더 많은 학교에서 이행될 것 같다.

The Successmaker Math Curriculum

SuccessMaker Math는 Pearson Learning사에서 제작한 폭넓은 SuccessMaker 교육과정 중하나이다. 이것은 학교나 교육청에서 이용 가능한 핵심교육과정 교육용 소프트웨어이다. 이 교육과정은 수학을 비롯하여 다양한 영역에 대해 초등학교 및 중학교 학생을위한 개별화된 교육을 제공한다(www.pearsonschool.com/index.cfm?lacator=PSZk99). SuccessMaker는 현재 많은 수학 RTI 중재 프로그램에서 사용되고 있다. 학생들은 시작할 때 초기 평가를 받게 되고, 그 데이터에 따라 학생은 수학의 특정 수준에 배치된다. 학생들은 수업을 완수해 감에 따라 자신이 숙달해야 할 수준과 질문이 점점 더 복잡해진다. 게다가 SuccessMaker Math는 학생의 성장을 개별적으로, 하위그룹에서 혹은 전체 학급에서 교사가 검토할 수 있도록 다양한 진전도 점검 보고서를 생성해 낸다. 이것은 RTI를 실행하는 데 있어서 훌륭한 데이터가 되며, 교사는 학생들의 성장을 면밀히 점검할 수 있다. 이 프로그램은 전체 학급용으로 사용될 수 있으며, 2단계나 3단계 중재가 필요한 학생들은 개별적으로 그들 자신의 속도에 따라, 개인 맞춤형 프로그램으로 SuccessMaker를 이용할 수 있다.

Allsopp, D. H. (1997). Using classwide peer tutoring to teach beginning algebra problem-solving skills in heterogeneous classrooms. *Remedial and Special Education, 18*(6), 367–379.

Allsopp, D. H. (1999). Using modeling, manipulatives, and mnemonics with eighth-grade math students. *Teaching Exceptional Children, 32*(2), 74–81.

Allsopp, D. H., Kyger, M. M., Lovin, L., Gerretson, H., Carson, K. L., & Ray, S. (2008). Mathematics dynamic assessment: Informal assessment that responds to the needs of struggling learners in mathematics. *Teaching Exceptional Children, 40*(3), 6–17.

Alsup, J. K. (2003). New classroom rules to promote preservice elementary teachers' mathematics learning education. *ChulaVista, 123*(3), 609–615.

Annenberg Learner. (2013). *Inductive and deductive reasoning.* Retrieved from http://www.learner.org/courses/teachingmath/grades6_8/session_04/section_03_b.html

Ash, K. (2011). Games and simulations help children access science. *Education Week, 30*(27), 12.

Baird, P. (2012, July 24). Many students now learning while having fun with video games. *StarNews Online.* Retrieved from http://www.starnewsonline.com/article/20120724/ARTICLES/120729863/-1/news300?p=3$tc=pg

Baker, S., Gersten, R., & Lee, D. S. (2002). A synthesis of empirical research on teaching mathematics to low-achieving students. *Elementary School Journal, 103,* 51–73.

Barton, M. L., Heidema, C., & Jordan, D. (2002). Teaching reading in mathematics and science. *Educational Leadership, 60*(3), 24–28.

Behrend, J. (2003). Learning-disabled students make sense of mathematics. *Teaching Children Mathematics, 9*(5), 269–274.

Belland, B. R., French, B. F., & Ertmer, P. A. (2009). Validity and problem-based learning research: A review of instruments used to assess intended learning outcomes. *Interdisciplinary Journal of Problem-based Learning, 3*(1), 59–89.

Bender, W. N. (2009). *Differentiating math instruction* (2nd ed.). Thousand Oaks, CA: Corwin.

Bender, W. N. (2012a). *Differentiated instruction for students with learning disabilities: New best practices for general and special educators* (3rd ed.). Thousand Oaks, CA: Corwin.

Bender, W. N. (2012b). Project-based learning: Differentiating instruction for the 21st century. Thousand Oaks, CA: Corwin.

Bender, W. N., & Crane, D. (2011). *RTI in math*. Bloomington, IN: Solution Tree Press.

Bender, W. N., & Shores, C. (2007). *Response to intervention: A practical guide for teachers*. Thousand Oaks, CA: Corwin.

Bender, W. N., & Waller, L. (2011a). *The teaching revolution: RTI, technology, and differentiation transform teaching for the 21st century*. Thousand Oaks, CA: Corwin.

Bender, W. N., & Waller, L. (2011b). *RTI and differentiated reading in the K–8 classroom*. Bloomington, IN: Solution Tree Press.

Bender, W. N., & Waller, L. (2012). *The teaching revolution: RTI, technology, and differentiation transform teaching for the 21st century*. Thousand Oaks, CA: Corwin.

Bender, W. N., & Waller, L. (2013). *Cool tech tools for lower tech teachers*. Thousand Oaks, CA: Corwin.

Bergmann, J., & Sams, A. (2012). Why flipped classrooms are here to stay. *Education Week*. Retrieved from http://www.edweek.org/tm/articles/2012/06/12/fp_bergmann_sams.html?tkn=WPCC1Rxu4%2FbCFsj3iEU3%2Bqk97aMS3xcOjkgq@cmp=cip-sb-ascd

Berkeley, S., Bender, W. N., Peaster, L. G., & Saunders, L. (2009). Implementation of responsiveness to intervention: A snapshot of progress. *Journal of Learning Disabilities, 42*(1), 85–95.

Boss, S., & Krauss, J. (2007). *Reinventing project-based learning: Your field guide to real-world projects in the digital age*. Washington, DC: International Society for Technology in Education.

Bottge, B. A., & Hasselbring, T. (1993). A comparison of two approaches for teaching complex authentic mathematics problems to adolescents in remedial math classes. *Exceptional Children, 59*, 545–556.

Bottge, B. A., Heinrichs, M., Chan, S., & Serlin, R. C. (2001). Anchoring adolescents' understanding of math concepts in rich problem-solving environments. *Remedial and Special Education, 22*(5), 299–314.

Bottge, B. A., Heinrichs, M., Mehta, Z. D., & Hung, Y. (2002). Weighing the benefits of anchored math instruction for students with disabilities in general education classes. *Journal of Special Education, 35*(4), 186–200.

Bottge, B. A., Rueda, E., LaRoque, P. T., Serlin, R. C., & Kwon, J. (2007). Integrating reform-oriented math instruction in special education settings. *Learning Disabilities Research and Practice, 22*(2), 96–109.

Bruer, J. T. (1999, May). In search of . . . brain-based education. *Phi Delta Kappan, 80*, 645–657.

Bruer, J. T. (2006, Summer). Points of view: On the implications of neuroscience research for science teaching and learning: Are there any? *CBE-Life Sciences Education, 5*, 104–110.

Brumley, M. (2010). Twitter. Teacher experience exchange. Retrieved from http://

h30411.www.hp.com/discussions/68996?mcid=Twitter

Bui, L. (2012, October 28). Wheaton H.S. to model project-based learning for Montgomery County schools. *The Washington Post*. Retrieved from http://www .washingtonpost.com/local/education/wheaton-high-to-model-project-based-learning-for-montgomery-county-schools/2012/10/28/b945602a-1a05-11e2-bd10-5ff056538b7c_story.html

Carpenter, T. P., Fennema, E., & Franke, M. L. (1996). Cognitively guided instruction: A knowledge base for reform in primary mathematics instruction. *Elementary School Journal, 97*(1), 3–20.

Carter, C. S., Cohen, S., Keyes, M., Kusimo, P. S., & Lunsford, C. (2002). Hands-on math projects (Vol. 2). Retrieved from http://www.edvantia.org/products/index.cfm?&t=products&c=math

Chapman, C., & King, R. (2005). *Differentiated assessment strategies: One tool doesn't fit all*. Thousand Oaks, CA: Corwin.

Checkley, K. (1999). Math in the early grades: Laying a foundation for later learning. *Association of School Curriculum Development*. Available online at http://www.ascd.org/readingroom/cupcake/1999/1sum.html

Clarkson, L. M. C., Fawcett, G., Shannon-Smith, E., & Goldman, N. I. (2007). Attitude adjustments. *Educational Leadership, 65*(3), 72–77.

Cook, J. (2012). Project-based learning math projects. Retrieved from http://www.ehow.com/list_6498504_project-based-learning-math-projects.html#ixzz2BMhw6UHG

Cook, G. (2011). From desktop to desk: A compelling way to teach math— "flipping" the classroom. Retrieved from http://www.boston.com/boston-globe/editorial_opinion/oped/articles/2011/09/18/flipping_for_math/

Das, J. P., Naglieri, J. A., & Kirby, J. R. (1994). *Assessment of cognitive processes: The PASS theory of intelligence*. New York, NY: Allyn & Bacon.

Dehaene, S. (2010). The calculating brain. In D. A. Sousa (Ed.), *Mind, brain, & education*. Bloomington, IN: Solution Tree Press.

Deno, S. L. (2003). Development in curriculum-based measurement. *Journal of Special Education, 37*(3), 184–192.

Devlin, K. (2010). The mathematical brain. In D. A. Sousa (Ed.), *Mind, brain, & education*. Bloomington, IN: Solution Tree Press.

Doabler, C. T., Cary, M. S., Jungjohann, K., Clarke, B., Fien, H., Baker, S., . . . Chard, D. (2012). Enhancing core mathematics instruction for students at risk for mathematics disabilities. *Teaching Exceptional Children, 44*(4), 48–57.

Doidge, N. (2007). *The brain that changes itself*. New York, NY: Penguin Books.

Dvorak, T. (2013, February 28). Grant helps Idaho schools plug into online classes. *Associated Press*. Retrieved from http://www.kboi2.com/news/local/Grant-helps-Idaho-schools-plug-into-online-classes-194088691.html

Edick, H. (2012). 8 crucial resources for flipped classrooms. Retrieved from http://edudemic.com/2012/03/8-crucial-resources-for-flipped-classrooms/

eSchool News. (2011, August 29). Press Release: Detroit schools choose movie maker to fuel creativity and boost test scores. *eSchool News.* Retrieved from http://www.eschoolnews.com/2011/08/29/detroit-schools-choose-movie-maker-to-fuel-creativity-and-boost-test-scores/

eSchool News. (2012a). Georgia district implements virtual world technology: Forsyth County Schools will use ed tech to engage students with immersive experiences. Retrieved from http://www.eschoolnews.com/2012/03/28/Georgia-district-implements-virtual-world-technology/

eSchool News. (2012b). Researchers debate gaming's effects on the brain: Scientists caution that more research is needed to prove benefits of video games in education. Retrieved from http://www.eschoolnews.com/2012/01/11/researchers-debate-gamings-effects-on-the-brain/

Fahsl, A. J. (2007). Mathematics accommodations for all students. *Intervention in School and Clinic, 42*(4), 190–203.

Ferriter, B. (2011). Using Twitter in high school classrooms. Retrieved from http://teacherleaders.typepad.com/the_tempered_radical/2011/10/using-twitter-with-teens-.html

Ferriter, W. M., & Garry, A. (2010). *Teaching the iGeneration: 5 easy ways to introduce essential skills with Web 2.0 tools.* Bloomington, IN: Solution Tree Press.

Foegen, A. (2008). Algebra progress monitoring and interventions for students with learning disabilities. *Learning Disability Quarterly, 31*(2), 65–78.

Frontline. (2010, February 8). Digital nation. A broadcast on Public Television. Also available online at http://www.pbs.org/wgbh/pages/frontline

Fuchs, D., & Fuchs, L. S. (2005). Responsiveness to intervention: A blueprint for practitioners, policymakers, and parents. *Teaching Exceptional Children, 18*(1), 57–61.

Fuchs, L. S., Fuchs, D., Compton, D. L., Bryant, J. D., Hamlett, C. L., & Seehaler, P. M. (2007). Mathematics screening and progress monitoring in first grade: Implications for responsiveness to intervention. *Exceptional Children, 73*(3), 311–330.

Fuchs, L. S., Fuchs, D., Powell, S. R., Seehaler, P. M., Cirino, P. T., & Fletcher, J. M. (2008). Intensive interventions for students with mathematics disabilities: Seven principles of effective practice. *Learning Disability Quarterly, 31*(2), 79–92.

Fuson, K. C., & Wearne, D. (1997). Children's conceptual structures for multidigit numbers and methods of multidigit addition and subtraction. *Journal of Research in Mathematics Education, 28*(2), 130–163.

Gagnon, J. C., & Maccini, P. (2001). Preparing students with disabilities in algebra. *Teaching Exceptional Children, 34*(1), 8–15.

Garderen, D. V. (2007). Teaching students with LD to use diagrams to solve mathematics word problems. *Journal of Learning Disabilities, 41*(6), 341–353.

Garelick, B. (2012, November 20). A new kind of problem: The Common Core Math Standards. *The Atlantic.* Retrieved from http://www.theatlantic.com/national/

archive/2012/11/a-new-kind-of-problem-the-common-core-mathe-standards/265444/

Gardner, H. (1983). *Frames of mind.* New York, NY: Basic Books.

Gardner, H. (1993). *Multiple intelligences: The theory in practice.* New York, NY: Basic Books.

Gardner, H. (2006). *Multiple intelligences: New horizons.* New York, NY: Basic Books.

Geller, C. H., & Smith, K. S. (2002, October). *Improving the teaching of math from textbook concepts to real-world application.* Paper presented at the annual meeting of the Council for Learning Disabilities, Denver, CO.

Gersten, R., & Chard, D. (1999). Number sense: Rethinking arithmetic instruction for students with learning disabilities. *Journal of Special Education, 44,* 18–28.

Gersten, R., Chard, D., Baker, S., & Lee, D. (2002, October). *Instructional approaches for teaching mathematics to students with learning disabilities: Findings from a synthesis of experimental research.* Paper presented at the annual meeting of the Council for Learning Disabilities, Denver, CO.

Goldman, S. (1989). Strategy instruction in mathematics. *Learning Disability Quarterly, 12,* 43–55.

Goleman, D. (2006, September). The socially intelligent leader. *Educational Leadership, 64,* 76–81.

Green, G. (2012). *My view: Flipped classrooms give every student a chance to succeed.* Retrieved from http://schoolsofthought.blogs.cnn.com/2012/01/18/my-view-flipped-classrooms-give-every-student-a-chance-to-succeed/?htp=hp_bn1

Greenwood, C. R., Delquadri, J. C., & Hall, R. V. (1989). Longitudinal effects of classwide peer tutoring. *Journal of Educational Psychology, 81,* 371–383.

Griffin, S. (2003a). Laying the foundations for computational fluency in early childhood. *Teaching Children Mathematics,* February 2003, 306–309.

Griffin, S. (2003b). Number Worlds: A research-based mathematics program for young children. In D. H. Clements & A. DiBiase (Eds.), *Engaging young children in mathematics: Findings of the 2000 national conference on standards for preschool and kindergarten mathematics education* (pp. 325–342). Hillsdale, NJ: Erlbaum Associates, Inc.

Griffin, S. (2004a). Building number sense with number worlds. *Early Childhood Research Quarterly, 19*(1), 173–180.

Griffin, S. (2004b). Teaching number sense. *Educational Leadership, 61*(6), 39–42.

Griffin, S. (2005). Teaching mathematics in the primary grades: Fostering the development of whole number sense. In J. Bransford & S. Donovan (Eds.), *How students learn: History, mathematics and science in the classroom* (pp. 250–302). Washington, DC: National Academies Press (http://www.nap.edu).

Griffin, S., Sarama, J., & Clements, D. (2003). Laying the foundations for computational fluency in early childhood. *Teaching Children Mathematics, 81,* 371–383.

Grobecker, B. (1999). Mathematics reform and learning differences. *Learning Disability Quarterly, 22*(1), 43–58.

Gurganus, S. (2004). Promote number sense. *Intervention in School and Clinic, 40*(1), 55–58.

Harniss, M. K., Carnine, D. W., Silbert, J., & Dixon, R. C. (2002). Effective strategies for teaching mathematics. In E. J. Kame'enui, D. W. Carnine, R. C. Dixon, D. C. Simmons, & M. D. Coyne (Eds.), *Effective teaching strategies that accommodate diverse learners.* Upper Saddle River, NJ: Merrill/Prentice Hall.

Harris, C. A., Miller, S. P., & Mercer, C. D. (1995). Teaching initial multiplication skills to students with disabilities in general education classrooms. *Learning Disabilities Research and Practice, 10*(3), 180–195.

Hearne, D., & Stone, S. (1995). Multiple intelligences and underachievement: Lessons from individuals with learning disabilities. *Journal of Learning Disabilities, 28*(7), 439–448.

Helms, A. D. (2013, January 7). Education and video games are no longer enemies: Educators say some games develop skills. *Charlotte Observer.* Retrieved from http://www.charlotteobserver.com/2013/01/07/3768358/education-and-video-games-are.html

Hess, B. (2012). *The fate of the Common Core: The view from 2022. Education Week.* Retrieved from http://blogs.edweek.org/edweek/rick_hess_straight_up/2012/03/the_fate_of_the_common_core_the_view_from_2022.html?utm_source-twitterfeed$utm_medium-twitter&utm_campaign=Walt+Gardner+Reality+Check

Higbee, K. L. (1987). Process mnemonics: Principles, prospects, and problems. In M. A. McDaniel & M. Pressley (Eds.), *Imagery and related mnemonic processes: Theories, individual differences and applications* (pp. 407–427). New York, NY: Springer.

Hudson, H. (2012). *The teacher report: 6 ways teachers are using video games in the classroom.* Retrieved from http://www.weareteachers.com/community/weareteachers-blog/blog-wat/2012/11/06/the-teacher-report-6-ways-teachers-are-using-video-games-in-the-classroom

International Society for Technology in Education (ISTE). (2010). Topic: Student learning. Retrieved from http://caret.iste.org/index.cfm?fuseaction=evidence&answerID=12&words=Attention

Jackson, F. (2002). Crossing content: A strategy for students with learning disabilities. *Intervention in School and Clinic, 37*(5), 279–283.

Jitendra, A. (2002). Teaching students math problem solving through graphic representations. *Teaching Exceptional Children, 91*, 345–356.

Jitendra, A. K., Hoff, K., & Beck, M. M. (1999). Teaching middle school student with learning disabilities to solve word problems using a schema-based approach. *Remedial and Special Education, 20*(1), 50–64.

Jones, C. J. (2001). CBAs that work: Assessing students' math content-reading levels. *Teaching Exception Children, 34*(1), 24–29.

Jones, E. D., Wilson, R., & Bhojwani, S. (1997). Mathematics instruction for secondary students with learning disabilities. *Journal of Learning Disabilities, 30*(2), 151–163.

Jordan, N. C. (2007). The need for number sense. *Educational Leadership, 65*(2), 63–68.

Jordan, N. C., Kaplan, D., Locuniak, M. N., & Ramineni, C. (2007). Predicting first-grade math achievement from developmental number sense trajectories. *Learning Disabilities Research and Practice, 22*(1), 36–46.

Jordan, L., Miller, M., & Mercer, C. (1998). The effects of concrete to semi-concrete to abstract instruction in acquisition and retention of fraction concepts and skills. *Learning Disabilities: A Multidisciplinary Journal, 9*(3), 115–122.

Joseph, L. M., & Hunter, A. D. (2001). Differential application of cue card strategy for solving fraction problems: Exploring instructional utility of the cognitive assessment system. *Child Study Journal, 31*(2), 123–136.

Karp, K. S., & Voltz, D. L. (2000). Weaving mathematical instructional strategies into inclusive settings. *Intervention in School and Clinic, 35*(4), 206–215.

Katz, J., Mirenda, P., & Auerbach, S. (2002). Instructional strategies and educational outcomes for students with developmental disabilities in inclusive "multiple intelligences" and typical inclusive classrooms. *Research and Practice for Persons with Severe Disabilities, 27*(4), 227–238.

Keller, K., & Menon, V. (2009). Gender differences in the functional and structural neuroanatomy of mathematical cognition. *NeuroImage, 47,* 342–352.

Kessler, S. (2011). *5 best practices for educators on Facebook.* Retrieved from http:// mashable.com/2011/12/05/educators-on-facebook/

King, K., & Gurian, M. (2006). Teaching to the minds of boys. *Educational Leadership, 64*(1), 56–61.

Koellner, K., Colsman, M., & Risley, R. (2011). Multidimensional assessment: Guiding response to intervention in mathematics. *Teaching Exceptional Children, 44*(2), 48–57.

Kortering, L. J., deBottencourt, L. U., & Braziel, P. M. (2005). Improving performance in high school algebra: What students with learning disabilities are saying. *Learning Disability Quarterly, 28*(3), 191–204.

Koscinski, S., & Gast, D. (1993). Use of constant time delay in teaching multiplication facts to students with learning disabilities. *Journal of Learning Disabilities, 26*(8), 533–544, 567.

Kroeger, S. D., & Kouche, B. (2006). Using peer-assisted learning strategies to increase response to intervention in inclusive middle math settings. *Teaching Exceptional Children, 38*(5), 6–13.

Kunsch, C. A., Jitendra, A. K., & Wood, S. (2007). The effects of peer-meditated instruction in mathematics for students with learning problems: A research synthesis. *Learning Disabilities Research and Practice, 22*(1), 1–12.

Larmer, J., & Mergendoller, J. R. (2010). 7 essentials for project-based learning. *Educational Leadership, 68*(1), 34–37.

Larmer, J., Ross, D., & Mergendoller, J. R. (2009). *PBL starter kit: To-the-point advice, tools, and tips for your first project in middle or high school.* San Rafael, CA: Unicorn Printing Specialists.

List, J. S., & Bryant, B. (2010). Integrating interactive online content at an early college high school: An exploration of Moodle, Ning, and Twitter. *Meridian Middle School Computer Technologies Journal, 12*(1). Retrieved from http://www.ncsu.edu/meridian/winter2009/

Lock, R. H. (1996). Adapting mathematics instruction in the general education classroom for students with mathematics disabilities. *LD Forum, 21*(2), 19–23. (ERIC Document Reproduction Service No. EJ529409).

Loveless, T. (2012). *How well are American students learning?* Retrieved from http://www.brookings.edu/~/media/Newsletters/0216_brown_education_loveless.PDF

Mabbott, D. J., & Bisanz, J. (2008). Computational skills, working memory, and conceptual knowledge in older children with mathematical learning disabilities. *Journal of Learning Disabilities, 41*(1), 5–28.

Magee, M. (2013, February 25). Revamping the "core" of education: New Common Core Standards will focus on critical thinking over memorization. Retrieved from http://www.utsandiego.com/news/2013/feb/25/revamping-the-core-of-education/

Mancl, D. B., Miller, S. P., & Kennedy, M. (2012). Using the concrete-representational-abstract sequence with integrated strategy instruction to teach subtraction with regrouping to students with learning disabilities. *Learning Disabilities Research and Practice, 27*(4), 152–166.

Manolo, E. (1991). The incorporation of process mnemonic instruction in teaching computational skills: A case report on a mathematics learning disabled individual. *Focus on Learning Problems in Mathematics, 13*(4), 21–34.

Manolo, E., Bunnell, J. K., & Stillman, J. A. (2000). The use of process mnemonics in teaching students with mathematics learning disabilities. *Learning Disability Quarterly, 23*(2), 137–156.

Marsh, L. G., & Cooke, N. L. (1996). The effects of using manipulatives in teaching math problem solving to students with learning disabilities. *Learning Disabilities Research and Practice, 11*(1), 58–65.

Maton, N. (2011). *Can an online game crack the code to language learning?* Retrieved from http://mindshift.kqed.org/2011/11/can-an-online-game-crack-the-code-to-language-learning/

McCrea, N. (2012, December 20). Maine schools experimenting with web-based math homework. *Bangor Daily News.* Retrieved from http://bangordailynews.com/2012/12/20/education/maine-schools-experimenting-with-web-based-math-homework/

McMaster, K. L., Du, X., & Petursdottir, A. L. (2009). Technical features of curriculum-based measures for beginning writers. *Journal of Learning*

Disabilities, 42(1), 41–60.

Mergendoller, J. R., Maxwell, N., & Bellisimo, Y. (2007). The effectiveness of problem based instruction: A comprehensive study of instructional methods and student characteristics. *Interdisciplinary Journal of Problem-Based Learning 1*(2), 49–69.

Merzenich, M. M. (2001). Cortical plasticity contributing to childhood development. In J. L. McClelland & R. S. Siegler (Eds.), *Mechanisms of cognitive development: Behavioral and neural perspectives.* Mahwah, NJ: Lawrence Erlbaum Associates.

Merzenich, M. M., Tallal, P., Peterson, B., Miller, S., & Jenkins, W. M. (1999). Some neurological principles relevant to the origins of—and the cortical plasticity-based remediation of—developmental language impairments. In J. Grafman & Y. Christen (Eds.), *Neuronal plasticity: Building a bridge from the laboratory to the clinic.* Berlin, Germany: Springer-Verlag.

Miller, A. (2011a). *Game-based learning units for the everyday teacher.* Retrieved from http://www.edutopia.org/blog/video-game-model-unit-andrew-miller

Miller, A. (2011b). *Get your game on: How to build curricula units using the video game model.* Retrieved from http://www.edutopia.org/blog/gamification-game-based-learning-unit-andrew-miller

Miller, A. (2012). *A new community and resources for games for learning.* Retrieved from http://www.edutopia.org/blog/games-for-learning-community-resources-andrew-miller/

Miller, S. P., & Hudson, P. (2007). Helping students with disabilities understand what mathematics means. *Teaching Exceptional Children, 39*(1), 28–35.

Montague, M. (1997). Student perception, mathematical problem solving, and learning disabilities. *Remedial and Special Education, 18*(1), 46–53.

Mortweet, S. L., Utley, C. A., Walker, D., Dawson, H. L., Delquadri, J. C., Reddy, S. S. et al. (1999). Classwide peer tutoring: Teaching students with mild mental retardation in inclusive classrooms. *Exceptional Children, 65*(4), 524–536.

Naglieri, J. A., & Gottling, S. H. (1997). Mathematics instruction and PASS cognitive processes: An intervention study. *Journal of Learning Disabilities, 30*(5), 513–520.

Naglieri, J. A., & Johnson, D. (2000). Effectiveness of a cognitive strategy intervention in improving arithmetic computation based on the PASS theory. *Journal of Learning Disabilities, 33*(6), 591–597.

National Council of Teachers of Mathematics (NCTM). (2000). *Principles and standards for school mathematics.* Available at http://standards.nctm.org

National Mathematics Advisory Panel (NMAP). (2008). *Foundations for success: The final report of the National Mathematics Advisory Panel.* Washington, DC: U.S. Department of Education.

Niguidula, D. (2011). Digital portfolios and curriculum maps: Linking teacher and student work. In H. H. Jacobs (Ed.), *Curriculum 21: Essential education for a changing world.* Alexandria, VA: Association for Supervision and Curriculum

Development.

O'Meara, J. (2010). *Beyond differentiated instruction.* Thousand Oaks, CA: Corwin.

Ostad, S. A., & Sorensen, P. M. (2007). Private-speech and strategy use patters: Bidirectional comparisons of children with and without mathematical difficulties in a developmental perspective. *Journal of Learning Disabilities, 40*(1), 2–14.

Phillips, L. F. (2011, December 22). 5 tips for teachers to navigate Facebook's features and risks. Retrieved from http://www.schoolbook.org/2011/12/22/5-tips-for-teachers-to-navigate-facebooks-features-and-risks

Richardson, W. (2010). *Blogs, wikis, podcasts, and other powerful tools for educators.* Thousand Oaks, CA: Corwin.

Richardson, W. (2012). Preparing students to learn without us. *Educational Leadership.* Retrieved from http://www.ascd.org/publications/educational-leadership/feb12/vol69/num05/Preparing-Students-to-Learn-Without-Us.aspx

Richardson, W., & Mancabelli, R. (2011). *Personal learning networks: Using the power of connections to transform education.* Bloomington, IN: Solution Tree Press.

Richtel, M. (2012; January 20). Blogs vs. term papers. *The New York Times.* Retrieved from http://www.nytimes.com/2012/01/22/education/edlife/musclinig-in-on-the-term-paper-tradition.html?_r=1

Sawchuk, S. (2012). Universities, districts to partner on Common-Core Secondary Math. *Education Week.* Retrieved from http://blogs.edweek.org/edweek/teacherbeat/2012/05/_there_has_been_quite.html

Schlemmer, P., & Schlemmer, D. (2008). *Teaching beyond the test: Differentiated project-based learning in a standards-based age.* Minneapolis, MN: Free Spirit.

Schuster, J. W., Stevens, K. B., & Doak, P. K. (1990). Using constant time delay to teach word definitions. *Journal of Special Education, 24,* 306–317.

Seethaler, P. M., & Fuchs, L. S. (2006). The cognitive correlates of computational estimation skill among third grade students. *Learning Disabilities Research and Practice, 21*(4), 233–243.

Shaftel, J., Pass. L., & Schnabel, S. (2005). Math games for adolescents. *Teaching Exceptional Children, 37*(3), 25–31.

Shah, N. (2012). Special educators borrow from brain studies. *Education Week, 31*(17), 10.

Shaughnessy, J. M. (2011). *Assessment and the Common Core State Standards: Let's stay on top of it!* Retrieved from http://www.nctm.org/about/content.aspx?id=30169

Shaw-Jing, C., Stigler, J. W., & Woodward, J. A. (2000). The effects of physical materials on kindergartners' learning of number concepts. *Cognition & Instruction, 18*(3), 32–64.

Sheehy, K. (2011). *High school teachers make gaming academic.* Retrieved from http://www.usnews.com/education/high-schools/articles/2011/11/01/high-school-teachers-make-gaming-academic

Silver, H. F., & Perini, M. J. (2010). The eight Cs of engagement: How learning styles and instructional design increase student commitment to learning. In R. Marzano (Ed.), *On excellence in teaching*. Bloomington, IN: Solution Tree Press.

Silver, H. F., Strong, R. W., & Perini, M. J. (2000). *So each may learn: Integrating learning styles and multiple intelligences*. Alexandria, VA: Association for Supervision and Curriculum Development.

Sousa, D. A. (2001). *How the special needs brain learns*. Thousand Oaks, CA: Corwin.

Sousa, D. A. (2006). *How the special needs brain learns* (3rd ed.). Thousand Oaks, CA: Corwin.

Sousa, D. A. (2008). *How the brain learns mathematics*. Thousand Oaks, CA: Corwin.

Sousa, D. A. (Ed.). (2010). *Mind, brain, & education*. Bloomington, IN: Solution Tree Press.

Sousa, D. A., & Tomlinson, C. A. (2011). *Differentiation and the brain: How neuroscience supports the learner-friendly classroom*. Bloomington, IN: Solution Tree Press.

Sparks, S. D. (2011). Schools "flip" for lesson model promoted by Khan Academy. *Education Today, 31*(5), 1–14.

Stading, M., Williams, R. L., & McLaughlin, T. F. (1996). Effects of a copy, cover, and compare procedure on multiplication facts mastery with a third grade girl with learning disabilities in a home setting. *Education and Treatment of Children, 19*, 425–434.

Stansbury, M. (2012a). A first-hand look inside a flipped classroom. *eSchool News*. Retrieved from http://www.eschoolnews.com/2012/02/09/a-first-hand-look-inside-a-flipped-classroom/

Stansbury, M. (2012b). *Six ed-tech resources for ELL/ESL instruction. eSchool News*. Retrieved from http://www.eschoolnews.com/2012/02/10/six-ed-tech-resources-for-ellesl-instruction/2/?

Strauss, V. (2003, December 2). Trying to figure out why math is so hard for some; theories abound: Genetics, gender, how it's taught. *The Washington Post*, p. A13.

Stern, C. (1949). *Children discover arithmetic*. New York, NY: Harper.

Sternberg, R. (1985). *Beyond IQ: A triarchic theory of human intelligence*. New York, NY: Cambridge University Press.

Sternberg, R. J. (2006). Recognizing neglected strengths. *Educational Leadership, 64*(1), 30–35.

Stiggins, R. (2005, December). From formative assessment to assessment for learning: A path to success in standards-based schools. *Phi Delta Kappan, 87*(4), 324–328.

Takahashi, P. (2012, February 8). *Schools seeing improvement in math scores as students play video game. Las Vegas Sun*. Retrieved from http://m.lasvegassun.com/

news/2012/feb/08/school-district-seeing-improvement-math-scores-stu/

Tate, M. L. (2005). *Reading and language arts worksheets don't grow dendrites.* Thousand Oaks, CA: Corwin.

Tomlinson, C. A. (1999). *The differentiated classroom: Responding to the needs of all learners.* Alexandria, VA: Association for Supervision and Curriculum Development.

Tomlinson, C. A. (2001). *How to differentiate instruction in mixed-ability classrooms* (2nd ed.). Alexandria, VA: Association for Supervision and Curriculum Development.

Tomlinson, C. A. (2003). *Differentiation in practice: A resource guide for differentiating curriculum: Grades K–5.* Alexandria, VA: Association for Supervision and Curriculum Development.

Tomlinson, C. A., (2010). Differentiating instruction in response to academically diverse student populations. In R. Marzano (Ed.), *On excellence in teaching.* Bloomington, IN: Solution Tree Press.

Tomlinson, C. A., Brimijoin, K., & Narvaez, L. (2008). *The differentiated school: Making revolution changes in teaching and learning.* Alexandria, VA: Association for Supervision and Curriculum Development.

Toppo, G. (2011, October 6). "Flipped" classrooms take advantage of technology. *USA Today.* Retrieved from http://usatoday30.usatoday.com/news/education/story/2011-10-06/flipped-classrooms-virtual-teaching/50681482/1

Toppo, G. (2012, May 2). Common Core Standards drive wedge in education circles. *USA Today.* Retrieved from http://www.usatoday.com/news/education/story/2012–04–28/common-core-education/54583192/1

Ujifusa, A. (2012). ALEC's Common Core vote now under public microscope. *Education Week.* Retrieved from http://blogs.edweek.org/edweek/state_edwatch/2012/05/alec_common_core_vote_now_under_public_microscope.html

Varlas, L. (2010). Responding to the research: Harvey Silver and Matthew Perini address learning styles. *Education Update, 52*(5). Retrieved from http://www.ascd.org/publications/newsletters/education-update/may10/vol52/num05/Responding-to-the-Research.aspx

Watters, A. (2011a). *Khan Academy expands to art history, Sal Khan no longer its only faculty member.* Retrieved from http://www.hackeducation.com/2011/10/19/khan-academy-expands-to-art-history-sal-khan-no-longer-its-only-faculty-member/

Watters, A. (2011b). *Why wikis still matter.* Retrieved from http://www.edutopia.org/blog/wiki-classroom-audrey-watters

Watters, A. (2011c). *Distractions begone! Facebook as a study tool.* Retrieved from http://mindshift.kqed.org/2011/09/distractions-set-aside-facebook-as-a-study-tool/

Wetzel, D. R. (2009). *Project based learning in mathematics.* Retrieved from http://

suite101.com/article/project-based-learning-in-mathematics-a142678

Wetzel, D. R. (2012). *Using wikis in math classes.* Retrieved from http://suite101.com/article/using-wikis-in-math-classes-a67900

Whitenack, J. W., Knipping, N., Loesing, J., Kim, O. K., & Beetsma, A. (2002). Supporting first graders' development of number sense. *Teaching Children Mathematics, 9*(1), 26–33.

Witzel, B. S., Riccomini, P. J., & Schneider, E. (2008). Implementing CRA with secondary students with learning disabilities in math. *Intervention in School and Clinic, 43*(5), 270–276.

Wolery, M., Bailey, D. B., & Sugai, G. M. (1988). *Effective teaching: Principles and procedures of applied behavior analysis with exceptional students.* Boston, MA: Allyn & Bacon.

Wolery, M., Cybriwsky, C. A., Gast, D. L., & Boyle-Gast, K. (1991). Use of constant time delay and attentional responses with adolescents. *Exceptional Children, 57,* 462–474.

Woodward, J. (2001). Constructivism and the role of skills in mathematics instruction for academically at-risk secondary students. *Special Services in the Schools, 17*(1), 15–32.

Woodward, J. (2006). Developing automaticity in multiplication facts: Integrating strategy instruction with timed practice drills. *Learning Disability Quarterly 29*(4), 269–290.

Woodward, J., & Montague, M. (2002). Meeting the challenge of mathematics reform for students with LD. *Journal of Special Education, 36*(2), 89–102.

Wurman, Z., & Wilson, W. S. (2012). The Common Core Math Standards: Are they a step forward or backward? *Education Next, 12*(3). Retrieved from http://educationnext.org/the-common-core-math-standards/

Young, F. (2012, December 14). *How I use Twitter in my classroom.* Retrieved from http://edudemic.com/2012/12/how-i-use-twitter-in-my-classroom/

찾아보기

 William Bender 박사는 일반교실 수업에서 다루어지는 영역뿐만 아니라 프로젝트 기반 학습, 교실에서의 공학, 차별화 교수, 중재반응(RTI)을 포함하여 다양한 영역에서 폭넓은 전문성을 가진 교수법 분야의 국제적 리더다. 특히 전 세계 다른 어떤 연구자보다도 중재반응에 관한 책을 많이 저술해 왔는데, 그중 두 권은 그 분야에서 베스트셀러로 선정되었으며, 한 권은 *Distinguished Achievement Award for Excellence in Educational Publishing*의 2010년 최종 결승에 진출했다. 2012년 여름 Bender 박사는 RTI의 다양한 측면에 관한 8권의 책을 저술했으며, 전문가 양성용 비디오를 제작하였다. 또한 RTI 계획을 수립하는 수백 곳의 교육청과 많은 주(州)에서 컨설턴트로 봉사했으며, 2010년 가을에는 전국단위의 RTI 체제를 수립하기 위한 버뮤다 교육부의 사업에 선정되었다.

Bender 박사는 도서 개발뿐만 아니라 모든 수준의 교육자를 위한 전문가 양성 워크숍에서 시종일관 긍정적인 평가를 받곤 한다. 그는 실용적인 전략과 쉬운 유머를 사용하여, 교육자들을 경청하게 하고, 더 듣고 싶어 하도록 만드는 타고난 능력이 있다. 그의 책과 워크숍은 연구기반의 실용적인 전략을 제공하는데, 이러한 정보는 유머러스하고 동기를 부여하는 방법으로 전달된다.

Bender 박사의 교육경력을 중학교 학습도움실에서 행동장애 및 학습장애를 가진 청소년을 가르치는 것에서 시작되었다. 노스캐롤라이나대학교에서 특수교육 박사학위를 취득했으며, 블루필드주립대학, 러트거스대학교, 조지아대학교를 포함한 전국 곳곳의 대학에서 강의한 경력이 있다. 그는 지금 새로운 전문가 양성을 위한 여러 권의 도서를 집필하면서 전일제 상담 일을 하고 있다. 그는 교육에 관한 60편 이상의 연구 논문과 *Cool Tech Tools for Lower Tech Teachers: 20 Tactics for Every Classroom Project-based Learning: Differentiating Instruction for the 21st Century, The Teaching Revolution: RTI, Technology, and Differentiation Transform Teaching for the 21st Century, Differentiating Instruction for Students With Learning Disabilities: New Best Practices for General and Special Educators*(3rd ed.), *Response to Intervention in Math*와 같은 최근 도서를 포함하여 26권의 책을 집필했다.

williamb@teachersworkshop.com을 통해 Bender 박사와 직접 소통할 수 있으며, 그의 트위터(@williambender1)를 팔로우하면, 그가 교육 관련 내용이나 책, 교육 워크숍, 다른 전문가 양성 기회 공고(특히 무료 양성), 그 밖의 다른 교육 주제를 게시할 때마다 바로 확인할 수 있다.

역자 소개

김자경

미국 미주리주립대학교 대학원 학습장애 전공(철학 박사)

現 부산대학교 특수교육과 교수

강혜진

부산대학교 대학원 학습장애 전공(특수교육학 박사)

現 광주여자대학교 중등특수교육과 조교수

서주영

부산대학교 대학원 학습장애 전공(특수교육학 박사)

現 동아대학교 교육학과 조교수